U0886521

博瑞森图书 BRACE

企业阅读 本土实践

管理 · 人文 · 生活

精益质量管理实战工具

贺小林◎著

中华工商联合出版社

图书在版编目（CIP）数据

精益质量管理实战工具/贺小林著. —北京：中华工商联合出版社，2018.4
ISBN 978-7-5158-2230-3
Ⅰ. ①精… Ⅱ. ①贺… Ⅲ. ①企业管理—质量管理 Ⅳ. ①F273.2

中国版本图书馆 CIP 数据核字（2018）第 047096 号

精益质量管理实战工具

作　　者：贺小林
责任编辑：于建廷　臧赞杰
责任审读：郭敬梅
封面设计：久品轩
责任印制：迈致红
出版发行：中华工商联合出版社有限责任公司
印　　刷：北京宝昌彩色印刷有限公司
版　　次：2018 年 5 月第 1 版
印　　次：2018 年 5 月第 1 次印刷
开　　本：710mm×1000mm　1/16
字　　数：430 千字
印　　张：28
书　　号：ISBN 978-7-5158-2230-3
定　　价：128.00 元

服务热线：010—58301130
团购热线：010—58302813
地址邮编：北京市西城区西环广场 A 座
19—20 层，100044
http：//www.chgslcbs.cn
E-mail：cicap1202@sina.com（营销中心）
E-mail：gslzbs@sina.com（总编室）

首先，非常感谢你能阅读本书。为了让你更高效地阅读本书，在此提供一个快速导读指引。

本书共分为四篇十五章。第一篇主要内容为质量工具实战，质量管理工具较多，有简单的，也有复杂的，我们要不要全部学习及掌握运用？我们能否正确运用每个工具？本篇为读者提供一些常用的质量管理工具且通过实际案例不断从浅入深进行剖析与说明。

第二篇主要内容为精益工具实战，精益源于丰田生产系统（TPS）。丰田公司通过精益生产变革，获利能力瞬间超出当时的汽车龙头企业——通用与福特。后来，越来越多的企业学习与效仿丰田公司。同样，精益生产方式也被众多企业披上了一层神秘的“面纱”，深不可测。本篇将重点对一些常用的精益工具实战进行详细概述，案例都源于企业且图文并茂、由浅入深，让你在最短时间内掌握工具的运用与实战。

第三篇主要内容为企业过程质量和质量成本管理，包括供应商的选择、客户投诉处理一系列的质量管理活动。每个管理过程都以案例进行诠释与描述，让你轻松应对每个过程管理的问题点。同时，质量管理离不开成本管理，精益质量的改进目标重要的一项即质量成本是否降低了。得到最终数据，首先要搭建质量成本系统，通过质量成本系统的组建才能正确地输出数据，也为改进活动提供了明确目标。

第四篇为精益团队管理。我们都知道企业的任何一次变革与改进都离不开人，这些人包括管理层、基层与操作层员工，我们每天的工作都在管人及管事，并且深知每个活动都以团队活动来实现及完成。而每个人的认知与阅历都不一样。每个人都喜欢用自己的方法来工作，这样很难达成共识。本篇将告诉你制造型企业，尤其是中小制造型企业招聘、培训、管理员工的系统方法，为你消除后顾之忧。

最后为精益质量概述，主要提到精益质量发展历程及演变过程。其中包括一些为精益质量发展做出卓越贡献的专家，当初他们在精益质量发展过程中不断革新管理方法。

我希望此书能真正帮助你和你的企业，让你的企业早日摆脱管理困境。如果你在阅读本书时遇到疑问，烦请邮件联系我，大家共同探讨、学习。非常感谢你的赐教！

自 2001 年中国加入世界贸易组织以来，外资世界五百强企业纷纷到中国大陆地区投资开厂，为中国的经济振兴发展做出了卓越的贡献。目前中国一大批企业分布在长三角与珠三角。在这两个巨大的工业产业区中，对比外资企业，民营企业占了较大比例，是中国经济不可缺少的一个重要组成部分。是什么原因让我想起写这本书呢?

众所周知，很多民营企业管理水平不如外资世界五百强企业，当然也有特殊的案例，如华为、海尔及联想等著名企业，均是民营企业中的标杆与骄傲。但大多数中小民营企业管理呈“混乱”不稳定趋势。为什么外资世界五百强企业的管理井井有条，而很多民营企业就管理混乱?特别是在经济不景气的微利时代，中小企业面临着重重难关。据人大经济论坛马克思经济学版数据统计，中国的中小民营企业平均寿命就 2.9 年，不到 3 年。看到这个数字我久久不能平静，作为中国的一分子要问一下为什么：民营企业为什么寿命这么短?是什么原因让企业这么快“关门”?

近年来，越来越多的民营企业老板不断地学习与借鉴外资世界五百强企业的管理方法与经验。大部分企业还是倾向于请咨询公司、高薪聘请在世界五百强企业工作过的高管来公司做高层领导或辅导。结果，有的成功了，有的却适得其反。这是为什么呢?难道是咨询公司的老师不懂管理或没有全力以赴，外资世界五百强企业的高管来民营企业就不管事?事实真的如此吗?不可否认，有一小部分原因，但我认为不仅仅如此。我们究竟欠缺什么?什么样的方式才能真正改变民营企业目前的现状呢?

值得一提的是，很多中小型制造企业的老板都在追求学习世界五百强企业的管理工具及方法，不惜一切代价地学习及模仿。例如：精益革新、六西格玛改进等方法均已在较多的民营企业生根发芽，犹如雨后春笋般遍地开花，但效果就是不如世界五百强企业好。当然不能否认世界五百强企业管理工具和系统不好，如果不好，世界五百强企业也不会变成今天这么强大。有的老板也在问这个问题，为什么世界五百强企业是中国人管理，我们的企业也是中国人管理，差距怎么就这么大呢？大家基本认同，企业的成功与制度和人力资源密不可分，所以一个企业成功的决定因素就在于方法与人。中国企业不缺乏人才，但需要一套完整的管理体系。本书为制造型企业提供一套系统方法，并结合实际案例有效说明企业在面对管理不顺畅的时候如何处理、解决这些问题。

书中理念与思想纯属个人观念，不代表任何学术及学派。因个人知识与实践经验有限，在写作过程中有较多的不足之处，恳请读者多多批评与指正。你的建议为我做持续改进提供了动力与方向，期待你的不吝赐教。

借此机会感谢众多精益质量管理前辈们的悉心指导与支持，他们为本书的写作提供了大量的建议，在此深表感谢！

导读

前言

概述　什么是精益质量管理

第一篇　现场质量分析改进工具

第一章　质量管理工具

第一节　十大质量统计工具（上）　014

第二节　十大质量统计工具（下）　032

第三节　5Why 分析法　061

第四节　8D 问题解决法　065

第二章　QCC 品质圈

第一节　QCC 的定义和作用　072

第二节　QCC 的实施　076

第三节　QCC 的推行　078

第四节　QCC 的成果发表和评审　094

第五节　QCC 案例分析　104

第三章　StEDE cube 工位评价法

第一节　StEDE cube 的定义和实施步骤　122

第二节　StEDE cube 实施案例　128

第二篇　现场精益改进工具

第四章　POKAYOKE 防错法

第一节　POKAYOKE 的定义和实施步骤　142

第二节　POKAYOKE 的案例分析　146

第五章　IE （工业工程） 手法的应用

第一节　作业分析及案例　152

第二节　动作分析及案例　157

第三节　标准时间及案例　162

第四节　布局 & 搬运分析及案例　170

第五节　生产线平衡分析及案例　177

第六章　5S 与目视化管理

第一节　5S 与目视化管理的定义与作用　188

第二节　5S 与目视化管理的实施（上）　192

第三节　5S 与目视化管理的实施（下）　200

第四节　5S 与目视化管理的实施案例　214

第七章　VSM 价值流程图分析

第一节　VSM 的定义及绘制方法　224

第二节　VSM 的应用案例　234

第八章　BPR 流程再造

第一节　BPR 的定义及流程　240

第二节　BPR 的实施步骤　244

第三节　BPR 应用实际案例　253

第三篇　过程质量与质量成本管理

第九章　供应商管理与来料控制

第一节 如何选择合格供应商 258
第二节 怎样管理供应商 264
第三节 来料检验的规范与方案 269

第十章 过程质量控制

第一节 过程特性与产品管理 274
第二节 客户投诉与退货管理 284
第三节 监视与测量设备管理 288
第四节 不合格品管理 296
第五节 质量记录管理 307

第十一章 质量成本管理

第一节 何谓质量成本 312
第二节 为什么要建立质量成本系统 316
第三节 如何建立质量成本体系 318

第四篇 精益质量团队管理

第十二章 领导与组织管理

第一节 组织精益质量的核心人员 330
第二节 管理者角色与组织效能 333
第三节 人员管理的计划与执行 341

第十三章 中小型制造企业的人力资源管理

第一节 招聘与录用 356
第二节 培训及考核 363
第三节 绩效考核的目标设定和实施 370

第十四章 中小型制造企业组织内部的沟通管理

第一节 什么是沟通 378
第二节 会议沟通方法 382

第三节　如何与上级沟通　385

第四节　如何与同事更好地相处　392

附录

第一节　精益质量管理代表人物和思想：亨利·福特、丰田佐吉、大野耐一、新乡重夫　397

第二节　精益质量管理代表人物和思想：戴明、朱兰、克劳士比　402

第三节　精益生产常用工具术语　409

概　述

什么是精益质量管理

一、精益质量管理的概念

当今三大管理模式，框架主要是ISO9001，生产方面主要是精益生产方式，质量方面主要是六西格玛改进方法。

精益质量管理借鉴和综合了精益生产和六西格玛管理的研究成果，根据其特点采取相应的策略。精益质量管理推行的切入点是作业工序，主抓的重点是标准化作业，进而转入作业系统的精益管理改善阶段，通过作业系统和作业工序的精益质量管理推动外围相关工作的改善。

精益质量管理标准化作业的推行，可借助精益生产的5S工具，开展现场整理、整顿、清扫等工作，并形成规范化，进而养成好的习惯，实现5S的高水准，通过5S促进5M1E标准的落实与完善。标准化的推行，也可借助精益生产中自动化、防错装置等工具。5M1E标准应随着企业管理水平的提高不断改进，即企业应追求Cpk指标的不断提高，因而作为Cpk指标基础的5M1E标准应不断改进。

精益质量管理离不开度量和反馈，除Cpk可以度量工序标准化执行结果外，对JIT指令的执行情况要纳入度量，即从偏差或波动的角度分析工序对JIT相关要求的保障程度，可用西格玛水平来度量。西格玛水平是综合了标准差与公差限的计算值，公式为 $Z = (USL - LSL)/2\sigma$，即顾客要求的公差限除以两倍标准差，其反映了工序能力满足顾客要求的程度。

精益质量管理改善提案方面可借助质量管理中的QC小组活动，通过活动小组运用 QC 工具，如检查表、排列图、因果图等找出问题典型原因及主要解决措施，实施质量改进，实现效率提升，也可借助六西格管理中 DMAIC 相关方法实施质量改进和效率提升。

精益质量管理以作业工序的质量改善和效率改善为基础，在实现此方面改善后，精益质量管理重心可转向针对作业系统的精益管理改善阶段。其应用工具包括价值流分析、生产布局优化、自动化、广告牌、拉体系、一个流等，这些工具实施效果的标准是实现 JIT 的程度。JIT 的实现以质量为基础，并且要以不降低质量为标准。

通过作业工序切入，推行标准化管理，并将工序纳入度量和评价体系，实现工序环节质量和效率的改善，实现成本的改善，进而转为作业系统的管理改善，从系统整体高度促进效率的改善和成本的改善。精益质量管理方法能平滑实现作业系统质量、效率和成本的综合改善，避免原有生产项目与质量项目相互孤立及项目切换困难的弊端，能为企业带来实实在在的收益。

二、精益发展的历程

精益发展主要经历了以下几个阶段：

（一）手工生产方式

在 19 世纪 90 年代的初期，P&L 公司每年制造几百辆汽车。这个公司主要制造金属锯床，而不是汽车，认为当时传统的单件生产方式是适宜的。P&L 公司的劳动力中，绝大多数是技巧娴熟的工匠，他们用手工方式精心地小量制作汽车。这些工匠通晓设计原理，并且谙熟采用材料的性能。他们之中有的本身就是业主，常常在 P&L 公司内独立承包，很多情况下甚至作为一个独立的机械制造工场的所有者与 P&L 公司签订合同，承制某些零件或总成。

不同的承包者在制造零件时所采用的量具不尽相同，零件在淬火过程中，常翘曲变形，需要再次加工使之重新回到原来的形状。当这些零件送到 P&L 公司的装配大厅时，可以说这些零件都是近似于所要求的规格。装配大厅里熟练的装配工就选取两个零件，用锉将它们修整，使之完全配合良好，然后再锉修第三个零件，使之和前面两个零件配合良好。这样一直干下去，对几百个零件逐一修整，直到整辆汽车组装出来。

这样逐个配合，产生一个现在叫作“累计误差”的现象。所以当装配工装最后一个零件时，这辆汽车已经和下一辆按同样蓝图制作的汽车在尺寸上有显著的差别了。

当时这些有钱的顾客有私人的专职司机和机械师，他们不太关心成本、驾驶的方便或保养的简易，他们主要关心车速和能否按本人的意愿来制作。

手工生产方式的特点：

（1）设计、机械装配方面都要高级的技工。大多数工人都是从学徒开始，最后达到掌握单件生产的全套技艺。很多人都希望成为老板，经营自己的机械作坊，向装配汽车的公司承包。

（2）组织结构极为分散。尽管还没有超出一个城市的范围，汽车的大部分设计和大多数零件都来自小的机械作坊。整个系统由一个企业主和所有的有关各方，包括顾客、雇员及协作者，直接联系。

（3）采用通用的机床对金属和木材进行钻、磨等各项加工作业。

（4）产量极低，每年不超过 1000 辆。只有极少数汽车（最多不超过 50 辆）是按同一设计制作的。在按同一设计制作的 50 辆汽车中，也没有两辆是完全相同的，因为手工生产的技术必然导致各种差异。

（二）大批量生产方式

福特在 1908 年生产的 T 型车，是他在 1903 年开始生产 A 型车后五年以来的第 20 次改进设计。由于 T 型车的设计，福特最终达到了两个目的。这种汽车的设计，既考虑了制造，按今天的说法是从制造实际情况出发的，又方便用户。几乎任何一个人都能驾驶和修理这种汽车，不需要专职的驾驶员或机械师。这两方面的成就为整个汽车工业发展方向和革命性变化奠定了基础。

大量生产方式的关键，不是像当时和现今的人们所想象的那样，在于移动的或连续的组装线，而是零件有全部的、连贯的互换性，而且相互连接非常方便。正是由于在制造工艺上的这种革新，才有可能设立组装线。

大概在 1908 年，福特终于使所有的零件都可以完全互换。他决定让每个装配工人只承担一项单一的工作，在装配大厅内来回走动，挨个对每辆汽车进行组装。这样一个装配工的平均工作周期已由 514 分钟减少为 2.3 分钟。福特随后又发现工人从一个装配工位走到另一个工位带来的问题，就是还要走动，即使只走一两米，也要耽误时间。而且有的工人操作较快，要超过他们前面操作较慢的工人，却被挡住了。1913 年春天，福特在底特律海兰公园的新厂房里又有了一个新的创举，就是装设了移动的总装线。工人们站在一个地方，不必走动，而总装线将汽车送到他们的面前。这一革新使工作周期又从 2.3 分钟缩短为 1.9 分钟。这是因为工人们站着不动，省去了来回走动的时间，而且移动着的装配线还能迫使工人加快工作步伐。

福特汽车的大量生产方式推动汽车工业的进步长达半个多世纪，几乎被北美和欧洲的每一种工业活动采纳。但是，同样是这些技术，在制造业的哲理中根深蒂固，以致阻挠了欧洲的许多公司向精益生产方式的发展。

从福特汽车公司创立第一条汽车生产流水线开始，大批量的生产流水线一直是现代工业生产的主要特征，改变了效率低下的单件手工生产方式，被称为生产方式的第二个里程碑。大批量生产方式是以标准化、大批量生产来降低生产成本、提高生产效率的，这种方式适应了美国当时的国情，汽车生产流水线的产生，一举把汽车从少数富翁的奢侈品变成了大众化的交通工具，汽车工业也由此迅速成长为美国的一大支柱产业，并带动和促进了包括钢铁、玻璃、橡胶、机电以至交通服务业等在内的一大批产业的发展。大批量流水生产在生产技术及生产管理史上具有极为重要的意义。

（三）少量多样生产方式

1950 年，一个年轻的日本工程师丰田英二到底特律对福特的鲁奇厂进行了三个月的参观。当时鲁奇厂是世界上最大、效率最高的制造厂，丰田汽车公司经历了 13 年的努力，到 1950 年总共只生产了 2685 辆轿车，而福特公司的鲁奇厂一天就要生产 7000 辆轿车。丰田英二对这个庞大的企业的每一个细微之处都做了审慎的考察，他在写给丰田总部的报告中说："那里的生产体制还有改进的可能。"回到名古屋后，他和在生产制造方面富有才华的大野耐一一起得出了结论：大量生产方式不适合日本。

第一，当时日本国内市场狭小，所需汽车的品种又很多，多品种、小批量并不适合大量生产方式的要求。

第二，战后的日本缺乏大量外汇来大量购买西方的技术和设备，不能单纯地仿效鲁奇厂并在此基础上做改进。

第三，缺乏大量廉价的劳动力。

由此丰田英二和大野耐一开始了适合日本需要的生产方式的革新。大野耐一先在自己负责的工厂实行一些现场管理方法，如目视管理法、一人多机、U 型设备布置法等，这是丰田生产方式的萌芽。

随着大野耐一式的管理方法取得初步实效，他的地位也得到了逐步提升，大野耐一式的管理在更大范围内得到应用，他的周围也聚集了一些人，进一步完善方法。通过对生产现场的观察和思考，提出了一系列革新，例如：三分钟换模法、现场改善、自働化、五问法、供应商队伍重组及伙伴合作关系、拉动式生产等。同时这些方法在不断完善，最终建立起一套适合日本的丰田生产方式。

1973 年秋天发生石油危机以后，日本经济下降到负增长的状态，但丰田公司不但获得高于其他公司的盈利，而且逐年俱增，拉大了同其他公司的距离。于是丰田生产方式开始受到重视，在日本得到了普及推广，得到了学术界的认可，吸引了一些教授对其进行研究，完成了内容的体系化。

随着日本汽车制造商大规模海外设厂，丰田生产方式传播到了美国，并以其在成本、质量、产品多样性等方面的优势得到了广泛的传播。同时，经受住了准时供应、文化冲突的考验，更加验证了丰田生产方式的适宜性，证明了丰田生产方式不只适用于日本的文化，是普遍适用于各种文化、各种行业的先进生产方式。例如：在丰田生产系统中，最重要之处在于一旦发生小故障等就停止生产线运转。在美国，一旦停止生产线的工作，就毫无例外地要被解雇，因为工人没有被授予可以停止生产线的权力。而且在美国这个责任自负的国度中，一旦行为失误，将被追究责任。这种情况不仅存在于美国的汽车产业，其他产业也是如此，所以大家都害怕停止生产线的运转。这就是两国文化差异的一个例子。

为了进一步揭开日本汽车工业成功之谜，1985 年美国麻省理工学院筹资 500 万美元，确定了一个名叫“国际汽车计划”（IMVP）的研究项目。在丹尼尔·鲁斯教授的领导下，组织了 53 名专家、学者，从 1984 年到 1989 年，用了五年时间对 14 个国家的近 90 个汽车装配厂进行实地考察。查阅了几百份公开的简报和资料，并对西方的大量生产方式与日本的丰田生产方式进行对比分析，最后于 1990 年出版了《改变世界的机器》一书，第一次把丰田生产方式定名为 Lean Production，即精益生产方式。这个研究成果在汽车业内引起轰动，掀起一股学习精益生产方式的狂潮。精益生产方式的提出，把丰田生产方式从生产制造领域扩展到产品开发、协作配套、销售服务、财务管理等各个领域，贯穿于企业生产经营活动的全过程，使其内涵更加全面、更加丰富，对指导生产方式的变革更具有针对性和可操作性。

接着在 1996 年，经过四年的“国际汽车计划”（IMVP）第二阶段研究，出版了《精益思想》。《精益思想》弥补了前一研究成果没有对怎样学习精益生产的方法提供指导的缺憾，这本书描述了学习丰田方法的关键原则，并且通过例子讲述了各行各业均可遵从的行动步骤，进一步完善了精益生产的理论体系。

在此阶段，美国企业界和学术界对精益生产方式进行了广泛的学习和研究，提出很多观点，对原有的丰田生产方式进行了大量的补充，主要是增加了很多 IE 技术、信息技术、文化差异等，对精益生产理论进行完善，以使精益生产更具有适用性。

但是第二次世界大战以后，社会进入市场需求向多样化发展的新阶段，相应地要求工业生产向多品种、小批量的方向发展，单品种、大批量的流水生产方式的弱点日渐明显。为了顺应这样的时代要求，由日本丰田汽车公司首创的精益生产，作为多品种、小批量混合生产条件下的高质量、低消耗进行生产的方式在实践中摸索、创造出来了。精益生产方式是在实践应用中根据丰田实际生产的要求而被创造、总结出来的一种革命性的生产方式，被人称为“改变世界的机器”，是继大量生产方式之后人类现代生产方式的第三个里程碑。

总体来说，根据精益生产方式的形成过程可以将其划分为三个阶段：丰田生产方式形成与完善阶段、丰田生产方式的系统化阶段（即精益生产方式的提出）、精益生产方式的革新阶段（对以前的方法理论进行再思考，提出新的见解）。

（四）质量检验阶段

20 世纪以前，产品质量主要依靠操作者本人的技艺水平和经验来保证，属于“操作者的质量管理”。20 世纪初，以 F. W. 泰勒为代表的科学管理理论的产生，促使产品的质量检验从加工制造中分离出来，质量管理的职能由操作者转移给工长，是“工长的质量管理”。随着企业生产规模的扩大和产品复杂程度的提高，产品有了技术标准（技术条件），公差制度（见公差制）也日趋完善，各种检验工具和检验技术也随之发展，大多数企业开始设置检验部门，有的直属于厂长领导，这时是“检验员的质量管理”。上述几种做法都属于事后检验的质量管理方式。

（五）质量控制阶段

1924 年，美国数理统计学家 W. A. 休哈特提出控制和预防缺陷的概念。他运用数理统计的原理提出在生产过程中控制产品质量的“6σ”法，绘制出第一张控制图并建立了一套统计卡片。与此同时，美国贝尔研究所提出关于抽样检验的概念及其实施方案，成为运用数理统计理论解决质量问题的先驱，但并未被普遍接受。以数理统计理论为基础的统计质量控制的推广应用始自第二次世界大战。由于事后检验无法控制武器弹药的质量，美国国防部决定把数理统计法用于质量管理，并由标准协会制定有关数理统计方法应用于质量管理方面的规划，成立了专门委员会，并于 1941—1942 年先后公布一批美国战时的质量管理标准。

（六）全面质量管理阶段

20 世纪 50 年代以来，随着生产力的迅速发展和科学技术的日新月异，人们对产品的质量从注重产品的一般性能发展为注重产品的耐用性、可靠性、安全性、维修性和经济性等。在生产技术和企业管理中要求运用系统的观点研究质量问题。在管理理论上也有新的发展，突出重视人的因素，除了强调依靠企业全体人员的努力来保证质量之外，还有“保护消费者利益”运动的兴起，企业之间市场竞争越来越激烈。在这种情况下，美国A. V. 费根鲍姆于20世纪60年代初提出全面质量管理的概念。他提出，全面质量管理是“为了能够在最经济的水平上，并考虑到充分满足顾客要求的条件下进行生产和提供服务，把企业各部门在研制质量、维持质量和提高质量方面的活动构成为一体的一种有效体系”。

表1　质量管理三阶段比较

项目	质量检验	统计质量控制	全面质量管理
管理范围	生产现场	生产过程 + 设计过程	产品质量形成全过程
管理对象	产品质量	产品质量 + 工序质量	产品质量、工序质量、工作质量
管理特点	事后把关，管结果	从把关向预防发展	防检结合，预防为主
管理依据	符合规格	按既定质量标准控制	以用户为中心，重在产品适用性
管理方法	运用技术检验方法	技术检验方法 + 数理统计方法	运用多种管理方法，提高工作质量，以保证产品质量
管理标准化	重视技术标准	技术标准发展为质量控制标准	技术标准、控制标准和管理标准并重
管理经济性	忽视质量经济性	重视质量经济性	追求质量经济性
参与人员	依靠检验部门和检验人员	依靠技术和质量检验部门	全体员工

第一篇

现场质量分析改进工具

第一章

Chapter 1

质量管理工具

第一节　十大质量统计工具（上）

一、系统图及实施案例

（一）系统图的定义

系统图法又叫树图法，是将目的和手段相互联系起来逐级展开的图形表示法，利用它可系统分析问题的原因并确定解决问题的方法。

系统法可以系统地掌握问题，找到实现目的的最佳手段，广泛应用于质量管理，例如：质量管理因果图的分析、质量保证体系的建立、各种质量管理措施的开展等。

企业目标的实现通常是多途径的，如何从多种途径中选出一条达到目标的最佳路径呢？系统图法就是系统地分析、探求以达到目的的最理想的方法。

在质量管理中，为了达到某种目的，就需要选择和考虑某种手段；而为了采取这一手段又必须考虑它下一级的相应的手段。这样，上一级的手段就成为下一级手段的行动目的。

系统图法就是把达到目的所需的手段、方法按系统展开，通过制作出系统图，然后利用此系统图掌握问题的全貌，明确问题的重点，进而找出达到目的的手段。

利用系统图法的概念，把达到某一个目的所需要的手段层层展开成图形，就能对问题有一个全貌的认识，并且能找到问题的重点，从而找出实现预定目的的最理想方法。系统图法不仅对明确管理的重点、找出质量改进的方法和手段十分有效，还是企业管理人员不可缺少的“目的—手段”的思考方法。

系统图一般分为两类：一类是因素展开型系统图；另一类是措施展开型系统图。

在质量管理活动中，以下几个方面经常用到系统分析图法：

（1）在开发新产品过程中，将满足用户要求的设计质量进行系统地展开。

（2）在质量目标管理中，将目标层层分解和系统地展开，使之落实到各个单位。

（3）在建立质量保证体系中，可将各部门的质量职能展开，进一步开展质量保证活动。

（4）在处理量、本、利之间的关系及制定相应措施时，可用系统图法分析并找出重点措施。

（5）在减少不良品方面，有利于找出主要原因，采取有效措施。

（二）系统图制作步骤

1. 确定目的和目标

具体地提出研究对象所要达到的最终目的和目标，尽可能用数据和简练的语言，醒目地记在卡片上，同时写明“为什么要达到此目的和目标”，对于实现目的和目标的条件和注意事项也要简要地注明，同时要根据更高一级的目的、目标来判定该目的、目标是否可行。

2. 提出手段和措施

要召开“诸葛亮”会议，集思广益，提出实现目的的各种手段。

3. 评价手段和措施，决定取舍

对找出的手段、措施是否得当进行评价，并进行取舍选择，决定下一

步应保留和淘汰的东西。评价中可用一些符号来表示评价的结果，如×代表不可行、O 表示可行等。

4. 绘制系统图

绘制系统图是最重要的一环。具体做法是：首先把程序“1”中确定的目的和目标置于图纸左端的中间，然后把为了达到的目的和目标与必要的手段和措施之间的关系联系起来。在联系的过程中要仔细考虑各因素之间的逻辑关系，一般要提出几个问题反问一下：为了达到确定的目的和目标首先采用什么手段？如果把这种手段和措施作为“目的”，那么为了达此“目的”还需进一步采用什么手段？实施这些手段或其中一部分，是否真正达到高一级的“手段”或“目的”？

5. 制定实施计划

根据对象制定实施计划，这时要使系统图中最低级的手段进一步具体化、精练化，并决定其实施内容、日程和承担的任务等事项。

在系统图使用过程中，应注意以下问题。

（1）系统图常被用于拟定对策阶段，但是在解决问题的步骤中，每个阶段都可以应用系统图法，灵活运用系统图法可以充分发掘问题的潜在原因。

（2）用系统图分析出的对策需要进行有效性评估，以保证对策的有效性。

（3）系统实施案例。

案例 1：因素展开型系统图如图 1－1 所示。

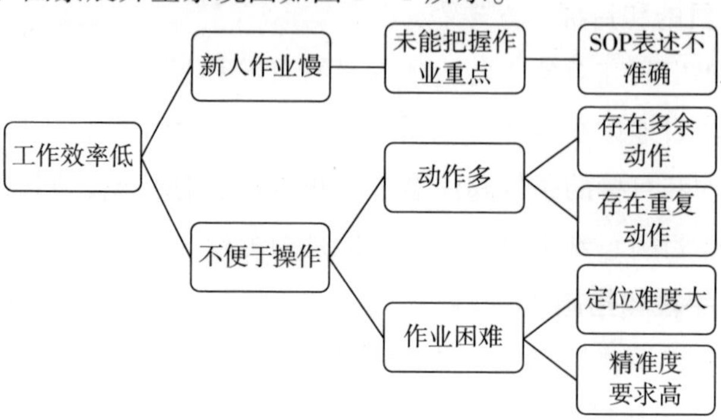

图 1－1　因素展开型系统

案例 2：措施展开型系统图如图 1－2 所示。

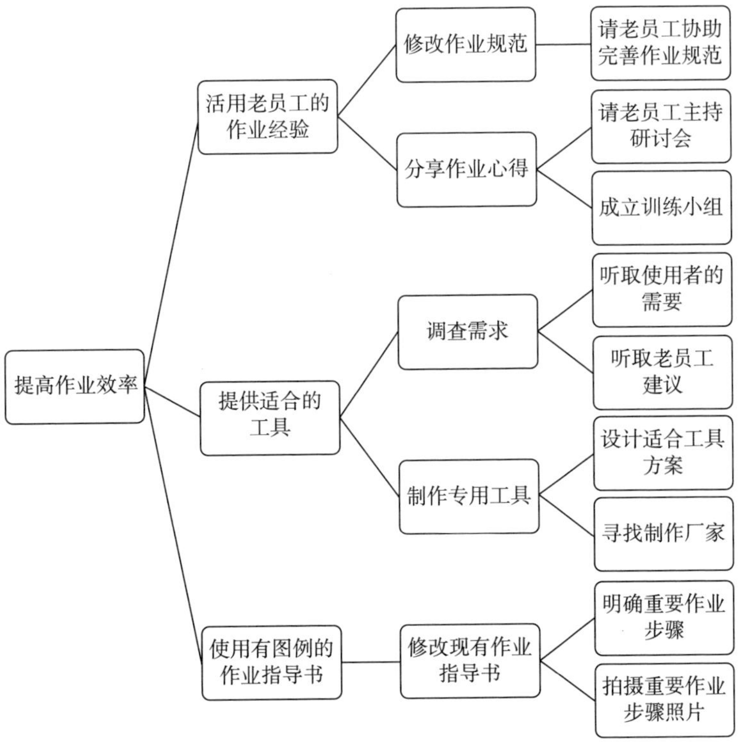

图 1－2　措施展开型系统

二、矩阵图及实施案例

（一）矩阵图法定义

矩阵图法就是从多维问题的事件中找出成对的因素，排列成矩阵图，然后根据矩阵图分析问题，确定关键点的方法。它是一种通过多因素综合思考、探索问题的好方法。

在复杂的质量问题中，往往存在许多成对的质量因素，将这些成对因素找出来，分别排列成行和列，其交点就是相互关联的程度。在此基础上再找出存在的问题及问题的形态，从而找到解决问题的思路。

矩阵图的形式如图 1－3 所示，A 为某一个因素群，A1、A2、A3、

A4……是属于 A 这个因素群的具体因素，将它们排列成行；B 为另一个因素群，B1、B2、B3、B4……为属于 B 这个因素群的具体因素，将它们排列成列；行和列的交点表示 A 和 B 各因素之间的关系，按照交点上行和列因素是否相关联及其关联程度的大小，可以探索问题的所在和问题的形态，也可以从中得到解决问题的启示等。

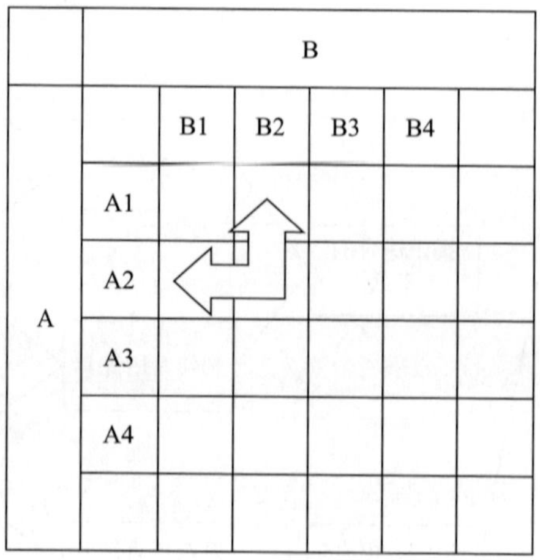

图 1－3　矩阵图的形式

质量管理中所使用的矩阵图，其成对因素往往是要着重分析的质量问题的两个侧面，如生产过程中出现不合格时，需要着重分析不合格的现象和不合格的原因之间的关系。为此，需要把所有缺陷形式和造成这些缺陷的原因都罗列出来，逐一分析具体现象与具体原因之间的关系，这些具体现象和具体原因分别构成矩阵图中的行元素和列元素。

矩阵图的最大优点在于寻找对应元素的交点很方便，而且不会遗漏，显示对应元素的关系也很清楚。矩阵图法还具有以下几个特点：

（1）可用于分析成对的影响因素。

（2）因素之间的关系清晰明了，便于确定重点。

（3）便于与系统图结合使用。

矩阵图法的用途十分广泛，在质量管理中，常用矩阵图法解决以下问题：

（1）把系列产品的硬件功能和软件功能相对应，并从中找出研制新产品或改进老产品的切入点。

（2）明确应保证的产品质量特性及其与管理机构或保证部门的关系，使质量保证体制更可靠。

（3）明确产品的质量特性与试验测定项目、试验测定仪器之间的关系，力求强化质量评价体制或使之提高效率。

（4）当生产工序中存在多种不良现象，且它们具有若干个共同的原因时，希望弄清这些不良现象及其产生原因的相互关系，进而把这些不良现象一举消除。

（5）进行多变量分析、研究从何处入手及以什么方式收集数据。

制作矩阵图一般要遵循以下几个步骤：

（1）列出质量因素。

（2）把成对因素排列成行和列，表示其对应关系。

（3）选择合适的矩阵图类型。

（4）在成对因素交点处表示其关系程度，一般凭经验进行定性判断，可分为三种：关系密切、关系较密切、关系一般（或可能有关系），并用不同符号表示。

（5）根据关系程度确定必须控制的重点因素。

（6）针对重点因素做对策表。

（二）矩阵图法实施案例

矩阵图法实施案例如表 1－1、表 1－2 所示。

表 1－1　统计工具与企业各层人员的“L”型矩阵图

人员 工具	决策层	品管	生产管理	技术管理	QC 小组
老七种工具	★	●	★	▲	●
新七种工具	●	●	●	▲	▲
简易图表	★	●	●	★	
复杂统计工具	●	★	★	●	★
●使用较多　▲使用　★有时候使用					

表 1-2　员工岗位资格矩阵表

姓名	工种 / 部门/现岗位	抛丸	粗出	切割	磨光	电焊	其他能胜任的岗位
顾××	班长		☆		☆		
肖××	副班长		☆		☆		
徐×	抛丸	◇					
陈××	磨光		◇		☆		
许××	磨光				◇		
孙××	电焊			☆		☆	
周×	磨光				◇		
陈×	抛丸	◇					
张×	磨光				◇		
钟××	磨光				◇		
张×	切割			◇			

编制人/日期：　　　　　　　　审核人/日期：

填表说明：

(1)“△”表示为徒工或新上岗，不能独立工作，需要有人指导、培训。

(2)“□”表示为能够独立开展工作，本岗位操作能力不低于“□”级。

(3)“◇”表示为能够独立开展工作，能够发现、解决一般性操作问题。

(4)“☆”表示为能独立开展工作，可协助他人处理、解决一些业务问题，可带徒弟。

三、头脑风暴法及实施案例

(一) 头脑风暴法的定义

头脑风暴法出自“头脑风暴”一词。所谓头脑风暴（Brain - storming）最早是精神病理学上的用语，指精神病患者的精神错乱状态，如今转而为无限制的自由联想和讨论，其目的在于产生新观念或激发创新设想。

在群体决策中，由于群体成员心理相互作用影响，易屈于权威或大多数人意见，形成所谓的群体思维。群体思维削弱了群体的批判精神和创造力，损害了决策的质量。为了保证群体决策的创造性，提高决策质量，管理上发展了一系列改善群体决策的方法，头脑风暴法是较为典型的一个。

采用头脑风暴法组织群体决策时，要集中有关人员召开专题会议，主持者以明确的方式向所有参与者阐明问题、说明会议的规则，尽力创造融洽轻松的会议气氛。主持者一般不发表意见，以免影响会议的自由气氛，由大家“自由”提出尽可能多的方案。

（二）头脑风暴法激发机理

头脑风暴何以能激发创新思维？根据A·F·奥斯本本人及其他研究者的看法，主要有以下几点：

（1）联想反应。

联想是产生新观念的基本过程。在集体讨论问题的过程中，每提出一个新的观念，都能引发他人的联想。相继产生一连串的新观念，产生连锁反应，形成新观念堆，为创造性地解决问题提供了更多的可能性。

（2）热情感染。

在不受任何限制的情况下，集体讨论问题能激发人的热情。人人自由发言、相互影响、相互感染，能形成热潮，突破固有观念的束缚，最大限度地发挥创造性的思维能力。

（3）竞争意识。

在有竞争意识的情况下，人人争先恐后，竞相发言，不断开动思维机器，力求有独到见解、新奇观念。心理学的原理告诉我们，人类有争强好胜心理，在有竞争意识的情况下，人的心理活动效率可增加50%或更多。

（4）个人欲望。

在集体讨论解决问题的过程中，个人的欲望自由，不受任何干扰和控制，是非常重要的。头脑风暴法有一条原则，不得批评仓促的发言，甚至不许有任何怀疑的表情、动作、神色。这就能使每个人畅所欲言，提出大量的新观念。

（三）头脑风暴法实施的步骤

1. 准备阶段

策划与设计的负责人应事先对所议问题进行一定的研究，弄清问题的实质，找到问题的关键，设定解决问题所要达到的目标。同时选定参加会议人员，一般以 5～10 人为宜，不宜太多。然后将会议的时间、地点、所要解决的问题、可供参考的资料和设想、需要达到的目标等事宜一并提前通知与会人员，让大家做好充分的准备。

2. 热身阶段

这个阶段的目的是创造一种自由、宽松、祥和的氛围，使大家得以放松，进入无拘无束的状态。主持人宣布开会后，先说明会议的规则，然后随便谈点有趣的话题或问题，让大家的思维处于轻松和活跃的状态。如果所提问题与会议主题有着某种联系，人们便会轻松自如地导入会议议题，效果自然更好。明确问题，主持人扼要地介绍有待解决的问题。介绍时需简洁、明确，不可过分周全，否则过多的信息会限制人的思维，干扰思维创新的想象力。

3. 重新表述问题

经过讨论后，大家对问题已经有了较深程度的理解。这时，为了使大家对问题的表述具有新角度、新思维，主持人或书记员要记录大家的发言，并对发言记录进行整理。通过记录的整理和归纳，找出富有创意的见解，以及具有启发性的表述，供下一步畅谈时参考。

4. 畅谈阶段

畅谈是头脑风暴法的创意阶段。为了使大家畅所欲言，需要制定的规则是：

第一，不要私下交谈，以免分散注意力。

第二，不妨碍他人发言，不去评论他人发言，每人只谈自己的想法。

第三，发表见解时要简单明了，一次发言只谈一种见解。主持人首先向大家宣布这些规则，随后引导大家自由发言、自由想象，相互启发、相互补充，真正做到畅所欲言，然后整理会议发言记录。

5. 筛选阶段

会议结束后的一两天内，主持人应向与会者了解大家会后的新想法和新思路，以此补充会议记录。然后将大家的想法整理成若干方案，再根据设计的一般标准，诸如可识别性、创新性、可实施性等标准进行筛选。经过多次反复比较和优中择优，最后确定 1 ~ 3 个最佳方案。这些最佳方案往往是多种创意的优势组合，是大家的集体智慧综合作用的结果。

头脑风暴法的正确运用可以有效地发挥集体的智慧，这比一个人的设想更富有创意。

（四）头脑风暴案例

有一年，美国北方格外严寒，大雪纷飞，电线上积满冰雪，大跨度的电线常被积雪压断，严重影响通信。过去，许多人试图解决这一问题，但都未能如愿以偿。后来，电信公司经理应用奥斯本发明的头脑风暴法，尝试解决这一难题。他召开了能让头脑卷起风暴的座谈会，参加会议的是不同专业的技术人员，要求他们必须遵守以下原则：

第一，自由思考。即要求与会者尽可能解放思想，无拘无束地思考问题并畅所欲言，不必顾虑自己的想法是否“离经叛道”或“荒唐可笑”。

第二，延迟评判。即要求与会者在会上不要对他人的设想评头论足，不要发表“这主意好极了”“这种想法太离谱了”之类的“捧杀句”或“扼杀句”，至于对设想的评判，留在会后组织专人考虑。

第三，以量求质。即鼓励与会者尽可能多而广地提出设想，以大量的设想来保证质量较高的设想的存在。

第四，结合改善。即鼓励与会者积极进行智力互补，在增加自己提出设想的同时，注意思考如何把两个或更多的设想结合成另一个更完善的设想。

按照这种会议规则，大家七嘴八舌地议论，有人提出设计一种专用的电线清雪机；有人想到用电热来化解冰雪；有人建议用振荡技术来清除积雪；有人提出能否带上几把大扫帚，乘直升机扫电线上的积雪。对于“坐飞机扫雪”的想法，大家心里尽管觉得滑稽可笑，但在会上也无人提出批评。相反，有一位工程师在百思不得其解时，听到用飞机扫雪的想法后，大脑突然受到冲击，一种简单可行且高效率的清雪方法冒了出来。他想，每当大雪过后，出动直升机沿积雪严重的电线飞行，依靠调整旋转的螺旋桨即可将电线上的积雪迅速扇落。他马上提出“用干扰机扇雪”的新设想，顿时引起其他与会者的联想，有关用飞机除雪的主意又多了七八条。不到一小时，与会的10名技术人员提出90多条新设想。

会后，公司组织专家对设想进行分类论证。专家们认为设计专用清雪机，采用电热或电磁振荡等方法清除电线上的积雪，在技术上虽然可行，但研制费用高、周期长，一时难以见效。因“坐飞机扫雪”激发出来的几种设想是一种大胆的新方案，如果可行，将是一种既简单又高效的好办法。经过现场试验，发现用直升机扇雪真能奏效，一个久悬未决的难题终于在头脑风暴会中得到了巧妙的解决。随着创造活动的复杂化和课题涉及技术的多元化，单枪匹马式的冥思苦想将变得软弱无力，而“群起而攻之”的发明创造战术则显示出攻无不克的威力。

四、检查表及实施案例

检查表是QC七大手法中最简单也是使用最多的手法。因为其简单而不受重视，所以检查表使用的过程中存在不少问题。下面我们将对检查表的正确使用及注意事项等内容进行介绍。

（一）什么是检查表

检查表又叫调查表、核对表或统计分析表，是用以收集和整理信息资料的事先设计好的一类表格。例如：会议签到表、月度考勤表、顾客满意度调查表等，如表1－3所示。

表1－3　电器手柄检查表

种类（项目）	检查结果	累积次数
表面伤痕	正正正正正正下	33
气孔	正正正正	20
加工不良	正正正正正正正丁	37
外形不良	正正正正𠄌	24

续表

种类（项目）	检查结果	累积次数
电镀不良	正正正下	18
其他	正正下	13

（二）使用检查表的目的

系统地收集资料、积累信息、确认事实并对数据进行粗略的整理和分析，也就是确认有没有或者该做的是否完成（检查是否有遗漏）。

（三）检查表的用途

（1）有效解决问题→依据事实→收集资料。

（2）避免观察与分析同时进行。

（3）以记录代替记忆使观察深入。

（4）收集资料时，避免渗入情绪文字叙述等不具体明确因素。

（四）检查表的类型

1. 记录用检查表

（1）主要功用在于根据收集的数据调查不良项目、不良原因、工序分布、缺陷位置等情形。

（2）通常将数据分类成数个项目，以符号、数字记录并作为分析问题、掌握事实及改善用的根据。

2. 点检用检查表

（1）主要功用是要确认作业实施、机械整备的实施情况，或预防发生不良或事故、确保安全时使用。

（2）这种点检表可以防止遗落（防止不小心的失误）、检查作业基准、机械操作、机械的部位……把非做不可、非检查不可的工作或项目按点检顺序列出，逐一点检并记录之（只能做到检查是否确实实施的效果）。

（五）检查表适用范围

（1）选择小团队活动课题。

（2）小团队活动现状调查。

（3）为应用排列、直方图、控制图、散布图等工具、方法做前提性的工作。

（4）为寻找解决问题的原因、对策，广泛征求意见。

（5）为检查质量活动的效果或总结改善的结果收集信息资料。

（六）检查表应用方法

（1）明确收集资料的目的和所需收集的资料。

（2）确定负责人和对资料的分析方法。

（3）决定所要设计的表格形式。

（4）决定记录的形式：选择［○］［×］［㊣］［□］［△］等记号记入。

（5）决定收集的方法：由谁收集、收集的周期、检查时间、检查方法、检查数……均应决定。

（6）记入记号并整理成次数分配表：能直观看出全体的形态，并能兼有收集情报与解析的功能。

（七）注意事项

（1）应尽量取得分层的信息。

（2）应尽量简便地取得数据。

（3）应立即与措施结合。

（4）应事先规定对什么样的数据发出警告，停止生产或向上级报告。

（5）检查项目如果是很久以前制定现已不适用的，必须重新研究和修订。

（八）检查表应用实例

例1：空压机运行检查表如表1－4所示。

表1－4　空压机运行检查表

检查项目	标准	1	2	3	4	5	6	7	8	9	10	11	12	13	…	31
压力	5.5～7KG/CM															
油温	T≤90℃															

续表

检查项目	标准	1	2	3	4	5	6	7	8	9	10	11	12	13	…	31
油位	油镜中线															
储气罐压力	5.5～7KG/CM															
干燥温度	T≤50℃															
散热器	通风流畅、风扇正常															
自动排水	自动正常															
排污	无污水															
检查人																
异常处理																

注：正常△　　异常▲

设备检查表的检查应用是设备保养的基础。

例2：设备点检确认表如表1－5所示。

表1－5　设备点检确认表

确认项目	1日	2日	3日	4日	5日	6日	7日	8日	9日	10日	11日
①冷却水的泻漏	√	√	√	√	√	√	√	√	√	√	
②空气泄漏	√	√	√	√	√	√	√	√	×	√	
③…的过热	√	√	√	√	√	×	√	√	√	√	
④电气线路的短路	√	√	√	√	√	√	√	√	√	√	
⑤……	√	√	√	√	√	√	√	√	√	√	
⑥……	√	×	√	√	√	√	√	×	√	×	
⑦……	√	√	√	√	√	√	√	√	√	√	
⑧……	√	√	√	√	√	√	√	√	√	√	

五、特性要因图及实施案例

（一）因果分析图概念

因果分析图（Cause and effect diagram）又叫石川馨图（由日本专家石川馨首先提出）、特色要因图、树枝图、鱼刺图等。因果分析图是以结果为特性，以原因作为因素，在它们之间用箭头联系起来，表示因果关系的图形，因果分析图能简明、准确表示事物的因果关系，进而识别和发现问题的原因和改进方法。

（二）因果分析图法说明

因果分析图法是从产生问题的结果出发，首先找出影响质量问题的原因，然后再找影响大原因质量的中原因，并进一步找影响中原因质量的小原因……依次类推，步步深入，一直到直接采取措施为止。这种处理问题的方法是一种系统分析方法。

（三）因果分析图应用范围

（1）分析因果关系。

（2）表达因果关系。

（3）通过识别症状、分析原因、寻找措施，促进问题的解决。

（四）因果分析图类型

1. 结果分解型

其特点是沿着“为什么会发生这种结果”这一主题，进行层层解剖。这种方法的优点是对问题进行原因追究，可以系统地掌握纵向之间的因果关系；其缺点是容易忽视某些平行问题或横向之间的关系。

2. 工序分类型

工序分类型的做法是：首先按工艺流程把各工序作为影响产品质量的平行的主次原因找出来，然后把各工序中影响工序加工质量的原因查出来，再填写在相应的工序中。其法优点是简单易行；其缺点是相同的因素会出现在不同的工序中，而且也难于表现数个原因交织在一起的情况，反映不了因素间的交互作用。

3. 原因罗列型

这种方法是允许参与分析的人员无限制地发现意见，把所有意见一一罗列出来，然后再系统地整理出它们之间的关系，最后绘出一致的因果分析图。这种方法的优点是经过多方面的思考和讨论，不会把重要原因漏掉，在整理各因素之间关系时，能客观地对各因素进行深入分析；其缺点是工作量很大，这种方法仅适用于“攻关”分析。

（五）因果分析图的作图步骤

1. 明确提出存在问题的结果（特性），画出主干线（背骨）和鱼头

（1）主干线的箭头要指向右。

（2）特性要尽量做到定量表示。

（3）特性（结果）要明确、响亮，引人注目。

（4）特性要符合本企业工厂方针或问题点。

2. 明确影响质量的大原因，画出大原因的分支线（大骨）

（1）大原因的确定，通常按 5M1E（人员、设备、材料、方法、环境和测量）分类，也可视具体情况而定。

（2）大原因分支线与主干线之间夹角以 60 ~75 度为好。

3. 分析、寻找影响质量的中原因、小原因……画出分叉线

（1）原因之间的关系必须是因与果的关系。

（2）分析、寻找原因，直到可采取措施为止。

（3）分叉线与分支线之间的夹角以 60 ~75 度为好。

4. 找出影响质量问题的关键因素（3 ~5 个要因为宜）

用圆圈“O”或方框框起来，作为制定改进措施的重点考虑对象。这些“要因”经论证后，都将列入对策表。

（六）因果分析图实施案例

表面缺陷产生的原因分析：

（1）将表面缺陷产生的原因从人、机、料、法、环、测六个方面分析，将分析的结果写在相应的 Minitab 工作表内，如表 1－6 所示。

表 1－6　人、机、料、法、环、测原因分析

↓	C1-T	C2-T	C3-T	C4-T	C5-T	C6-T	C7-T	C8-T	C9-T
	人	机器	材料	方法	测量	环境	培训	速度	微米
1	班次	套接字	合金	角度	微米	湿度 %	指导者	太慢	准确度
2	主管人	位	滑润剂	接触	显微镜	凝聚	检验	错误	条件
3	培训	车床	供应商	刹车	检查员				
4	运算符	速度							

（2）从“统计—质量工具—因果”入口，如图1－4所示。

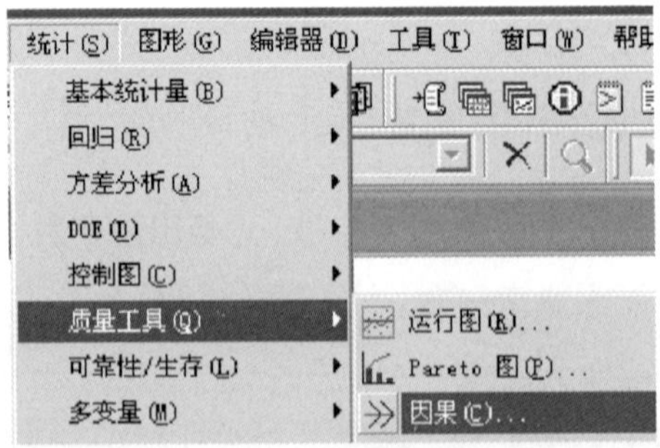

图1－4　从“统计—质量工具—因果”入口

（3）在“原因”选择适应列，在“效应”输入“表面缺陷产生的原因”，在“标题”输入“表面缺陷因果分析图”，有子项目原因细化，点击“子分支”，然后点击“确定”，如图1－5、图1－6所示。

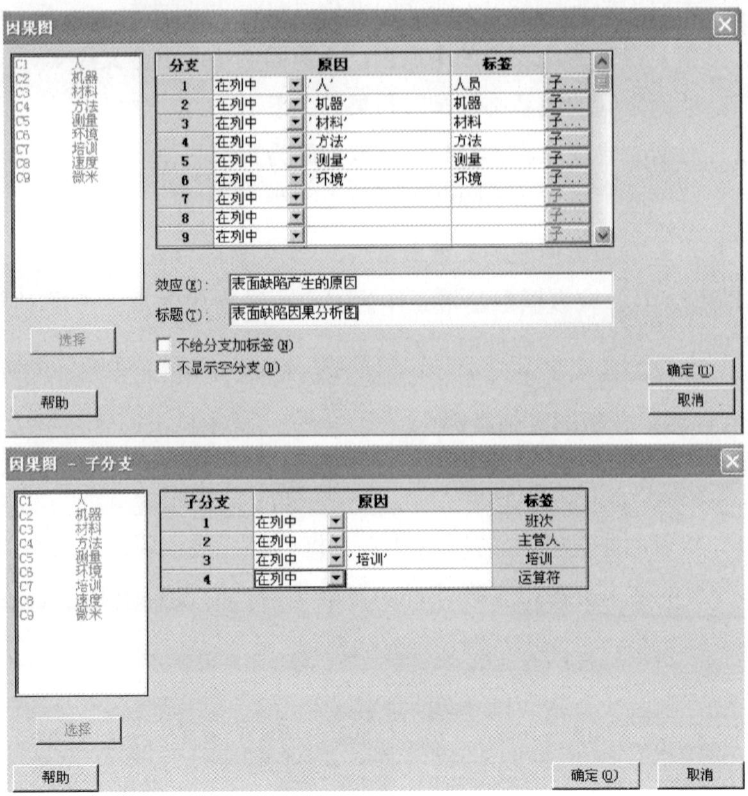

图1－5　因果分析图操作

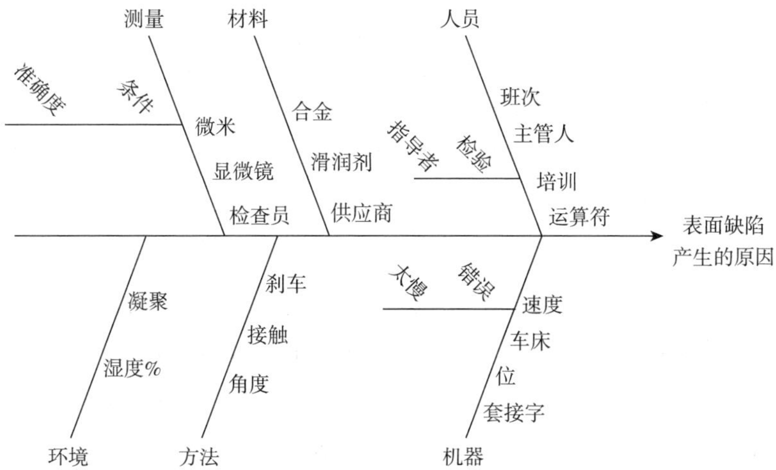

图1-6　表面缺陷因果分析图

（七）画因果分析图的注意事项

（1）因果图只能用于单一目的研究分析，一个主要质量问题只能画一张因果图。

（2）课题的分析要集思广益，一般以召开各种质量分析会形式共同分析，整理出因果分析图。

（3）讨论时，一般采用提问形式为好，易于启发大家深入讨论。

（4）要充分发扬民主，广开言路，畅所欲言。

（5）因果关系的层次要分明，最末层次的原因应寻求至可以直接采取具体措施为止。

（6）“要因”一定要确定在末端因素上，而不应确定在中间过程上。

（7）要对末端因素特别是“要因”进行论证，论证合格的“要因”一定要在对策表上反映出来。

（8）在某种情况下，列出一个过程的主要步骤作为主要原因可能是有益的。当将某过程流程作为改进的结果时，常利用流程图来规定这些步骤。

（9）对关键要因采取措施后，再用排列图等方法来检查其效果。

（八）因果分析图法在应用中常见的问题

（1）没有按系统图法对原因进行分析，主要表现在分析的每一个层次不是“果与因”的关系。有的分析层次不准，由小原因中找出大原因，本末倒置。

（2）不是对分析到最终的原因（即末梢）采取措施，而是在分析到中间就采取措施，往往难以见效。

（3）在应用“两图一表”（排列图、因果分析图、对策表）时，确认的要因和对策表中的原因不对应，确定的质量特性与排列图的主要项目不对应。

（4）在工序质量分析表中把不同的影响因素的质量特性放在一起分析。

（5）对分析出来的原因没有进行确认和验证，就采取措施。

（6）画因果分析图时，不发动员工，不集中员工的智慧，而是凭个人想象闭门造车。

（7）画法不规范，如箭头的方向不对，经确认的要因没有标志、标注不齐全等。

第二节　十大质量统计工具（下）

一、层别法及实施案例

（一）层别法的定义

层别法又叫分层法、分类法、分组法，是整理数据的重要方法之一。

所谓层别法，就是把收集来的原始数据按照一定的目的和要求加以分类整理，以便进行比较分析的一种方法。有的书中对分层法进行细分，将按数据来源进行的分层称为分层法；将按数据的结果进行的分层称为分层图。

（二）分层的原则

分层原则是使同一层次内的数据波动（或意见差异）幅度尽可能小，而层与层之间差别尽可能大，否则就起不到归类汇总的作用。

（三）分层的标志

分层的目的不同，分层的标志也不一样，通常用人、机、料、法、环、时间等作为分层的标志。

人员别：可按年龄、工级和性别等分层。

机器别：可按设备类型、新旧程度、不同生产线和工具类型等分层。

材料别：可按产地、批号、制造厂、成分、规范等分层。

方法别：可按不同的工艺要求、操作参数、操作方法和生产速度等分层。

测量别：可按测量设备、测量方法、测量人员、取样方法和环境条件等分层。

环境别：可按照明度、清洁度、温度分层。

时间别：按不同的班次、日期等分层。

其他：可按地区、使用条件、缺陷部位、不合格类别等分层。

（四）分层的步骤

（1）收集数据或意见。

（2）将收集到的数据或意见根据不同的目的选择分层标志。

（3）分层。

（4）按层归类。

（5）画分层归类图表。

分层法是十分重要的统计方法，常与其他统计方法结合起来应用，如分层直方图法、分层排列图法、分层控制图法、分层散布图法、分层因果图和分层检查表等。

(五) 层别法案例

不合格项目：缸体与缸盖之间漏油 N = 50（套）。

检查情况：三个操作者的操作方法不同；气缸垫由两个制造厂提供，如表 1 – 7、表 1 – 8、表 1 – 9 所示。

表 1 – 7　按操作者层别

操作者	漏油	不漏油	漏油率（%）
张三	6	13	32
李四	3	9	25
王老五	10	9	53
合计	19	31	38

表 1 – 8　按厂家层别

厂家	漏油	不漏油	漏油率（%）
天启	9	14	39
宏历	10	17	37
合计	19	31	38

表 1 – 9　按两种因素交叉层别

<table>
<tr><th rowspan="2">操作者</th><th rowspan="2">现象</th><th colspan="2">厂家</th><th rowspan="2">合计</th></tr>
<tr><th>天启</th><th>宏历</th></tr>
<tr><td rowspan="2">张三</td><td>漏油</td><td>6</td><td>0</td><td>6</td></tr>
<tr><td>不漏油</td><td>2</td><td>11</td><td>13</td></tr>
<tr><td rowspan="2">李四</td><td>漏油</td><td>0</td><td>3</td><td>3</td></tr>
<tr><td>不漏油</td><td>5</td><td>4</td><td>9</td></tr>
<tr><td rowspan="2">王老五</td><td>漏油</td><td>3</td><td>7</td><td>10</td></tr>
<tr><td>不漏油</td><td>7</td><td>2</td><td>9</td></tr>
<tr><td rowspan="2">合计</td><td>漏油</td><td>9</td><td>10</td><td>19</td></tr>
<tr><td>不漏油</td><td>14</td><td>17</td><td>31</td></tr>
<tr><td colspan="2">合计</td><td>23</td><td>27</td><td>50</td></tr>
</table>

二、柏拉图及实施案例

（一）柏拉图的定义

柏拉图（Pareto diagram）又叫帕累托图，也叫排列图。它是将质量改进项目从最重要到最次要进行排列而采用的一种简单的图示技术。

柏拉图由一个横坐标、两个纵坐标，几个高低顺序排列的矩形和一条累计百分比拆线组成。柏拉图最早由意大利经济学家 Pareto 用来分析社会财富分布状况，他发现少数人占有社会上大量财富，而绝大多数人则处于贫苦的状态。少数人左右着整个社会经济发展的动向，即所谓“关键的少数和次要的多数”。后来美国质量管理学专家朱兰博士把它应用于质量管理，因而得名。

柏拉图中横坐标表示影响产品质量的因素和项目，按其影响程度从左到右依次排列，左纵坐标表示频数（如件数、工时、吨位等），右纵坐标表示累计频率（累计百分比）。

（二）柏拉图的作用

一是找出影响产品质量的主要因素（主要问题）；二是识别质量改进的机会，可以整理成排列图的数据。

1. 品质方面

（1）不良品数、损失金额，可依不良项目别、发生场所别、发生制程别、机械别、作业别、原料别、作业方法别等结果或要因区分出“重要的少数，次要的多数”情形。

（2）消费者的抱怨项目、抱怨件数、修理件数等。

2. 时间方面 – 效率

（1）作业的效率 – 制程别、单位作业别等。

（2）故障率、修理时间 – 机械别、设备别等。

3. 成本方面

（1）原料、材料别的单价。

（2）规格别、商品别的单价。

（3）品质成本—预防成本、鉴定成本、内外部损失成本。

4. 营业方面

销售金额别、营业所别、商品销售别、业务员别。

5. 交通方面

（1）交通事故肇事率 – 违规案件类别、车种别、地区别（国家别）。

（2）高速公路超速原因别、肇事死亡原因别。

6. 安全方面

灾害的件数 – 场所别、职称别、人体部位别……

7. 选举方面

（1）票源分布区域。

（2）调查活动区人数分配。

8. 治安方面

（1）少年犯罪率、件数、年龄别。

（2）缉捕要犯件数、人数、地区别、时间别。

9. 医学方面

（1）病因别、年龄别、糖尿病要因别、职业病别。

（2）门诊病患类别、门诊科别。

（三）柏拉图的应用程序

（1）选择要进行质量分析的项目。

（2）选择用于质量分析的度量单位，如出现的次数（频数）、成本、金额或其他度量单位。

（3）收集一定期间的数据。

（4）将收集来的数据按一定分类标志进行分类整理，每层一个项目，填入数据统计表中。

（5）计算各类项目的累计频数、频率、累计频率。

（6）按一定的比例，画出两个纵坐标和一个横坐标。

（7）画横坐标。按度量单位量值递减的顺序自左至右，在横坐标上列出项目。将量值最小的一个或几个项目归并成“其他”项，放在最右端，数量可超过倒数第二项。

（8）画纵坐标。在横坐标的两端画两个纵坐标，左边的纵坐标按度量单位规定，其高度必须大于或等于所有项目的量值和。右边的纵坐标应与左边纵坐标等高，并从 0 ~100% 进行标定。

（9）按各类影响因素的程度大小，依次在横坐标上画出直方块，其高度表示该项目的频数，写在直方块上方。

（10）按右纵坐标的比例，找出各项目的累计百分点，从原点 0 开始连接各点，画出 Pareto 曲线，在左纵坐标的内侧上方注明累计频数。在累计百分比旁注明累计百分数。在柏拉图的下方要注明排列图的名称、收集数据的时间及绘图者等可供参考的其他事项。利用柏拉图确定对质量改进最重要的项目。

（四）柏拉图的观察分析

首先观察柱形条高的前 2 ~3 项，一般说来这几项是影响质量的重要因素。一般把因素分成 A、B、C 三类：

A 类：累计百分数在 80% ~90% 以下的诸因素（关键的少数——应注意这一说法是相对而言）。

B 类：累计百分数在 80% ~90% 的诸因素。

C 类：累计百分数在 90% ~100% 的诸因素。

（五）画排列图的注意事项

（1）纵坐标的高度与横坐标的宽度之比以（1.5 ~2）：1 为好。

（2）横坐标上的分类项目不要太多，以 4 ~6 项为好。

（3）对于影响质量的主要因素可进一步分层，画出几个不同的排列图加以分析，以便得到更多的情况。

（4）主要因素不能过多，一般找出 1 ~2 项主要因素，最多 3 项。如发现所有因素都差不多，有必要考虑重新确定分层原则，再行分层。也可以考虑改变计量单位，以便更好地反映“关键的少数”，如将按“件数”计算变成按“损失金额”计算。

（5）不太主要的项目很多时，可以把最次要的几个项目合并为“其他”项，排列在柱形条最右边。

（6）收集数据的时间不宜太长，一般以1～3个月为好。时间太长，情况变化较大，不易分析和采取措施，时间短，只能说明一时的情况，代表性则差。

（7）视具体情况，首先解决紧迫问题。

（8）在采取措施后，为验证其效果还要重新画出排列图，以便进行比较。

（六）排列图法在应用中常见的问题

（1）数据收集的时间过长或较短，影响了对问题的分析和所采取的措施。

（2）影响问题的项目按类分层不适当，结果造成问题的主次排列颠倒，未能抓住主要矛盾，影响对产生问题的分析，甚至可能出现判断失误。

（3）未能灵活地运用好排列图法，主要表现在纵坐标一味只用质量特性质量值来表示，忽视了经济性，不从“损失金额”和“损失工时”等分析，这样问题解决效果必然要受影响。

（4）分层不彻底，未进行进一步分层。不能追根溯源，找出问题的症结所在。

（5）忽视对“其他”项目的注意。主要表现在排列图中“其他”项目所占的比率很大，这有可能反映出分类整理项目不当，同样也极有可能隐藏着还没有被发现的因素。

（6）未能利用排列图确认改进的效果。采取措施以后，应画出排列图，与采取措施前的排列图相比较，从中可确认改进的效果，看出所采取的措施是否有效果。

（7）画法不规范，如分类项目过多或过少、标注不全、坐标的比例不当、仅有两个项目就画排列图等。

（七）柏拉图实施案例

画图步骤（基于质量软件 Mintab 来画图，详细说明在软件下画图的步骤）：

（1）将整理好的数据填入 Mintab 软件中，如表 1－10 所示。

表 1－10　柏拉图数据

↓	C1-T	C2
	缺陷	数量
1	外折迭	10
2	麻面	100
3	轧折	2
4	外径超差	15
5	壁厚超差	20
6	青线	30
7	矫痕	10
8	弯曲	15
9	孔洞	3

（2）从“统计—质量工具—Pareto 图”入口，如图 1－7 所示。

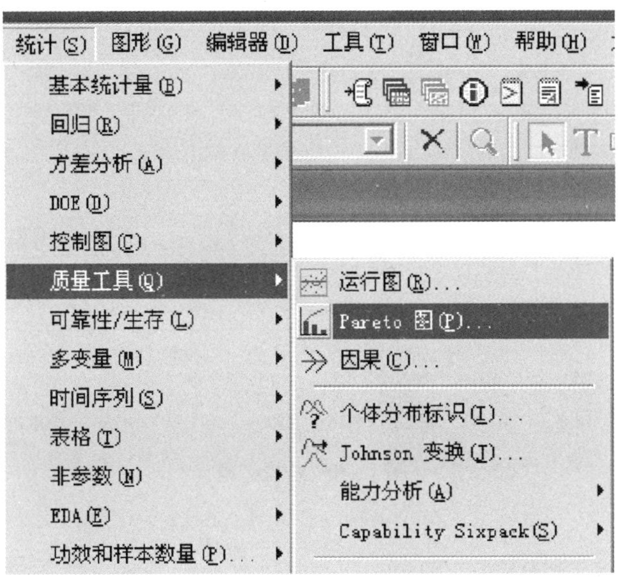

图 1－7　柏拉图操作图 1

（3）选择“已整理成表格的缺陷数据”，在“标签位于”选择“C1 缺陷”，在“频率位于”选择“C2 数量”，点击确认，如图 1－8 所示。

（4）编辑标题如图 1－9 所示。

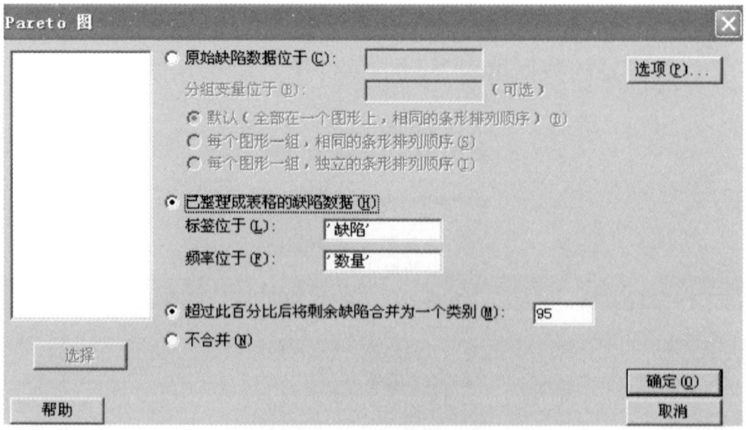

图1-8 柏拉图操作图2

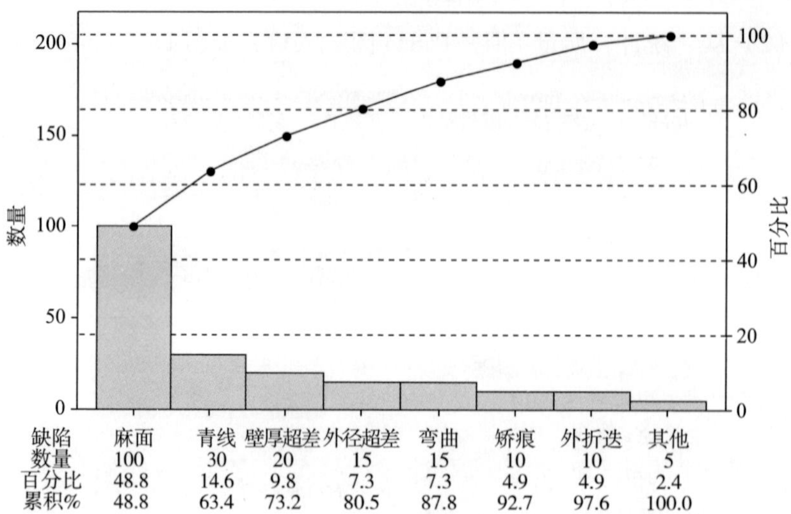

图1-9 编辑标题

三、散布图及实施案例

(一) 相关的概念

变量之间常常是相互联系的，它们之间存在一定的关系，通常有两种类型：

一种类型：变量间的关系是确定的，总可以用某种函数来表达。例如：圆的面积 $S=\pi r^2$，这里变量 r 和 S 间的关系是完全确定的，称之为函数关系。

另一种类型：变量间有某种关系，但又不是确定性的关系，称之为相关关系。

可以看出，函数关系和相关关系是两种不同的关系，但它们之间又没有严格的界限。在理论上存有函数关系的变量，由于实验和测量的误差，数值会有不确定性；而相关变量间本来是没有确定性关系的，但在特定条件下，从统计意义上看，它们又是存在某种函数关系的。

在变量存在相关关系时，又有两种情况：

第一种，这些变量都是随机变量，彼此间地位相同，任一个变量既可以做因变量又可以做自变量。这类问题可以用相关分析解决。

第二种，某些变量是可以控制和测量的非随机变量，称之为自变量，另一个变量与它们有关，这是不可控的，是随机变量，称之为因变量。这里因变量与自变量地位不同，不能互换。这类问题我们用回归分析解决。

相关分析主要用来衡量变量间线性相关的密切程度；回归分析则是定量地给出变量间变化规律，它不仅能够提供变量相关关系的经验公式（回归方程），还可以判明所建立的回归方程的有效性。在方程有效的前提下，可以利用方程做预测和控制，并了解预测和控制的精度。这里只讨论散点图与相关分析，回归分析请参考其他书。

变量之间存在的关系，有下列几种情形：

（1）完全相关关系：这种关系一般可用一个不变的数学公式来表达。

（2）相关关系：变量之间存在密切关系，但又不能由一个（或几个）变量的数值精确地求出另一变量的数值，称这类变量的关系为相关关系。

（3）不相关：事物之间没有关系。

（二）散布图定义及用途

描述两个因素之间关系的图形称为散布图，又叫相关图。

散布图的用途主要有以下两点：

（1）用来发现和确认两组数据之间的关系并确定两组相关数据之间预期的关系。

（2）通过确定两组数据、两个因素之间的相关性，有助于寻找问题的可能原因。

（三）散布图实施案例

跑步时间与摄氧量如表 1－11 所示。

表 1－11　跑步时间与摄氧量

摄氧量	跑步时间	摄氧量	跑步时间	摄氧量	跑步时间
60.055	8.63	44.754	11.12	46.672	10
49.874	9.22	37.388	14.03	40.836	10.95
45.313	10.07	47.273	10.6	45.118	11.08
45.681	11.95	44.811	11.63	45.441	9.63
59.571	8.17	46.774	10.25	45.79	10.47
54.297	8.65	47.92	11.5	47.467	10.5
49.091	10.85	49.156	8.95	51.855	10.33
50.541	10.13	48.673	9.4	46.08	11.17
44.609	11.37	50.388	10.08	39.203	12.88
39.442	13.08	54.625	8.92	50.545	9.93

1. 选定分析对象

分析对象的选定，可以是质量特性值与因素之间的关系、质量特性值与质量特性值之间的关系、因素与因素之间的关系。

2. 收集数据，填入数据表

数据一般要在 30 组以上，且数据必须是对应的，并记录收集数据的日期、取样方法、测定方法等有关事项。

3. 利用 Mintab 软件制作散布图

（1）选择“图形—散点图”，如图 1－10 所示。

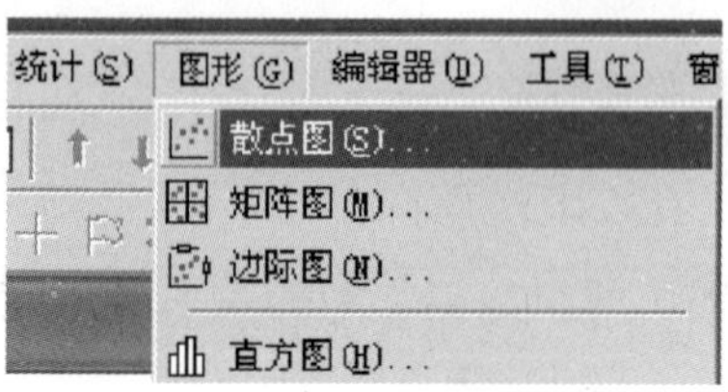

图 1－10　散点图操作 1

（2）选择“简单”，点击“确定”。如果选择包含回归，则得到含有一条回归线的图，如图 1－11 所示。

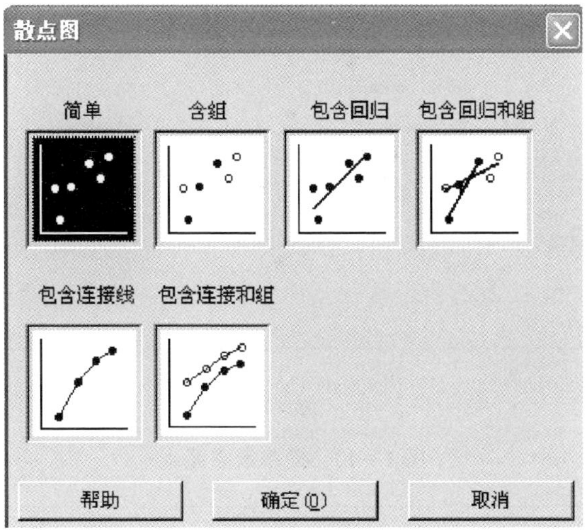

图 1－11　散点图操作图 2

（3）“Y 变量”选择“摄氧量”；“X 变量”选择“跑步时间”；点击“确定”。如图 1－12、图 1－13、图 1－14 所示。

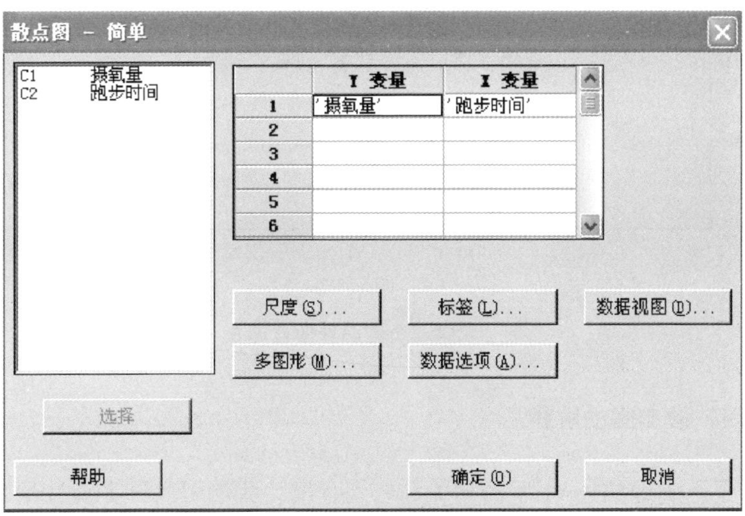

图 1－12　散点图操作图 3

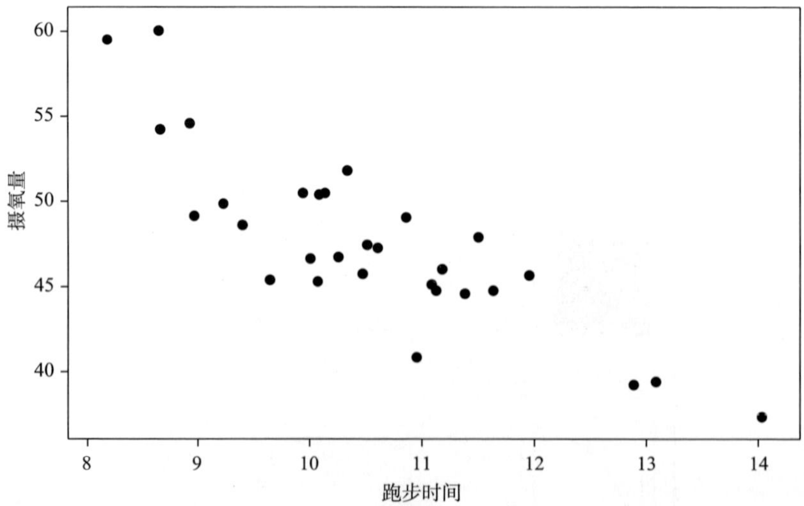

图 1-13　简单散点图 4

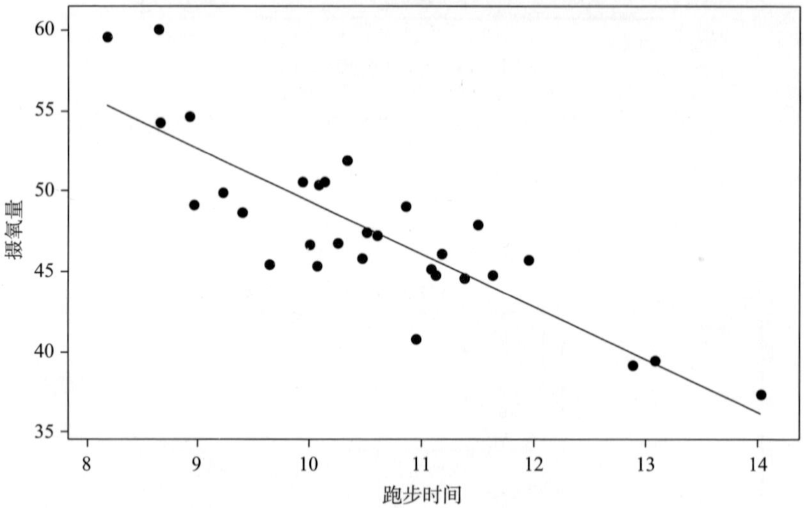

图 1-14　含回归线散点图 5

（四）散布图的解析

为了准确地描述 x、y 的相关和密切程度，我们引入一个统计量来量化它，这就是样本相关系数 r。相关系数 r 的具体数学推导公式在此不做描述，对于实际工作中的应用，关键是要理解相关系数的含义。

相关系数 r 在不同取值范围时与散点图的关系大致如图 1-15、图 1-

16、图 1－17 所示。

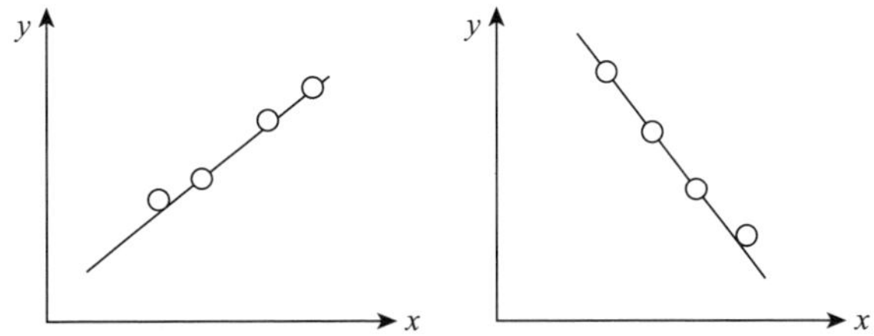

图 1－15　r = ±1 时，x，y 完全线性相关散布图

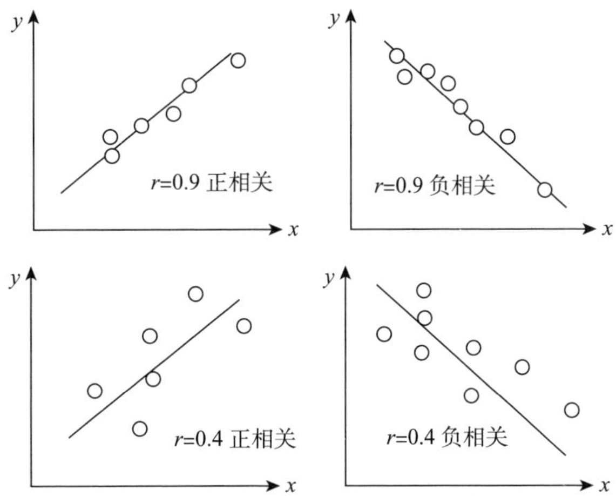

图 1－16　｜r｜ <1 时，x，y 线性相关散布图

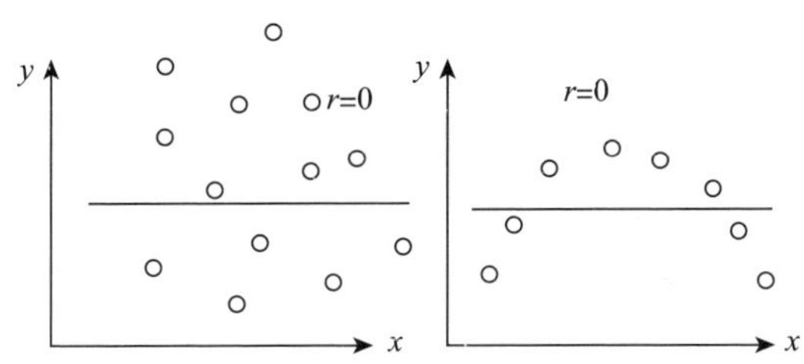

图 1－17　r =0 时，x，y 线性相关散布图

从相关系数的定义及从上述三张图可以看出，r 的绝对值越接近于 1，则数据点与直线越靠拢；r 的绝对值越小，则数据点与直线越远离。直到最后，如果 x 与 y 完全无关，则 r 应该接近于 0。反之，如果 r 接近于 0，我们不能断言“x 与 y 完全无关”。实际上，x 与 y 的关系很可能如图 1－17 右图那样，是有二次函数关系的。因此正确的说法是：如果 r 接近于 0，我们可以断言 x 与 y 非线性相关。总之，相关系数 r 是两个变量间线性相关关系密切程度的度量。

在实际工程中，如果知道某两个变量间没有线性相关关系，那么它们总体的相关系数应该为 0。但由于实验或测量的误差，我们根据样本数据计算出来的相关系数却不会准确等于 0。我们会想到：到底样本相关系数 r 为多大时，才可以认为 x，y 是在统计意义上具有线性相关关系呢？

有些书及教材中说："只要相关系数绝对值大于 0.8，二者肯定相关。"这显然是错误的。原因就在于样本相关系数 r 的分布与样本量密切相关，我们需要通过假设检验的方式加以判断，这里关于假设检验方式不做详细解释。

注意：x 与 y 显著相关并不意味着 x 与 y 间一定存在因果关系，可能它们都以另一个变量为原因。例如：对于一个城市，"当日雨伞的销售量"与"当日道路上交通事故量"高度相关，但二者谁也不是另一者的原因，实际上二者都以"当日降雨情况"为原因。因此，在实际工作中，寻找原因时不能只看相关系数，还要分析变量间关系的结构。反过来说，寻找 y 的原因时，只可能在与 y 有显著密切相关关系的变量组中寻找；与 y 关系不密切者更不可能是 y 的原因。研究相关系数对于质量管理而言还是很重要的。

相关系数的计算可以通过 Minitab 软件来实现。选择"统计—基本统计量—相关"，选择相关变量，得到的结果如图 1－18 所示。

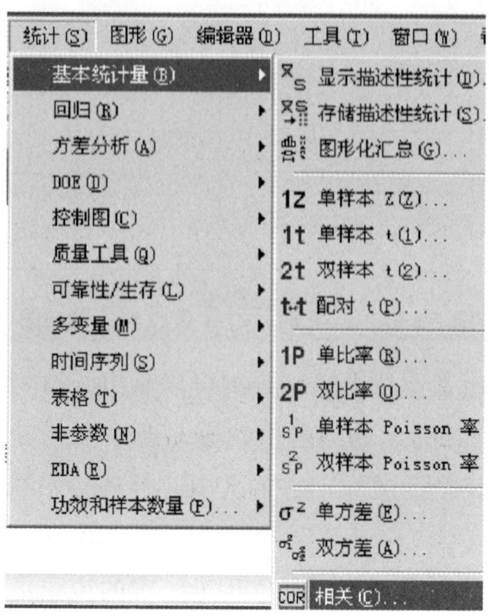

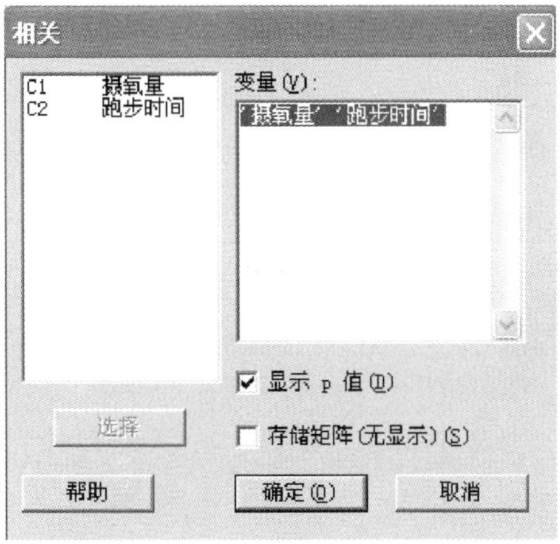

图 1－18　相关性操作

相关：摄氧量，跑步时间

摄氧量和跑步时间的 Pearson 相关系数 = －0. 851

P 值 =0. 000

根据样本量 30、选择 α =0. 05 的要求查表 1 －12 得相关系数 0. 3494，而计算出相关系数为 －0. 851，判定是跑步时间与摄氧量负相关。

表 1 －12　相关系数检验表

P （｜r｜ >r） =α

a / n－2	0. 10	0. 05	0. 02	0. 01	0. 001	a / n－2
1	0. 98769	0. 99692	0. 999507	0. 999877	0. 9999988	1
2	0. 90000	0. 95000	0. 98000	0. 99000	0. 99900	2
3	0. 8054	0. 8783	0. 93433	0. 95873	0. 99116	3
4	0. 7293	0. 7545	0. 8329	0. 8745	0. 95074	4
5	0. 6694	0. 7545	0. 8329	0. 8745	0. 95074	5
6	0. 6215	0. 7067	0. 7887	0. 8343	0. 92493	6
7	0. 5822	0. 6664	0. 7498	0. 7977	0. 8982	7
8	0. 5494	0. 6319	0. 7155	0. 7646	0. 8721	8
9	0. 5214	0. 6021	0. 6851	0. 7348	0. 8471	9

续表

a n－2	0. 10	0. 05	0. 02	0. 01	0. 001	a n－2
10	0. 4973	0. 5760	0. 6581	0. 7079	0. 8233	10
11	0. 4762	0. 5529	0. 6339	0. 6835	0. 8010	11
12	0. 4575	0. 5324	0. 6120	0. 6614	0. 7800	12
13	0. 4409	0. 5139	0. 5923	0. 6411	0. 7603	13
14	0. 4259	0. 4973	0. 5742	0. 6226	0. 7420	14
15	0. 4124	0. 4821	0. 5577	0. 6055	0. 7246	15
16	0. 4000	0. 4683	0. 5425	0. 5897	0. 7084	16
17	0. 3887	0. 4555	0. 5285	0. 5751	0. 6932	17
18	0. 3783	0. 4438	0. 5155	0. 5614	0. 6787	18
19	0. 3687	0. 4329	0. 5034	0. 5487	0. 6652	19
20	0. 3598	0. 4227	0. 4921	0. 5368	0. 6524	20
25	0. 3233	0. 3809	0. 4451	0. 4869	0. 5974	25
30	0. 2960	0. 3494	0. 4993	0. 4487	0. 5541	30
35	0. 2746	0. 3246	0. 3810	0. 4182	0. 5189	35
40	0. 2573	0. 3044	0. 3573	0. 4032	0. 4896	40
45	0. 2428	0. 2875	0. 3384	0. 3721	0. 4648	45
50	0. 2306	0. 2732	0. 3218	0. 3541	0. 4433	50
60	0. 2108	0. 2500	0. 2948	0. 3248	0. 4078	60
70	0. 1954	0. 2319	0. 2737	0. 3017	0. 3799	70
80	0. 1829	0. 2172	0. 2565	0. 2830	0. 3568	80
90	0. 1726	0. 2050	0. 2422	0. 2673	0. 3375	90
100	0. 1638	0. 1946	0. 2331	0. 2540	0. 3211	100

（五）散布图、相关分析法在应用中常见的问题

（1）对于散布图上出现的异常点，未经查明原因任意剔除。

（2）利用软件计算相关系数后，未经进一步的检验就判断变量之间是否相关。

（3）数据的收集未注意在相同条件下进行，易于造成判断失误。

四、直方图及实施案例

（一）直方图定义

直方图是频数直方图的简称。所谓直方图，就是将数据按其顺序分成若干间隔相等的组，以组距为底边，以落入各组的频数为高的若干长方形排列的图。

（二）直方图的用途

（1）直观地看出产品质量特性值的分布状态，使我们比较容易直接看到数据位置状况、离散程度和分布形状，便于掌握产品质量分布情况，并且可与要求的分布进行比较。

（2）显示质量波动状态，判断工序是否稳定。

（3）确定改进方向。通过直方图研究分析质量数据波动状况之后，就可以确定如何进行质量改进。

（4）用以调查工序能力和设备能力。

（三）直方图的画法

（1）从 n 个样本数据中找出最大值和最小值，并计算极差值 $R = max - min$。

（2）对样本进行分组，决定级数 k 和组距 d。k 的取值范围通常为 7 ~ 15，具体值一般随样本量 n 的增加而增加。d 由极差 R 与组数 k 来确定，通常定义为 $d = R/k$。

（四）直方图的观察分析

1. 直方图的形状分析

直方图绘制后，通过其形状分析可判断总体（生产过程）的正常或异常，进而可寻找异常的原因。

2. 直方图和公差界限比较

在机加工中，经常用直方图和公差界限相比较，以判定生产过程中的质量情况。出现异常情况时，应立即采取措施，预防不合格品的产生。

（五）直方图法在应用中常见的问题

（1）随机抽样的样本容量过小。如 N <50，就会造成误差大，且可信度低。

（2）组数和组距确定不当。没有针对样本容量大小选择合适的组数，结果影响对分布状态的判断，组距选择不当，没有取奇数或不是测量单位的整数倍，将会出现骑墙现象。

（3）随机抽取的样本混在一起。把不同条件下取得的样本混在一起，造成分布状态有异，判断有误。

（4）忽视直方图正态性检验的作用。直方图是非正态分布，仍然计算工序能力指数毫无意义。

（5）画法不规范，标注不齐全。如未按规定在图的右上方注明均值、标准差、样本量。

（六）直方图实施案例

（1）选择“图形—直方图”中的“简单”。

（2）指定“图形变量”选择“C1 碳含量”，则可得到图 1－19 的图形输出。如需在图形中输出数值，选择“标签—数据标签”，选择“使用 y 值做标签”。

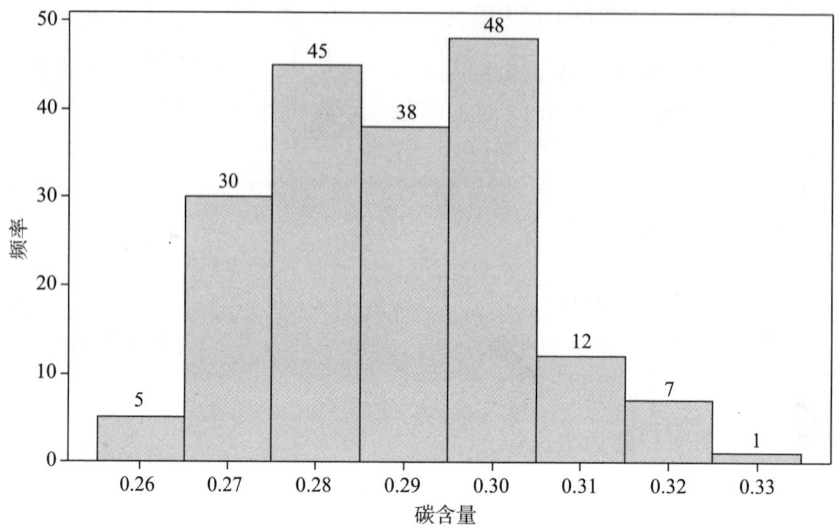

图 1－19　直方图

（3）图形如果需要输出拟合线、均值、标准差。选择“图形—直方图”中的“包含拟合”，其他操作相同，则如图 1－20 输出图形。

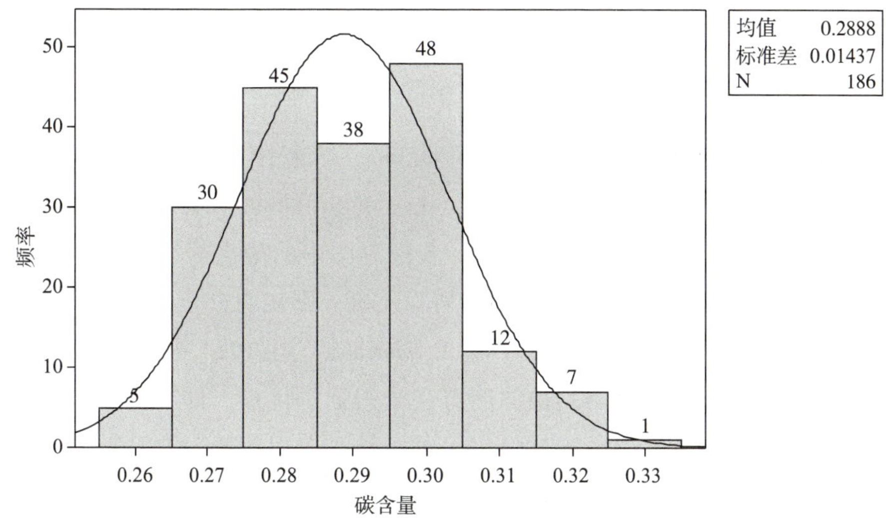

图 1－20　包含拟合线的直方图

五、控制图及实施案例

（一）控制图定义

控制图（Control Chart）又称休哈特图，是对过程质量特性值进行测定、记录、评估和监测，以判断过程是否处于统计控制状态的一种用统计方法设计的图形。通常控制图的横轴总是时间，而其纵轴可以有多种选择。例如：可以是单值，也可以是小组均值；可以是小组极差，也可以是小组标准差等。控制图是 SPC 主要表现形式之一。

导致质量产生变异的因素很多，根据因素对产品质量影响的大小和性质可以将其分为两大类：一类是特殊因素；另一类是随机因素。特殊因素很多，如工艺过程的变动、刀具的过度磨损、人员的变动更换等。这些因素对产品质量的影响是显著的，在技术上容易识别并消除。随机因素也有很多，如温湿度的轻微变化、仪器的微小振动、原材料的细微差异等。这些因素对产品质量的影响是细小的，在技术上不易识别，更不可能消除，但如果从根本上改变了过程，这种波动会大幅减少。休哈特认为，可以以 $\mu \pm 3\sigma$ 为控制限建立控制图，把特殊因素和随机因素区分开。

（二）控制图结构

控制图上有中心线（CL，Central Line）、上控制限（UCL，Upper Control Limit）和下控制限（LCL，Lower Control Limit），并有按时间顺序抽取的样本统计量数值的描点序列，若控制图中的描点落在 UCL 与 LCL 之外或描点类 UCL 与 LCL 之间的排列不随机，则表明过程异常。世界上第一张控制图是美国的休哈特（W. A. Shewhart）在 1924 年 5 月 16 日提出的不合格品率 P 控制图。控制图有一个很大的优点，即在图中将所描绘的点子与控制界限或规范界限相比较，能够直观地看到产品和服务的质量变化。

（三）控制图的重要性

控制图的重要性体现在下列各点：

首先，控制图是贯彻预防原则的 SPC 的重要工具；控制图可用以直接控制与诊断过程，故为质量管理工具的重要组成部分。

其次，日本名古屋工业大学调查了 200 家日本中小型企业（但应答的只有 115 家），结果发现平均每家工厂采用 137 张控制图。这个数字对于推行 SPC 有一定的参考意义。

当然，有些大型企业应用控制图的张数是很多的，例如美国柯达彩色胶卷公司（Eastman Kodak）有 5000 名职工，一共应用了 35000 张控制图，平均每个职工 7 张，为什么要应用这么多张控制图呢？因为彩色胶卷的工艺很复杂，在胶卷的片基上需要分别涂上 8 层厚度为 1～2μm 的药膜；此外，对于种类繁多的化工原料还要应用 SPC 进行控制。

我们追求控制图张数的多少，但可以说，工厂中使用控制图的张数在某种意义上反映了管理现代化的程度。

（四）控制图的原理

一般说来，可以用统计量 T 来代表。对于 T 的分布，我们认为它们是正态分布，可近似为正态分布。实际上，控制图是统计量 T 的正态分布图在时域上的具体展示，它是由 T 的中心线 μ、上下限控制限 $\mu \pm 3\sigma$ 和按时间顺序抽取样本并用统计量的数据点 T 这三个基本要素组成。对于服从或近似服从正态分布的统计量 T，大约有 99.73% 的数据点会落在上下控制限之内，数据点落在上下控制限之外的概率约为 0.27%。根据假设检验的小概率原则，一旦有界限之外的数据点出现，就可判断为异常点，即认为它们是由特殊因素造成的过程变异。

控制图的基本原理可用图 1－21 概括表示。

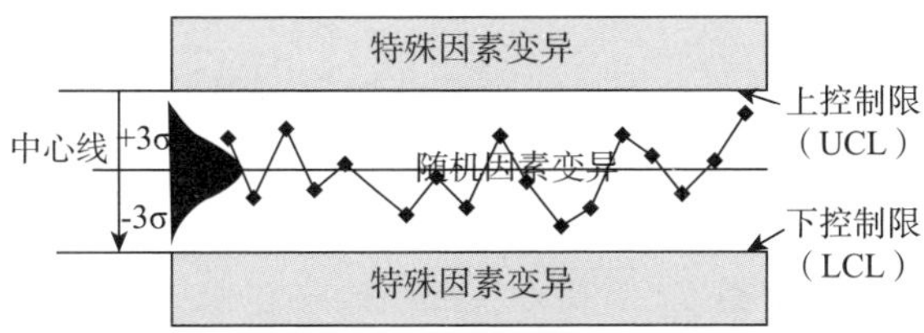

图 1－21　控制图原理示意图

包括"点出界就判异"的准则在内，控制图共有 8 条判异准则用来判断过程是否受控。为了便于具体说明这 8 条准则，可将控制图分为 6 个区，每个区的宽度为 σ。6 个区的标号为 A、B、C、C、B、A，两个 A 区、B 区、C 区都关于中心线对称，如图 1－22 所示。

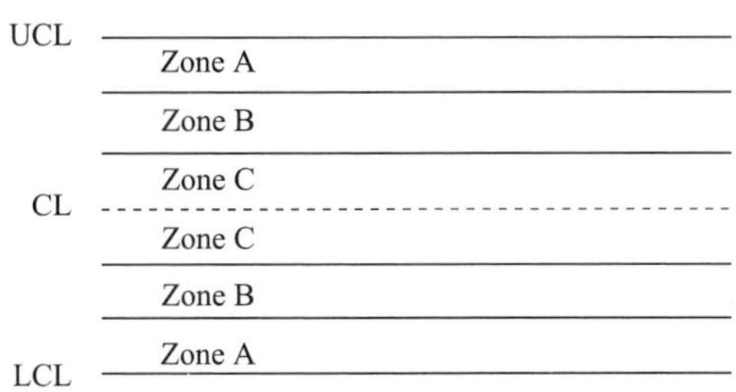

图 1－22　控制图的分区

根据控制图的分区定义，8 条准则可以表达为：

（1）1 点落在控制限之外。

（2）连续 9 点落在中心线同一侧。

（3）连续 6 点递增或递减。

（4）连续 14 点中相邻升降交错。

（5）连续 3 点中有 2 点落在中心线同一侧的 B 区之外。

（6）连续 5 点中有 4 点落在中心线同一侧的 C 区之外。

（7）连续 15 点落在 C 区之内。

（8）连续 8 点落在中心线两侧，但无 1 点在 C 区之内。

统计学上可以证明，上述 8 种现象出现的概率大体都等于或接近于 0.27%，小概率事件的发生导致我们判定为异常。

这里要注意，在 8 条判异准则中，前 4 项其实与分区无关，而后 4 项判断法则是在正态条件下，将 ±3σ 区域分成 6 个子区，按照正态分布中各区中应该出现的概率来制定的法则。因此，后 4 条只有当监控统计严格服从正态分布时才有意义，故而后 4 项判断法只对单值 X 及小组均值 X 的控制图适用，其他各控制图皆只适用前 4 项法则。

（五）控制图的分类

控制图的类型很多，常用的控制图按数据类型分为两类：对于连续变量用计量控制图；对于离散变量用计数控制图。前者有单值—移动极差图（I－MR Chart）、均值—极差图（Xbar－R Chart）、均值—标准差图（Xbar－S Chart）；后者有不合格品率图（P Chart）、不合格品数图（NP Chart）、单位产品缺陷数图（U Chart）和缺陷数图（C Chart）。常规控制图的分类如表 1－13 所示。

表 1－13　常规控制图的分类（GB/T 4091）

<table>
<tr><th>分布</th><th>控制图代号</th><th>控制图名称</th><th>适用数据</th><th>使用说明</th></tr>
<tr><td rowspan="4">正态分布（计量值）</td><td>X－R</td><td>均值—极差控制图</td><td rowspan="2">子组的连续数据，标出子组平均值、子组极差、子组标准差</td><td rowspan="2">X 图使得异常因素带来的波动更突显</td></tr>
<tr><td>X－S</td><td>均值—标准差控制图</td></tr>
<tr><td>Me－R</td><td>中位数—极差控制图</td><td></td><td></td></tr>
<tr><td>X－Rs</td><td>单值—移动极差控制图</td><td></td><td></td></tr>
</table>

续表

分布	控制图代号	控制图名称	适用数据	使用说明
二项分布（计件值）	P	不合格品率控制图	计件离散数据，例如：不合格品数、销售中的流失数等	允许样本大小变化
	np	不合格品数控制图		样本一样
泊松分布（计数值）	u	单位不合格数控制图	计点离散数据，例如：缺陷点数、瑕疵数、数目较小的误差数或错误数等	允许样本大小变化
	C	不合格数控制图		样本一样

综合考虑数据特点和抽样方法等因素，可以归纳出图 1 – 23 所示的“常用控制图的选择路径图”。

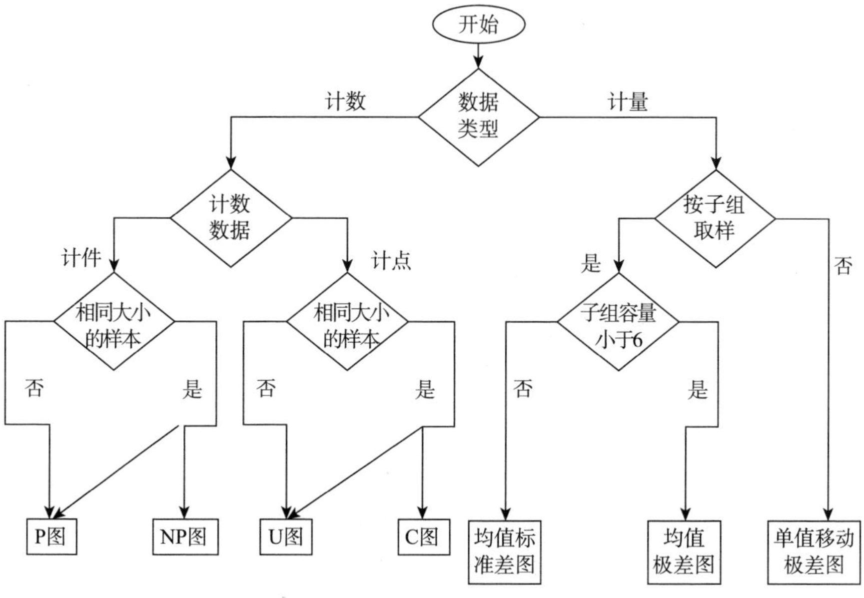

图 1 – 23　“常用控制图的选择路径图”

根据应用的目的不同，控制图又可分为分析用控制图与控制用控制图两个阶段。一个过程开始实施控制图时，通常不会恰巧处于统计控制状态，总会存在一些异常波动。如果就以这种状态下的参数来建立控制图，上、下控制限的间隔一定较宽，会导致判断失误。因此，开始过程控制时，总需要将失控状态调整到统计控制状态，这就是分析用控制图的阶段。

国标中规定，制定分析用控制图时，在合适分组的前提下，至少要采集25组数据，用来计算控制限。如有越界者要根据实际情况判定是否确实出现异常原因（简称异因），确有异因者可以删除此组数据，未发现异因者必须保留此组数据且增大观测组数。分析用控制图阶段要解决的第一个问题是：调整过程、消除异因，以使过程受控；分析用控制图阶段要解决的第二个问题是：在过程受控后，再改进过程，以确保过程能力指数Cp或Cpk等能达到顾客要求。一旦过程实现了上述两点，就可以延长控制限作为控制用的控制图，进入控制用控制图阶段，在线使用。在此阶段，一旦判异，应停产检查找出异因，并在消除异因后再恢复生产，以保持过程的统计控制状态。

（六）控制图的解析

GB/T4091《常规控制图》的解释：控制图理论认为存在两种变异：

第一种变异为随机变异，由“偶然原因”（又称“一般原因”）造成。这种变异是由种种始终存在的且不易识别的原因所造成，其中每一种原因的影响只构成总变异的一个很小的分量，而且无一构成显著的分量。然而，所有这些不可识别的偶然原因的影响总和是可度量的，并假定为过程所固有。消除或纠正这些偶然原因，需要管理决策来配置资源，以改进过程和系统。

第二种变异表征过程中实际的改变。这种改变可归因于某些可识别的、非过程所固有的，并且至少在理论上可加以消除的原因。这些可识别的原因称为“可查明原因”或“特殊原因”，它们可以归结为原材料不均匀、工具破损、工艺或操作的问题、制造或检测设备的性能不稳定等。

准则1的主要原因：计算错误、测量误差、原材料不合格、设备故障等。

准则2的主要原因：过程平均值μ减少的缘故。

准则3的主要原因：可能是工具逐渐磨损、维修逐渐变坏、操作人员技能的逐渐提高等，从而使得参数α随着时间而变化。

准则 4 的主要原因：是数据分层不够的问题，如轮流使用两台设备生产的数据或由两位操作人员轮流进行操作的数据。

准则 5 的主要原因：是由于过程的参数 μ 发生了变化。

准则 6 的主要原因：是由于过程的参数 μ 发生了变化。

准则 7 的主要原因：可能有虚假数据或数据分层不够等。

准则 8 的主要原因：数据分层不够。

（七）控制图注意事项

（1）总体参数与样本统计量不能混为一谈。总体包括过去已制成的产品、现在正在制造的产品及未来将要制造的产品的全体，而样本只是从已制成产品中抽取一小部分。故总体参数值是不可能精确知道的，只能通过以往已知的数据加以估计，而样本统计量的数值则是已知的。

（2）规范限不能用作控制界限。规范限用以区分合格与不合格，控制界限则用以区分特殊因素和随机因素，二者不能混为一谈。

（3）局部问题与对策和系统改进。由异常原因造成的质量变异可由控制图发现，通常由过程人员负责处理，称为局部问题的对策。统计资料表明，这类问题约占过程问题的 15%。由偶然原因造成的质量变异可通过分析过程能力发现，但其改善往往耗费大量资金，需由高一级管理人员决策，称为系统改进。

（4）控制图的作用是及时告警。只在控制图上描描点子，是不可能起预防作用的。必须强调要求现场第一线的工程技术人员来推行，把它作为日常工作的一部分，而质量管理人员则应该起到组织、协调、监督、鉴定与当好领导参谋的作用。

（八）均值—值差图案例

某钢管厂连续生产的钢管，壁厚是一个重要尺寸。对钢管壁厚进行控制，每隔 1 小时抽样 1 次，每次抽取 5 根钢管，共抽样 25 次，测量并记录数据。经检验，钢管壁厚服从正态分布，绘制 Xbar – R 图，如表 1 – 14 所示。

表 1－14 钢管壁厚抽样

	1	2	3	4	5
1	7.65	7.54	7.62	7.73	6.98
2	7.87	8.02	8.05	7.45	7.56
3	7.79	7.38	8.10	7.37	7.73
4	7.55	7.74	7.72	7.53	6.97
5	7.96	7.51	7.42	7.79	8.01
6	7.56	7.72	7.67	7.34	7.58
7	7.86	8.10	7.93	7.52	7.79
8	7.58	7.97	7.43	7.69	8.12
9	7.61	7.38	7.79	7.65	7.54
10	6.93	7.72	7.72	7.63	7.53
11	7.48	7.33	7.65	7.66	7.74
12	7.82	7.94	7.78	7.26	7.91
13	6.90	7.84	7.76	7.67	7.81
14	7.86	7.40	7.72	8.07	7.43
15	7.48	7.48	7.57	8.04	8.16
16	7.75	7.57	7.47	8.15	7.78
17	7.92	7.39	7.52	7.46	7.82
18	7.97	7.43	7.72	7.51	7.75
19	7.41	7.73	7.95	7.83	7.93
20	7.58	7.70	7.92	7.66	8.05
21	7.60	7.53	7.72	7.65	7.94
22	7.67	7.83	7.69	8.17	7.92
23	7.90	7.84	7.25	7.68	7.53
24	7.55	7.61	8.06	8.15	7.51
25	7.67	7.45	7.55	8.10	7.47

计算机软件 MINITAB 的实现方法如下：

（1）“统计—控制图—子组的变量控制图—Xbar－R”进入，如图 1－24 所示。从图中可以看到其他控制图也可以选择相应的命令进行操作运行。

（2）指定“图表的所有观测值均在一列中”为“壁厚”，指定“子组

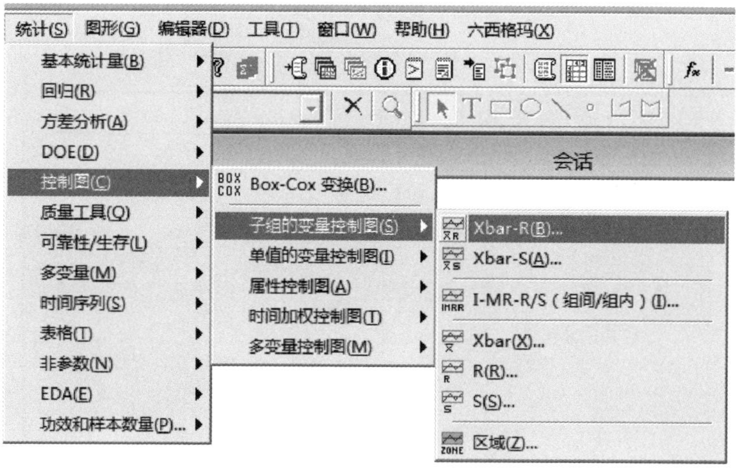

图 1-24　Xbar-R 操作图 1

大小”为“5”，如图 1-25 所示。指定也可根据数据选择“子组的观测值位于多列的同一行中”。

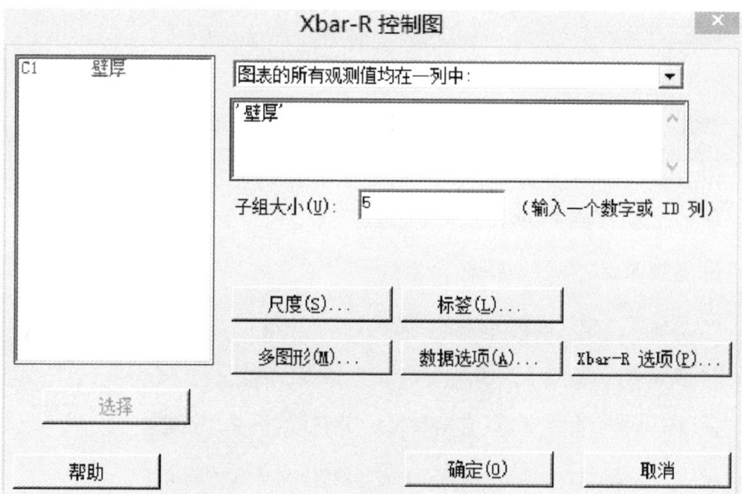

图 1-25　Xbar-R 操作图 2

（3）在“Xbar-R 选项—估计—子组大小 >1”中选择“Rbar”，如图，1-26 所示。

（4）在“Xbar-R 选项—检验”中可以看到前面所说的控制图 Xbar-R 中 8 项判异准则，可根据需要选择，如图 1-27 所示。

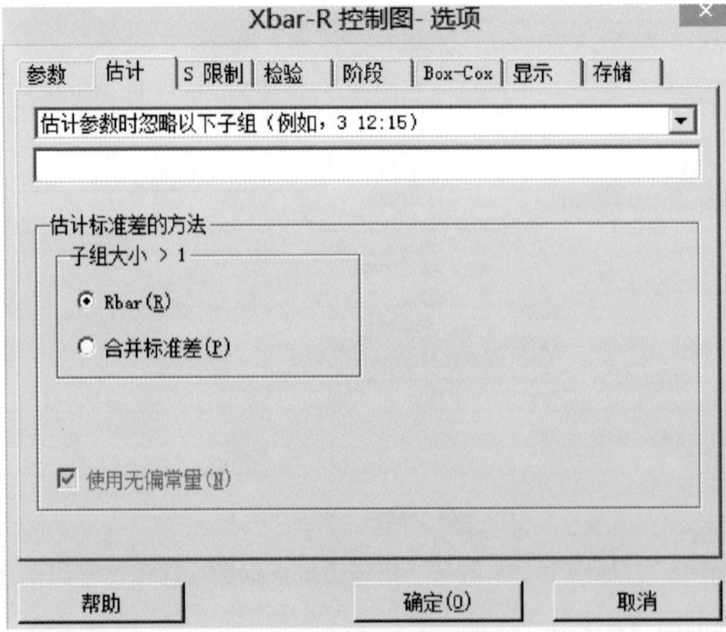

图 1－26　Xbar－R 操作图 3

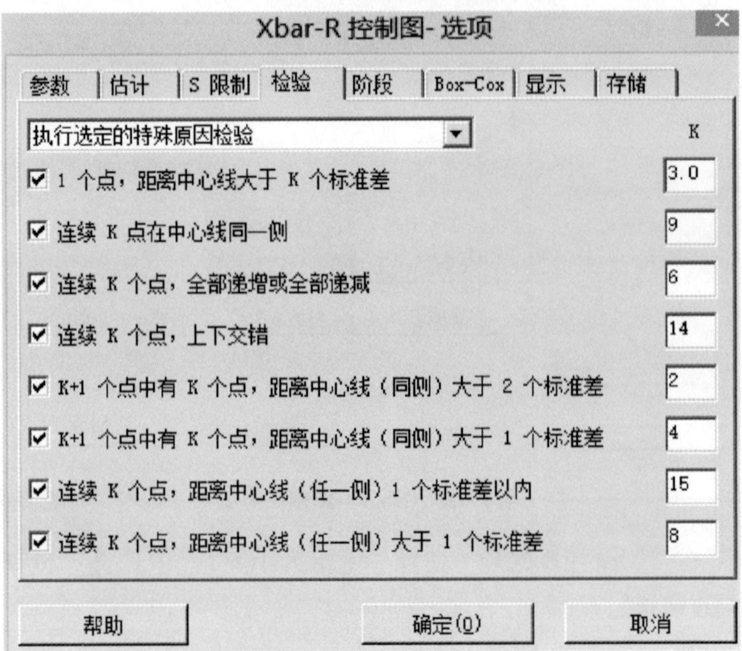

图 1－27　Xbar－R 操作图 4

（5）执行上述所有操作步骤，运行命令后得到图 1－28。

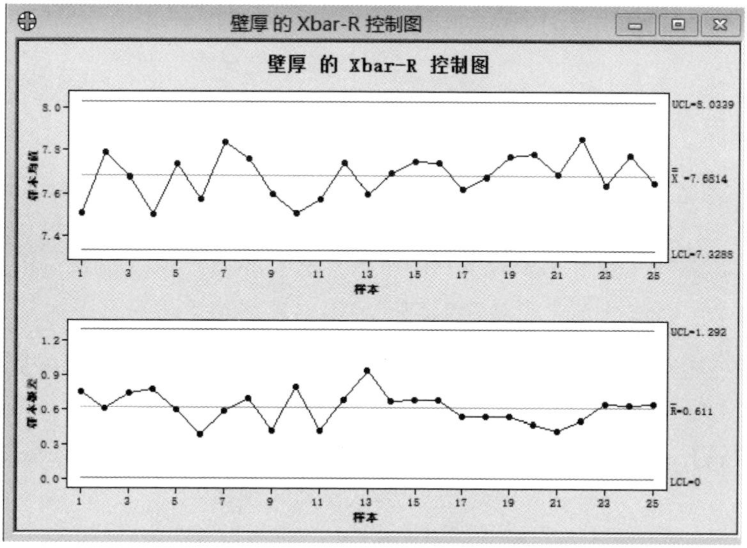

图 1－28　Xbar－R 控制图 5

由图 1－28 可知，极差图和均值图均无异常，我们可以判定壁厚处于统计控制状态。如果同时能够证明该过程的过程能力满足预期要求，就可以延长此控制限，成为控制用的控制图。

第三节　5Why 分析法

这种方法最初是由丰田佐吉提出的。后来，丰田汽车公司在发展完善其制造方法学的过程中也采用了这一方法。作为丰田生产系统（Toyota Production System）的入门课程的组成部分，这种方法成为其中问题求解培训的一项关键内容。丰田生产系统的设计师大野耐一曾经将五问法描述为“……丰田科学方法的基础……重复 5 次，问题的本质及其解决办法随即显而易见”。目前，该方法在丰田之外已经得到了广泛采用，并且现在在持续改善（Kaizen）、精益生产法（lean manufacturing）及六西格玛法中也得到采用。

一、5Why 分析法的要点

5Why 从三个层面实施：

（1）为什么会发生？从“制造”的角度。

（2）为什么没有发现？从“检验”的角度。

（3）为什么没有从系统上预防事故？从“体系”或“流程”的角度。

每个层面连续 5 次或 N 次的询问，得出最终结论。只有上述三个层面的问题都探寻出来，才能发现根本问题并寻求解决。

二、5Why 分析法的步骤

第一部分：把握现状。

步骤 1：识别问题

你开始了解一个可能、模糊或复杂的问题。你掌握一些信息，但一定没有掌握详细事实。这个步骤，要问“我知道什么”。

步骤 2：澄清问题

接下来的步骤是澄清问题。为得到更清楚的理解，要问“实际发生了什么”“应该发生什么”。

步骤 3：分解问题

在这一步，如果必要，需要向相关人员调查，将问题分解为小的、独立的元素。要问“关于这个问题我还知道什么”“还有其他子问题吗”。

步骤 4：查找原因要点（PoC）

现在，焦点集中在查找问题原因的实际要点上。你需要追溯来了解第一手的原因要点。要问“我需要去哪里”“我需要看什么”“谁可能掌握有关问题的信息”。

步骤 5：把握问题的倾向

要把握问题的倾向，要问“谁”“哪个”“什么时间”“多少频次”“多大量”。在问为什么之前，问这些问题很重要。

第二部分：原因调查。

步骤 6：识别并确认异常现象的直接原因

如果原因是可见的，验证它；如果原因是不可见的，考虑潜在原因并核实最可能的原因。依据事实确认直接原因。要问“这个问题为什么发生”“我能看见问题的直接原因吗”“如果不能，我怀疑什么是潜在原因呢”“我怎么核实最可能的潜在原因呢”“我怎么确认直接原因”。

步骤 7：使用“5 个为什么”调查方法来建立一个通向根本原因的原因/效果关系链

要问“处理直接原因会防止再发生吗”“如果不能，我能发现下一级原因吗”“如果不能，我怀疑什么是下一级原因呢”“我怎么才能核实和确认下一级原因呢”“处理这一级原因会防止再发生吗”。

如果不能，继续问“为什么”直到找到根本原因。在必须处理以防止再发生的原因处停止。要问“我已经找到问题的根本原因了吗”“我能通过处理这个原因来防止再发生吗”“这个原因能通过以事实为依据的原因/效果关系链与问题联系起来吗”“这个链通过了‘因此’检验了吗”“如果我再问‘为什么’会进入另一个问题吗”。

确认你已经使用“5 个为什么”调查方法来回答这些问题：

“为什么我们有了这个问题?”

“为什么问题会到达顾客处?”

“为什么我们的系统允许问题发生?”

步骤 8：采取明确的措施来处理问题

使用临时措施处理异常现象直到根本原因能够被处理掉，要问“临时措施会遏止问题直到永久解决措施能被实施吗”。

实施纠正措施来处理根本原因以防止再发生，要问“纠正措施会防止问题发生吗”。

跟踪并核实结果，要问“解决方案有效吗”“我如何确认”。

为什么——为什么分析法检查清单。为确认你已经按照问题解决模型操作，当你完成问题解决过程时，使用这个检查清单。

三、5Why 分析法的实施案例

机器为什么停了？机器超负荷，保险丝断了。

为什么会超负荷？因为轴承润滑不充分。

为什么没有充分润滑？因为润滑油泵供油不足。

为什么会供油不足？因为油泵轴磨损已经摇晃了。

为什么会磨损呢？因为没有过滤器进了粉尘。

下面我们以“外径研磨工序多不良”为例，指出实施五个“为什么”的重点。

1. 将现象明确化

针对不良现象提出“为什么”的疑问，并提出原因会不会是“圆筒磨床外径加工尺寸上有误差”的疑问，这就是“将现象明确化”。

2. 以原理来说明

不要根据以往累积的经验来断定状况发生的原因，一定问“为什么”。要调查设备的零件与测定加工尺寸的误差，要按照加工原理，从砂轮和材料的接触点上找原因。

3. 以物理原理来思考

在观察设备零件的同时，产生“为什么”的疑问，亦即零件的状态如何？调查砂轮和材料接触点的变化情形。

此时就应考虑设备零件是否有下列情况发生：

（1）余隙量不稳定？

（2）切削补正量不稳定？

（3）研磨标准时间不确定？

（4）材料固定状态发生变化？

（5）材料加工之前的工序不良？

经过分析，再实际调查设备精度及材料品质之后，通常可以利用物理机理找出根本原因。

最后，还要对该部位的细节再提出“为什么”的疑问。是否因为“刀具已磨损”或者“螺丝太松”？如果是，加以复原就可以实现“外径加工尺寸零不良”的目标。因此，为了避免造成停机的困扰，当不正常现象发生时，我们必须养成到现场“以物理原理来思考的习惯”，以物理机理来分析现象的成因，探讨设备零件、人与材料的关系。

第四节　8D 问题解决法

一、8D 问题解决法定义

8D 问题解决法（8D Problem Solving）是一种用以界定、矫正和消灭反复出现的质量问题的结构化管理方法，强调团队协同，其目的是产品和过程的改进。

8D 因其包含 8 个解决问题的步骤而得名，其中的 D，是英文“方法（Disciplines）”的首字母。8D 适合以团队为单位来解决问题。8D 指导思想认为，团队作为整体所拥有的智慧要远大于团队成员个体智慧的和。

8D 问题解决法也被称作问题求解法或 Global 8D（G8D）、福特 8D 问题求解法（Ford 8D）、团队导向的 8D 问题求解法（Team Oriented Problem Solving，TOPS8D）。8D 问题解决法主要应用于团队作业对不合格的产品、过程问题、顾客投诉的问题进行解决的场合。

第二次世界大战期间，美国政府采用了一种类似 8D 的流程——“军事标准 1520”，又称为“不合格品的修正行动及部署系统”。

1987 年，福特汽车公司首次用书面语言的形式记载了 8D 法，在其一份课程手册中，这一方法被命名为“团队导向的问题解决法（Team Oriented Problem Solving）”。当时，福特的动力系统部门正被一些经年累月、反复出现的生产问题弄得焦头烂额，因此管理层提请福特集团提供指导课程，帮助其解决难题。

8D 以系统、制式的方式解决问题，广泛应用于各种产业。因为 8D 法有着明显的步骤与逻辑，便于供应链中上下游间对质量问题进行沟通与整合，特别是第三方质量管理体系验证，诸如ISO9000、TS16949标准。在体系中纠正、预防措施的要求下，许多公司会要求上游供货商以8D法作为解决问题的制式方法，每当材料发生质量问题时，需交8D表以确认问题会被彻底解决。

8D虽然不是ISO/TS16949或QS9000的五个核心工具，但是被越来越多的企业用于问题解决过程，而且不仅仅限于汽车行业的供应商，例如：美国国家半导体公司（National Semiconductor）等都应用8D取得可喜效果。特别是企业的质量管理已经转向品质预防为重心的历史阶段，ISO/TS16949（QS 9000）所要求的五个核心工具：PPAP、APQP、FMEA、SPC、MSA都是以预防为出发点，是十分重要且行之有效的管理工具。“智者千虑，必有一失”。事后出现/发现了问题怎么办？组织应有一套解决问题规定的过程以达到识别和消除根本原因。若有客户指定问题解决方式时，组织应使用指定的方式。8D方法便是解决这“一失”的有效过程方法，可谓“亡羊补牢，未为晚矣”。

二、8D实施步聚

8D步骤主要包括组成8D小组、描述问题、实施并验证临时性纠正措施、确认问题的根本原因、选择长期纠正措施、实施和确认长期措施、防止问题再发生、感谢团队贡献，如图1－29所示。公司可根据需要，在8D表的基础上增减、修正，但基本上涵盖问题叙述、短期对策、长期对策、防止问题再发生与文件更新等步骤。

在实施8D法之前，应做好实施8D的各项准备工作，并考虑是否一定需要应用8D（并非所有的问题都需要以团队的8D法来解决）。8D法是基于跨部门的过程管理文化，需要一定程度的持续改善的技能，在实施有效的8D法之前，组织有必要提供相应的培训。

1. 团队方法（D1）

（1）组织/建立问题解决小组。

（2）组员具备必要的知识、技能和授权。

（3）小组的目的是解决问题和执行纠正措施。

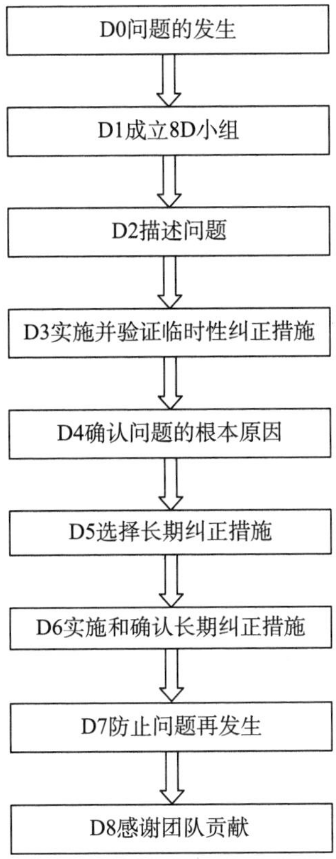

图 1－29 8D 步骤

（5）小组必须选出一位组长。

2. 问题描述（D2）

（1）使用可测量的术语来描述问题。

（2）使用明确的术语，明确具体地描述某个内部或外部顾客的问题。

3. 执行并验证“短期的”纠正措施

（1）确定和执行一些暂时的（Intermediate）措施以保护顾客，直到正式的纠正措施被批准执行。

（2）用数据验证这些措施的效果。

4. 确定和验证“根本原因”（Root Causes）

（1）识别所有潜在的（可能的）“问题为什么会出现”的原因。

（2）对照问题描述及数据检查每一个潜在的（可能的）原因。

（3）为消除“根本原因”轮流识别纠正措施方案（两种或以上）。

5. 验证纠正措施

（1）确认所选定的纠正措施能解决顾客问题且不会引起不希望发生的副作用。

（2）根据问题潜在的严重程度，如有必要，验证另外的措施。

6. 执行正式的（Permanent）纠正措施

（1）必须确定和执行正式的纠正措施。

（2）应持续不断地控制纠正措施的实施，以保证消除“根本原因”。

（3）当制造过程实施正式纠正措施后，监视并控制它的长期效果是必需的。

7. 预防再发生

进行“修改技术规格”“提升培训”“评审作业流程”，“改善习惯做法和过程”的办法，预防该问题或所有相类似问题的再发生。

8. 恭贺你的团队

（1）认可团队完成的纠正措施。

（2）发布成果。

（3）分享和学习你们的知识。

8D 分析报告如表 1－15 所示。

表 1－15　8D 分析报告

<table>
<tr><td>问题编号：</td><td>问题主题：</td><td>开始日期：</td><td>指派给：</td></tr>
<tr><td colspan="2" rowspan="2">问题描述：</td><td>产品生产线：</td><td>产品名称：</td></tr>
<tr><td colspan="2">小组成员：</td></tr>
<tr><td colspan="4">定义和验证临时纠正措施：</td></tr>
<tr><td colspan="4">确定根本原因（完成日期）：</td></tr>
<tr><td colspan="4">实施纠正措施（完成日期）：</td></tr>
</table>

续表

预防措施（完成日期）：			
小组庆祝：			
报告人		审核人	

第二章

Chapter 2

QCC品质圈

第一节　QCC 的定义和作用

一、QCC 品质圈的定义

QCC 英文全称 Quality Control Cycle，中文译作“品管圈”。QCC 就是由同一工作场所的人们，自动自发地结成数人一圈的小团队（又称 QC 小组），然后全体合作，活用品管的手法，发掘工作现场所发生的问题，并自力自主地加以解决的活动。

QCC 概念的四层意思：

（1）QC 小组的人员是全体员工。

（2）QC 小组活动选择课题是广泛的。

（3）小组活动的目的是提高人的素质，发挥人的积极性和创造性，改进质量降低消耗，提高经济效益。

（4）小组活动强调运用质量管理的理论和方法开展活动，突出其科学性。

二、QCC 的起源与发展

QCC 活动起源于 20 世纪 50 年代的日本，当时第一个注册登记的是日本电工公社松山搬运机 QCC 小组。在日本，每年的十一月被定为全国“质量管理小组月”。在这个月里，日本大力促进和强调质量控制和质量管理小组活动。自从石川馨教授于 1963 年组织了第一次 QCC 大会后，每年大约有 200 场质量管理小组大会在日本召开，参加的人数超过五万，提交的质量管理小组报告四千份以上。在日本科学家和工程师协会登记注册的质量管理小组数目超过了一百万个。每个质量管理小组每年平均会提出七十份改善建议。未在日本科学家和工程师协会注册登记的公司数目可能是已登记的质量管理小组数目的三倍。正是这种质量管理小组活动推动日本成了一个质量大国。

1962 年，日本首创了 QC 小组，并把广泛开展 QC 小组活动作为全面质量管理的一项重要工作。之后，在韩国、泰国、中国、马来西亚、美国等 70 多个国家和地区也开展了这一活动。中国取名为 QC 小组，新加坡称之为品管圈，还有一些国家和地区称之为质量小组、改进小组等。

三、国际质量管理小组会议

国际质量管理小组会议（International Convention on Quality Control Circles，简称 ICQCC）是由日本、韩国、中国台湾地区于 1976 年联合发起的，同年在日本召开了第一次会议。1981 年、1985 年在日本召开了第二次、第三次会议。第三次会议以后，扩展为国际会议。1991 年，第九次会议（印度尼西亚）上决定，从 1992 年起，ICQCC 会议主席将轮流担任。次年的主办方任副主席。1997 年、2007 年北京两次承办了 ICQCC。1978 年 9 月，北京内燃机总厂在学习日本的全面质量管理经验的基础上，诞生了中国第一个 QC 小组。当年 12 月，该厂召开了第一次 QC 小组成果发表会。

QCC 的特点突出表现为：

（1）明显的自主性。

（2）广泛的群众性。

（3）高度的民主性。

（4）严密的科学性。

四、QCC 的目的、重心及努力方向

（一）QCC 的目的

（1）通过创新来增强公司生存竞争力。

（2）通过持续改善来增强公司生存竞争力。

（3）通过问题解决来增强公司生存竞争力。

（4）从而，持续不断地保持和提升公司的竞争力。

竞争力的显示：好的产品质量；低的生产成本。所以 QCC 的重心在：提升产品质量；努力降低各项成本。简而言之，又要好又要便宜。

（二）QC 小组活动的努力方向

1. 创新

在于突破以往的各项格局，创新性地提出生产出产品质量更好、产品成本更低的方法。

2. 持续改善

在原有的基础上，努力不断予以优化，以更低的产品成本生产出质量更高的产品。

3. 问题解决

在每次出现问题时，都能迅速采取纠正措施，防止产品及成本的损失和恶化。

五、QCC 品质管理圈的作用

（一）QCC 活动对人的改善作用的主要表现

（1）提高工作主动性和自发性。

（2）增强责任心和敬业精神。

（3）增强团队合作与执行力。

（4）提高组织和沟通能力。

（5）提高分析和解决问题的能力。

（6）提高工作技能和素质。

（7）提高工作热情和互相帮助精神。

（8）增强改善意识。

（9）增强企业的凝聚力。

（10）增强创新与成本意识。

（11）增强时间效率意识和节约意识。

（12）增强品质与服务意识。

（二）QCC 活动对物料管理的改善作用的主要表现

（1）降低物料损耗率与缺料率。

（2）提高物料合格率与利用率。

（3）提高物料台账准确率。

（4）降低搬运损坏率与物料损坏率。

（5）提高仓管员安全意识与整体仓库 5S 管理水平。

（三）QCC 活动对设备管理的改善作用的主要表现

（1）提高设备稼动率及 OEE 综合利用率。

（2）降低设备的故障率。

（3）降低设备的折旧率与维护成本。

（4）减少设备安全事故次数。

（5）提高员工的操作技能与维修水平。

（四）QCC 活动对环境管理的改善作用

（1）增强员工对水电及物品的节约意识。

（2）提高办公和车间场地的整洁度。

（3）有用物品堆放整齐，杂物堆放合理。

（4）报废物及垃圾及时清理，减少空间灰尘与杂屑。

（5）提高员工环境卫生意识。

（五）QCC 活动对作业方法的改善作用

（1）职责权限清晰明确。

（2）工艺设计合理流程简化有效。

（3）作业指导文件简洁并有记录。

（4）检验标准规范实操性强。

（5）QCC 操作实施能力提高并能熟练运用统计与改善工具。

第二节　QCC 的实施

一、如何实施 QCC—PDCA 戴明圆环

QCC—PDCA 戴明圆环如图 2－1 所示。

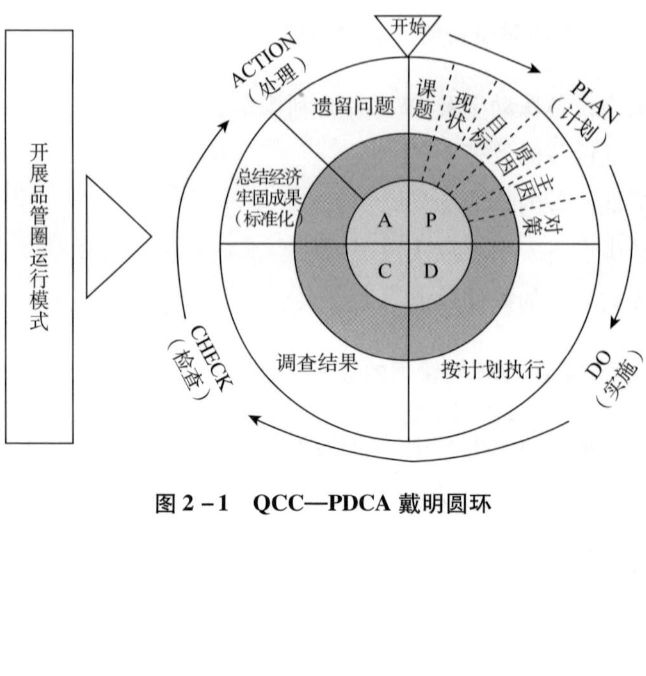

图 2－1　QCC—PDCA 戴明圆环

二、QCC 的导入条件

（1）获得高层领导的支持。

（2）实行全公司教育培训。

（3）针对管理干部举办培训讲座。

（4）建立 QCC 推进组织及职责。

（5）公开 QC 小组活动章程、定期举办成果发布会并形成报告进行公告。

三、QCC 导入的注意事项

（1）QC 小组活动虽是全面推行，但仍以自发主动的方式为主。

（2）各部门要随时协助，而且要不断地给予教育培训，不停地提高水平，QCC 活动才能顺利在公司展开。

（3）QCC 定期需举行会议来执行改进项目的 PDCA。

（4）QCC 组织应建立《QCC 激励方案》，对参与改进项目成员进行奖惩管理。

（5）定期组织 QCC 改进小组成员参观标杆企业（例如：丰田汽车），提高 QCC 改进成员对高水平公司的追求与向往。

四、建立 QCC 推进组织

一般说来，QCC 小组由组长和组员构成，通常由 3～10 人组建。其程序主要有三种：

（1）从下往上。由企业基层员工根据企业的质量方针和质量目标确定课题，自由组建。

（2）从上往下。根据企业当年质量工作的难点和任务，有计划、有步骤地组建 QCC。

（3）上下结合组建。上级部门推荐课题和任务，与下属单位协商确定课题，员工自愿参与组建小组，如图 2－2 所示。

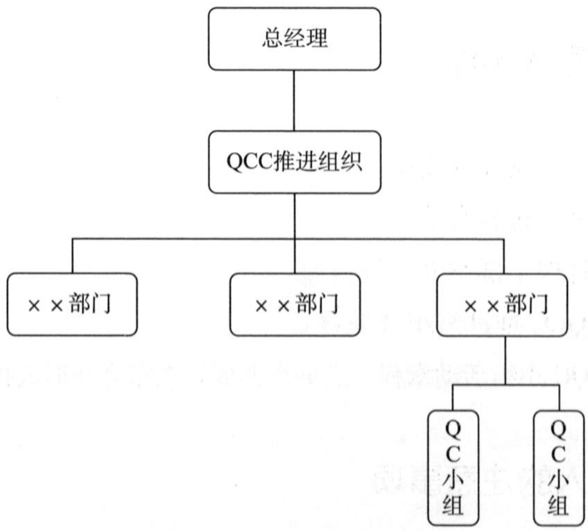

图 2－2　QCC 上下结合组建

第三节　QCC 的推行

一、QCC 圈长或组长的职责与权限

（一）如何选取圈长或组长

（1）初次组织“QC”小组可由组长、管理员当任小组长。

（2）小组活动开展起来以后，可由小组中优秀成员或对课题有直接关系的人当任小组长。

（3）通过选举产生小组长，在一定的条件下也可适当轮换。

（二）圈长或组长的职责

（1）抓好 QC 小组的质量教育。组长应该是经验丰富，业务和技术熟练，质量管理知识掌握得较好的人，他的任务是指导组员学好全面质量管理理论方法，并有效地运用于实践中。

（2）制定小组活动计划，并按计划组织好小组活动。

（3）QC 小组的日常管理工作。QC 小组组长应对 QC 小组实施有效的管理，同时组织 QC 小组成员开展一些文娱、体育、社交等活动，为大家创造一个宽松愉快的工作环境。

（三）对圈长或组长的要求

（1）有推行 TQM 的恒心和热情。

（2）丰富的业务知识及较强的组织沟通能力。

（3）对持续改进工具熟悉，有丰富的项目管理经验。

（四）对小组成员的职责与要求

（1）根据 QC 小组活动计划，按时参加活动与专题会议。

（2）在 QC 小组中，发挥自己的聪明才智和特长。

（3）按时完成小组分配的任务。

二、QCC 推行活动

（一）QCC 活动的基本条件

（1）领导对 QCC 思想上重视、行动上支持。

（2）员工对 QCC 有认识、有要求。

（3）培养一批 QCC 的骨干。

（4）建立健全 QCC 的规章制度

（二）QCC 要求的管理技术

1. PDCA 戴明圆环的运用，如图 2－3 所示

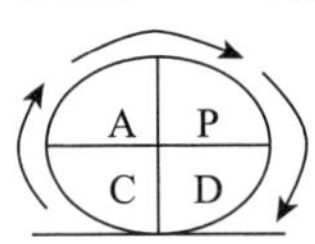

图 2－3　PDCA 戴明圆环的运用

戴明圆环特点：首尾相联；大环套小环；环环上台阶，保持持续改进。

2. 数据说话

QC 小组活动过程中的课题选定、目标制定、问题分析、要因确认、对策措施的制定和效果评价等，都要有证据来说明。所提供的证据都必须是客观存在的，经得起检验和推敲的事实和数据。

3. 统计技术工具的运用

详见第一章质量管理工具的应用。

（三）中小企业推行 QCC 的主要步骤及内容

表 2－1　中小企业推行 QCC 的主要步骤及内容

工作阶段	序号	工作项目	主要内容
准备阶段（P）	1	QCC 品管圈现状诊断	诊断报告
	2	成立 QCC 品管圈推行组织	品管圈活动章程 建议推行组织名单
	3	基础培训	QCC 基础知识培训（领导层、基层） 统计方法培训 QC7 工具及其他工具
实施阶段（D）	4	品管圈的选题理由	选题检查表
	5	品管圈课题的选定	课题的决定
	6	制定品管圈的推行计划	活动计划表 主要的作业流程图
	7	现状调查发掘问题点	现状调查表、排列图
	8	目标值的设定	目标排列图或直方图
	9	原因分析	鱼骨图、关联图等
	10	原因验证	因子矩阵图、假设检验
	11	制定对策措施及改进工作跟进表	对策实施计划表
	12	对策试行及检讨对策	对策验证统计分析表
	13	实施	实施计划与过程记录
检查阶段（C）	14	效果检查	社会、经济效益总结分析
	15	巩固措施与标准化	制定标准作业指导书与检验规范等标准文件
	16	总结及下一步打算	遗留问题点的提出

续表

工作阶段	序号	工作项目	主要内容
总结阶段（A）	17	QCC 活动记录汇总	会议记录、培训记录及改善记录等
	18	成果发表	QCC 成果发表报告及 PTT 发表用报告
	19	实施新课题	按序号 4 重复

（四）QCC 活动的程序

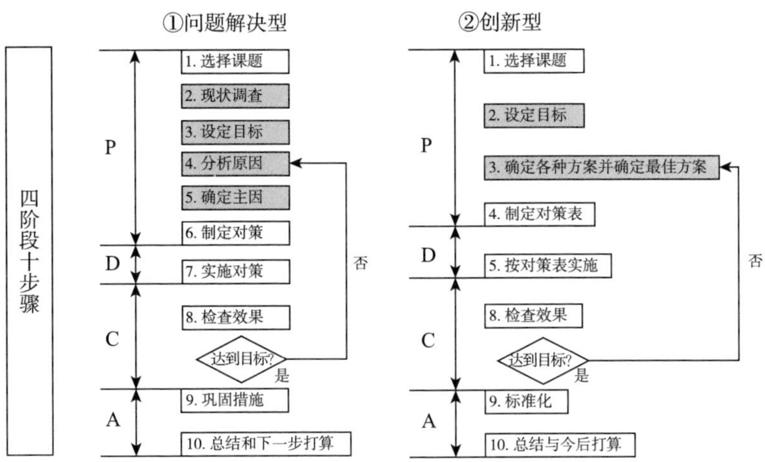

图 2－4　QCC 活动的程序

三、QCC 的选题与执行步骤

1. 指令性课题——主要是技术攻关等

2. 指导性课题

根据企业发展需要，公布一批课题后，QC 小组根据自身的特点选择相应的课题。

3. 自行选择课题则完全由 QC 小组自行决定

（1）针对上级方针、目标在本部门落实的关键点来选题。

（2）从现场或小组本身存在的问题方面选题。

（3）从顾客不满意的问题中去选题。

4. 选题的范围是广泛的，概括有5大方面

（1）提高质量与降低成本。

（2）提高出勤率、生产率，加强定额管理。

（3）开发新产品，开设新的服务项目。

（4）提高顾客满意度。

（5）提高设备安全管理。

5. QCC 选题的注意事项

（1）QC 小组要解决的不是一个大层面的问题，而是某一个具体的小问题，QC 小组选题不宜过大。

（2）小课题易于取得成果，活动周期短，能更好地鼓舞小组成员的士气。

（3）小课题短小精干，大部分对策都能由本小组成员自己来实施，更能发挥本组成员的创造性。

（4）小课题大部分是在本小组的生产（工作）现场存在的问题，取得的成果也是自己受益，能更好地调动小组成员的积极性。

（5）小课题容易总结成果。

（6）课题的名称应能一目了然地看出是要解决什么问题，不可抽象，如“降低××合格率”“提高××效率”。

6. QCC 方法在企业中的定位，如图2-5所示

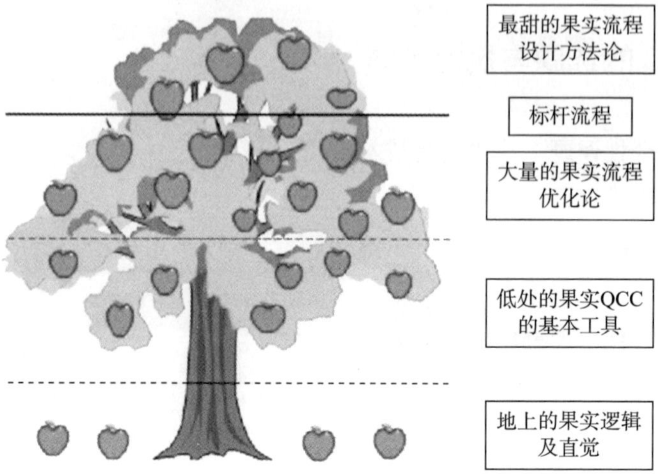

图2-5　QCC 方法在企业中的定位

7. QCC **品管圈的分类**

（1）现场型：主要以班组、工序、服务现场职工为主，以稳定工序、改进产品质量、降低物质消耗、提高服务质量为目的，如表 2－2 所示。

表 2－2 现场型 QCC 品管圈

序号	QCC 类型	特点	活动周期	难度	主题内容举例	适应场所
1	现场型	以现场管理改善为核心，改进现场管理人、机、料、法、环等要素中的一个或几个方面；课题小、问题集中、解决速度快，容易出成果	活动周期短	一般	提高产品和工序质量；降低损耗和报废；生产环境改善；设备改善等	生产、品质、设备、仓库等部门工作场所

（2）攻关型：一般由主管、工程技术人员和员工三结合组成，以解决有一定难度的质量关键为目的，如表 2－3 所示。

表 2－3 攻关型 QCC 品管圈

序号	QCC 类型	特点	活动周期	难度	主题内容举例	适应场所
2	攻关型	以技术或工艺课题攻关为核心，进行某一方面的工艺或技术的突破改进	活动周期较长	较大	产品技术改良；工艺改进；改进产品缺陷；模具设计改进；设备技改等	生产、技术、开发、设备等部门工作场所

（3）管理型：以管理人员为主，以提高工作质量、改善与解决管理中的问题、提高管理水平为目的，如表 2－4 所示。

表 2－4 管理型 QCC 品管圈

序号	QCC 类型	特点	活动周期	难度	主题内容举例	适应场所
3	管理型	以改善管理质量和水平为核心，提高管理效能为目的，涉及企业管理的各个方面	活动周期有长有短	较大	提高沟通效率和效果；增强培训效果；降低管理费用；减少安全事故；提高管理人员的领导能力	生产、采购、物料、设备、行政、人力资源管理等部门工作场所

（4）服务型：由从事服务性工作的员工组成，以提高服务质量，推动服务工作标准化、程序化、科学化，提高经济效益和社会效益为目的，如表2－5所示。

表2－5　服务型QCC品管圈

序号	QCC类型	特点	活动周期	难度	主题内容举例	适应场所
4	服务型	以改善服务质量为核心，推动服务工作标准化、程序化、科学化，提高服务经济效益和社会效益为目的	活动周期有长有短	一般	提高为顾客服务意识；提高员工对工作的满意度；提高服务水平；降低客户抱怨率等	销售、人力资源管理、行政管理等部门及场所

（5）创新型：由QC小组成员运用新的思维方式、创新的方法，开发新产品（项目）、新方法，实现预期目标的课题。创新型课题与前面四类课题的活动程序有所不同。

表2－6　创新型QCC品管圈

序号	QCC类型	特点	活动周期	难度	主题内容举例	适应场所
5	研发项目型	以提高项目质量，缩短项目周期，降低项目采购成本为目的	活动周期较长	较大	缩短项目管理周期，例如DV产品认证改用开发模拟软件替代实物功能测试	研发与项目部门

8. 现状调查分析

（1）调查现状。为了解课题或问题的目前状况，必须认真做好现状调查。

（2）在进行现状调查时，应根据实际情况，尽量对现有的数据、资料整理，包括一段时间的数据资料。

（3）对现实工作、现场、产品做详细的观察与分析。

（4）掌握现状与现实课题目标之间的关系。

（5）使用工具：应用不同的QCC工具（如调查表、排列图、折线图、柱状图、直方图、管控图、饼分图等），进行数据的搜集整理（统计工具如何使用详见第一章质量管理工具的应用。

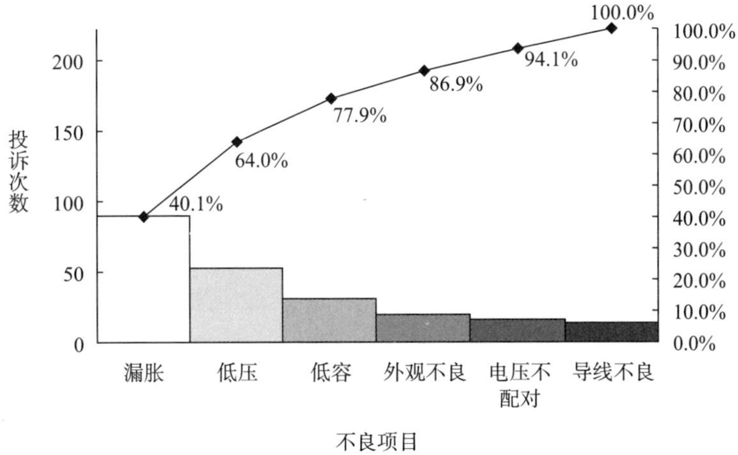

图 2-6 排列图

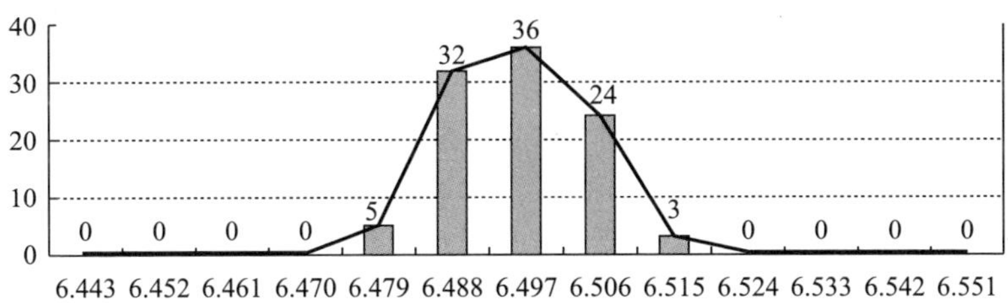

图 2-7 直方图

9. 设定目标

选定课题，初步了解现状后，应确定合理的目标值。

目标值的确定要求：

(1) 注重目标值的定量化，使小组成员有一个明确的努力方向，便于检查，活动成果便于评价。

(2) 注重实现目标值的可能性，既要防止目标值定得太低，小组活动缺乏意义，又要防止目标值定得太高，久攻不克，使小组成员失去信心。

确定目标尽量与同行业横向比较，与国际先进水平比较。

目标设定的 SMART 原则：

(1) Specified（具体的）：项目一定要简单、具体，“缺陷”是什么一定要界定得非常清楚。

（2）Measurable（可测量的）：目标可进行测量并能分析。

（3）Attainable（可达到的）：目标预计是可以达成的。

（4）Reasonable（合理的）：项目要考虑先进性及成功的可能性。

（5）Time－based（时间基准）：是在一定时间内能实现的项目。

10. 分析原因与确定主要原因

我们要针对所存在的问题分析原因。为了使问题产生的原因分析得更彻底，我们可以运用5M1E方法。在分析原因时为了更好地展示问题的全貌，我们可以追问为什么（5Why），然后正确地应用统计方法。

在原因分析中常用的统计工具有：

（1）鱼骨图如图2－8所示。

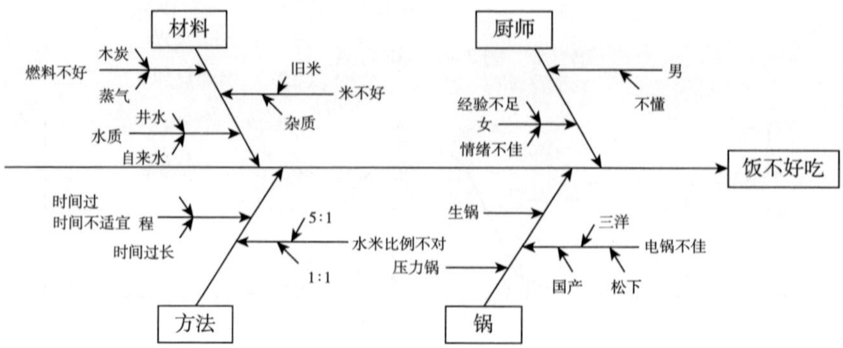

图2－8　鱼骨图

（2）关联图如图2－9所示。

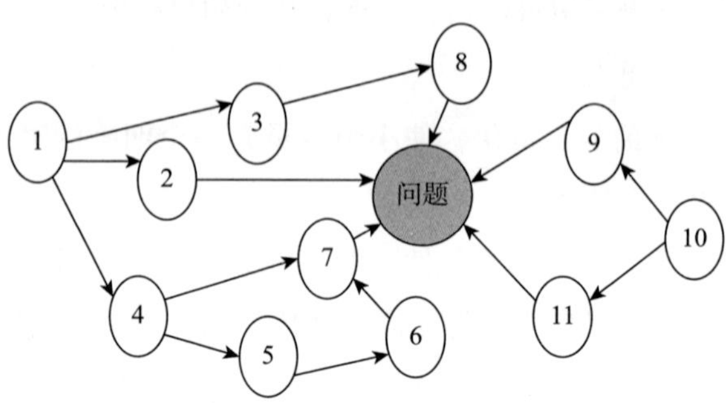

图2－9　关联图

（3）系统图如图2－10所示。

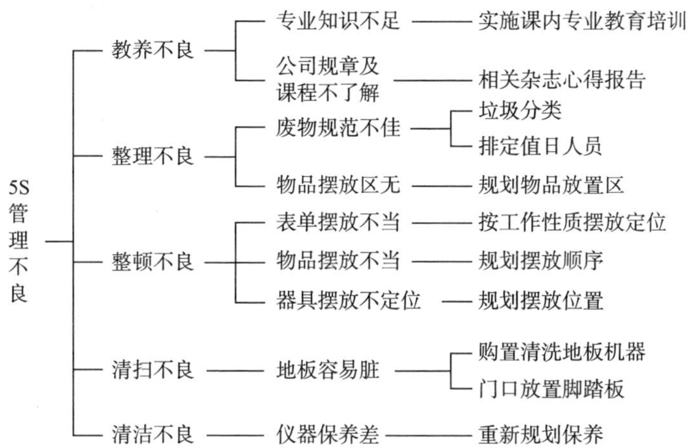

图 2－10　系统图

上述几种方法的对例如表 2－7 所示。

表 2－7　原因分析常用统计工具

方法	适应场所	原因之间的关系	展开层次
鱼骨图	针对单一问题进行分析	原因之间没有交叉影响	一般不超过四层
系统图	针对单一问题进行分析	原因之间没有交叉影响	没有限制
关联图	对单一问题进行原因分析	原因之间有交叉影响	没有限制
	对两个以上问题一起进行原因分析	部分原因把两个以上的问题纠结在一起	

11. 制定对策

主要原因确定后，要制定相应的措施计划，明确各项问题的具体措施，要达到的目的，谁来做，何时完成以及检查人等（即 5W1H）。以要因展开制定对策要有针对性。制定措施要注意把专业技术和管理技术统一考虑。制定措施要经过小组讨论后，有条件最好对措施进行风险评估，以确定是否采用此措施。(可行性、效果、经济性、实现性)

表 2－8　QCC 常用对策表头

序号	原因	对策	目标	措施	地点	时间	负责人

12. 按对策实施

（1）按措施计划分工实施。小组长要组织成员，定期（一周）或不定期地研究实施情况。

（2）定期整理分析数据材料。

（3）随时了解课题进展，发现异常或无效，及时召开会议，确定补救方法。

（4）每条对策实施完毕，要再次收集数据，与对策表中所定的目标进行比较，以检查对策是否已经彻底实施并达到了要求。

（5）活动实施期间应做好活动记录：每条对策的具体实施时间，参加人员，活动地点，具体怎么做的，遇到什么困难，如何克服的，花了多少费用，以便为最后整理成果报告提供依据。

13. 检查效果

效果检查是把措施实施前后的情况进行对比，看其实施后的效果，是否达到了预定的目标。

如果达到了预定的目标，小组就可以进入下一步工作；如果没有达到预定目标，就应对计划的执行情况及其可行性进行分析，找出原因，在第二次循环中加以改进。

如以图表表示绩效，应采用活动前后对比的方法。计算经济效益，则用经济语言说明效果，要实事求是，不可夸大。要将无形的效果和有形的效果融为一体考虑。常使用的工具主要有检查表、柱状图、推移图等。

示例一：

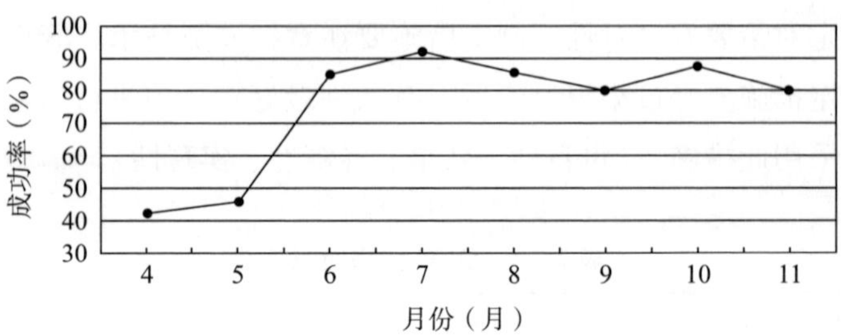

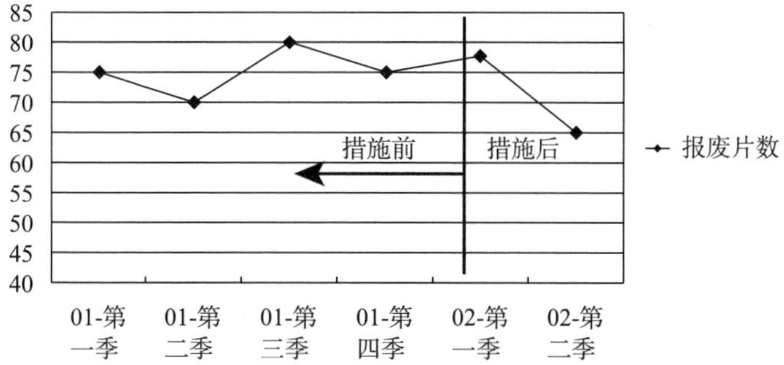

图2-11 改善前后推移图

示例二：

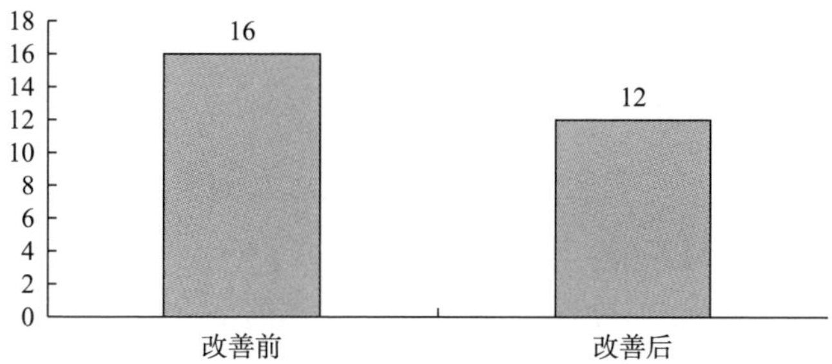

图2-12 改善前后柱状图

14. 制定巩固措施

（1）达到了预定的目标值后，为了保证成果得到巩固，小组必须将一些行之有效的措施或方法纳入工作标准、工艺规程或管理标准，经有关部门审定后纳入企业有关标准或文件。

（2）如果课题的内容只涉及本班组，那就可以通过班组守则、岗位责任制、班组作业指导书等形式加以巩固。

（3）标准化作业后，一定要说明标准前后修改补充的差异，并明确弃旧立新的时间。

（4）再到现场确认，是否按新的方法操作和执行了新的标准、办法、制度等。

（5）在取得效果后的巩固期内，要做好记录，进行统计，用数据说明成果巩固情况。巩固期长短应根据实际确定，只要有足够的时间说明在实际运行中效果是稳定的就可以。

15. 总结和下一步打算

（1）小组通过活动取得了一定的成果，对成功和失败总结几条，以便今后参考。

（2）集中成员意见，讨论活动中的酸甜苦辣。

（3）对活动的缺陷和遗留的问题进行分析，并将其作为下一次活动的课题，进入新的 PDCA 循环。

（4）使用工具：简单描述。

四、QCC 圈长或组长领导能力与激励技巧

（一）品管圈的主要职能

（1）学习质量管理方法，制定措施，实施计划。在活动过程中出现问题，应立即提出改进方案，修改活动计划。

（2）在活动过程中，必须组织好基础技术的学习，练好基本功，提高专业技术水平。

（3）要以用户的评价作为衡量活动好坏的标准。

（4）及时总结活动成果，这是重要的一环，务必进行。总结内容包括两个方面：一是课题解决的情况；二是活动的基本经验教训。

（二）圈长或组长的领导能力

（1）丰富的现场或实际工作经验。

（2）有自信心，有较强的组织协调能力。

（3）有良好的人际关系。

（4）性格开朗亲和，对待成员一视同仁。

（5）理解问题改善和 QCC 品管圈的精神。

（6）具有较强的 QCC 知识和质量工具运用方法的技能。

（7）反应要快，有较强的应变能力和观察能力，随时洞察活动的进度和状态。

（8）内部不和时，能够及时做出判断和决策。

（9）有虚心接受批评、自我发现错误的精神。

（10）敢于向上级反映活动的实际情况，敢于向上级申请必要的资源。

（11）有启发圈员、组织圈员、鼓励圈员热情参与的个人魅力和气质。

（12）努力学习专业基本知识，积累丰富的工作经验，多参加公司内的各项培训和自我提升。

（13）建立良好的工作心态，不要急于求成，相信成员和自己的能力，增强自信心。

（14）多与员工接触，逐渐建立领导能力，不能强迫，不能结帮。

（15）多在工作中经过自己的努力，得到重视和青睐，逐渐形成有组织能力的人。

（16）培养自己的性格，不急不躁，保持心态平静，待人接物和蔼可亲，让别人都能和你愉快共处。

（17）在日常工作中培养发现问题、分析问题、解决问题的改进意识，理解以顾客为中心、企业的生存目的、员工在企业的地位和本职工作的重要性。

（18）参加内外部的 QCC 和质量管理知识的培训。

（19）多结合实际现场工作和管理工作，凡事以事实为基础，多观察、多思考、多提问、提讨论、多行动。

（20）增强反应能力和紧急应变能力。

（21）工作中自己行为或决定错了，要敢于公开说明，敢于自我批评、虚心接受，不能倔强、不理睬或遮掩瞒混。

（22）多与领导沟通和汇报（不打小报告），了解领导的意图及做事的原则或方向。

（23）遇到困难有信心、有胆量向领导反映，必要的经费和人员要求或部门间的协助需要申请领导帮助解决。

（24）吸取他人长处，采用新的、有效的方法结合实际活动可以大胆采取活泼及有意义的活动方式，如组织旅游、游泳、避暑、周末集体聚餐、与其他单位技术交流等。

（三）圈长或组长如何发挥能力

（1）得到授权，品管圈成立小组登记，领导任命与公布。

（2）沟通方式和时间的策划。

（3）圈内培训的必要性。

（4）心态的平衡和性情的控制。

（5）自己先动手，带头实施，做出榜样。

（6）设定目标和圈内实施制度，激发大家的积极性。

（7）利用领导完成自己不能做到的事项。

（四）圈长或组长遇到困难怎么办

（1）心平气和、不慌张，全力以赴找原因。

（2）不灰心、不懊恼、不盲目，不要为未来发愁。

（3）系统思考，可以和大家一起商讨。

（4）自我反省。

（5）内部矛盾不偏袒，及时调整局面，做出判断和裁决。

（6）及时沟通，想措施，无能为力时找领导。

（五）怎样组织大家有效开圈会

（1）事先定好会议地点和时间（周期）。

（2）事先准备好圈会的资料和数据，按照活动职责指定人员整理。

（3）会议前的通知必须通知到本人。

（4）创造会议气氛，利用活泼的形式（座谈、茶话会、郊游、聚餐），圈长主持，必要时请领导参加。

（5）明确此次会议的主题。

（6）明确各位圈员的职责，充分激发思维。

（7）控制时间，指定人员填写会议记录。

（8）掌握会议中的讨论，让成员多说多谈，圈长重在发问和聆听问题。

（9）建立良好的发问方法，言语对事不对人。

（10）中立与超然的立场掌握。

（11）不用扼杀的语言对应。

（12）积极采用不良现象和原因的改进措施。

（六）确保 QCC 活动成功的要点有哪些

（1）没有自主性、自发性的 QCC 活动就不会成功。

（2）班/组长如果没有 QCC 组长的经验就会失败。

（3）从身边的管理、改善着手，早日了解活动的妙趣，否则不能持续。

（4）在 QCC 活动上，说“没问题”就是一个大问题。

（5）没有具体目标的圈，就没有活泼的活动。

（6）没有限期的主题，活动不会成功。

（7）要使集会成为听取全体圈员意见的场所，否则不能使全员参加。

（8）没有决定谁、到何时、做什么的集会是不能成功的。

（9）不学习的 QCC 品管圈不会持续。

（10）经理、厂长对 QCC 品管圈不关心，活动就会陷入低潮。

（七）如何确保 QCC 长久进行下去

（1）正确理解品管圈活动的背景。

（2）正确理解品管圈活动的本质。

（3）以广阔的视野来考虑品管圈活动的地位。

（4）品管圈活动是公司性品管圈活动的一环，在现场是以自主性的活动为主。

（5）全公司性的品管圈如能成为公司体制活动的展开，则自主性的品管圈活动就能够活泼化且长期地持续下去。

（6）品管圈活动的喜悦感也是非常重要的，没有喜悦感的活动是不会长久的。

（7）以公司的立场促进的组织与品管圈自主性的组织获得平衡才能持久。

（8）保持品质意识、问题意识。

（9）保持改善意识和自主自发的意识。

（10）实施教育训练，教导品管圈的想法。

（11）保持上司的关心和支持。

（12）举办交流会、读书会，组织参观标杆企业等。

（13）定型化的对策，在品管圈共同商讨。

（14）在企业内和品管圈内部制定表彰和奖励制度。

第四节　QCC 的成果发表和评审

一、QCC 成果总结发表

（一）QCC 成果类型

QCC 活动通常会产生两个成果，即有形成果和无形成果。经济效益如提高产品质量、降低成本等。

无形成果通常是指难以用物质或价值形式表现出来，无法直接计算其经济效益的成果。如改善生产或现场的工作环境，增强团队成员彼此间的沟通协作，提高发现问题、解决问题的能力等。

同等重视有形成果和无形成果。实践证明，无形成果随着小组活动的产生而产生，随着活动的不断深入而扩大，没有无形成果的产生和扩大，有形成果是不可能产生的。

对于 QCC 活动成果报告，如图 2－13 所示。要把 QC 小组活动取得的成果总结出来，写成文字材料，用于认证、发表、交流、评选、推广，并达到提高的目的。

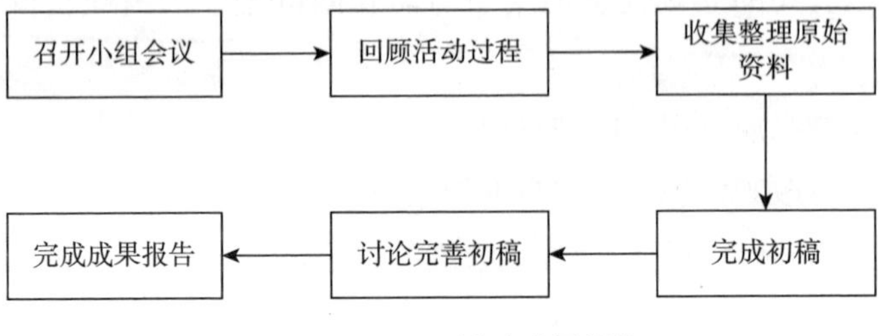

图 2－13　QCC 活动成果报告

（二）QCC 小组活动成果报告撰写注意事项

（1）严格按照活动程序进行总结。

（2）用合适的方法总结分析问题的过程。

（3）要以数据、图表为主，使成果清晰醒目。

（4）尽量避免使用技术性太强的术语。

（5）报告中简要介绍小组成员情况。

（三）QCC 活动成果发表

QCC 活动成果发表可以召开 QCC 成果发表会，也可以将成果张贴出来宣传学习，还可以汇报给集团质量管理总部或当地质量监督部门。

进行成果发表是 QCC 小组活动的一个特色，其主要作用有以下几点：

（1）交流经验，相互启发，共同提高。

（2）鼓舞士气，满足小组成员自我实现的需要。

（3）现身说法，吸引更多员工参与 QC 小组活动。

（4）优秀的 QC 小组和优秀成果的评选过程真实透明，提高公信度。

（5）提升 QC 小组成员运用科学方法，对活动的过程及结果进行归纳总结的能力。

（四）发表成果应注意的问题

（1）在发表成果的时候，要尽可能让 QC 小组的成员提前做好准备，组长应该使每个成员都有一个表现自己才能的机会，并且允许非小组成员的员工对某些疑点提出看法。

（2）发表活动成果还应该注意选择合理、科学的发表方式，如专门会议发表、墙报发表、内部刊物发表、外部媒体发表等方式。

（3）企业的高层领导应该对成果发表会表现出足够的重视，亲自或派出代表参与成果发表会，在整个企业范围内倡导交流和沟通。

（五）发表前准备

（1）制作 PPT。

（2）根据内容选择发表形式：个人发表、集体发表。

（3）推选发表人：小组成员、小组组长、成果撰写人。

（4）把经过整理妥善，想要诉说的事项事先准备好。

（5）做成发表大纲：决定大纲，检讨强调点的提出方法并检讨是否有不可公开的数字或语句。

（6）模拟演练：自己练习、集体练习。

（7）练习中检查成果资料有无讲演不协调的地方。

（8）整理修订成果资料。

（9）上报成果材料。

（10）质量工具理解。

（11）现场了解，环境适应。

（12）服装准备。

（六）发表时需要注意的事项

（1）做成发表大纲时文本要清晰、文章要通俗易懂。

（2）熟悉发表环境，例如：投影机、话筒、站位。

（3）需要特殊技术时，需要伙伴援助。

（4）语言简练清楚，切忌使用“大概”“可能”等不确定的用语。

（5）以讲解图表为主，看发表图片为辅。

（6）掌握听众，把握自己，注意快慢，掌握好时间。

（7）注意仪表，言语大方。

（8）外行对内容听得懂，内行听得清。

（9）答辩要简洁，回答要直接，态度要礼貌。

（10）开头引人入胜，预先整理活动相关事项。

（11）按照活动 PDCA 的流程解说各项内容。

（12）活动的目的、目标要表达清楚。

（13）现状的把握：工作流程、加工、处理等，要通过数据资料把握现状。

（14）原因分析的把握：问题的原因要例举、表达突出分类、运用什么方法寻找。

(15) 改善的对策：

- 是什么样的应急改善对策？
- 对什么实施的改善对策？
- 对策是什么性质？
- 对策很彻底吗？
- 对策对其他人有何影响？

(16) 改善结果：

- 活动的效果要描述。
- 效果的持续性怎么样？
- 效果的评价使用什么方法？
- 是否从有形、无形两方面进行评价？
- 效果好的理由和针对目标来说明。
- 经济效益要体现，计算过程要清楚。

(17) 维持和标准化：

- 巩固的措施，今后的管理。
- 处理问题的对策的经济性。
- 改善活动要贯彻到相关人员。
- 问题遗留及今后打算？
- 会不会再发生？
- 活动中的不理想之处。
- 今后的着眼点。

(18) 发表技巧：

- 说话的技巧及努力使听众了解。
- 不使用只有自己圈内的人能听懂的言语。
- 图表投影片绘画要清楚、解说要简练。
- 内容上用实物和模型。
- 从听众的角度考虑。

(七) QCC 过程有效性评价

(1) QCC 有效性评价依据。

（2）活动的期间和时间。

（3）成员的结构，注册的记录。

（4）每次的圈会记录和圈会的次数。

（5）PDCA 各流程中的数据报表、草稿要收集。

（6）实施对策的过程监控记录（实施阶段中的质量报表）。

（7）问题处理过程中的修整记录。

（8）效果的体现文件和绩效的真实资料。

（9）上司和圈员的承认与认可。

（10）经济价值的财务证据。

二、QCC 成果评审

（一）QCC 成果评审要求

（1）大处着手。

（2）是否遵循 PDCA 循环？

（3）在各程序之间，是否都用数据来说话？

（4）QC 小组活动过程中，使用工具是否恰当？

（5）避免在专业技术上钻牛角尖。

（6）不能单纯以经济效益为评价基准。

（二）QCC 成果评审方法

评审标准分为现场评审和发表评审两种方式：

1. 现场评审

现场评审的各个项目分别是小组的组成、活动情况与活动记录、小组成员的积极性、收集并运用资料和数据的情况、实施改进对策的努力程度及有效性、效果能否维持和巩固、本组的经历及活动的持续性、小组活动的环境、小组活动成果对本部门的影响及贡献等。

2. 发表评审

在 QC 小组活动成果发表时，为了相互启发、学习交流、肯定成绩、指出不足，以及评选优秀的 QC 小组，还需要对成果发表进行评审。发表评审的内容主要有选题、原因分析、对策的制定与实施、活动效果和整个小组活动的特点等。

（三）QCC 品管圈活动成果发表评审

1. 选题理由

所选课题是否与本企业、本部门的目标及客户需求相结合或是本工作岗位亟须解决的质量或管理问题。所选课题是否合适、具体、恰当，圈组成员是否有能力完成。

2. 现状调查及分析的程度

现状是否清楚，并通过分析已明确问题的症结所在；是否用数据或图表来表达；能正确、朴实地运用工具和技法。

3. 目标设定的理由及适应性

目标的设定要与问题的症结所在相结合，要有明确的目标值，定性与定量相结合。目标水准设置的依据充分，目标要具有挑战性。

4. 原因分析

把握问题的因果关系，以图表有条理地表示且因果关系明确、清楚，能针对问题的症结分析产生的原因，分析问题的深度和广度，可能影响问题的原因，分析全面、透彻、层次清晰。分析问题时，遇到困难的努力克服程度及把握影响主要原因的程度，用何种方法来把握影响问题的主要原因、程度如何，能用客观事实来确定，应有论证过程。适当地运用分析技术方法，运用工具，宜简不宜繁。

5. 对策与实施

对策应由分析原因并找出主要原因的过程中产生，与要因相对应、对策应明确——5W1H。实施对策的努力程度并须彻底实施对策，大部分对策是由本组成员来实施，实施对策过程中碰到困难努力克服的程度及对策未达预期效果时，另谋对策的程度。

6. 效果

效果确认和改善目标达成的程度及效果取得后应和原状进行比较，确认其有效性。目标达成程度有无明确表示。未达成目标时，有无对原因进行探讨和采取后续措施。改善前后有形和无形效果的比较，包括有形效果以数据表示，客观无夸大；无形效果有评价，小组自主改进团结奋进精神的体现程度。效果的维持和改进，改善后效果能维持、巩固在较好的水平，适当利用图表表示。有效方法和措施是否进行了标准化工作等。

7. 成果发表

发表内容通俗易懂，以图表数字为主，文字为辅，清晰简明。为注重交流效果，发表时不宜用专业性很强的词句，不可避免时，应简单说明。发表资料以图表为主，避免通篇文字照章宣读，力求简单、朴实、文字端正、清晰，内容层次分明，逻辑性强。整个活动应按 PDCA 进行，每个活动步骤都能交代清楚，前后连贯，逻辑性强，重点突出而不需面面俱到。仪表端正，态度诚恳，口齿清楚，交流效果好。发表从容大方，不紧张，表情自然而有礼貌。面对听众，口齿清楚。回答问题时应诚恳、简要、不强辩，发表形式有新意，听众反映好。成果特色：主题具体、务实、力求具体。活动过程中力求务实，具有启发性的特色。成果发表如表 2－9 所示。

表 2－9　QCC 品管圈活动成果发表评审表

<table>
<tr><td colspan="2">公司名称</td><td colspan="4"></td></tr>
<tr><td colspan="2">QCC 品管圈名称</td><td colspan="2"></td><td>类别</td><td></td></tr>
<tr><td colspan="2">课题名称</td><td colspan="2"></td><td>发表日期</td><td></td></tr>
<tr><td colspan="6">评审内容及记录</td></tr>
<tr><td>序号</td><td>项目</td><td>内容</td><td>评分标准</td><td>积分</td><td>备注</td></tr>
<tr><td rowspan="3">1</td><td rowspan="3">选题</td><td>选题理由</td><td rowspan="3">8～15 分</td><td></td><td></td></tr>
<tr><td>现状调查及分析的程度</td><td></td><td></td></tr>
<tr><td>目标设定的理由及适应程度</td><td></td><td></td></tr>
<tr><td rowspan="4">2</td><td rowspan="4">原因分析</td><td>把握问题的因果关系</td><td rowspan="4">12～20 分</td><td></td><td></td></tr>
<tr><td>分析问题的深度和广度</td><td></td><td></td></tr>
<tr><td>把握影响主要原因的程度</td><td></td><td></td></tr>
<tr><td>适当地运用分析技术方法</td><td></td><td></td></tr>
<tr><td rowspan="3">3</td><td rowspan="3">对策的实施</td><td>正确制定对策</td><td rowspan="3">12～20 分</td><td></td><td></td></tr>
<tr><td>实施对策的程度</td><td></td><td></td></tr>
<tr><td>适当地运用统计技术方法</td><td></td><td></td></tr>
</table>

续表

<table>
<tr><th>序号</th><th>项目</th><th>内容</th><th>评分标准</th><th>积分</th><th>备注</th></tr>
<tr><td rowspan="3">4</td><td rowspan="3">实施效果</td><td>效果确认和改善目标达成的程度</td><td rowspan="3">2～20 分</td><td></td><td></td></tr>
<tr><td>改善前后有形和无形成果的比较</td><td></td><td></td></tr>
<tr><td>效果的维持及巩固情况</td><td></td><td></td></tr>
<tr><td rowspan="3">5</td><td rowspan="3">成果发表</td><td>发表内容通俗易懂，以图表数字为主、文字为辅，清晰简明</td><td rowspan="3">8～15 分</td><td></td><td></td></tr>
<tr><td>发表内容层次分明，逻辑性强</td><td></td><td></td></tr>
<tr><td>仪表端正、态度诚恳、口齿清楚、交流效果好</td><td></td><td></td></tr>
<tr><td rowspan="2">6</td><td rowspan="2">成果特色</td><td>主题具体、务实</td><td rowspan="2">6～10 分</td><td></td><td></td></tr>
<tr><td>具有启发性的特色</td><td></td><td></td></tr>
<tr><td colspan="2">整体评价</td><td colspan="2"></td><td>得分</td><td></td></tr>
<tr><td colspan="2">评审人员</td><td colspan="2"></td><td></td><td></td></tr>
<tr><td colspan="6">注：成果发表评审表最后总体得分为 60～79 分，说明改进满足预期要求；80 分以上，说明改进报告良好；低于 60 分，说明项目改进报告需继续改进完善。</td></tr>
</table>

（四）QCC 品管圈活动成果现场评审

1. QCC 品管圈的组成

（1）QCC 品管圈的成员及人数。

（2）QCC 品管圈成员工作性质的相关性。

（3）QCC 品管圈集体活动及活动记录。

（4）定期召开圈会，开展活动。

（5）圈会有明确的结论，并安排成员努力实施。

（6）每次活动都有事先准备和实施情况的跟踪。

（7）活动记录完整，从记录内容可看出每次活动的全过程。

（8）记录内容与发表资料的一致性。

（9）圈长和辅导员的积极性。

（10）圈长具有良好的组织领导能力，积极地带动全圈有效地开展活动。

（11）辅导员在平时活动中热心指导圈组成员有关 QC 手法的应用。

2. QCC **品管圈成员对于活动的参与程度**

（1）召开圈会及开展活动时，成员出席及发言的参与程度。

（2）活动期间成员承担工作的情况。

（3）圈组成员热心参加上级举办的有关质量管理活动的情况。

3. 充分收集并应用资料和数据情况

（1）充分收集数据并能明白表示问题的症结所在。

（2）数据具有连续性并有原始记录。

（3）数据真实可信，与活动内容有关。

（4）采用数据统计的方法进行数据的整理分析，过程简单明了。

4. 实施改进对策的努力程度及有效性

（1）对策具体可行，不抽象。

（2）绝大多数对策由圈组自己来完成。

（3）为实施对策，圈组成员克服困难的努力程度。

（4）对策是否达到预期效果。

5. 效果的维持和巩固

（1）本次活动效果是否达到所制定的目标。

（2）改善的内容是否已在日常作业中实施和执行并纳入标准中。

（3）本次活动效果的维持程度。

6. 充分发挥 QCC **品管圈成员的才智和创造力**

（1）活动中是否体现出群策群力。

（2）是否体现圈组成员的聪明才智、丰富经验和创造力。

7. QCC **品管圈成员对** QC **手法应用的熟练程度**

（1）圈组成员对本次活动采用质量管理方法的了解和熟练程度。

（2）采用随机抽问圈组成员的方式评价。

8. QCC **品管圈成员对** QCC **品管圈活动知识的了解程度**

（1）圈组成员对 QCC 品管圈活动知识的了解程度。

（2）采用随机抽问圈组成员的方式评价。

9. QCC **品管圈活动经历及持续性**

（1）圈组过去完成的课题情况。

（2）是否连续开展活动。

10. QCC **品管圈活动的环境**

（1）圈组工作环境整理、整顿的程度，安全管理情况及日常工作管理。

（2）活动精神是否体现，如活动园地、标语宣传。

11. QCC **品管圈活动成果对本部门、岗位的影响及贡献**

（1）本次活动成果对本部门提高工作质量任务的影响。

（2）自主改善、团结合作、主动进取精神对本部门和岗位的影响。

QCC 品管圈活动成果现场评审表如表 2－10 所示。

表 2－10　QCC 品管圈活动成果现场评审表

<table>
<tr><td colspan="2">公司名称</td><td colspan="4"></td></tr>
<tr><td colspan="2">QCC 品管圈名称</td><td></td><td>类别</td><td colspan="2"></td></tr>
<tr><td colspan="2">课题名称</td><td></td><td>发表日期</td><td colspan="2"></td></tr>
<tr><td colspan="6">评审内容及记录</td></tr>
<tr><td>序号</td><td>评审项目</td><td>标准分</td><td>得分</td><td colspan="2">备注</td></tr>
<tr><td>1</td><td>QCC 品管圈的组成</td><td>2～5 分</td><td></td><td colspan="2"></td></tr>
<tr><td>2</td><td>QCC 品管圈集体活动记录</td><td>5～12 分</td><td></td><td colspan="2"></td></tr>
<tr><td>3</td><td>QCC 品管圈成员接受 TQM 培训情况</td><td>3～6 分</td><td></td><td colspan="2"></td></tr>
<tr><td>4</td><td>QCC 品管圈成员对于活动的参与程度</td><td>3～6 分</td><td></td><td colspan="2"></td></tr>
<tr><td>5</td><td>充分收集并应用资料和数据情况</td><td>4～8 分</td><td></td><td colspan="2"></td></tr>
<tr><td>6</td><td>实施改进对策的努力程度及有效性</td><td>5～12 分</td><td></td><td colspan="2"></td></tr>
<tr><td>7</td><td>实施效果的维持和巩固</td><td>4～10 分</td><td></td><td colspan="2"></td></tr>
<tr><td>8</td><td>充分发挥 QCC 品管圈成员才智和创造性的程度</td><td>3～7 分</td><td></td><td colspan="2"></td></tr>
<tr><td>9</td><td>QCC 品管圈成员对 QC 手法应用的熟练程度</td><td>3～6 分</td><td></td><td colspan="2"></td></tr>
<tr><td>10</td><td>QCC 品管圈成员对 QCC 品管圈活动知识的了解程度</td><td>3～6 分</td><td></td><td colspan="2"></td></tr>
<tr><td>11</td><td>QCC 品管圈活动经历及持续性</td><td>3～7 分</td><td></td><td colspan="2"></td></tr>
<tr><td>12</td><td>QCC 品管圈活动的环境</td><td>2～5 分</td><td></td><td colspan="2"></td></tr>
<tr><td>13</td><td>QCC 品管圈活动成果对本部门、岗位的影响及贡献</td><td>5～10 分</td><td></td><td colspan="2"></td></tr>
<tr><td colspan="2">整体评价</td><td colspan="2"></td><td>得分</td><td></td></tr>
<tr><td colspan="2">评审人员</td><td colspan="2"></td><td></td><td></td></tr>
<tr><td colspan="6">注：成果发表评审表最后总体得分为 60～79 分，说明改进现场满足预期要求；80 分以上，说明改进状况良好；低于 60 分，说明项目改进现场需继续改进完善。</td></tr>
</table>

第五节　QCC 案例分析

案例：改善课题——降低圆周爆接工序不良率

一、公司简介

公司名称：××××有限公司　　　　成立时间：××××
投资金额：××万元　　　　　　　　生产能力：××
雇员总人数：800 人　　　　　　　主要产品：××
QCC 小组名称：野狼组　　　　　　组长：××

二、组立线工艺流程简介

组立线工艺流程简介如图 2－14 所示。

图 2－14　组立线工艺流程简介

三、QCC 小组简介

QCC 小组简介如表 2－11、表 2－12 所示。

表 2－11　QCC 小组简介 1

部门		小组名称	
成立时间		小组类别	
注册时间		小组人数	
组长		改善周期	
活动频次		改善课题	
小组口号			

表 2－12　QCC 小组简介 2

序号	姓名	性别	年龄	文化程度	职务	特长

四、改善活动计划

改善活动计划如表 2－13 所示。

表 2－13　改善活动计划

项目＼月份	1月	2月	3月	4月	5月	6月	7月	8月	责任者
主题设定									×××
现状调整									×××
目标设定									×××
原因分析									×××
主因确定									×××
对策制定									×××
实施对策									×××
效果检查									×××
总结巩固									×××
今后课题									×××

五、选题理由

选题理由如图 2－15 所示。

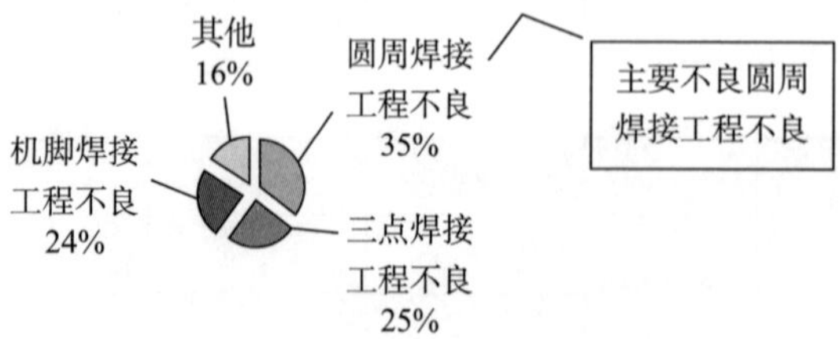

方案评价表　　评价点：●=3点　○=2点　▲=1点

图 2－15　选题理由

表 2－14　QCC 小组简介 1

课题＼评价项目	改善意识			小组实力			评价总数	评价顺序
	重要度	紧急度	效果度	难易度	自主解决	全员参与		
降低三点焊接工程不良率	●	●	▲	○	○	●	14	2
降低圆周焊接工程不良率	●	●	○	●	●	●	17	1
降低机脚焊接工程不良率	●	▲	●	▲	●	▲	12	3
降低定子热套不良率	●	▲	○	▲	○	▲	10	4

六、组立线工艺流程

组立线工艺流程如图 2－16 所示。

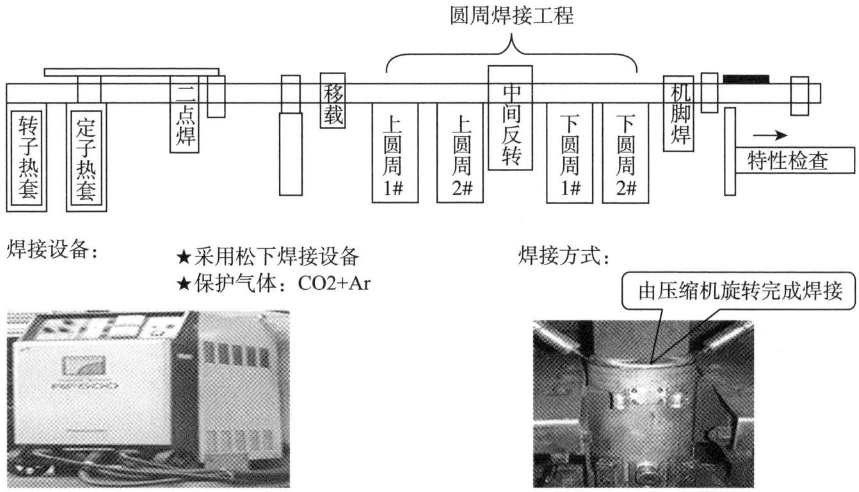

图 2－16 组立线工艺流程

七、目标设定（改善周期：6 个月）

目标设定如图 2－17 所示。

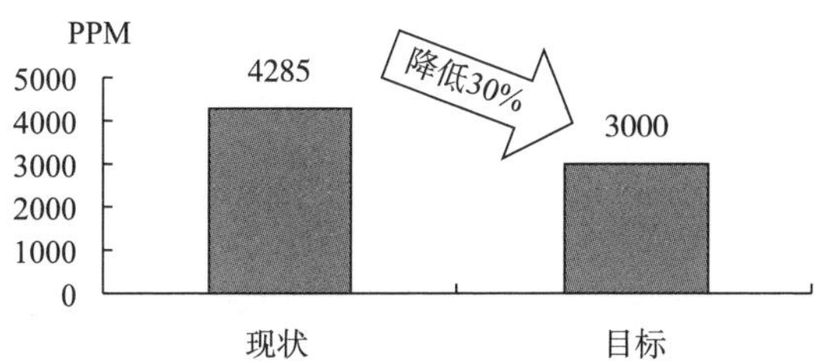

项 目	2010 年	2011 年	2012 年	2013 年
生产台数	2038301	2200000	3000000	5000000
不良数台	8249	6599	5362	4125
不良率 PPM	4047	3000	1787	825
备 注		绝对数减少 20%	绝对数减少 35%	绝对数减少 50%

图 2－17 目标设定

1. 可行性论证

（1）2010 年 7 月曾达到 3058PPM，已与 3000PPM 的目标接近。

（2）通过技术人员和焊接组长的指导，组员的技能逐步提高。

2. 原因分析

原因分析如表 2－15、图 2－18、图 2－19 所示。

表 2－15　2010 年 4 月—12 月组立线圆周焊工序不良统计

不良项目	起弧不良	焊偏	气孔	咬边	夹渣	其他
不良台数	1467	1265	394	313	188	138
累积不良数	1467	2732	3126	3439	3627	3765
累计百分比	39%	73%	83%	91%	96%	100%

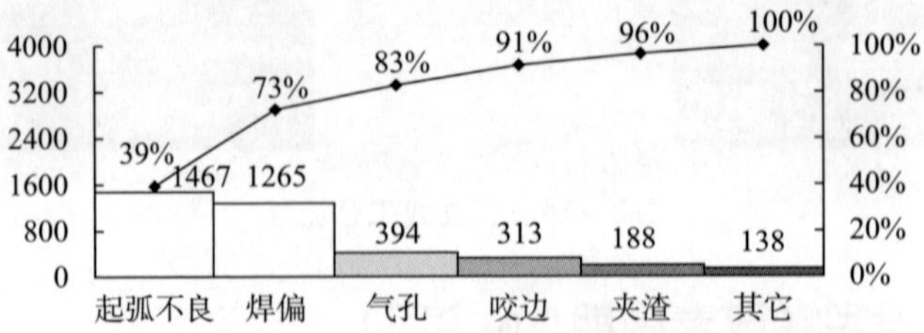

图 2－18　2010 年 4 月—12 月组立线圆周焊工序不良排列

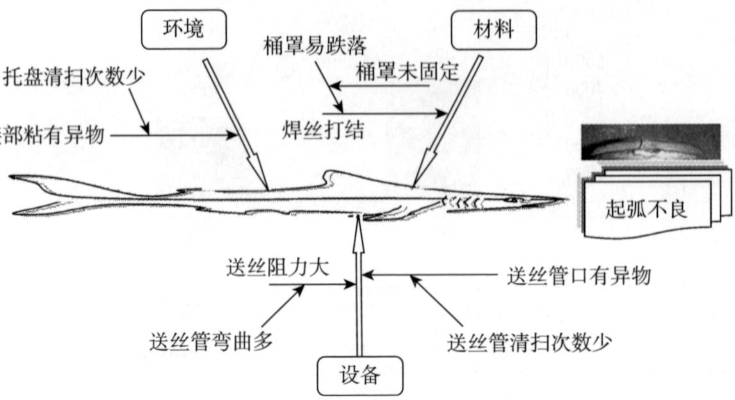

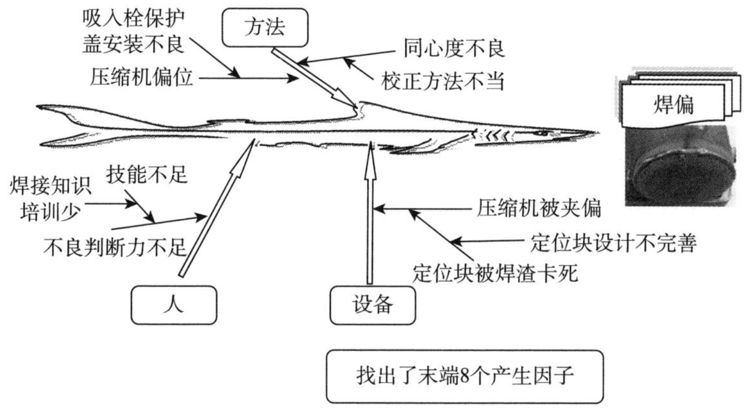

图 2－19 起弧不良、焊偏的原因分析（鱼骨图）

3. 要因确定

根据现场现物的原则对 8 个末端因素逐一进行验证。

（1）起弧不良的要因验证。

原因①：焊丝桶罩未固定，如图 2－20 所示。

现场检查了焊丝简罩稳定状况：生产 2465PCS，落地 1 次，产生 1 台不良，不良率：406PPM。

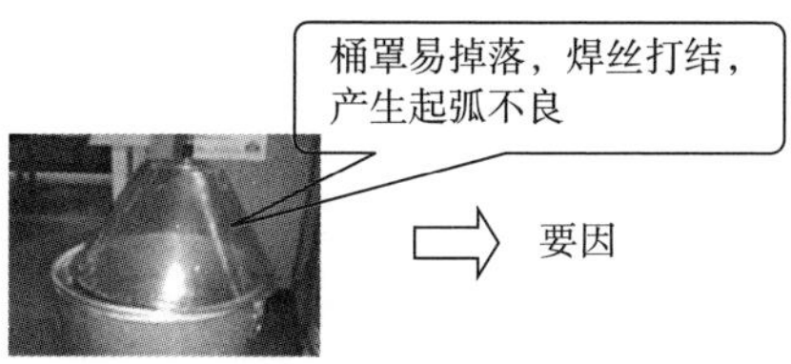

图 2－20 焊丝桶罩未固定

原因②：送丝管弯曲多，如图 2－21 所示。

现场进行对比实验：送丝管曲处多，送丝不畅，产生起弧不良。

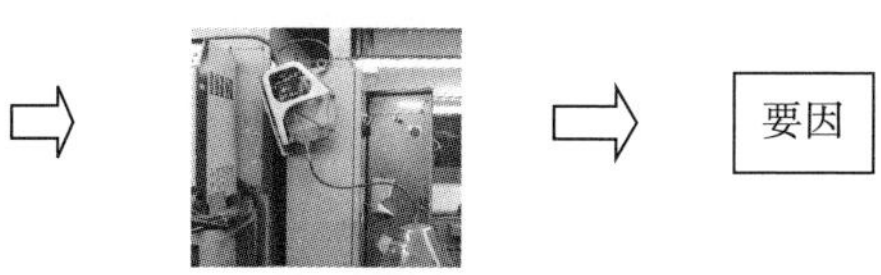

项目	1号枪（弯曲多）	2号枪（弯曲少）
生产数	1232台	1232台
不良数	2台	0
不良率	1622PPM	0

图 2－21 送丝管弯曲多

原因③：送丝管清扫次数少。

现场确认送丝管干净度及清扫记录，每月清扫2次，送丝管干净，现场确认非要因。

原因④：托盘清扫次数少。

现场检查托盘干净度及清扫记录，每班2次清扫，托盘干净。

（2）现场确认非要因。

原因①：同心度校正方法不当，如图2－22所示。

用目视与百分表校正同心度两种方法进行对比试验，目视校正误差较大，焊偏不良产生。

项目	目视校正	百分表校正
生产数	500台	500台
不良数	2台	0
不良率	4000PPM	0

要因

图2－22　同心度校正方法不当

原因②：吸入栓保护盖安装不良。

现场检查全部焊机吸入栓保护，盖安装情况及其影响，全部保护盖安装合格，无碰撞，定位良好。现场确认非要因。

原因③：定位块设计不完善，如图2－23所示。

现场确认使用中的30个托盘定位块的使用情况，10个托盘定位块有被焊渣卡死现象，压缩机易被夹偏。

要因

图2－23　定位块设计不完善

原因④：焊接知识培训少。

抽查员工培训记录，现场考核作业者对不良的判断能力。半年内人均培训不到20小时，40%的作业者不良判定能力差，焊接技能不足。确认为要因。

3. 最终要因筛选确认结果

（1）起弧不良的要因：

- 焊丝桶罩未固定。
- 送丝管弯曲多。

（2）焊偏的要因：

- 同心度校正方法不当。
- 定位块设计不完善。
- 焊接知识培训少。

4. 制定对策

制定对策如表 2－16 所示。

表 2－16 制定对策

序号	要因	对策	目标	措施	实施地点	实施日期	责任人
1	焊丝桶罩不稳定	焊丝桶罩改善	起弧不良降低 30%	桶罩上安装固定片	组立线	2011 年 3 月	×××
2	送丝管弯曲多	送丝途径改善	送丝顺畅；起弧不良降低 40%	弯曲部减少，弧度加大；增加焊枪支撑架	组立线	2011 年 3 月	×××
3	同心度校正方法不当	同心度校正方法变更	同心度保证在 ±0.1mm内	1 次/月用百分表校正旋转同心度	组立线	2011 年 4 月	×××
4	定位块设计不完善	定位块改善	焊偏不良降低 40%	定位块下端磨成月牙型	组立线	2011 年 4 月	×××
5	焊接知识培训少	焊接分科会及目标管理活动开展	焊接作业者达到优秀水平	1 次/月焊接知识培训；班别、个人成绩考核	组立线	2011 年 5 月	×××

5. 对策的实施

实施一：焊丝桶罩改善——安装三个固定片。

改善前如图 2－24 所示。

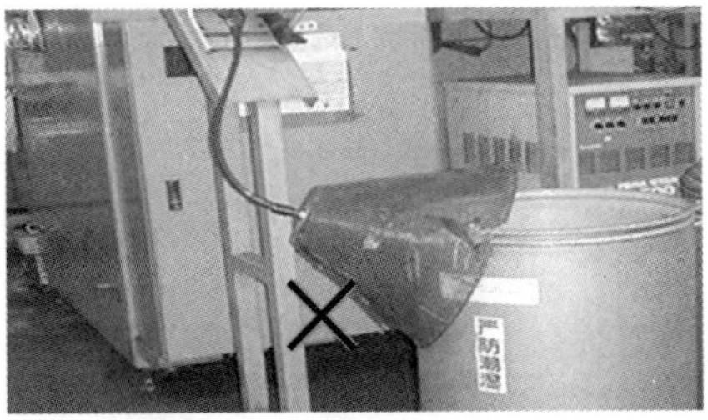

桶罩未固定，易掉落

⇩

而作业者在设备前操作，不易发现。

⇩

焊丝打结，产生起弧不良。

图 2－24　焊丝桶罩改善前

改善后如图 2－24 所示。

改善后送丝顺畅，减少起弧不良

图 2－25　焊丝桶罩改善后

实施二：送丝途径改善。

送丝途径改善前如图 2－26 所示。

送丝途径改善后如图 2－27 所示。

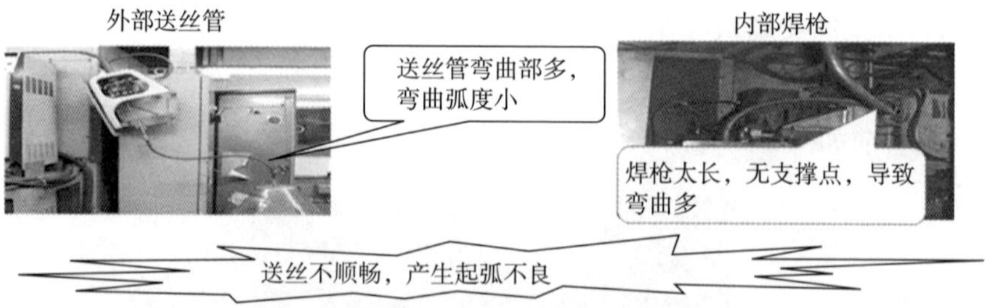

图 2－26　送丝途径改善前

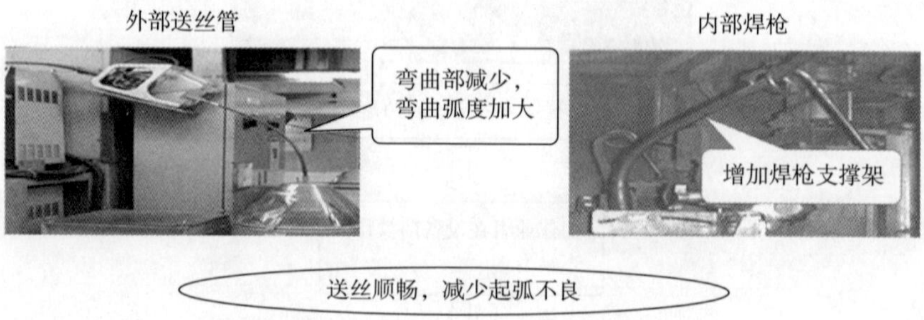

图 2－27　送丝途径改善后

对策一、对策二实施效果如表 2－17 所示。

表 2－17　对策一、对策二实施效果

项目	改善前	改善后
生产数（台）	878566	108990
起弧不良（台）	1467	39
不良 PPM	1670	358

改善后不良率降低 79%

实施三：旋转同心度保证——1 次/月用百分表校正旋转同心度。

旋转同心度改善前如图 2－28 所示。

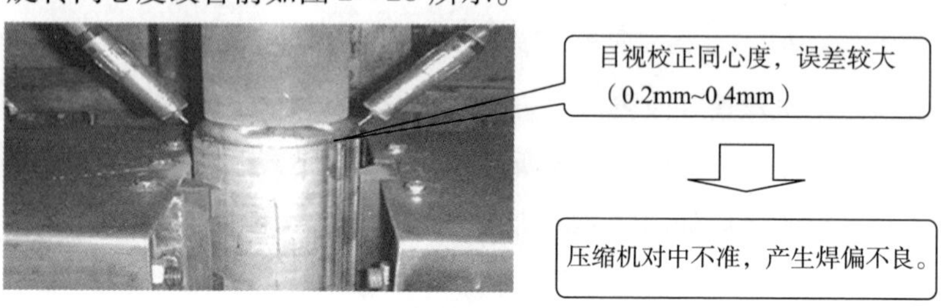

图 2－28　旋转同心度改善前

旋转同心度改善后如图 2－29 所示。

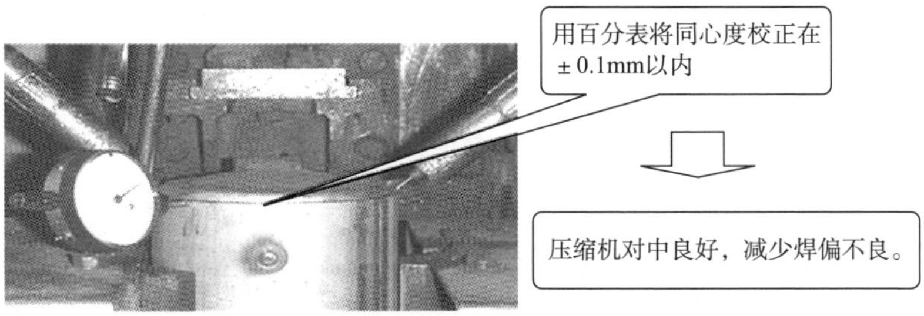

图 2－29 旋转同心度改善后

实施四：定位块改善。

定位块改善前如图 2－30 所示。

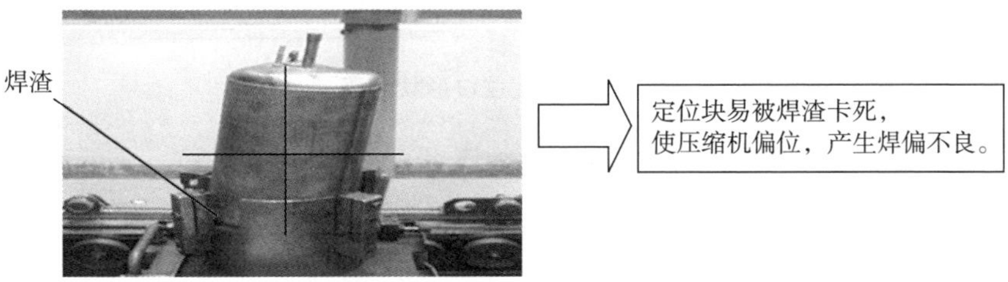

图 2－30 定位块改善前

第一次改善：

增设防护板如图 2－31 所示。

图 2－31 增设防护板

效果检讨：焊偏不良率对比如图 2－32 所示。

第二次改善：

定位块形状改善：下端磨成月牙形，如图 2－33 所示。

效果确认：焊偏不良对比如图 2－34 所示。

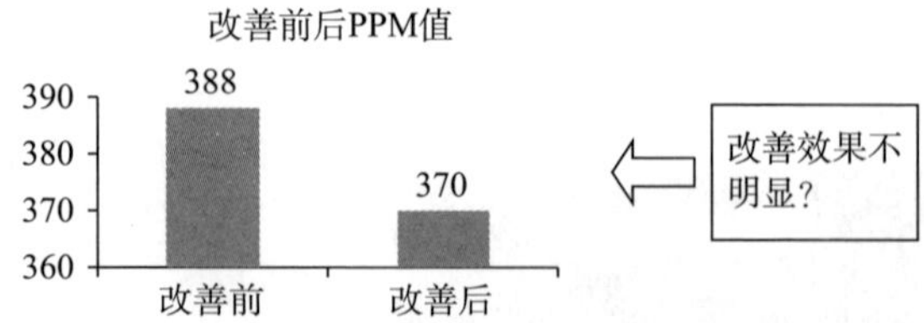

图 2－32　焊偏不良率对比

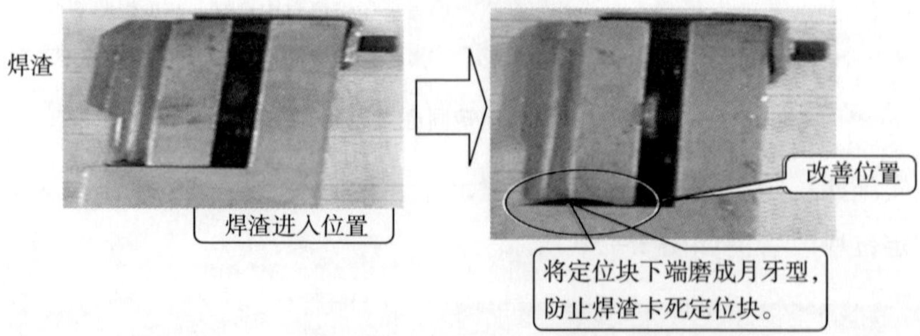

图 2－33　定位块形状改善

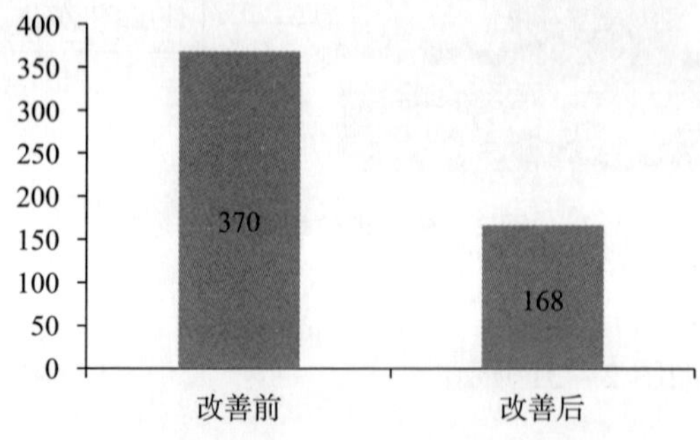

图 2－34　焊偏不良对比

对策三、对策四实施效果如图 2－35 所示。

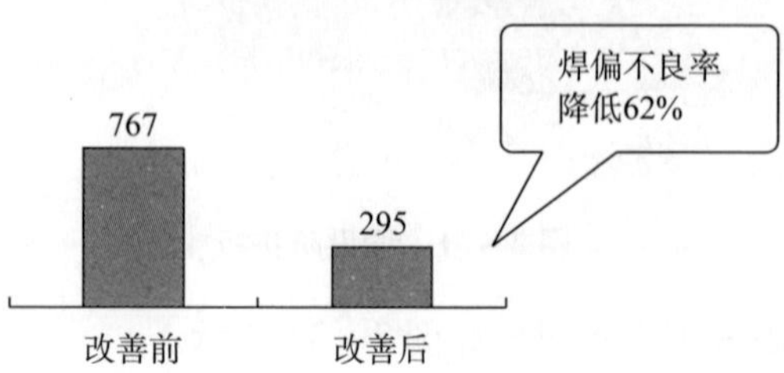

图 2－35　对策三、对策四实施效果

实施五：焊接分科会及目标管理活动持续开展。

（1）以焊接分科会的形式进行焊接知识交流、学习（1 次/月），如表

2－18 所示。

表 2－18 焊接知识交流、学习

序号	学习内容	指导者
1	焊接基础知识	××
2	圆周焊的作业方法及注意事项	××
3	焊接条件的优化	××
4	不良品的产生原因分析及对策	××

通过焊接知识的学习，作业者掌握了圆周焊的作业要领，提高了异常应对能力。

（2）作业日报填写及班别成绩公布，如图 2－36 所示。

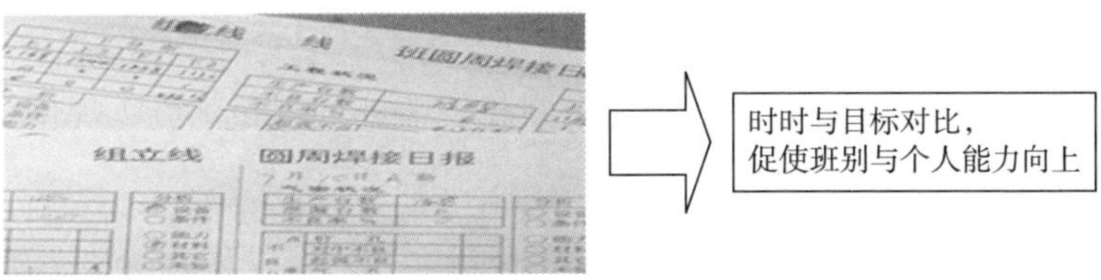

图 2－36 作业日报填写及班别成绩公布

（3）个人成绩每天公布：成绩优秀者奖励，促使未达标者向优秀者靠拢，如表 2－37 所示。

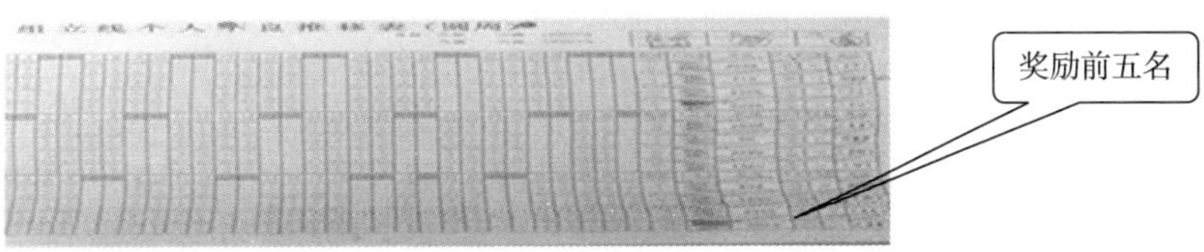

表 2－37 个人成绩每天公布

6. 总效果检查

2011 年 2 月—6 月圆周焊接工序不良率推移如图 2－38 所示。

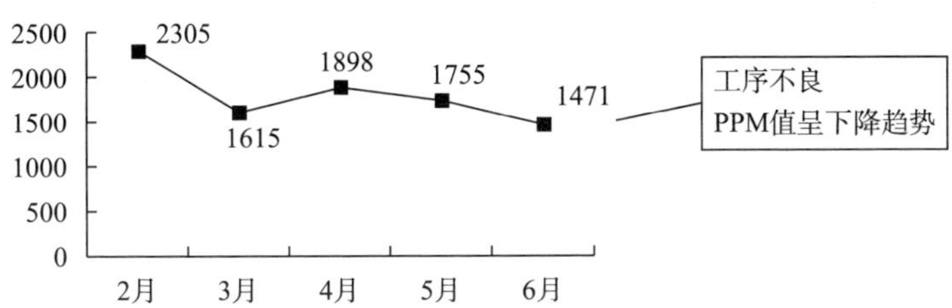

项目 \ 月份	2月	3月	4月	5月	6月	合计
生产台数（台）	131909	108990	139117	148710	139346	668072
不良数（台）	304	176	264	261	205	1210
不良率（PPM）	2305	1615	1898	1755	1471	1811

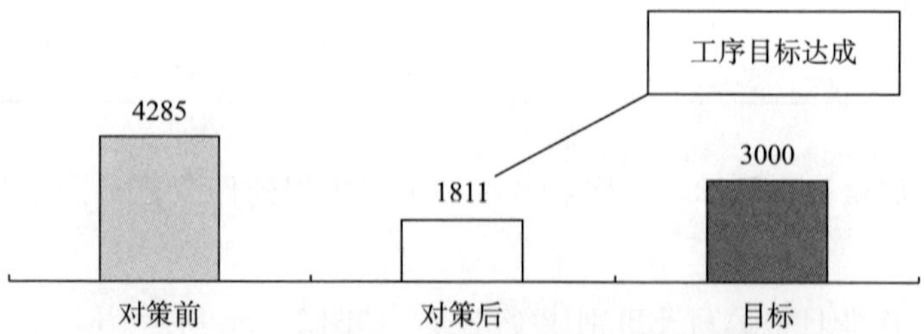

图 2－38　2011 年 2 月—6 月圆周焊接工序不良率推移

改善前后圆周焊接工序不良项目对比：改善后起弧不良、焊偏由原来的第 1 位、第 2 位降到第 3 位、第 5 位，如图 2－39 所示。

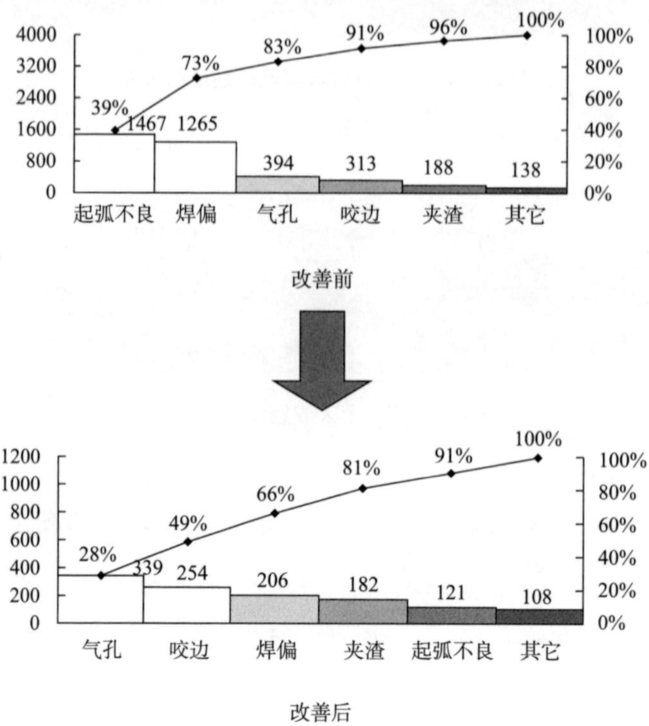

图 2－39　改善前后圆周焊接工序不良项目对比

改善前后圆周气密泄漏不良对比：活动后泄漏不良率下降34%，如图2－40所示。

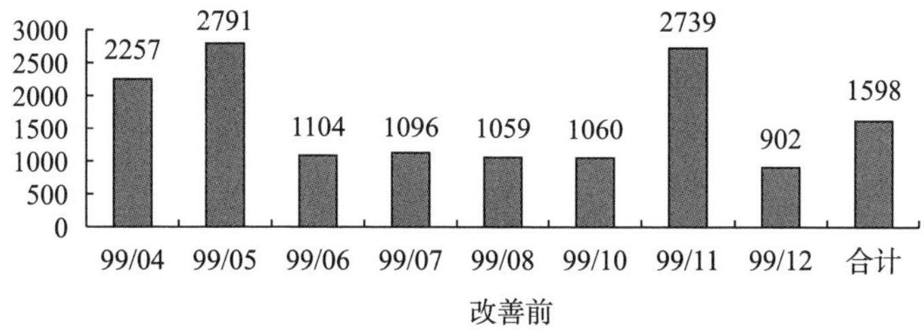

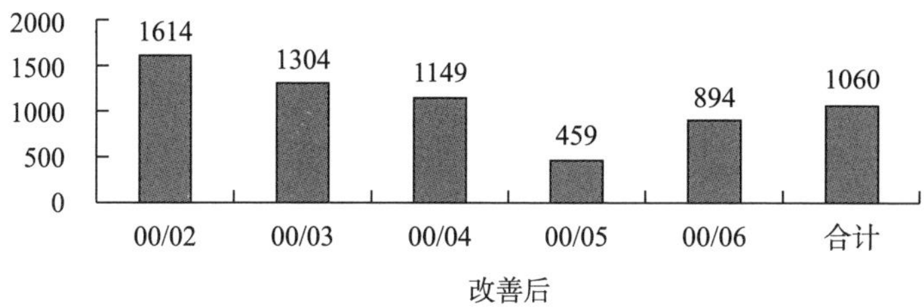

图2－40　改善前后圆周气密泄漏不良对比

7. 巩固措施

巩固措施如表2－19所示。

表2－19 巩固措施

有效对策	标准化
焊接知识培训：1次/月	纳入组立线焊接分科会活动计划中
焊丝桶罩点检：1次/日	纳入圆周焊《设备点检表》中，编号：CCA－19J1～J2
送丝管点检：1次/班	纳入圆周焊《十五分钟运动指导书》中
旋转同心度校正：1次/月	纳入圆周焊《十五分钟运动指导书》中
托盘定位块点检：1次/班	纳入圆周焊输送链《十五分钟运动指导书》中

8. 效果维持

不良率呈稳步下降趋势，如图2－41所示。

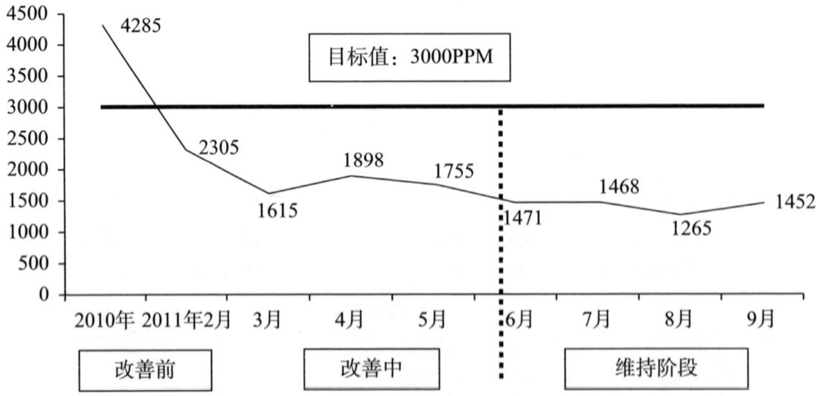

图 2－41　效果维持

9. 体会与今后课题

活动体会如表 2－20 所示。

表 2－20　活动体会

项目	优点	不足点	今后方向
主题选定	根据实际问题确定主题	只限于品质面	多向管理方面考虑
现状把握	充分收集数据，数据准确	数据收集不全面	多考虑相关数据
原因分析	能深入现场，逐一论证	QC 手法运用不熟练	提高分析能力
实施对策	全员参与，按计划实施	部分成员对对策掌握	对成员进行指导
效果	跟踪确认，数据准确	不能全面把握	从全局出发

为了对应 2001 年 360 万台生产，组立线今后的课题：

缩短焊接时间，降低工序不良。

项目报告完成：谢谢公司领导及 QCC 小组成员的支持与付出。

第三章

Chapter 3

StEDE cube工位评价法

第一节　StEDE cube 的定义和实施步骤

一、StEDE cube 的定义

StE 是 standard existing 的缩写；D 是 Deployment 的缩写，展开与执行；最后一个 E，Enforcement 中文翻译成强化。本工具的使用就是让生产企业员工能够正确使用标准作业，确保与标准要求一致，避免不按标准执行而导致问题发生。

我在很多中小企业做审核的时候，很喜欢问生产主管及质量主管一个问题："你们的作业指导书/检验规范是给谁看的?"有的不回答，有的回答给审核员看的……其实，企业中很多作业员都没看作业指导书，他们可能在想这些文件都是来应付审核的，与自己没有关系。我曾经调查过一些生产组长及主管，他们的想法也一样，特别是一些搞技术的人，更加不愿意做作业指导书。为什么?

首先，作业指导书简单粗旷，给员工看基本上不能起到作业指导的作用，有的甚至是错误的。因为作业指导书的编写者都是根据自己的观点写的，很多内容都穿插了自己的主见，但作业员的水平层次不一样，有的人水平高一看就明白，有的人水平低，复杂一些就感到力不从心。

其次，很多中小企业老板自家公司的技术标准不愿意分享文件让别人学习，还有一些技术骨干不愿意把自己的技术分享给其他人。其实，在很多中小企业里，因为较多的技术被少数人掌握变成与老板谈判的筹码。有的因为被同行“挖墙角”导致公司技术流失而蒙受损失。如果把技术与经验形成文件，这样企业就不会因为人员的流失而导致技术不能得到传承的问题。有的老板会问：“如果我们把自己的核心技术做成通俗文件，也不会外传到竞争对手吗?”解决这个问题也很简单，现在已进入大数据时代，文件放在系统中设置阅读权限，根本无法复制拷贝。

二、StEDE cube 实施步骤

整个评价过程分为四个部分，如表 3－1 所示。

表 3－1　StEDE cube 评价过程

<table>
<tr><td colspan="3" rowspan="2">StEDE3 矩阵
通过标准化变得优秀</td><td>标准存在?</td><td>标准执行?
使用者如何被培训使用标准?（包括他们的直接主管，如果直接主管不是培训人）</td><td>标准强化?
直接主管怎么确保标准使用者持续严格地执行此标准?</td></tr>
<tr><td>清晰，
可目视化，
可量化，
可操作</td><td>使用者遵循标准，使用者可以解释标准</td><td>直接主管根据标准使用频次定义现场稽核频次</td></tr>
<tr><td rowspan="3">对于给定的流程/工位…
标准是……</td><td>…参数设定…</td><td>参数列表、值、上下限和必要的作业指导来设定设备，对选定的部件（和那些在 FDPR/IS 的设定相比）</td><td></td><td></td><td></td></tr>
<tr><td>…作业指导书…</td><td>指导书定义这个工位怎么安全操作生产产品，怎么维护设备</td><td></td><td></td><td></td></tr>
<tr><td>…质量控制…</td><td>操作员或产品的质量控制活动，确保只有好件可以流到下一道工站</td><td></td><td></td><td></td></tr>
</table>

（一）被评价工位现场巡视

首先，评价员需要对评价工位进行360度巡视，巡视要求如下：

（1）整体工位5S状况是否混乱，例如：工位材料是否有标识、所有材料是否按指定区域摆放好。

（2）对应作业指导书及样品是否展现出来？

（3）机台运作是否正常？

（4）作业员的操作是否流畅？

通过360度全面观察生产工位，找出一些较显著的差异并进行记录。这个方法早在20世纪30年代的丰田公司就得到运用，时任丰田公司车间主任的大野耐一先生，在每次招聘新的基层干部时会用这种方式检查应聘人员的能力与水平。应聘人员通常会被他邀请到一个车间通道的中间，然后他在过道的中间用粉笔画一个圈，应聘人员两脚站在圈中间，身体360度慢慢旋转，两眼仔细观察生产现场，两手如实记录现场问题点。大野先生当时的标准要求是：5分钟必须写出30个问题点，无论问题的大小都可以记录。如果超过时间未写完30个问题点或延期完成均视为面试不合格。

（二）standard 生产工艺参数检查

第一步，检查工艺参数是否有标准。标准要求如下：

（1）适宜性：工艺参数标准是否适宜。例如：《标准工艺参数卡》中所标示的参数无法监视测量。评价判定结果分为OK和NOK，如果工艺卡中的参数无法进行监视与测量，说明生产工艺卡不适宜，直接判定为NOK。

（2）充分性：我们可以理解成标准的完整性。例如：现场评价发现较多的关键参数并未纳入《标准工艺参数卡》，如何检查工艺参数卡是否完整呢？我们可以让供应商提供此产品或类似产品的《特殊特性清单》，在此清单中可以找到产品实现的每个过程的关键特性。如果《标准工艺参数卡》不完整，评价员直接判定NOK。

（3）有效性：过程参数公差是否有效，例如：注塑过程中，《标准成型工艺卡》中要求前模模温80+/-10度，评价员要求将模温下调到下限70度时，此时产品发现黏模现象，我们称此为无效参数。因为参数并未得到验证，所以评价员可直接判定 NOK。

第二步，Deproyed 当第一步生产参数已被确认无异常后，评价员需进行下一步评价，即参数是否被适时监视与测量。很多企业现场都有标准要求，但是每次检查并未发现监视与测量记录。这样，所谓标准将变成一张白纸。所以，评价员在检查监视与测量记录的同时，需与机台实际显示相比对，看是否存在差异。其评价结果分为三种：

第 1 类：OK，评价员发现实际参数检查与标准相符合。

第 2 类：NOK，评价员发现实际机台参数与标准不相符。

第 3 类：Conditional OK，翻译成中文就是条件接受，例如：注塑成型实际模具温度测量，评价员现场发现模具温度测试值只有一个，经询问发现作业员只测量模仁的中间一个点，虽然测量值在标准要求范围内，但实际再测量模仁的四个角发现有一个角温度超出公差要求或者接近规格上下限。这种情况称之为条件 OK，主要因为缺少执行标准而导致执行结果偏离规格要求。

第三步，Enforced 标准参数的强化检查。中小企业总在抱怨标准无法“落地”，不能被作业员落实与执行。管理层都认为有了标准及培训，员工就会按标准执行。但实际情况与我们想象的完全不一样。事实证明，中小企业中较多的员工为了能争取多一点的休息时间，就会想出很多办法应对管理者的要求。例如：参数每隔两个小时需要进行监视与测量，有的作业员直接抄上一次的参数，并对其做轻微调整与修改。如模具温度两小时前测试记录为 80 度，他将修改成 81 度。所以，在执行的最后一步增加强化中，强化主要由作业员的直接上司来完成，通过作业员对实际参数点检并再次确认其参数点检的有效性。

（三）作业指导书

第一步，确认所评价的工位是否具有作业指导书。其评价方法同“standard 生产工艺参数检查”一样，需对其作业指导书确认是否适宜、有效、充分，但对作业指导书内容基本要求如下：

（1）作业指导书是否包括到作业前准备要求。例如：穿洁净服、戴手套、指套等，作业环境如灯光要求等。

（2）标准作业内容应包括作业顺序、作业节拍及半成品的放置。生产过程中每一个动作前后都成相互关系。实际中也发现较多的作业指导书每一个动作都没有相关性，没有作业节拍，每一个操作动作必须有时间要求，然后我们要根据这些节拍来计数工位的标准工时。最后，要规定 WIP 半成品的摆放位置及数量。

（3）作业员质量控制。每个工位的 WI 应要求作业员在作业过程中或作业结束时，需对产品的质量进行自我检查与判定，我们通常称之为自检。所以，作业指导书中应包括作业员的自检内容。

（4）作业安全。现场作业很多任务位均有人机并行工作，有人机互操作的地方难免会产生一些安全隐患，那么纯手工作业有没有作业安全问题呢？如果你仔细观察现场，同样也存在安全问题。例如：很多手工作业会用到一些化学产品，有的会给作业员带来致命的安全事故。我们在一个生产现场审核过程中发现作业员不小心将 502 胶水挤进眼睛，按常人思维来看“这不可能”，但生产现场往往不可能的事就变成了可能。很多安全事故都是因为一些细节未做到位产生的，很多都是血淋淋的经验教训。其判定结论同上。

第二步，作业是否按作业指导书执行，评价员应先看作业指导书确认无误，再细观作业员作业是否与作业指导书相符。如果中间出现偏差，此时应要求班组长提供该员工的培训记录，如果该员工具有培训及考核记录，说明作业员未按作业指导书进行作业或培训无效果。如果作业不影响最终的结果，评价员应评价为 conditional OK；如果结果会影响产品的特性，此时应判定 NOK。

第三步，生产作业强化检查。评价员应检查生产工位的班组长有无对其进行强化检查，有没有确认作业员作业步骤是否与作业指导书一致。班组长每天可以抽查一个工位强化检查作业员的作业是否满足作业指导书的要求并形成记录。其评价要求与上面保持一致。

（四）质量控制

第一步，检查标准。

通过对标准作业的检查，评价员应对此工位的质量控制进行评价。同样，评价员先检查质量控制标准，例如：《产品检验规范》《控制计划》及工程样件等。检验标准应包括以下内容：

（1）检验前准备，例如：灯光强度要求、检查仪器的点检及检验规范的悬挂等。

（2）检验内容应包括所有产品特性，例如：产品功能尺寸检查、抽样比例及方法、用什么仪器去测量及样本量等。针对外观零件，外观检查应确认是否有对其进行分面检查，因为每个面的外观要求往往不同。我们通常将产品分为 ABC 面：A 面为消费者的直观面，B 面为消费者的侧视面，C 面为消费者的直视的反面。我们对 C 面基本上可以忽略不计，但 A、B 面要求明显不同。之所以将产品分面来控制：一是避免一概而论；二是防止误判，将合格品判定为不合格品而产生不必要的成本损失；三是缺陷问题的界定，我们看到很多的不好的案例，如 A 面不能有 3 个黑点。这里隐含很多问题点：一是黑点的大小没有界定；二是黑点之间的距离。这样的检验规范是不能被发行的。如果企业碰到要求苛刻的客户，很快就会被客户投诉。

（3）检验的路径规划。我们正常检验作业都有一个习惯动作，但不能有一个面没有检查而流入到下一工序。所以，检验路径规划是必不可少的。按照常规，我们应把 A 面放在首位检查，因为 A 面为客户的直观面，如果放在最后检查很容易出现漏检现象。规划检验路径时，应把 A 面放在检验的首位，其次是 B 面，最后是 C 面。我们必须将每个面的检查内容以图文并茂的方式呈现出来，让检验员很快清楚此产品的检验要求。

（4）检验节拍时间。我们应将每个检验动作量化，以时间进行标示。一来体现检验员的检验效率；二来体现检验员的能力高低。

（5）客户投诉履历。我们往往忽略产品被投诉的履历，因为每次的投诉也反映了检验方式出现漏洞而导致不良外流至客户端。所以，有关此产品的内外部投诉均要以图文并茂的方式加入检验规范，不断更新检验规范。

如果上述内容有欠缺，评价员可直接判定为 NOK。

第二步，检验标准的执行检查。

现场抽查 QC 首件及巡检记录，对比检验规范是否满足要求。评价员应随机抽取首件来实际核对，可以通知对应 QC 员现场实际测量某一个特性，对比一下测试记录是否有很大变异。我们经常发现员工因为编造一个数据或者因测量方法错误而导致数据偏差。其判定方法同上。

第三步，质量控制强化检验。

QC 组长每个班次应随机抽取某一个机台或某位 QC 员的质量检验记录进行核查，核查方式是拿到 QC 员所保存的首件或巡检样品，对其进行测量并核对检验报告是否存在显著性差异。如果发现有明显差异，应及时通知责任 QC 要求重新测量；如果测量结果超出标准要求，应按《不合格品控制程序》执行。所有强化活动必须形成记录，评价员对其记录的有效性进行再次核对。如果发现偏差应记录不符合，详细内容写在 Finding 栏中。

（五）不符合项的书写要求

不符合项的书写要求符合要求，其表达方式：检查哪一份文件，结合文件要求检查现场发现了什么与标准不一致。注意不能缺少内容 5W2H，即 who、when、where、what、which、how and how many。例如：查组装作业员张某（工号 210）在装配 A 零件时，用锤子将 A 零件敲入底座中，再次核对《装配作业指导书》编号 ××要求用手将 A 零件压入底座中。与标准不一致。

不符合项写完后应填写责任人及完成日期。最后，通知责任单位主管并签名确认，承诺改进完成时间及状态。

第二节 StEDE cube 实施案例

某公司 StEDE cube 实施案例

一、建立 StEDE cube 标准作业指导书标准

（一）目的

通过实施 StEDE3 工位评价，发现并改善不符合，从而使所有过程持

续受控，减少变异。

（二）范围

适用于所有工位的评价。

（三）职责

1. 品管部

QE：负责制定评价计划。

QE、QC 组长：负责实施工位评价；负责跟踪改善措施落实情况；当为被评价工位主管时需负责制定、落实改善对策。（各工序组长不可评价本工序工位）

2. 生产部

各工序课长：负责制定评价计划。

各工序课长、组长：负责实施工位评价；负责跟踪改善措施落实情况；当为被评价工位主管时需负责制定、落实改善对策。（各工序组长不可评价本工序工位）

（四）作业规范

定义：StEDE 是 Standard Existing Deployed Enforced 的缩写，即标准存在、执行、强化。

StEDE3 工位评价分三步完成：360°全方位差异观察→使用 StEDE3 矩阵→记录评价发现。

步骤 1：360°全方位差异观察。安静地观察工位 10～15 分钟。不看工艺卡、SOP、SIP 和标准卡等资料，观察操作工在做什么，通过观察理解操作顺序；看工位使用的工装置具、测量仪器等；看操作工对于品质控制做了什么来保证合格品流到下一工位；通过全方面的观察，发现这些方面潜在的变异点：设备的设定调整、操作工的操作和品质控制。

步骤 2：使用 StEDE3 矩阵。根据 StEDE3 矩阵表（如表 3－2 所示），按照表 3－3 所示顺序评价。

表 3－2　StEDE3 矩阵表

StEDE3 矩阵 通过标准化变得优秀			标准存在？	标准执行？ 使用者如何被培训使用标准？（包括他们的直接主管，如果直接主管不是培训人）	标准强化？ 直接主管怎么确保标准使用者持续严格地执行此标准？
			清晰， 可目视化， 可量化， 可操作	使用者遵循标准，使用者可以解释标准	直接主管根据标准使用频次定义现场稽核频次
对于给定的流程/工位：标准是……	…参数设定…	参数列表、值、上下限和必要的作业指导来设定设备，对选定的部件（和那些在 FDPR/IS 的设定相比）			
	…作业指导书…	指导书定义这个工位怎么安全操作生产产品，怎么维护设备			
	…质量控制…	操作员或产品的质量控制活动，确保只有好件可以流到下一道工站			

表 3－3　StEDE3 工位评价顺序

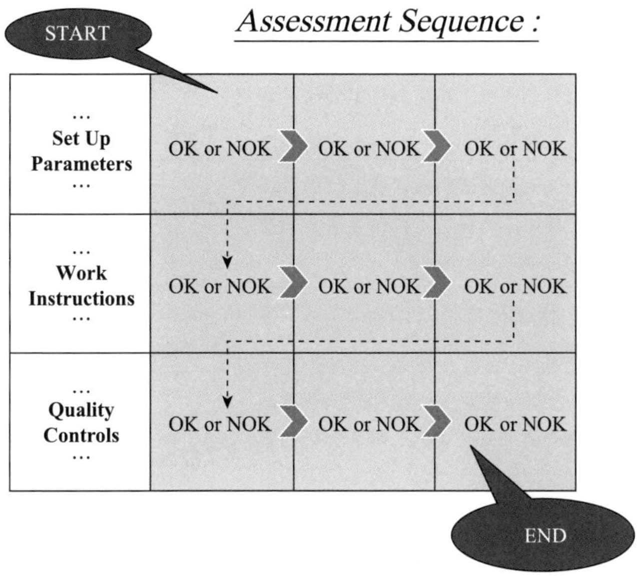

StEDE3 矩阵表成九宫格格局、评价内容及其判定条件如表 3－4 所示。

表 3－4　StEDE3 矩阵表的九宫格格局、评价内容及其判定条件

	评价内容	判定条件
九宫格 1. 参数设定标准	根据生产产品型号，查看工艺卡或者标准卡关于机台参数设定的标准	描述清晰，项目齐全，无遗漏；可视的，看得见的，读得懂的；量化，有中值、公差，或者定义了范围；可操作，公差合理，范围合适，数据证据
九宫格 2. 参数设定标准实施	查看实际参数设定，比对标准是否符合要求，并提问使用者，如何被培训应用标准的	使用者遵守并能解释标准，范围合适，数据正确
九宫格 3. 参数设定标准强化	查相关记录，证明被评价工位的直接主管是如何确保参数设定的	被评价工位的直接主管按规定频率、方法进行评价
九宫格 4. 作业指导书	查看 SOP，定义了作业内容及其要求和设备的维护保养	定义了安全操作；定义清楚操作方式、顺序、手法；定义清楚异常反馈机制；定义了设备维护保养标准及内容；定义了操作工启动作业前应有开线点检表

续表

	评价内容	判定条件
九宫格 5. 作业指导书执行	查看员工实际操作，比对 SOP 等标准是否符合要求，并提问员工如何被培训应用标准的	员工遵守并能解释 SOP 内容：安全操作、加工操作、异常反馈、设备维护保养等能按要求执行
九宫格 6. 作业指导书强化	查相关记录，证明被评价工位的直接主管是如何确保员工按作业指导书执行的	被评价工位的直接主管按规定频率、方法进行评价
九宫格 7. 质量控制标准	查看 SIP 或标准卡，关于品质管控要求的定义	品质管控要求定义清晰，客诉内容完整；标准样件、不良样件齐全
九宫格 8. 质量控制执行	查看员工检验动作，比对 SIP 等标准是否符合要求；询问员工对不合格的判定标准；抽查已检验产品是否有不合格产品流出	员工检验动作遵守 SIP 或标准卡要求；员工清楚判断标准；抽已检产品，无不合格品
九宫格 9. 质量控制强化	查相关记录，证明被评价工位的直接主管是如何确保员工的检验满足要求的	被评价工位的直接主管按规定频率、方法进行评价

满足上述判定要求的，选择 OK；不满足判定要求的，选择 NOK。当前一列选择 OK，后一列可选择 OK 或者 NOK；当前一列选择 NOK，后一列只可选择 NOK 或者 CONDITIONAL OK，图 3－1 中的图二和图三是不允许的。StEDE3 工位评价总分为 9 分，OK 得分 1 分，CONDITIONAL OK 和 NOK 不得分。

图 3－1 的 Allowed 方式可接受，后面两个均不可接受，我们最终的目标要求九个格全部为 OK。

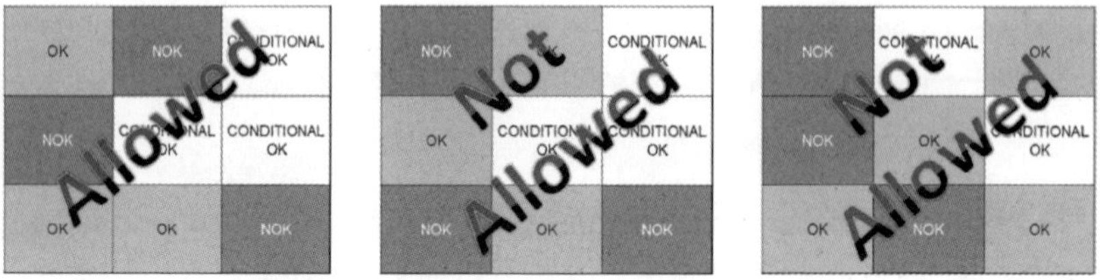

图 3－1　StEDE3 九宫格

步骤 3：记录评价发现。评价员将评价发现记录在下方表单中，并于评价第二天发出，被评价工位主管在收到评价报告的48 小时之内回复改善对策。评价员根据计划完成时间跟踪改善措施的落实情况。

写评价发现时，要围绕谁、做了什么、做得怎么样三个点来描述。例如：3#注塑机作业员工张三在包装产品时，从左往右包装，SOP 要求从右往左包装，如图 3 –2 所示。

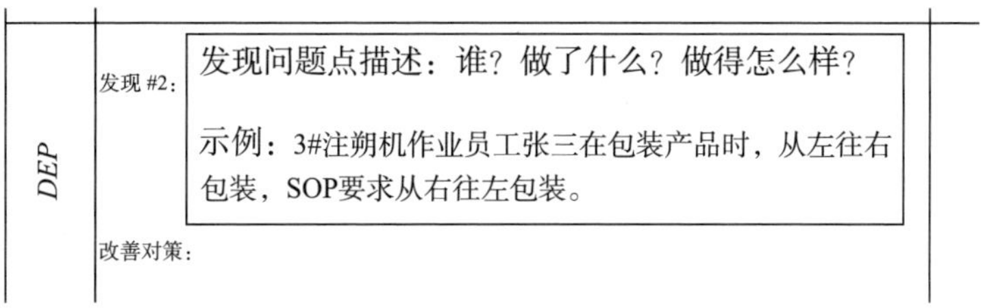

图 3 –2　写评价发现示例

错误的写法：

（1）注塑作业员工包装产品与 SOP 要求不符。

（2）作业员张三未按 SOP 要求包装产品。

（3）作业张三包装产品的手法是错误的等。

上述三种写法没有体现出谁、做了什么、做得怎么样三个核心点。

整张表单不可以有空的地方：评价发现栏填写见下述、责任人栏填写为被评价工位的负责人、日期栏填写为改善措施的预计完成日期、状态栏填写为此改善措施的完成进度，如未完成、进行中、已完成，如表 3 –5 所示。

表 3 –5　评价发现栏

责任人	日期	状态
被评价工位负责人	改善措施预计完成时间	未完成/进行中/已完成

写评价发现，若是在标准上发现问题，对应评价发现前选择“EX”；若是在执行上发现问题，对应评价发现前选择“DEP”；若是在强化上发现问题，对应评价前选择“ENF”，如图 3 –3 所示。

回复改善措施要围绕谁、做什么事情、频率三个点来描述。例如：3#

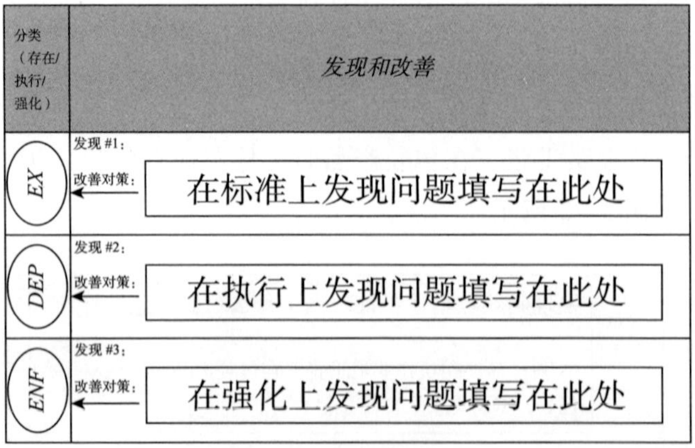

图 3－3　评价发现分类

注塑机区域组长每天对他负责的区域所有作业员包装产品的方法进行强化点检，检查是否有包装错误，如图 3－4 所示。

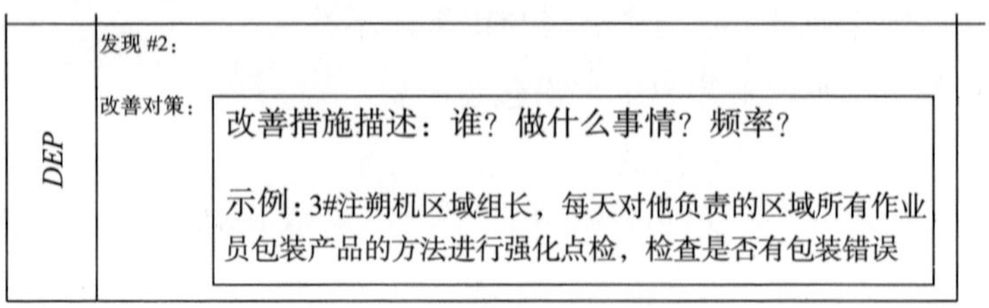

图 3－4　回复改善措施

错误的写法：

（1）区域组长抽检作业员的包装方法是否有错误。

（2）每天抽查作业员的包装方法。

（3）区域组长每天抽查点检等。

上述三种写法没有体现出谁、做了什么事、频率三个核心点。

评价结束后，评价员与被评价工位主管需在 StEDE3 报告底部签字，如图 3－5 所示。

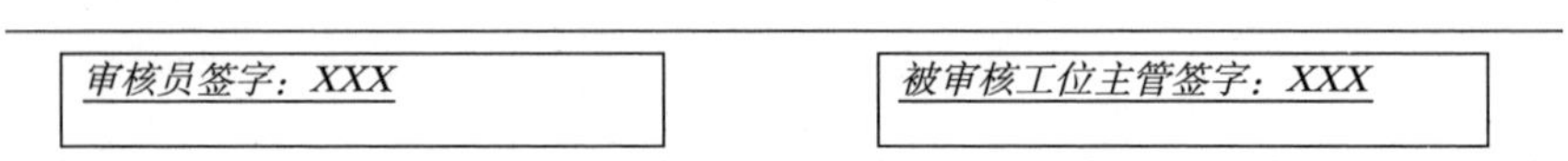

图 3－5　签字确认

汇总整理：每月度各部门将当月评估的 StEDE3 报告提交到品管部，由品管部 QE 负责 StEDE3 报告的追踪验证和统计汇总。从发现缺失项的工位、缺失项是标准的问题、执行的问题、强化的问题等方面做统计汇总形成表单及图表形式，由品质部经理在管理月会上进行汇报。

评价频率：正常情况下各工序每月至少 2 次，有以下异常情况的每月至少 4 次。

重点优先评价工位：

（1）事故经常发生的工序（包括内外投诉）。

（2）PFMEA 中 RPN 值 >80 的工序。

（3）刚发生 4M 变更的工序。

（4）客户审核及内外审核时问题点较多的工序。

（五）相关的文件和记录

（1）《各工序标准作业指导书》。

（2）《各工序检查作业指导书》。

（3）《生产启动作业指导书》。

（4）《强化点检作业指导书》。

（5）《生产启动点检表》》。

（6）《班组长巡检表》。

（7）《StEDE Findings & Action Summary》。

二、制定 StEDE cube 执行计划

StEDE cube 计划的制定如表 3 –6 所示。

表 3 –6　StEDE cube 计划的制定

日期 工序	W01	W02	W03	W04	W05	W06	W07	W08	W09
注塑	※		※		※		※		※
喷漆		※		※		※		※	

续表

日期 工序	W01	W02	W03	W04	W05	W06	W07	W08	W09
镭雕	※		※		※		※		※
冲切		※		※		※		※	
组装			※		※		※		※
检验	※	※		※		※		※	

三、任命评价组长及成员

整个 StEDE 评价组长由公司管理者代表指定一名体系主管或工程师担任。此人能力应具备以下要求：

（1）熟悉公司管理体系文件及运作。

（2）具备 ISO 及 TS 内部审核员资质。

（3）3～5 年管理体系审核经验。

（4）良好的沟通与协调能力。

组员由各个工序的主管组成，其主管必须由评价组长先对其进行培训及考核后，方可实施工位评价工作。

四、StEDE 评价工作的执行

评价组长每周针对评价计划安排对应工序评价员对其工位进行评价。评价注意事项如下：

（1）本工位主管不能评价自己工位。

（2）评价员去对应其工位评价时，不允许提前通知其工位主管。

（3）评价组长每周至少一次陪同评价员做 StEDE 评价，检查其评价工作的有效性。

（4）评价组长每月做一次 StEDE 工位评价工作总结报告，并向管理者代表汇报其开展情况。

（5）汇报的内容应包括：

- 工序不符合项的个数统计形成图表。
- 不符合项问题的类型分布状况。例如：标准缺失的不符合项有多少？执行不当的不符合项有多少？强化未落实及未落实到位的有多少？

（6）评价组长在月末对上月所有评价的不符合项进行跟踪，验证其不符合项的改进状况，判定其改进状况是否可行。

五、StEDE 工位评价工作开展以来的获益

（1）客户投诉次数由 2016 年的每月 6 次下降到 2017 年 10 月的 2 次。

（2）内部不良 PPM 由原来 2016 年 5500PPM 降到 1200PPM。

（3）不良报废较 2016 年减少了约 500 万元。

此工具较简单且方便灵活在各个对应工位进行评价，通过此工具的应用，让各工序主管及班组长了解标准与执行的重要性。中小企业总把做标准不当一回事儿，认为那些资料都是为了应付客户及审核机构，不知道为什么要做标准、按标准执行到底会给自己带来什么好处。此工具的执行也为中小企业将 ISO 落地提供了有效路径与方法。

第二篇

现场精益改进工具

第四章

Chapter 4

POKAYOKE 防错法

第一节　POKAYOKE 的定义和实施步骤

一、POKAYOKE 的定义

POKAYOKE 意为“防差错系统”“防呆法”及“傻瓜法”，英文译为 Fool Proofing。日本的质量管理专家、著名的丰田生产体系创建人新乡重夫（Shingeo Shingo）先生根据其长期从事现场质量改进的丰富经验，首创了 POKAYOKE 的概念，并将其发展成用以获得零缺陷，最终免除质量检验的工具。日语中的 YOKERU 为“避免”，POKA 为“差错”。此思想最早可追源于丰田创始人丰田佐吉先生，他先后改良纺织机防止断线装置并提出了“永不做机器的守奴”，经过众多质量管理专家提炼升级成为一套科学的系统方法。其目标就是零缺陷，实施的重点就是为了预防问题点的发生，避免一些简单因人为过失而产生的问题。其主要的基本理念有以下三点：

（1）决不允许哪怕一点点缺陷产品出现，要想成为世界的企业，不仅在观念上，还必须在实际上达到零缺陷。

（2）生产现场是一个复杂的环境，每一天的每一件事都可能出现差错导致缺陷，缺陷导致顾客不满和资源浪费。

（3）我们不可能消除差错，但是必须及时发现和立即纠正，防止差错形成缺陷。

POKAYOKE 在过程中的作用体现如图 4－1 所示。

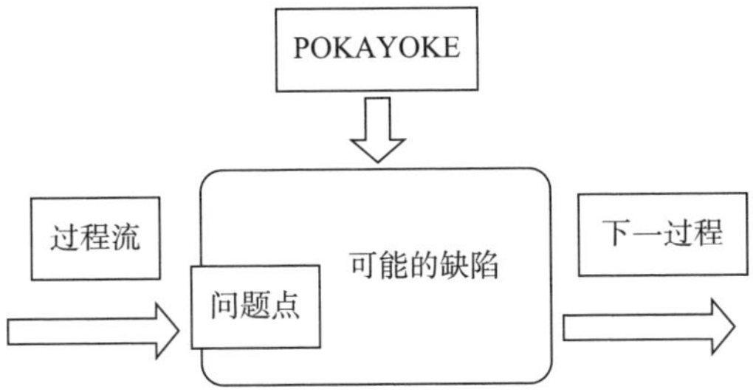

图 4－1　POKAYOKE 在过程中的作用体现

POKAYOKE 的意义如图 4－2 所示。

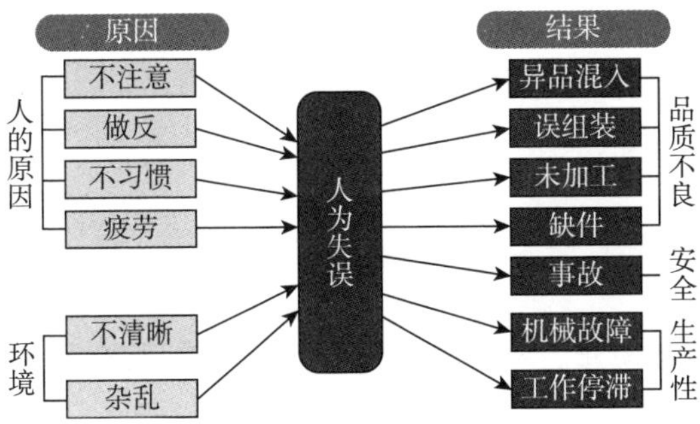

图 4－2　POKAYOKE 的意义

二、POKAYOKE 的实施步骤

（一）POKAYOKE 的基本流程

1. POKAYOKE 各阶段的实施相对应的方法与记录，如图 4－3 所示

2. 防错设计的七步法

（1）画出流程图，标识出缺陷发现和产生的地方。

（2）检查现行的工作程序是否适用，并予以遵循。

（3）分辨出缺陷在流程中产生的条件。

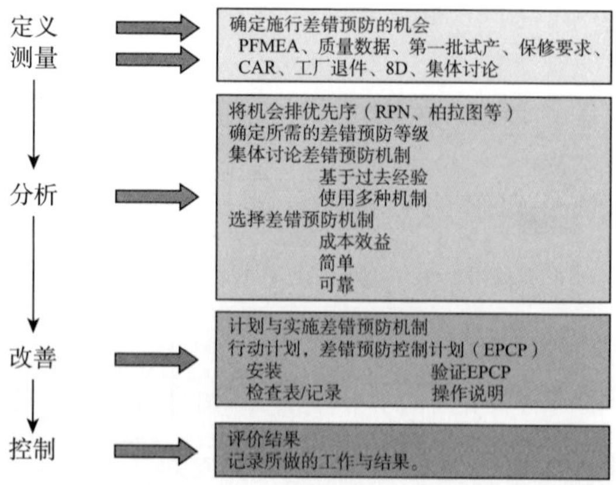

图 4-3　POKAYOKE 各阶段的实施相对应的方法与记录

（4）顺着流程找出诱发缺陷产生的根本原因。

（5）找出适用的防错设计措施。

（6）制作、试行。

（7）收集数据和结果确认成效。

（二）POKAYOKE 应用的十大原理

1. 自动原理：用光、电、力、机构、化学原理来控制

例如：

抽水马桶设有浮球，当水升至一定高度时推动拉杆，从而自动切断水源。

电梯超载时自动警报，并无法关上门。

电流超过一定值，保险丝会自动烧断。

高压锅内压达到一定程度会推动陀塞泄气，从而平衡内压，以免压差过大导致爆炸。

自动点胶机能够定量注射等量胶水。

麦当劳卫生间门口“烘手机”，每按一次吹 10 秒。

商场节能电梯，在有重力感应时才会自动工作。

2. 断根原理：根本上排除可能发生的源头

例如：

为除狐臭，医生往往采取切除大汗腺的方法。

某同事为了能够独自一人吹风扇，将摇头控制绳拔断。

对于工程变更前物品，应集中处理：报废、同批使用。

3. 保险原理：需要 2 个以上的动作共同或依序才能完成的工作

例如：

冲床必须双手同时按 2 个按钮才能执行工作。

银行保险箱必须客户钥匙与银行钥匙同时打开才能取出物品。

4. 相符原理：检查两者是否匹配来防止错误的发生

例如：

电脑主机通过不同形状的接口（或同色）来防止插错。

通过规定渔网网孔尺寸来确保鱼苗不被打捞。

果农通过筛选盘来区分不同大小的果实。

安检门通过探测器检测金属含量来扫描金属物品。

通过智能人脸识别系统来寻找犯罪嫌疑人。

医生手术前后会逐一清点工具，避免遗留患者体内。

登陆 QQ、MSN、邮箱等必须输入正确的密码。

为确保检验项目不被遗漏，应遵循清单逐一确认。

5. 隔离原理：区分区域，以避免错误发生

例如：

为避免小孩拿到危险品，将其置于高处或锁进柜子。

某冲压机必须在保护罩关上以后，才能执行工作。

为避免未校准或待维修量具被使用，应移出现场。

为避免嫌疑不良被使用，应进行隔离标识别。

6. 顺序原理：为避免顺序搞错而进行编号，可减少错误发生

例如：

程序文件夹为避免文件取出后放错而进行斜线编号。

儿童组装玩具按编号组装而达到需要的模型。

7. 复制（确认）原理：同一个工作需做 2 次以上，最好复制

例如：

军队作战，上级军官下达命令后，下级必须复述一次。

在传递信息（如告知电话号码）时，再进行复述确认。

在资料传递时，尽量采取拷贝复制方式避免出错。

在签订合同时，尽量采用一式多份合同，避免内容差异。

为确保所有产品加工的一致性，必须制定 SOP 作业规范。

为确保所有人员能够正确、准时完成工作，须按 SOP 作业。在接到工程、工艺变更要求时，可确认实际的符合性。注：传递的一些信息往往是附带隐性要求的，所以要确认与要求的符合性。

8. 层别原理：为避免将不同工作做错，而设法加以区别

例如：

颜色管理：用不同颜色代表不同意义或工作内容。

9. 警告原理：如有不正常的现象发生，能以声光或其他方式显示出各种“警告”的讯号

例如：

安全带没系好或门没关好，车子会发出警告。

出货扫描时，信息输入错误自动发出警告。

10. 缓和原理：无法排除问题发生，但可采取措施降低损害程度

例如：

鸡蛋隔层装运盒减少搬运途中的损伤。

汽车之安全带，骑机车戴安全帽。

将笔贴上姓名条或加条绳子固定在桌上。

第二节　POKAYOKE 的案例分析

案例 1：螺纹栓没有紧固

本例中，用于紧固倒车闸的螺纹紧固螺栓常常没有正确紧固，这种错误常常导致较多的售后抱怨。如何通过设计进行防呆？

改善前，存在的问题有倒车闸、倒车手闸可能没有正确紧固。这些情况很难探测到，如图 4－4 所示。

改善后，新设计采用卡扣式，无需任何紧固件，如图 4－5 所示。

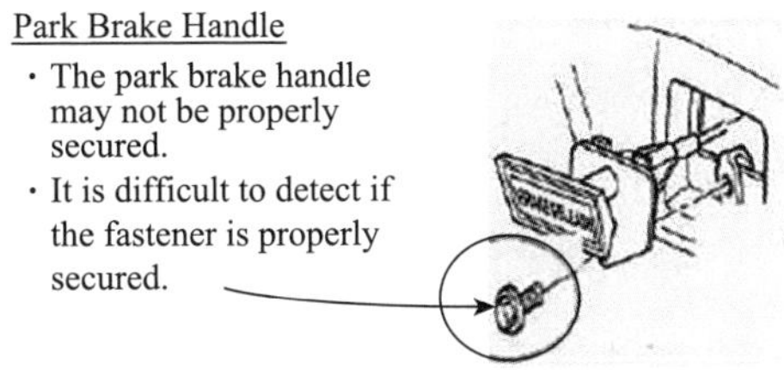

图4 –4　倒车闸、倒车手闸可能没有正确紧固

图 4 –5　新设计采用卡扣式

案例 2：防止取出零件错误

改善前，类似的零件放在邻接的箱子里，使用时存在取出错误，如图 4 –6 所示。

图 4 –6　取出零件改善前

改善后，增加翻板并做好标识，需 A 零件，打开 A 零件箱并起到自动提醒功能，如图 4 –7 所示。

图 4 –7　取出零件改善后

案例3：防止计数错误

改善前，零件有5个需要加工的孔，1~2个孔忘记加工的情况时常发生，一个孔一个定位地进行加工很容易发生漏加工，如图4-8所示。

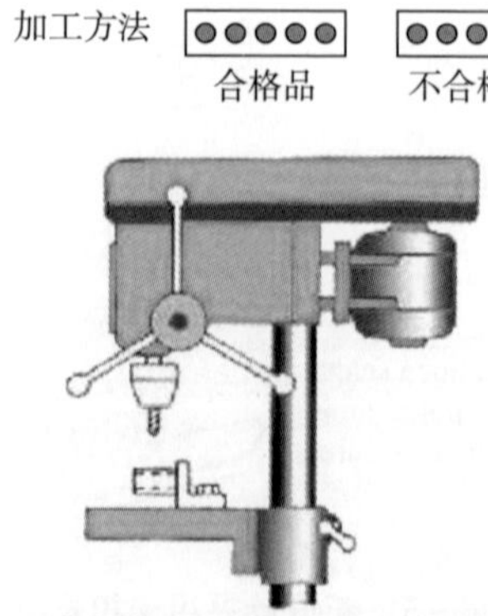

图4-8　防止计数错误改善前

改善后，夹具固定后，按开关动作开始，孔加工计数器开始计数，没有加工5次，零件无法取下，如图4-9所示。

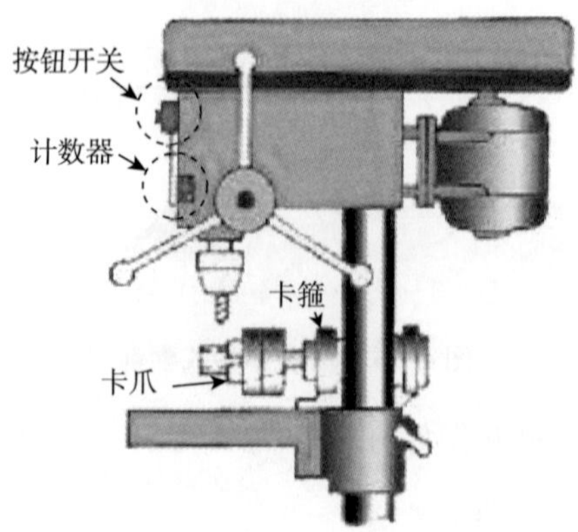

图4-9　防止计数错误改善后

案例4：防止方向错误

改善前，电路板的盒子安装时容易产生反方向组装的错误，如图4-10所示。

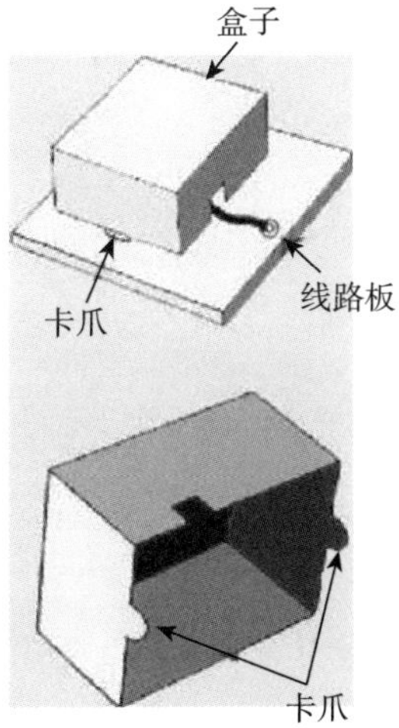

图 4－10　防止方向错误改善前

改善后，将卡爪和安装孔设计成非对称来防止错误安装，如图 4－11 所示。

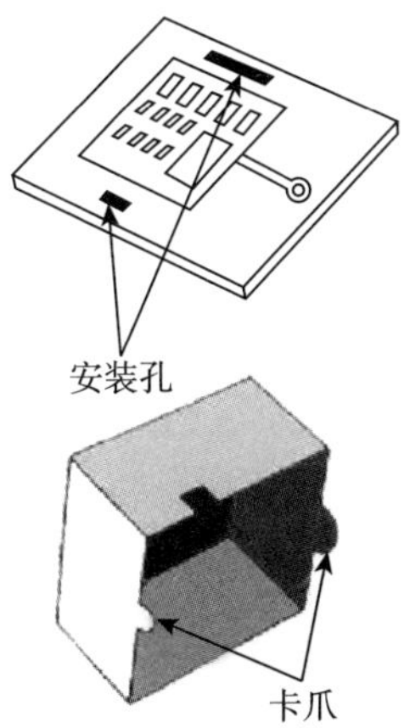

图 4－11　防止方向错误改善后

第五章

Chapter 5

IE（工业工程）手法的应用

第一节 作业分析及案例

一、作业分析的定义和步骤

作业分析是指用于分析在同一时间内、同一工作地点之各种动作，记录的操作周期及工人操作周期的相互动作时间关系，以图形方式表示，并将此记录做进一步分析与改善。

作业分析的目的是：分析人工及机器之操作与加工，以消除不增值的各种浪费，提高生产效率，达到人机最适当的配合。

（一）作业分析推进步骤

1. 作业分析目的的明确化

作业分析目的的明确化体现在选定改进目标及课题。课题选定有两种方式：一是公司高层领导通过历史数据所发掘的问题点而下达的改进任务；二是由问题点发生的生产场所负责人自主所发起的改进课题。

2. 作业分析的准备

（1）建立项目改进团队、团队负责人及团队成员。

（2）制定团队负责人及团队成员职责与项目改进计划。

（3）准备改进所使用的软硬件，如马表等设备或软件。

3. 作业的观察

对作业工序的 CT、MCT 进行观察确认。

4. 作业顺序的确认

确定加工工序的先后顺序，并制定工序流程图。

5. 用秒表测量数据及整理

将各工序的 CT 及 MCT 进行实际测量，并将数据记录在《作业时间观察表》中。

6. 图表化及研究改进

（二）人机配合的三种类型

1. 一人一机，如图 5-1 所示

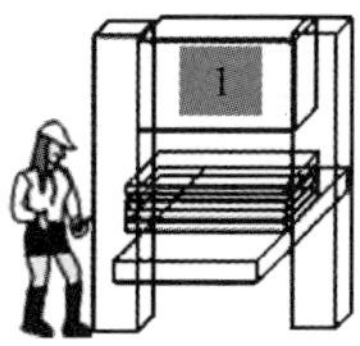

图 5-1　一人一机

2. 一人多机，如图 5-2 所示

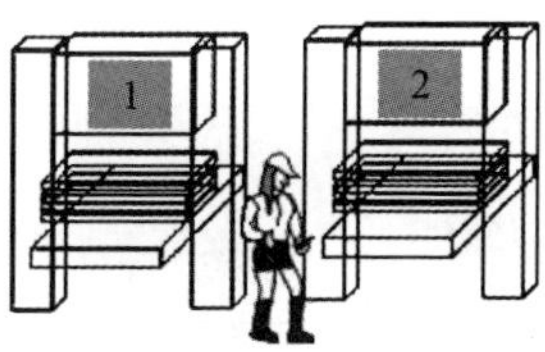

图 5-2　一人多机

3. 多人一机，如图 5-3 所示

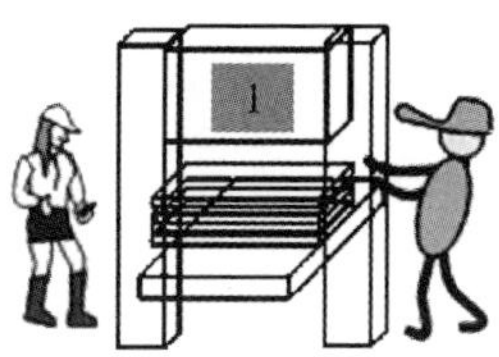

图 5-3　多人一机

（三）作业分析符号

作业分析符号如表 5 - 1 所示。

表 5 - 1 作业分析符号

名称	记号	含义	备注
加　工	○	能影响到材料、零件或者制品形状、性质等，使之发生变化的行为，也包括为加工、检查做的准备作业	
检　查	□或◇	表示数量检查或品质检查作业	
移　动	→	表示搬运或者空手移动	有时也使用○表示搬运
等　待	△	表示因为各种原因（如材料未到、等待搬运器具，或者等待自动加工结束）而产生的等待	

二、作业分析案例应用

案例：改善课题——提高零件钻孔加工工作效率

加工零件描述如图 5 - 4 所示。

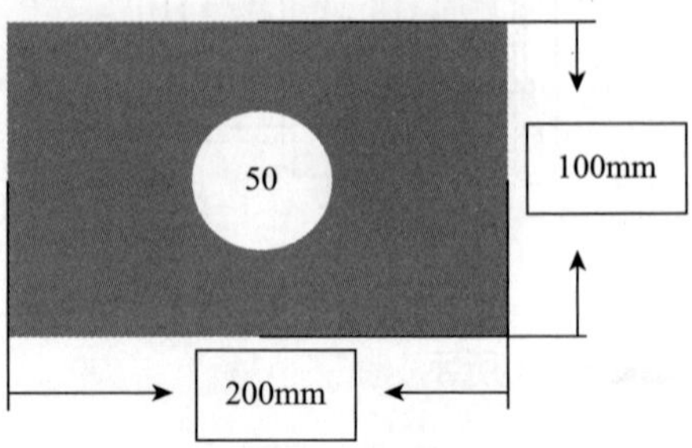

图 5 - 4 加工零件描述

此零件厚度为 40mm，钻孔深度为 3mm。

1. 改进前作业顺序及时间观察，如表 5－2 所示

表 5－2　改进前作业顺序及时间观察

序号	作业名称	作业符号	CT（S）	MCT（S）
1	从零件箱中拿出零件	→	2	
2	放进虎钳并将虎钳夹紧	○	4	
3	双手按下起动键，机床开始加工	○		10
4	操作工等待机床加工完成	△	8	
5	加工结束，操作员松开虎钳	○	4	
6	自我检验	◇	2	
7	将完成后零件放入零件箱中	→	2	
	∑CT（S）	24		

2. 现状问题点描述，如图 5－5 所示

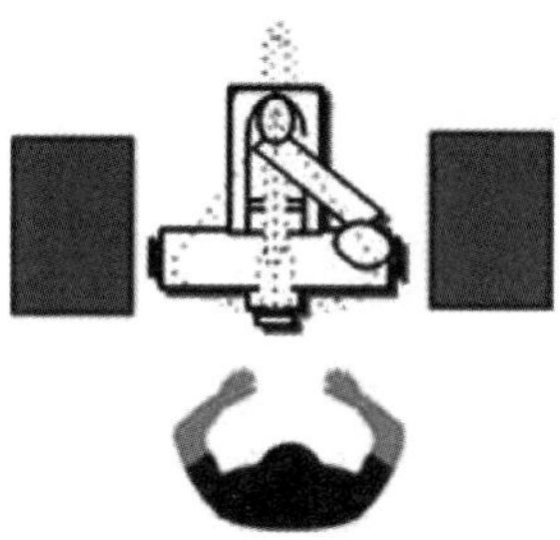

图 5－5　现状问题点

（1）此钻孔作业过程中存在等待浪费。

（2）存在不增值的动作，如夹紧零件用手将虎钳锁紧等。

4. 改进方法与步骤

首先，将手动扭紧及松开的虎钳夹紧装置改成气动装置，如图 5－6 所示。

改进前夹紧手柄是通过操作员用手拧紧及松开加工零件。改进后取消手工夹紧及松开虎钳装置，采用气动装置。当操作员将零件放入虎钳中，双手按钮起动钻床加工时，气缸先夹紧零件然后钻床开始加工。加工完成后气缸自动松开零件。改进后如图 5－7 所示。

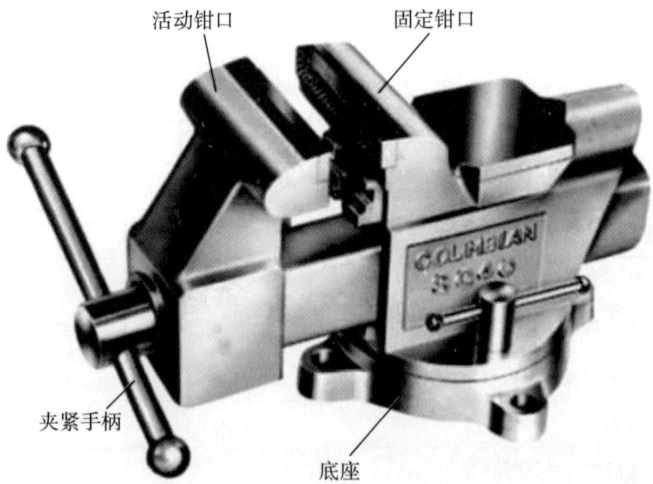

图 5－6　将手动扭紧及松开的虎钳夹紧装置改成气动装置

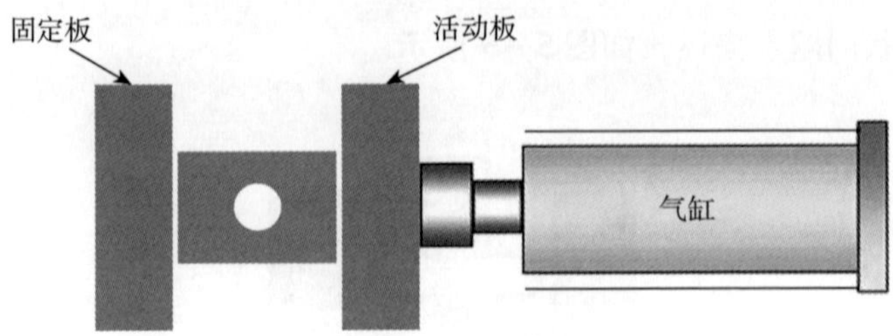

图 5－7　改进后图示

改进后作业时间分析表如表 5－3 所示。

表 5－3　改进后作业时间分析

序号	作业名称	作业符号	CT（S）	MCT（S）
1	从零件箱中拿出零件	→	2	
2	双手按下起动键，气缸自动夹紧零件机床开始加工	○		10
3	拿出产品并自我检验	◇	2	
4	将完成后零件放入零件箱中	→	2	
		∑CT（S）	16	

改进后一个作业员可操作三台机器，如图 5－8 所示。

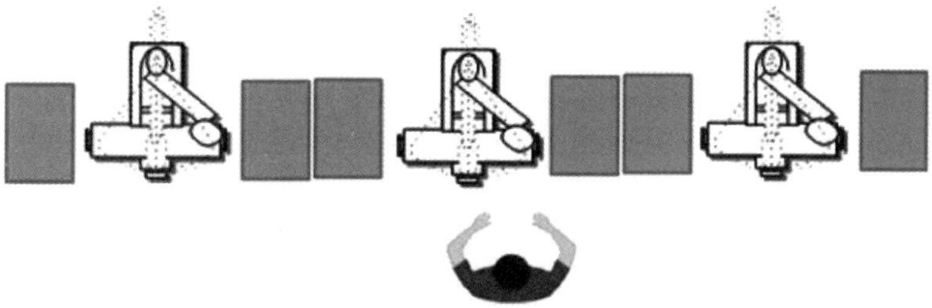

图5-8 改进后一个作业员可操作三台机器

也可以根据操作员的实际情况将上述“一”字形布局改变成“U”或“C”字形布局，便于操作员工作。

5. **改进前后效果对比，如图5-9所示**

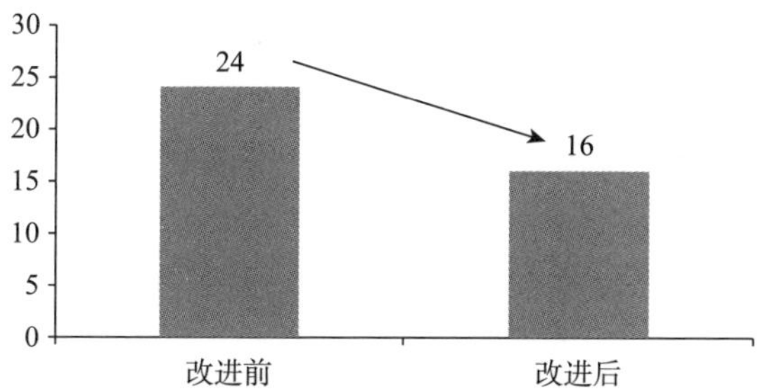

图5-9 改进前后效果对比

第二节 动作分析及案例

一、动作分析的对象及分类

将作业细分，把其中不合理、浪费、不稳定（3不）的动作消除，设定可以快速轻松达成作业的条件和方法，称之为动作分析。

（一）动作分析的对象

1. 工作的构成：工作—程序—作业—动作，如图 5－10 所示

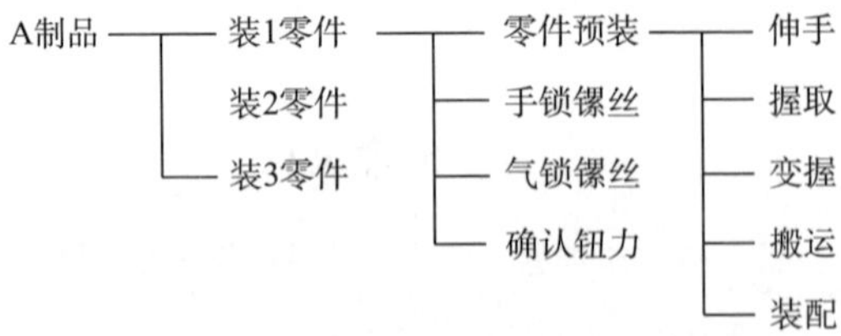

图 5－10　工作的构成

2. 产出量的差异

（1）身体条件：如感冒、醉酒、受伤、性别等。

（2）精神条件：如意愿、自信、恼怒等。

（3）技能条件：如经验、熟练、方法等。

（二）动作分析的分类

（1）目视动作分析：是指分析者直接观测实际的作业过程，并将观察到的情况直接记录到专用表格上的一种分析方法。

（2）动素分析：是指通过观察手、足动作和眼、头活动，把动作的顺序和方法与两手、眼的活动联系起来详尽地进行分析，用动素记号记录和分类，找出动作顺序和方法存在的问题，单手等待及不合理动作、浪费的动作等问题，并加以改进的一种分析方法。

动素分析的目的：把动作分类归纳为 18 种基本动作，了解每个动作的过程和状态，明确动作顺序、方法与双手、眼、足、头等人体各个部位动作之间的关系，把握人体各部位是否同时动作，确认各动作的合理性，找出存在的浪费、不合理性和不稳定性。区别必要动作、辅助动作和不必要动作，找出产生后两类动作的原因。

什么是动素？在进行动作研究时发现：很多动作均由操作者双手完成，并且所有人力操作均包括一些基本动作。由吉尔布雷斯总结称为动素的 17 种基本动作，后由美国机械工程师协会（ASME）增加一种动素成为 18 项，如表 5－4 所示。

表5－4 动素的18种基本动作

动素名称	简写字母	形象图案	形象图案说明	线条
找寻	Sh		眼转动	
选择	St		手到达目的地	
握取	G		手张开握物	
运空	TE		空手	
运实	TL		手中有物	
持住	H		马蹄形吸铁吸一铁棒	
放手	RL		手中物掉下	
对准	P		用一眼看准位置	
预对	PP		轴的插销	
检验	I		放大镜	
装配	A		几件连在一起	
拆卸	DA		一件已取去	
应用	U		大写字母U	
延迟	UD		皱起鼻子，示不高兴	
故延	AD		工作时人躺下睡觉	
计划	Pn		手指脑处示思想状	
休息（恢复疲劳）	R		人坐下	

动素可分为三大类：

第一，有效动素。进行作业时必要的动作，共九种。

①伸手：空手移动接近或离开目的物的动作。

②抓取：用手或身体的某一部位抓取或控制目的物的动作。

③移物：用手或身体的某一部位承受载荷改变目的物位置的动作。

④定位：使手持的目的物与其他目的物取得正确位置关系的动作。

⑤装配：使两个或两个以上的目的物合并的动作。

⑥拆卸：将一物分为两个或两个以上目的物的动作。

⑦使用：利用器具或装置所做的动作。

⑧放开：放开由手或身体的某一部位控制着的目的物的动作。

⑨检验：将目的物的性能、质量、数量与规定标准相比较的动作。

第二，辅助动素。指为完成作业动素而必需的动素，它会延缓作业动素的实施，作业时间会消耗过多，降低了作业效率，共有五种。

①寻找：用眼、手等五种感官寻找目的物的动作。

②发现：在寻找动作后，找到目的物瞬间的动作。

③选择：使用五官从数个物体中选定目的物的动作。

④思考：以思考为主的理解和判断等心理活动。

⑤预定：调整目的物的位置使其正好处于下一个动作最好朝向的动作。

第三，无效动素。指对作业进行无任何作用的动作，是动素分析中一定要设法取得的动素，也称为第三类动素，共有四种。

①保持：用手或身体的某一部位保护目的物，维持原状的动作。

②不可避免的延迟：由于机械的自动进给而造成的等待，双手操作时的某只手的空闲。

③可以避免的延迟：不含有效动作，但操作者可以控制的延迟。

④休息：为缓解疲劳，使身心活动处于休息状态。

（3）摄像影片分析：通过录像和摄影，用胶卷和录音带记录作业的实施过程，再通过放影、放像的方法观察和分析作业动作的方法。包含以下三种方法：

①高速摄影分析法（细微动作影像分析）。

②常速摄影分析法。

③慢速摄影分析法。

（三）动作分析的用途

（1）为减轻作业疲劳，提高工作效率而找出动作存在的问题。

（2）探讨最适当的动作顺序、方法和人体各部位动作的同时实施。

（3）探讨最适合于动作的工夹具和作业范围内的布置。

（4）比较动作顺序、方法改进前后的情况，预测和确认改善的效果。

（5）用记号和图表一目了然地说明动作顺序和方法。

（6）改善动作顺序和方法，制定最适当的标准作业方法。

（7）提高能细微分析动作和判断动作好坏的动作意识。

二、动作分析的步骤及应用

（一）动作分析的步骤

第一步，找出作业中存在的问题，决定应进行动作分析的作业。

第二步，动作分析的准备：动素分析表、记录纸、秒表、卷尺等。

第三步，动作分析的实施。分为以下四项：

①在分析表中填写必要的事项。

②观察、分解、记录动作。

③整理分析结果，填写总结表：将动素记号按左右手分开，填写合计数。

④画出作业现场布置图。

第四步，讨论分析结果，确定改进方案。

①找出第 2 类、第 3 类动作多的原因并进行改善，分析双手动作的平衡。

②4W1H 提问技术，ECRS 技巧，动作改善检查表。

③基于动作经济原则进行。

④在确定改进方案后，应做出改进作业后的动素分析表，比较改进前后的动素数，把握改进效果。

（二）动素分析的应用场合

（1）探讨高效易行的作业方法。用于无论如何观察作业，也不能发现动作所存在的问题，以及无论如何思考也制定不出最佳方案的场合。

（2）探讨最适当的动作顺序。通过动素分析，可以明白人体各部位用什么动作顺序活动，得到最适当的动作顺序。

（3）作为讨论最适当的工夹具与作业环境布置安排时的参考资料。

（4）制定正确易行的标准作业方法。

（三）动作分析的应用案例

举例：打开啤酒瓶的动素分析如表 5 – 5 所示。

表 5 – 5　打开啤酒瓶的动素分析

左手	动素			右手	分析要点
伸手到酒瓶处，选择啤酒	◡	→1	⌒o	拿起开瓶器等待	1.若什么啤酒都可以的话，则取消选择动作
拿起啤酒瓶	∩	2	↓	拿起开瓶器等待	
移动啤酒瓶到身前	◡o	3	◡o	移动开瓶器	
拿住啤酒瓶	Ω	4	9	移动开瓶器	
拿住啤酒瓶	↓	5	#	将开瓶器套在瓶盖上	
拿住啤酒瓶	↓	6	U	用开瓶器打开瓶盖	6.由于使用不需拆卸的开瓶器，故只使用一个动素
放开啤酒瓶	⌒o	7	◡o	手回归原外	
手回归原外	◡	8	†	手回归原外	

第三节　标准时间及案例

一、标准时间的定义和构成

（一）标准时间的定义

标准时间是指操作熟练程度和技能都达到平均水平的作业人员按规定的作业条件和作业方法，用正常速度生产规定质量的一个单位的产品时所需的时间。

（二）标准时间的构成

标准时间 = 正常时间 + 宽放时间 = 观察时间 ×（1 + 熟练修正系数 + 努力修正系数）+ 观察时间 × 宽放率

宽放时间主要有以下三种宽放类型：

（1）人为宽放：私事宽放与疲劳宽放。私事宽放指作业过程中，满足生理要求的宽放时间，如上厕所、喝水、擦汗。疲劳宽放指为了补偿工作过程中体力和精神疲劳，采取的休息或操作速度减弱的宽放时间。

（2）非人为宽放：作业宽放与集体宽放。作业宽放指补偿作业过程中发生不规则的要素作业，如处理不良品等。集体宽放指集体作业时，对于个体差异产生损失的补偿，如熟练度的差异、工位编排产生的损失等。

（3）特殊宽放：学习宽放、机械干涉宽放、奖励宽放、工厂宽放及其他宽放。

宽放评价系数如表 5 – 6 所示。

表 5 – 6　宽放评价系数

评价项目	评价基准	对应宽放率（%）
1. 努力程度	较轻松坐式作业	0
	上下拿轻物	1.0
	重劳动、拿重物、移动、偶尔休息	1.5
	超重劳动无休息	1.75
2. 姿势	稳定的坐式作业	0
	普通步行并携带物品	0.3
	注意力集中的做做停停，姿势不自然	1.0
	急速停止、起动，无法休息	1.5
3. 特殊的工作服与工具	无特别处	0
	有时用口罩、长筒、草靴、手套等劳保用品	0.2
	基本需佩带上述用品，但偶尔可以拿下	0.6
	不间断使用	0.75

续表

评价项目	评价基准	对应宽放率（%）
4. 细致程度与眼部疲劳	需要细致作业	0
	偶尔需谨慎细致	0.3
	需要小心细致	0.4
	经常需高度小心细致	0.7
5. 重复动作与紧张度	几乎很少有重复	0
	偶尔忙碌的需重复动作	0.3
	繁忙且无变化的反复动作	0.4
	强烈反复枯燥重复	0.7
6. 单调性	有一定兴趣并非反复动作	0
	一定程度的反复动作	0.3
	很单调但偶尔休息一下	0.4
	不停地、连续单调不能休息的状态	0.7
7. 创造性与注意力	不需要	0
	需要一点	0.3
	必须具有	0.4
	高度必要	0.7
8. 对责任与危险注意度	不需要	0
	对他人的安全及责任需普通程度的留意	0.3
	对自身及他人的安全责任需特别注意	0.4
	超级危险作业，需特别注意自己及他人安全	0.7
9. 环境	环境清洁	0
	有少许烟尘和臭味的污染	0.2
	烟、污物、臭气、灰尘很多	0.25
	上述污染很严重	0.4
10. 噪音	没有噪音	0
	少许噪音	0.2
	有噪音，但有间歇	0.25
	持续不断的强噪音	0.4
11. 温度	有空调，温度正常	0
	普通的温度变化	0.2
	温度变化较大	0.25
	温度变化极大，对人体不利	0.4

续表

评价项目	评价基准	对应宽放率（%）
12. 光照度	光照度在标准之间	0
	正常的一般照明水平	0.2
	光线弱或过强，影响人的情绪	0.25
	非常弱的光线并且明暗变化剧烈，严重影响人的情绪	0.4
13. 地面	地面光洁	0
	普通状态地面	0.2
	潮湿不干净	0.25
	潮湿容易滑倒的地面	0.4

熟练及努力系数的评价标准如表 5－7 所示。

表 5－7 熟练及努力系数的评价标准

熟练系数			努力系数		
非常熟练	A1	+0.15	非常努力	A1	+0.13
	A2	+0.13		A2	+0.12
比较熟练	B1	+0.11	比较努力	B1	+0.10
	B2	+0.08		B2	+0.08
熟练	C1	+0.06	努力	C1	+0.05
	C2	+0.03		C2	+0.02
普通	D	0	普通	D	0
欠佳	E1	-0.05	欠佳	E1	-0.04
	E2	-0.01		E2	-0.08
很不熟练	F1	-0.16	很不努力	F1	-0.12
	F2	-0.22		F2	-0.17
操作环境系数			一致性系数		
理想	A	+0.06	理想	A	+0.04
优	B	+0.04	优	B	+0.03
良	C	+0.02	良	C	+0.01
平均	D	0	平均	D	0
尚可	E	-0.03	尚可	E	-0.02
欠佳	F	-0.07	欠佳	F	-0.04

熟练程度与努力程度评价基准如表 5－8 所示。

表 5－8　熟练程度与努力程度评价基准

<table>
<tr><th colspan="2">熟练的评价</th><th colspan="2">努力的评价</th></tr>
<tr><td rowspan="4">非常熟练</td><td>有高度的技术</td><td rowspan="4">非常努力</td><td rowspan="2">很卖力地工作，甚至忽视健康</td></tr>
<tr><td>动作极为迅速，衔接圆滑</td></tr>
<tr><td>动作犹如机器作业</td><td rowspan="2">这种工作速度不能持续一整天</td></tr>
<tr><td>熟练程度最高</td></tr>
<tr><td rowspan="6">比较熟练</td><td>能高度地适应所担任的工作</td><td rowspan="6">比较努力</td><td>动作很快</td></tr>
<tr><td>能正确地工作而不需要检查、核对</td><td>工作方法很有系统</td></tr>
<tr><td>工作顺序相当正确</td><td>各个动作都很熟悉</td></tr>
<tr><td>十分有效地使用机器设备</td><td>对改进工作很有热心</td></tr>
<tr><td>动作很快且正确</td><td></td></tr>
<tr><td>动作节奏快</td><td></td></tr>
<tr><td rowspan="7">熟练</td><td>能够担任高精度的工作</td><td rowspan="7">努力</td><td>工作有节奏性</td></tr>
<tr><td>可以指导他人提高操作熟练程度</td><td>很少浪费时间</td></tr>
<tr><td>非常熟悉（工作内容及步骤）</td><td>对工作有兴趣且负责</td></tr>
<tr><td>几乎不需要接受指导</td><td>很乐意接受建议</td></tr>
<tr><td>完全不犹豫地做</td><td>工作布置井然有序</td></tr>
<tr><td>以相当稳定的速度工作</td><td>使用适当的工具</td></tr>
<tr><td>动作相当迅速</td><td></td></tr>
<tr><td rowspan="5">普通</td><td>对工作具有信心</td><td rowspan="5">普通</td><td>显得有些保守</td></tr>
<tr><td>工作速度迟缓</td><td>虽接受建议但不实施</td></tr>
<tr><td>对工作熟悉</td><td>工作上有良好的安排</td></tr>
<tr><td>能够得心应手</td><td>自己拟订工作计划</td></tr>
<tr><td>工作成果好</td><td>按良好的工作方法进行工作</td></tr>
<tr><td rowspan="5">欠佳</td><td>对机器设备的用法不相当熟悉</td><td rowspan="5">欠佳</td><td>勉强接受建议</td></tr>
<tr><td>可以事先安排大致的工作计划</td><td>工作时注意力不太集中</td></tr>
<tr><td>对工作还不具有充分的信心</td><td>受到生活不正常的影响</td></tr>
<tr><td>偶尔发生失误、浪费时间</td><td>工作比较摸索</td></tr>
<tr><td>通常不会有所犹豫</td><td></td></tr>
</table>

续表

熟练的评价		努力的评价	
很不熟练	对工作未能熟悉，不能得心应手	很不努力	时间浪费较多
	动作显得笨手本脚		对工作缺乏兴趣
	不具有工作的适应性		工作显得迟缓懒散
	工作犹豫，没有信心		有多余动作
	常常失误		工作地布置紊乱
			使用不适当的工具
			工作摸索

二、标准时间的操作步骤和案例

（一）标准时间操作步骤

1. 选择设定标准时间对象

例如：选择一个装配打镙丝的工位来计算此工位的标准时间，首先要确定测试对象，也就是我们装配打镙丝的操作工。先需知会装配组长，要求组长配合测试人员的工作。然后了解一下不同作业员的工作效率，核对一下操作员的《生产日报表》。选择被测量研究的对象员工效率不能为这些操作员工中最快的，当然也不是最慢的员工，所以只能选择速度为中间的人员。如果组长也无这些操作人员的工作效率，我们可以选择对所有操作人员进行作业时间观察测量，然后再选择最适宜的中等被测量之对象。

2. 作业前期准备

我们需准备好马表（标准要求），如果无测时马表也可以用手机来代替。观察测试用纸、记录用铅笔、文件夹板，将观察测试用纸用文件夹板夹好。然后将马表调试到计次状态，操作员完成一个动作按下“右上角键”停止及开始键，测试操作次数需 15 次以上。完成后开始将数据抄写在作业测试用纸上，其表格格式如表 5 -9 所示。

表 5-9 马表

生产线名				观察人			
作业员姓名				直接主管			
工序名	设备名称	动素名 1		动素名 2		平均值	
		CT	MT	CT	MT	CT	MT
					合计:		

备注：CT 为操作员工的作业操作时间，MT 为设备工作加工时间，国际单位制：秒（S）。

3. 标准时间的评定与计算

评定标准及计算公式参见表 5-9 及公式并进行计算。根据此工序的标准工时并可推算理论每小时和每天的产能。

（二）标准时间的计算案例

某五金加工公司对机加工钻孔工序计算标准工时，来计算每天的理论产能。当 IE 小军接到工厂长命令后，开始着手对其机加工钻孔工序展开调查。他首先与机加工车间刘主管做了一次详细的沟通，也说明了他此次来机加工车间的目的与任务，并征求了刘主管的意见与看法。刘主管也支持小军的工作，并将机加工王组长叫来一起配合 IE 小军完成此项任务。小军首先让王组长把钻孔工序《生产日报表》拿过来仔细看，基本确认信息如下：

（1）此机加工工序总共有四台钻孔机、四名操作员、半自动作业。目前主要为计件工资，工作时间为 10 小时/天，白天一班制。平均产量如表 5－10 所示。

表 5－10　平均产量

操作员姓名	10 小时产量	平均每小时产量	备注
A	2500PCS	250PCS	
B	1800PCS	180PCS	
C	2600PCS	260PCS	
D	2000PCS	200PCS	

IE 小军从上述报表数据中选择了作业员 D 作为此次被观察测试的对象。为了验证数据的真实性，小军亲自在现场用马表测定了四个操作员的作业速度，证实此报表数据基本属实。其中，操作员 D 的数据如表 5－11 所示。

表 5－11　操作员 D 的数据

序号	动作描述	CT（S）	MT（S）	合计（S）	备注
1	从物料筐拿出零件	3.5		3.5	每个动作已测试 15 次，此数据为 15 次的均值
2	将零件放入加工治具中	2.3		2.3	
3	双手按键治具自动夹紧	1.5		1.5	
4	机床钻孔加工时间		8	8	
5	取出工件放入零件箱	3.8		3.8	
			合计 CT：	19.1	

（2）根据机加工钻孔工序并结合上述所监测的 CT 总和进行评定。IE 小军组织了机加工车间刘主管及组长对宽放系数、努力系数及熟练系数进行打分评定。经过三人的讨论及交换意见最终确定努力系数 0、熟练系数 0、宽放时间 0.15，并套入标准时间计算公式：标准时间 = 正常时间 + 宽放时间 = 观察时间 ×（1 + 熟练修正系数 + 努力修正系数）+ 观察时间 × 宽放率。

19.1 ×（1 + 0 + 0）+ 19.1 × 0.15 = 21.97（S）≈ 22（S），理论每小时产能：164PCS。

第四节　布局 & 搬运分析及案例

一、布局 & 搬运的定义及目的

（一）布局 & 搬运的定义

由原物料接收成品出库之流程中，做有系统的规划，使人员、物料、设备之组合达到进取的经济状况，使制品之搬运最少，减少搬运成本，缩短制造工时，以提高生产效率。

（二）布局 & 搬运分析的目的

（1）便于制造程序进行。

（2）减少物料及成品搬运的距离。

（3）缩短产品之周期，维持产品之高度周转率。

（4）充分利用机器设备，减少不必要的投资。

（5）有效的空间利用。

（6）有效的人力运用，提高工作效率。

（7）提供方便、舒适、安全的工作环境。

二、常见的制程布置方式和对比

（一）常见的制程布置方式

1. 间歇式制程布置（功能式布置、程序布置）

指具有相同功能的机器、技术、人员或作业皆聚在一起。

2. 直线式制程布置（产品式布置）

直线式又称产品布置或直线过程布置，将机器依产品的制程及操作顺序安排而成为有顺序的生产线型式。

3. 专案式制程布置（固定位置布置）

专案式：固定位置布置。欲制造的产品不动，而将加工设备移到产品制造处施工（造船）等。

4. 群组布置制程布置（制程单元布置）

群组式又称制造单位布置，小批量多样化生产，在小批量生产中获得间歇及直线之优点。使具备“弹性”及“高效率”成为一细胞，常见的方式有跳耀式及U、C、L等型式（丰田式）。

跳耀式：将机器布置成一圈往相同方向进出原料/成品，由一个作业员绕小圈子操纵所有的机器，工作人员在循环时间内（作业时间加上搬运时间）刚好完成一圈，如果要增加量产则可以增加人手并使机器速度增快即可。

U、C、L等型式：将机器布置成U、C、L造型。

上述两种制造细胞形式在丰田式生产工厂中时常可以见到，此时大都需要多能工来配合，而此种制造细胞之类似模组可以和其他保证制程相连接。

5. 混合式布置

混合式：在一工厂里采取融合上述各种布置的方式而成。如制造金属工厂：由于金属重量不同，工作场地的安排必须将重的零件工作放置于靠近出货地方，利用起重机搬运，而轻的零件工作站则可以移到其他处。医院：在检查及医疗部门的布置是采用程序布置，而病人住入病房疗养，此时护士、医生至病人床位处服务则是固定位置布置。

（二）各项制程布置优缺点比较

各项制程布置优缺点比较如表5－12所示。

表 5－12　各项制程布置优缺点比较

	优点	缺点
间歇式	1. 设备人员具有弹性 2. 较少的设备、投资较少的重复设备（除非数量很大） 3. 专家的形式：各部门管理者有高度的知识 4. 工作多样化，工作人有较大的满足感	1. 物料搬运缺乏效率，有回送或长距离的搬运 2. 缺乏时间，有效地运用在两个工作中需要等待 3. 需要复杂的生产规划与控制 4. 需要较高的人工薪资 5. 较低的生产力
直线式（含 L、U 及 O 型）、分枝型	1. 较少的物料搬运 2. 较少的在制品 3. 较简单的生产规划与控制系统 4. 工作简化，使工资成本较低 5. 减少总处理时间	1. 缺乏制程弹性 2. 缺乏时交锋的弹性 3. 较大投资 4. 每一个零件步骤均相互牵连 5. 工人工作单调，士气低
专案式	1. 可移动之工件减至最低 2. 减少工作之搬运损害与搬运成本 3. 工作人员可持续进行被指派的工作	1. 同一工人需具备多种技能 2. 单一员工工资成本高 3. 设备及人员的移动费高 4. 设备使用率低
群组	1. 减少生产规划与控制 2. 减少物流搬运 3. 减少在制品存货 4. 减少准备时间	1. 对生产制程做系统分析困难 2. 对零件（制品）类不易 3. 安排各制造细胞难

三、物流搬运分析表及布局改进案例

（一）物流搬运分析表

物流搬运分析表如表 5－13 所示。

表 5－13 物流搬运分析

序号	工序名称	区域面积	从至距离 M	累计距离 M	搬运频率次/天	每次时间 M	搬运总时间 M	搬运工具	搬运方式	搬运者	容量规格	容量 Kg	备注

序号：指产品实现过程中从第一工序至最后一道工序的先后顺序编号。

工序名称：指产品实现的一连串过程名称，如冲压工序、注塑工序等工序。

区域面积：指此工序所占车间的总面积，一般用平方米表示。

从至距离：指从第一道工序将物料、半成品或成品搬运至下一道工序之间的总距离。

累计距离：指所有工序搬运的总距离。

搬运频率：指每道工序每天所搬运的总次数。

每次时间：指搬运一次所需要的时间。

搬运总时间：指所有工序搬运所需的总时间。

搬运工具：指搬运物料、半成品或成品的载体，如手推车、电动铲车等工具。

搬运方式：指搬运的自动化程度。如手工搬运方式：搬运者用手来实现搬运动作。半自动搬运方式：搬运者用搬运工具实现搬运动作。全自动搬运方式：无搬运者、搬运工具，能自动执行搬运动作，如 AGV 自动搬运车等工具。

搬运者：指搬运动作执行的操作员职务，如物料员或仓管员等职务类型。

容量规格：指装物料、半成品或成品的容器大小及尺寸，如胶筐规格为 L80cm × W60cm × H40cm。

容量：指容器所装的物料、半成品或成品的总重量。

备注：指此工序在搬运过程中所增加的项目，如搬运者有时为物料员，有时为组长等。

（二）布局改进案例

1. 布局改进前状况

下面为一家锂电池工厂 PACK 包装线，其布局如图 5－11 所示。

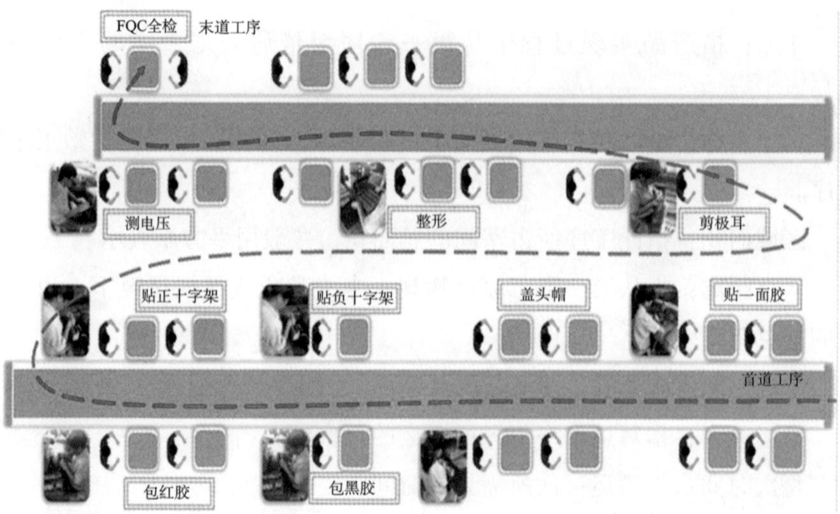

图 5－11　一家锂电池工厂 PACK 包装线

现状的问题点：

（1）生产中间间距较大，未连续流。

（2）中间停顿时间长，WIP 在制品过多。

（3）物流搬运距离长。

（4）现场 5S 较难维护。

2. 工序数据观察表，如表 5－14 所示

表 5－14 工序数据观察表

T. T 3.5	LT	工序#	工序名称	CT 观察值（S）															均值	备注
1.2	1.2	1	贴侧面胶	2.2	3.9	1.8	2.0	2.4	2.5	2.8	2.6	2.1	2.1	2.4	3.5	2.2	3.0	2.7	2.5	
需求量/10H	1.2	2	盖头帽	2.2	3.0	2.8	3.9	2.9	2.8	2.6	3.5	3.6	2.9	3.3	3.3	2.7	2.9	3.0	3.0	
30000/10	1.2	3	负十字架	1.9	2.9	2.7	3.2	2.3	2.0	3.4	2.8	2.7	2.9	4.1	3.7	3.3	3.0	2.9	2.9	
	1.2	4	包黑胶	4.3	4.3	2.9	2.7	4.2	2.8	2.8	3.1	2.5	2.9	3.5	3.1	3.0	2.4	2.6	3.1	
	1.2	5	正极帽	1.5	2.2	1.6	2.0	1.8	2.1	2.1	2.7	1.9	2.1	2.0	2.1	2.7	2.2	2.1	2.1	
	1.2	6	正十字架	1.9	2.9	2.7	3.2	2.3	2.0	3.4	2.8	2.7	2.9	4.1	3.7	3.3	3.0	2.9	2.9	
	1.2	7	包红胶	4.3	4.3	2.9	2.7	4.2	2.8	2.8	3.1	2.5	2.9	3.5	3.1	3.0	2.4	2.6	3.1	
	1.2	8	剪极耳	2.2	2.3	2.5	2.8	2.3	2.0	2.8	2.2	3.3	3.2	2.4	2.2	2.4	2.9	1.9	2.5	
	1.2	9	整形	1.0	1.5	2.1	1.7	1.8	2.2	1.6	2.3	2.0	1.7	1.7	1.7	2.1	1.9	2.1	1.8	
	1.2	10	测电压	1.0	1.6	1.0	1.7	1.3	1.2	1.3	1.2	2.0	2.2	1.9	2.1	1.9	3.1	2.8	1.8	
			平衡率	83%																
			ECT	####													10 小时产能		11615	8 人
			SCT	31													每小时产能		1161	

备注：后两个工序采用开发自动化来实现两工序的整合。

3. 新布局，如图 5 – 12 所示

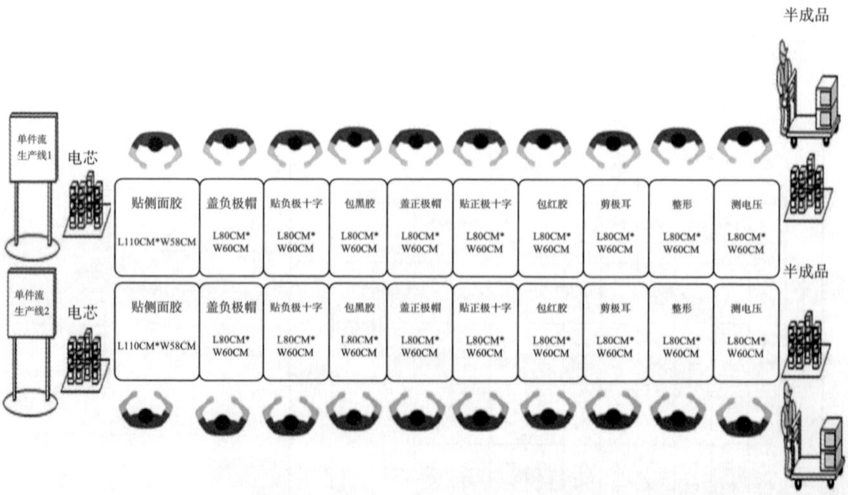

图 5 – 12　新布局

改进前后指标对比如图 5 – 13 所示。

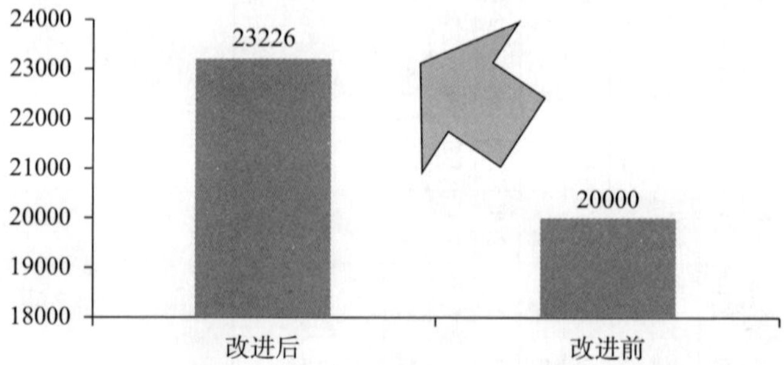

图 5 – 13　改进前后指标对比

改进后，生产作业顺序流畅，物流畅通，WIP 在制品明显减少，实现单件流生产方式，无物流搬运活动及现场目视管理整洁有序。

第五节 生产线平衡分析及案例

一、生产线平衡分析定义及计算

（一）生产线平衡分析定义

Production line balance analysis，中文翻译为生产线平衡分析。众多厂家将此方法称为“LB”，即 Line balance，或“LOB”，即 Line of balance，分析改善法。生产线平衡是指构成生产线各道工序所需的时间处于平衡状态，作业人员的作业时间尽可能保持一致，从而消除各道工序间的时间浪费，进而取得生产线平衡。生产的全部工序均衡，调整作业负荷和工作方式，消除工序不平衡和工时浪费，实现“一个流”，如图 5－14 所示。

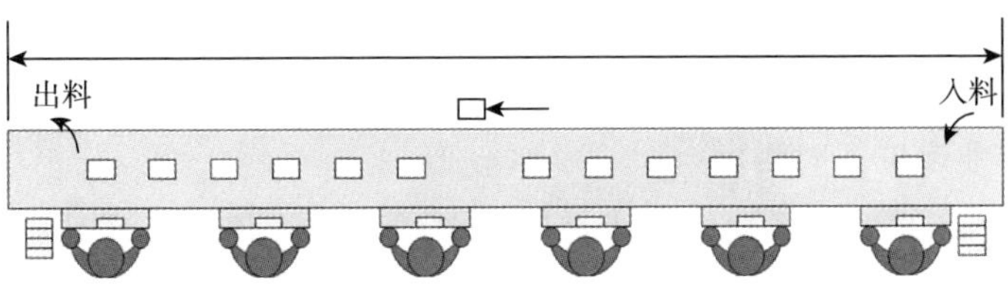

图 5－14 实现“一个流”

（二）平衡生产线的意义

平衡生产线可以综合应用到动作分析、layout（布局）分析、搬动分析、时间分析等 IE 手法，提高全员综合素质，并且在平衡的生产线基础上实现单元生产，提高生产应变能力，对应市场变化实现柔性生产系统。减少单件产品的工时消耗，降低成本（等同于提高人均产量）。减少工序在制品，真正实现“一个流”，提高作业及设备工装的工作效率。

（三）生产线平衡的计算

$$平衡率=\frac{\sum（各工序的作业时间）}{瓶颈岗位时间\times 人数}\times 100\%$$

生产线的平衡损失率 = 1 - 生产平衡率

企业基本要求生产线平衡率需达到 85% 以上。

1. 如何识别瓶颈岗位（木桶理论）

图 5 - 15　木桶理论

木桶蓄水容量的大小取决于最短的那块木板（如图 5 - 15 所示），在生产组装线中，整条生产线的生产效率取决于最慢的工序。

2. 作业岗位工时测定

A 产品通过 B 产品前端到①处所需要的时间，我们将该时间也称为 A 产品的 CT（Cycle Time）生产加工总时间，如图 5 - 16 所示。

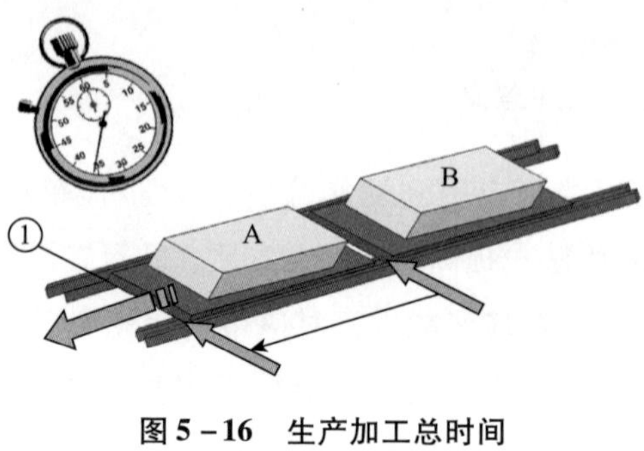

图 5 - 16　生产加工总时间

（四）建立山积表及平衡分析

将各分解动作时间，以叠加式柱形图表现的一种研究作业时间结果的手法，如图 5－17 所示。

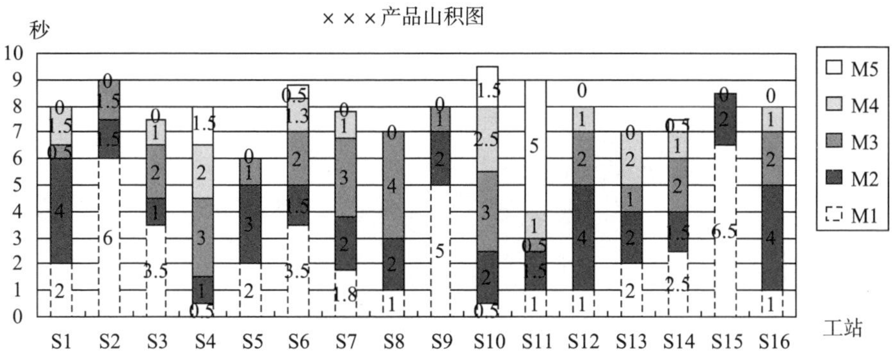

图 5－17 山积表

工时测定分析（浅色为作业的时间，深色为失去平衡的时间）如图 5－18 所示。

工序名	1	2	3	4	5	6	7	8	9	10	11	12	合计
人员	1	2	2	2	2	1	1	2	2	1	1	2	19
净时间	80	140	180	180	170	80	75	170	180	75	65	110	1505
净时间(1人)	80	70	90	90	85	80	75	85	90	75	65	55	940

图 5－18 工时测定分析

二、生产线平衡分析的基本步骤和案例

（一）生产线平衡分析的基本步骤

生产线平衡分析的基本步骤如图 5－19 所示。

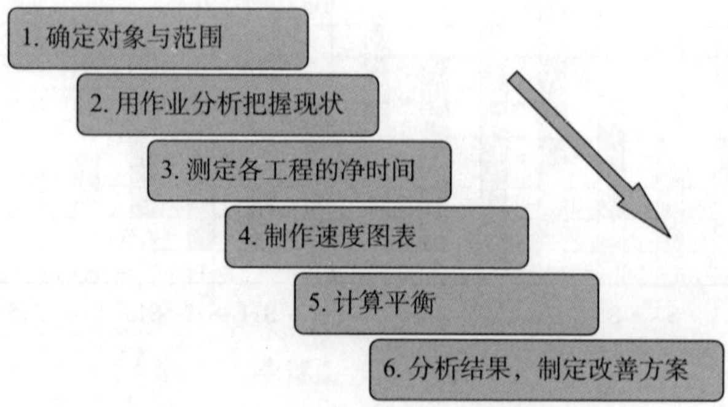

图 5－19　生产线平衡分析的基本步骤

改善方法主要采用 ECRS 动作经济原则：

（1）Elimination——取消。

（2）Combine——合并。

（3）Rearrange——重排。

（4）Simplify——简化。

案例 1：缩短生产节拍，维持人手不变

缩短生产节拍，将工序 2 里一部分可抽调的时间转至工序 3 中，以缩减整体的生产节拍，如图 5－20 所示。

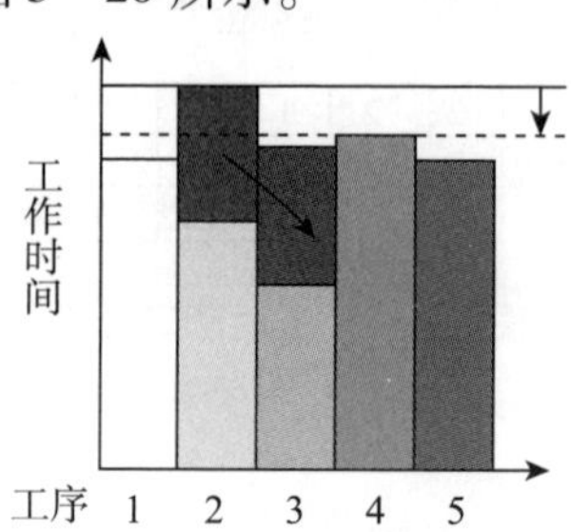

图 5－20　缩短生产节拍

案例2：减少1人，维持生产速度不变

将工序3里的工作时间分配至工序2、4及5之内，从而工序3里的人手可调配到其他生产线。可行性：工序2、4及5内均有足够时间接受额外工作，如图5－21所示。

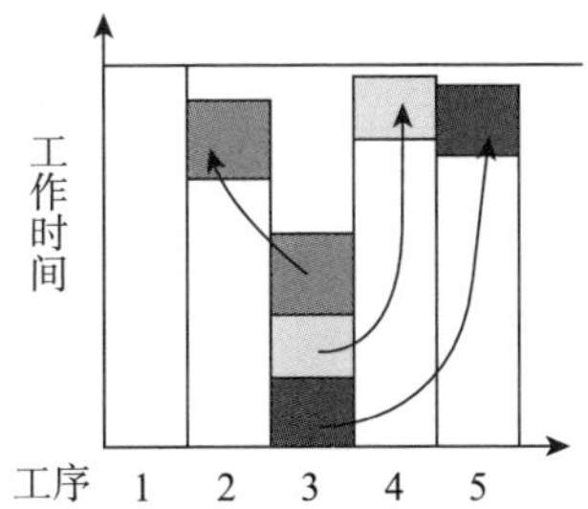

图5－21　减少1人，维持生产速度不变

案例3：减少2人，维持生产速度不变

降低线体速度，减少生产产量。因生产需求量降低而降低线体速度。将工序3、4的工作时间分配至工序1、2、5里，从而工序3、4工作岗位的人手可调配至其他生产线，如图5－22所示。

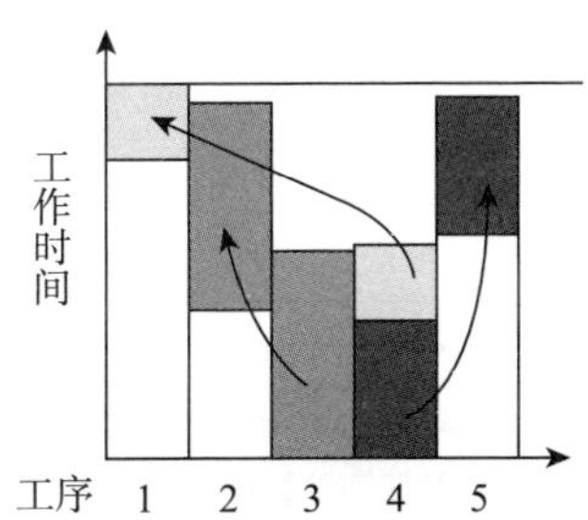

图5－22　减少2人，维持生产速度不变

（二）生产线平衡分析案例分析

电子电装7人柔性线：

1. 改善前各工位的作业时间，如表5－15所示

表 5－15　改善前各工位的作业时间

电装 7 人柔性线（KFR－32G/DY－JN（E3））					
工位序号	岗位名称	作业内容	动作时间（秒）	标准工时（秒）	人员配置
1	打线 1	打变压	8	18	1
		打室内	10		
2	打线 1	打电源	16	16	1
		打室内			
3	插室温管温	PCB 外观	15	24	1
		插室温	7		
		打胶水	2		
4	插线	插变压	7	37	1
		插线	30		
5	功能检	插线	20	45	2
		功能检	16		
		拆线	5		
		贴断电	4		
6	外观检	外观检	8	16	1
		贴条码	2		
		包装	6		

电子电装 7 人柔性线，改善前各工位的作业时间如图 5－23 所示。

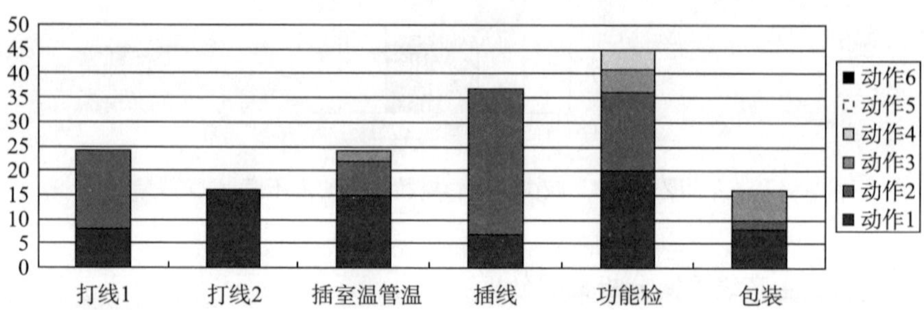

图 5－23　改善前各工位的作业时间

生产线各工位的分析如表 5－16 所示。

表 5－16　生产线各工位的分析

电装 7 人柔性线岗位时间（秒）						
岗位	打线 1	打线 2	插室温管温	插线	功能检	外观检
工位时间	18	16	24	37	45	14
作业人数	1	1	1	1	2	1

改善前，生产线平衡率 = （18 +16 +24 +37 +45 +16）/（37 ×7）× 100% =60.2%（改善前节拍为 37 秒）。

改善前生产线各工位平衡图如图 5－24 所示。

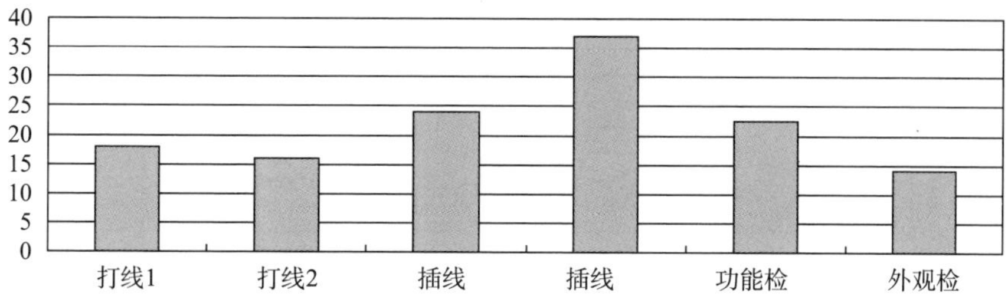

图 5－24　改善前生产线各工位平衡图

改善前的主要问题点：

（1）各工序之间不平衡导致堆积。

（2）工序的杂事多（非附加价值作业）。

（3）各工位分工不合理。

主要采用的改善方法有作业重新布局及采用动作经济原则 ECRS。

2. 改善后作业时间表如表 5－17 所示

表 5－17　改善后作业时间表

电装 3 人柔性线（KFR－32G/DY－JN（E3））					
工位序号	岗位名称	作业内容	动作时间（秒）	标准工时（秒）	人员配置
1	打线	打变压器	10	32	1
		打电源线	7		
		打室内外线	5		
		标贴	5		
		包装	5		

续表

工位序号	岗位名称	作业内容	动作时间（秒）	标准工时（秒）	人员配置
2	插线	插线	32	37	1
		外观检验	5		
3	功能检	插线	20	40	1
		功能检验	16		
		拆线	4		

改善后各工位工时如图 5－25 所示。

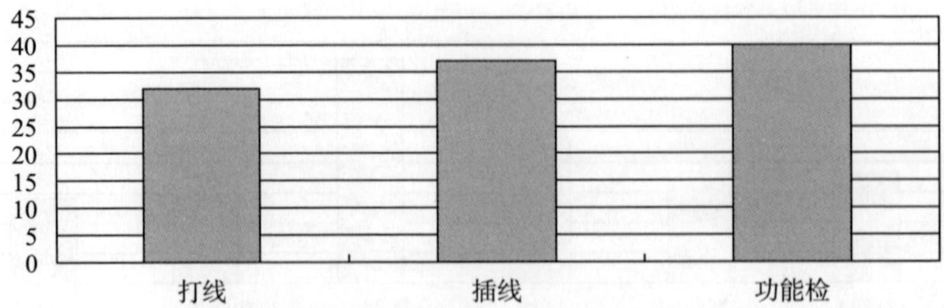

图 5－25　改善后各工位工时

改善后节拍为 46 秒，减少 4 名作业员，生产线改善前后指标的比较：

（1）生产线平衡效率提升了 51%，如图 5－26 所示。

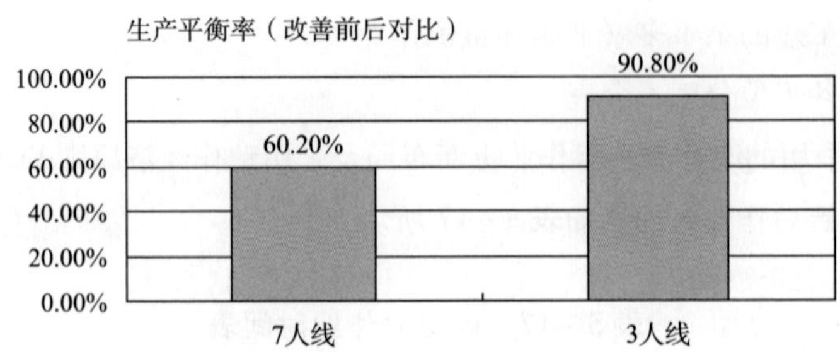

图 5－26　生产线平衡效率提升了 51%

（2）生产线人员数量减少了 4 人，如图 5－27 所示。

（3）生产效率提升了 12.1%，如图 5－28 所示。

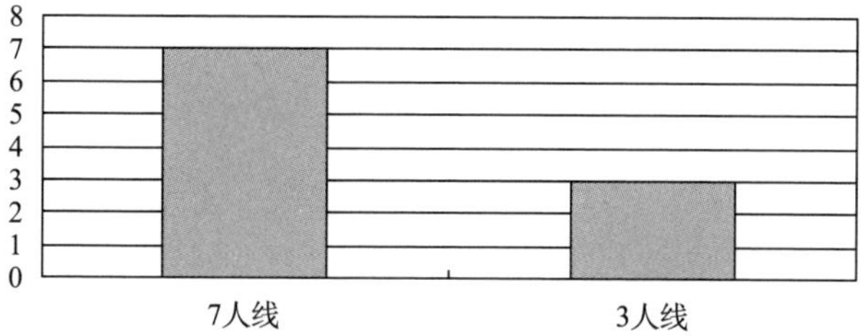

图 5-27 生产线人员数量减少了 4 人

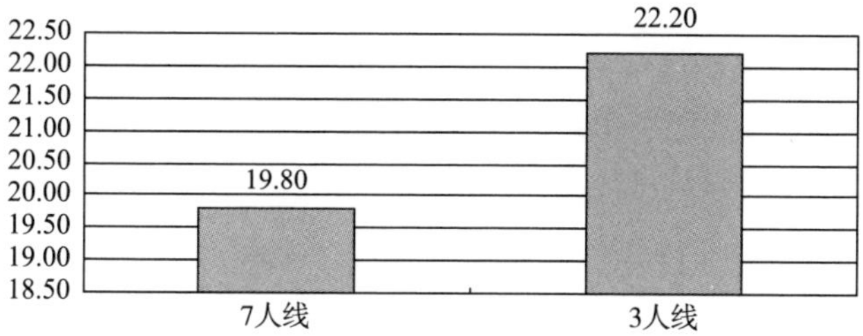

图 5-28 生产效率提升了 12.1%

第六章

Chapter 6

5S与目视化管理

第一节　5S与目视化管理的定义与作用

一、5S的起源与发展

5S起源于日本，是指在生产现场中对人员、机器、材料、方法等生产要素进行有效的管理，这是日本企业独特的一种管理办法。

1955年，日本的5S的宣传口号为“安全始于整理，终于整理整顿”。当时只推行了前两个S，目的仅为了确保作业空间和安全。后因生产和品质控制的需要而又逐步提出了3S，也就是清扫、清洁、修养，从而使应用空间及适用范围进一步拓展。到了1986年，日本的5S的著作逐渐问世，从而对整个现场管理模式起到了冲击作用，并由此掀起了5S的热潮。

日本企业将5S运动作为管理工作的基础，推行各种品质的管理手法。第二次世界大战后，产品品质得以迅速提升，奠定了日本经济大国的地位。在丰田公司的倡导推行下，5S对于塑造企业的形象、降低成本、准时交货、安全生产、高度的标准化、创造令人心旷神怡的工作场所、现场改善等方面发挥了巨大的作用，逐渐被各国的管理界认识。随着世界经济的发展，5S已经成为工厂管理的一股新潮流。

根据企业进一步发展的需要，有的公司在原来5S的基础上又增加了节约（Save）及安全（Safety）两个要素，形成7S。也有的企业加上习惯化（Shiukanka）、服务（Service）及坚持（Shikoku），形成10S。但是，万变不离其宗，7S、10S都是从5S衍生出来的。

（一）5S的定义

5S是日文SEIRI（整理）、SEITON（整顿）、SEISO（清扫）、SEIKETSU（清洁）、SHITSUKE（素养）五个单词，因为五个单词前面发音都是“S”，所以统称为5S。它的具体类型内容和典型的意思就是倒掉垃圾和仓库长期不要的东西。

整理：就是区分必需品和非必需品。现场不放置非必需品，将混乱的状态收拾成井然有序的状态。5S管理是为了改善企业的体质，整理也是为了改善企业的体质。

整顿：就是能在30秒内找到要找的东西，将寻找必需品的时间减少为零，能迅速取出、能立即使用的状态。

清扫：岗位保持在无垃圾、无灰尘、干净整洁的状态，清扫的对象是地板、天花板、墙壁、工具架、橱柜等。

清洁：将整理、整顿、清扫进行到底并制度化，管理公开化、透明化。

素养：对于规定的事，大家都要认真遵守执行，典型例子就是要求严守标准，强调团队精神，养成良好的5S管理习惯。

5S活动不仅能改善生活环境，还可以提高生产效率，提升产品的品质、服务水平，将整理、整顿、清扫进行到底，并且给予制度化等，这些都是为了减少浪费，提高工作效率，也是其他管理活动有效展开的基础。

在没有推行5S的工厂，每个岗位都有可能出现各种各样不规则或不整洁的现象，如垃圾、油漆、铁锈等满地都是，零件、纸箱胡乱搁在地板上，人员、车辆都在狭窄的过道上穿插而行。如不对其进行有效的管理，即使是最先进的设备，也会很快加入不良器械的行列，等待维修或报废。员工在杂乱不洁而又无人管理的环境中工作，有可能越干越没劲，要么得过且过、过一天算一天，要么另寻他途。对于这样的工厂，即使不断引进先进优秀的管理方法，也不见得会有显著的效果，要想彻底改变这种状况就必须从简单实用的5S开始，从基础抓起。

前面阐述了5S的基本含义，可是在实际推行的过程中，很多人却混淆了整理、整顿、清扫和清洁等概念。为了使5S喜闻乐见，得以迅速推广传播，很多推行者想了各种方法帮助理解记忆，如漫画、顺口溜或广告牌等。为了方便大家记忆，可以用下面几句顺口溜来描述：

整理：要与不要，一留一弃。

整顿：科学布局，取用快捷。

清扫：清除垃圾，美化环境。

清洁：洁净环境，贯彻到底。

素养：开成制度，养成习惯。

（二）推行5S的目的与作用

做一件事情，有时非常顺利，有时却非常棘手，这就需要5S来帮助我们分析、判断、处理所存在的各种问题。实施5S，能为公司带来巨大的好处，可以改善企业的品质、提高生产力、降低成本、确保准时交货，还能确保安全生产，不断增强员工的士气。因此，企业有人、物、事三方面安全的三项原则，才能确保安全生产、员工高昂的士气。一个生产型的企业，人员的安全受到威胁、生产的安全受到影响、物品的安全受到影响，那么人心就会惶惶不安，员工就会大量流失，就会影响到企业的生产、经营及经济效率，使企业严重地缺乏凝聚力和向心力，如同一盘散沙，导致企业濒临破产，甚至分崩离析。所以，一个企业要想改善和不断提高企业形象，就必须推行5S计划。推行5S最终要达到的目的：

1. 改善和提高企业形象

整齐、整洁的工作环境，容易吸引顾客，让顾客心情舒畅。同时，由于口碑相传，企业会成为其他公司的学习榜样，从而大大提高企业的威望。

2. 促成效率的提高

良好的工作环境和工作氛围，再加上很有修养的合作伙伴，员工们可以集中精神，认认真真地干好本职工作，必然能大大提高效率。试想，员工始终处于杂乱无序的工作环境中，情绪必然会受到影响。情绪不高，干劲不大，又哪来的经济效益？所以，推动5S是促成效率提高的有效途径之一。

3. 改善零件在库周转率

需要时能立即取出有用的物品，供需间物流通畅，就可以极大地减少寻找所需物品、所滞留的时间。因此，能有效地改善零件在库房中的周转率。

4. 减少直至消除故障，保障品质

优良的品质来自优良的工作环境。工作环境，只有通过经常性的清扫、点检和检查，不断地净化，才能有效地避免污损东西或损坏机械，维持设备的高效率，提高生产品质，保障企业安全生产。整理、整顿、清扫必须做到储存明确，东西摆在定位上物归原位，工作场所内都保持宽敞、明亮，通道随时都是畅通的，地上不能摆设不该放置的东西，工厂有条不紊，意外事件的发生自然就会大为减少，安全就有了保障。降低生产成本，一个企业通过实行或推行5S能极大地减少人员、设备、场所、时间等方面的浪费，从而降低生产成本。

5. 改善员工的精神面貌，使组织活力化

改善员工的精神面貌，使组织焕发强大的活力。员工都有尊严和成就感，对自己的工作尽心尽力，并带动改善意识形态。

6. 缩短作业周期，确保交货

推动5S，通过实施整理、整顿、清扫、清洁来实现标准的管理，企业的管理就会一目了然，使异常的现象明显化，人员、设备、时间就不会造成浪费。企业生产能相应地非常顺畅，作业效率必然会提高，作业周期必然缩短，交货日期就万无一失了。

中小企业如果全力推动5S，就可以培养员工的主动性和积极性，从而有效地降低生产成本、改善零件在库房中的周转率、促进效率的提高，就可以提高管理水平，改善企业的经营状况，即推行5S，给人和设备创造一种十分适宜的环境。要让企业组织的每个成员都能由内而外地散发出团队及合作精神。精神面貌的改善就能使企业的形象得到提升，就会形成一种自主改善的机制。

二、目视化管理的定义

目视化管理是指用各种形象的、直观的图表和色彩标识等视觉信息，提高生产率和管理效率的一种管理方法，是一个注重有效沟通的全公司系统，如图6－1所示。

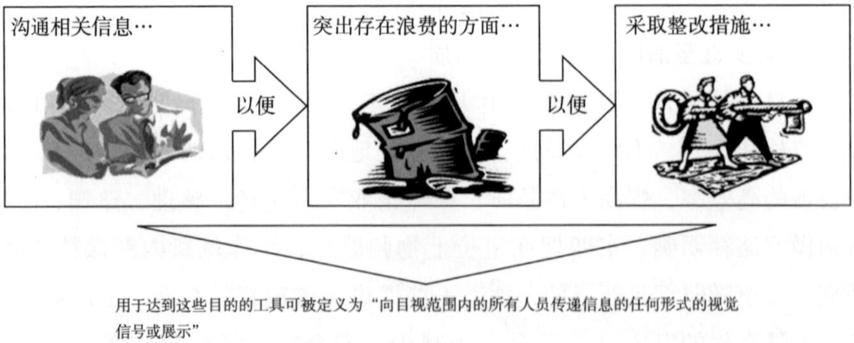

图6－1 目视化管理

目视化管理作为一个强劲的目视管理系统，寻求传递以下几个关键信息：

（1）识别标识和地点，标识包含地面区域标识及车间整体布局等。

（2）生产状态，如设备状态、物料状态标识清楚。

（3）标准作业流程，如SOP、SIP等文件是否清楚明了，可操作性是否较强。

（4）业绩信息，如报表及ERP、SAP等系统运行是否协调一致。

（5）改变与改善：公司具有改善管理目视广告牌、对比改善前后方法及效果。

第二节 5S与目视化管理的实施（上）

一、推行5S整理的步骤

在推行整理的过程中，要增加场地的空间，把东西整理好，把必需品和非必需品分开，将工作的场所整理干净。如果把不必要的物品与必需品摆在一起，会弄不清所需要的物品是哪一个，还会因放置了不必要的物品而放不下必需的物品。

推行整理的步骤：

第一步，现场检查。

第二步，区分必需和非必需品。

第三步，清理非必需品。

第四步，非必需品的处理。

第五步，每天循环整理。

（一）现场检查

对工作场所要进行全面性的检查，包括眼睛看到的和看不到的地方，如设备的内部、文件柜的顶部、桌子的底部，特别是设备，一个大的机械设备，它的内部是看不见的，这些都是现场检查时特别需要注意的地方。归纳起来就两点：看得见的要整理，看不到的更要进行整理。

（二）区分必需品与非必需品

管理必需品和清除非必需品同样重要。首先要判断这个东西的重要性是什么，然后根据此物的使用频率来决定它的管理方法。如果是一支笔，它的使用频率是每周、每天或者每个小时都在用，是必需品，要用恰当的方法保管必需品，便于寻找和使用。对于必需品，许多人混淆了客观上的需要与主观想要的概念，在保存物品方面总是采取保守的态度，也就是以防万一，最后把工作场所变成了杂物馆。对管理者而言，准确地区分需要还是想要是非常关键的问题。

（三）清理非必需品

清理非必需品时必须把握好物品现在有没有使用价值，应注意使用价值，而不是原来的购买价值，也就是使用价值大于购买价值。要重点清理这些物品：货架，工具箱，抽屉中的杂物，过期的报刊、杂志，空的罐子，已损坏的工具或器皿，仓库墙角、窗台、货架上，甚至货柜顶上摆放的样品，长时间不用或已不能使用的设备、工具、原材料、半成品、成品，桌椅下面、报废的文件、过期的文件、表格、速记记录等。

（四）养成每天循环整理的习惯

整理是一个永无止境的过程，现场每天都在变化，昨天的必需品，今天就有可能是多余的。你昨天拿着订书机订了一堆的书面材料，但今天你不订了，这个订书机是不是多余了，昨天必需的物品，今天可能是多余的，今天的需求与明天的需求必然有所不同。整理是在日日做、时时做，如果仅是偶尔突击一下，做做样子，就完全失去了整理的意义。所以整理是一个循环的工作，根据需要随时进行，需要的留下，不需要的马上放在另一边。

具体实例：

- 无使用价值的物品。
- 不能使用的旧手套、破布、砂纸。
- 损坏了的钻头、丝锥、磨石。
- 已损坏而无法使用了的锤、套筒、刃具等工具。
- 精度不准的千分尺、卡尺等测量器具。
- 不能使用的工装夹具。
- 破烂的垃圾桶、包装箱。
- 过时的报表、资料。
- 枯死的花卉。
- 停止使用的标准书。
- 无法修理好的器具设备等。
- 过期、变质的物品。
- 不使用的物品。
- 目前已不生产的产品的零件或半成品。
- 已无保留价值的试验品或样品。
- 多余的办公桌椅。
- 已切换机种的生产设备。
- 已停产产品的原材料。
- 安装中央空调后的落地扇、吊扇。

●销售不出去的产品。

●目前没登记在产品目录上的产品。

●已经过时、不合潮流的产品。

●预测失误而造成生产过剩的产品。

●因生锈等原因不能销售的产品。

●有使用缺陷的产品。

●积压的不能流通的特制产品。

●多余的装配零件。

●没必要装配的零件，能共通化的尽量共通化。

●设计时应从安全、品质、操作等方面考虑，能减少的尽量减少，如造成生产不便的物品，取放物品不方便的盒子。

●为了搬运、传递而经常打开或关上的门，让人绕道而行的隔墙。

●占据工厂重要位置的闲置设置或已不使用、偶尔使用的设备。

●领导盲目购买的，没有任何使用价值的设备。

●不良品与良品分开摆放。

●规定不良品的标识方法。

●工作岗位上只能摆放当天工作所需的必需品，规定不良品的处置时间、流程。

●减少滞留，谋求通道畅通，工厂是否被零件或半成品塞满。工厂通道或靠墙的地方，是否摆满了卡板或推车。

自检：调查需要物品的使用频率，决定日常用量，如表6-1所示。

表6-1 自检表

物品	使用次数	是必需品还是非必需品
	一年没用过一次	
	也许要用的物品	
	三个月用一次	
	一周用一次	
	三天用一次	
	每天都用	

基准表如表6－2所示。

表6－2　基准表

使用次数	判断基准
一年没有过一次	废弃、放入暂存仓库
也许要用的物品	放在职场附近
三个月用一次	放在工程附近
一周用一次	放在使用地
三天用一次	放在不需移动就可以取到的地方
每天都用	放在离工作场所最近的显眼处

制定一份每天的整理计划，并严格按照计划执行，如有可能，再制定一周的或一个月的整理计划。

总结：整理是天天要做的工作，是每天循环的一个过程。永远要区分出中哪些是该用的，哪些是不该用的；区分出哪些是必需品，哪些是非必需品，对于非必需品要时时刻刻进行清理；要区别非必需品是有价值的还是没有价值的，养成好的习惯。整理是一个永无止境的过程，每天都要循环整理。

二、推行5S整顿的步骤

（一）分析现状

人们取放物品时为什么会花很多时间？追根究底，有几个原因：

（1）不知道物品存放在哪里。

（2）不知道要取的物品叫什么。

（3）存放地点太远。

（4）存放的地点太分散，物品太多，难以找到。

（5）不知道是否已用完，或者别人正在使用，找不着。

把这些原因归纳起来进行分析后得到的结论就是对于现状没有分析。

在日常工作中必须对必需物品的名称、物品的分类、物品的放置等情况进行规范化的调查分析，找出问题的所在，对症下药。在进行分析的时候，从物品的名称、物品的分类、物品的放置几个方面进行规范化。

（二）物品分类

在整顿时，要根据物品各自的特征进行分类，把具有相同特点或具有相同性质的物品分到同一个类别，并制定标准和规范，确定物品的名称、标识物品的名称。

（三）决定储存方法

对于物品的存放，一般应进行定制管理。根据物流运动的规律性，按照人的生理、心理、效率及安全的需求来科学地确定物品的场所和位置，实现人与物的最佳结合的管理方法。

定制管理包括两个基本形式，分别是固定位置和自由位置。固定位置要求场所、物品的存放位置、标识等都要固定。

场所的固定：如这个物品应该摆在红线或白线所在的位置。

物品标识固定：如这个物品是防潮或轻放？

物品存放位置要固定：也就是这个东西有固定存放的位置。

自由位置与固定的方式相比，物品的存放有一定的自由度。

这种方法适用于物流系统中的那些不用放回去、不重复使用的物品，如原材料、毛胚、零部件、半成品等。

这些物品的特点就是按工艺流程的顺序规定，不停地从上一道工序供需到与它相连的下一道工序，一直到最后成品出厂。

对于每个物品来说，在每一道工序的供需加工以后，一般不再回归到它原来所在的场所。这些物品的定制标识可以采用可移动的牌价，可更换的插牌标识，便于清晰地对不同物品加以区分。不同位置的划分也可以采用可移动的线条或衔接支架来加以分割，表示位置暂时固定。标识与定制管理，标识是在人与物、物与场所的作用过程中，起着一种指导控制、确认的作用。

在生产中使用的物品，种类繁多，规格也很复杂，它们不可能都放在操作者的手边，如何找到需要的信息来源？为了便于寻找和避免混放，也需要有信息来确认，因此在定制管理中逐步完善。准确而且醒目的标识是十分重要的，如果没有准确而又醒目的标识，就影响到人与物及场所的效率结合的程度。

推行定制管理，一般有两个程序：

（1）对现场进行管理，明确管理内容：

- 人与机的联系。
- 物流的程序。
- 工艺设计、作业空间。
- 物料、制品、工位的器具。
- 质量的安全、搬运、运输。
- 中转的库房、摆置的状况。
- 分析问题，提出方案。

主要分析这些问题：人、物是否结合，现场的物流是否通畅，现状是否清晰，现场的标识是否一目了然，空间的利用是否可以增大？分析之后再进行定制设计，达到工厂布置的详细化、合理化。

（2）除了简单画了的搬运路线外，必须要做到几个最。

- 最优的空间利用，最短的运输距离。
- 最少的装卸次数，最确实的安全防护。
- 最大的操作便利，最少的心情不畅。
- 最小的改进费用，最广的统一规范。
- 最佳而又灵活的弹性。
- 最美的协调布局。

（四）实施

按照决定的储放方法，把物品放在该放的地方，不要造成有些物品没有“家”。包括：工作场所的定置要求；生产现场各工序、工位、机台的定置要求；工具箱的定置要求；仓库的定置要求；检查现场的定置要求，要有明确的规定。

实例：整顿应遵循的原则：小就是美，简单最好！

简单要素包括：一套齐全的工具、文具、文件存放在一个地点、储存一份副本；无纸化、只开一小时的会议、一分钟电话、今天的工作今天做。

简单最好，简单意味着简化操作和促进管理。通过废弃不必要的物品和增加必要的物品可以避免重复现象，提高工作效率。这里所说的简单要素，就是尽量限制每人所使用的文具和工具，每人最多一套。对于使用频率不高的文具，如绳线和大号的订书机等，可以让整个办公室共用一套，文件存放在一个定点，把文件集中存放在一个地方，这样做会减少必要文件的数量，采用较好的文件储存方法，尽量地获得文件。限制文件的分发数目，这样既能加快收回文件的速度，又减少管理的难度，而这种方法对已经实施计算机办公的办公室来说至关重要。在储存的过程中，最好无纸化，对于那些没有文件就不能工作的人，也要尽可能地限制分发给他文件的数量。如果你采用的是电子邮件系统，最佳的策略就是把电子邮件系统作为日常工具来创造一种无纸化的工厂。任何事情，越简单越好，一分钟的会议、一分钟的电话，今天的工作今天做。时时刻刻地做整理，每一刻都在做最有效率的整理，这些就称为整顿。今天的工作今天做，这样会大大地减少代办的工作量，缩短处理工作时间，减少文件传动的部门或人的数量，尽可能地利用电子邮件。

自检：试着用我们介绍的方法，对你的办公用具及办公环境进行一次自我整顿活动，如表6－3信息。

表6－3　整顿活动自检

对象	标示	定位
通道		
设备		
成品、零件、半成品		
模具、夹具		
工具		
不良品、整修品		
清扫工具		
包装材料		
账票类、档案类		
空容器、搬运台等搬运器		
搬运车		

续表

对象	标示	定位
橱柜		
下脚料、残料		
物料、消耗性物料		
材料		

说明：对各种设备或公司用品及活动场所整顿，即整顿活动的对象都应进行标示，标明使用方法、放置位置、产品名称、注意事项，以示分类。每一种物品定好位，予以划线。

自检：制定一份每天的整顿计划表，并严格按照计划进行实施。如有可能，再制定一份一周的或一月的整顿计划书。

总结：整顿是整理的进一步，整顿是以整理为前提和基础的。在日常的工作过程中，要做好整顿工作，从我做起，从身边的每一件小事做起，从每一点一滴做起，做好自主管理，为创造优美的工作环境而努力。通过整理、整顿，使空间得到最佳利用，使动输距离缩短，减少装卸次数，确实做到安全防护，最终达到操作便利，心情舒畅，费用最少，形成统一规范、和谐的环境布局。

第三节　5S与目视化管理的实施（下）

一、推行5S清扫的步骤

（一）准备工作

准备工作就是对员工做好清扫的安全教育。对可能发生的事故，包括触电、剐伤、捅伤、油漆的腐蚀、尘埃附落的扎伤、灼伤等不安全因素，进行警示。

很多人会觉得，清扫是一件很简单的事情，其实清扫的准备工作首先要实施安全教育，这是非常重要的。对那些不安全的因素进行警示，如电线不能用湿手触摸等。

另外，对于设备的耐用教育，例如用什么方法可以减少人为的裂化，从而避免过早地因老化而出现故障，如何减少损失、提高效率等。通过学习设备的基本构造了解机器设备及其工作原理，绘制设备简图，对出现尘垢、漏油、漏气、振动、异因等状况的原因进行解析，员工对设备要有一定的了解。

指导并组织学习相关的指导书，明确清扫工具、清扫的位置，提出加油润滑、螺丝钉卸装的方法及具体的顺序、步骤等基本要求。

从工作岗位扫除一切垃圾灰尘。作业人员要自己动手清扫而非清洁工来代替，清除常年堆积的灰尘污垢，不留死角，将地板、墙壁、天花板，甚至灯罩的里边都要打扫得干干净净。在你的工作岗位内，设置一个区域，在这个区域内，所有看得到的或看不到的，一切物品与机器设备都要进行清扫。而清扫的目的就是要扫除一切垃圾和灰尘。

（二）清扫、检查机器设备

设备应是一尘不染，干干净净的，每天都要保持设备原来的状态。设备本身及其所属的辅助设备也要清扫，如分析仪或气管、水槽容易发生跑气、冒烟、滴油或滴水、漏水的部位要重点检查和确认。油管、气管、空气等不易发现、看不到的内部结构也要留心。清扫时，边清扫边改善设备的状态，把设备的清扫与检查、保养润滑结合起来。常言道，清扫就是点检，通过清扫把污秽、灰尘，尤其是原材料加工时剩余的东西清除掉，磨耗、瑕疵、漏油、松动、裂纹、变形等问题就会彻底暴露出来，也就可以采取相应的弥补措施，使设备处于整洁的状态。

（三）整修

对清扫中发现的问题，要及时进行整修。如地板的凹凸不平，搬运的车辆在上面会让产品摇晃甚至碰撞，导致发生问题，这样的地板就要及时地整修。松动的螺栓要马上紧固，补上丢失的螺丝、螺帽等配件，对于那些需要防锈保护、润滑的部位要按照规定及时加油或保养。更换老化的或可能破损的水、气、油等各种管道，只有通过清扫，才能随时发现工作场所的机器设备，或一些不容易看到的地方需要维修或保养，及时添置必要的安全防护装置。防电的鞋、绝缘手套等，要及时地更换绝缘层；已经老化或被老鼠咬坏的导线，要及时更换并处理。

（四）实施区域

实施区域或者叫责任制，有些企业也叫安全责任区。对于清扫应进行区域划分，实行区域责任制，责任到人，不可存在无人理的死角。如果一个工厂有很多无人理的死角，就难免出现问题。

有一个企业，厕所虽然由清洁工来清扫，但是因为没有责任到人，致使很多员工有不满情绪，就会拿笔在厕所里乱写乱画，这就是清扫的死角。乱写乱画，给公司的企业形象造成了不良影响。

制定相关的清扫标准，包括：明确清扫的对象、方法、重点、周期、使用的工具、责任者等。这个厕所是谁清扫的、多久清扫一次，会议室、电视机、计算机、机器设备等也都要明确保管人是谁，或者清扫人是谁。

（五）具体实例

1. 清扫工具

抹布、拖把要悬挂放置，充分利用空间，随时清理掉不能使用的拖把、扫帚，对于扫帚或其他清扫工具要进行数量管理。

2. 搬运的车辆

在擦尘车或者推车的后边要装上清扫的用具，这样就能一边作业，一边清扫，随时清扫灰尘，从而使机械设备锃亮如新。不能将机械不清洁的地方只用油漆等粉饰一番来掩盖细小的不洁之处以便蒙混过关，清扫后要及时保养好清扫车辆等设备。还要设立分类垃圾箱以便于垃圾分类回收。

3. 机械设备每天要保持光亮

不能将机械不清洁的地方用油漆等粉饰一番，以此蒙混过关。

通过对机械设备每天的擦洗来发现细小的异常，清扫后及时地对清扫车辆等设备进行维护保养。

4. 设立分类垃圾箱

可再生的，如塑料、金属品；不可再生的，如生活垃圾。

5. 防止碎屑的分散

如安置防护罩，把垃圾箱设置在作业台的下面，作业时让碎屑直接落在垃圾桶里。

通过清扫的几个过程，可以发现，一个企业在推动5S时通常要经过以下几个步骤：

- 进行整理，整理就是把要的与不要的物品都区分开。
- 进行整顿，需要的东西摆在什么位置，随时可以拿到。
- 清扫，责任到人，领导要以身作则。每一个人都有责任区域，如果整理很彻底，整顿使职工作业更方便，这个企业肯定会提高效率。

自检：填写一份公共区域的清扫基准和查核表，如表6－4所示。

表6－4　公共区域的清扫基准和查核表

	会议桌	地板	窗户	门柜	椅子	奖杯奖牌	画框	日期	笔、笔擦	电话机	烟灰缸	纸杯	窗帘	垃圾桶	查核表
附注	“○”表示良好，“×”表示不良 发现不良现象，责任人尽快改进														

自检：列一份每日清扫清单，规定例行清扫的内容，具体责任人，如表6－5所示。

表6－5　每日清扫清单

5S	责任人	值日检查内容
电脑区		机器是否干净、无灰尘
检查区		作业台、作业场所是否整齐
计测区		计测器摆放是否整齐，柜面保持干净
休息区		地面无杂物，休息凳是否整齐
治具区		治具是否摆放整齐、干净
不良区		地面无杂物，除不良区无其他零件和杂物

续表

5S	责任人	值日检查内容
零件规格书		柜内零件是否摆放整齐、标识明确
文件柜及其他		文件柜内是否干净，物品摆放整齐
备注： 此表的5S是由担当者每天实施； 下班前15分钟开始； 其他包括清洁器具、放置柜、门窗玻璃。		

总结：清扫，按照传统的观念，就是把垃圾扫起来，把脏的地方弄干净就是清扫。但是，现代企业所需要的不是这种表面上的工作。清扫不仅仅是打扫，而是加工工程中的一部分，清扫除了清除“脏污”，保持工作场所干净、明亮，还要排除一切干扰正常工作的隐患，防止和杜绝各种污染源的产生。因此，清扫要用心来做，必须人人动手，认真对待，保持良好的习惯。

二、推行5S清洁的步骤

（一）清洁的步骤流程

不要认为，这是一个简单的工作而忽略了对员工的教育，往往就是因为很简单，所有的人都认为理所当然。这样一来，最终会因为不同的理解而得到不同的结果，造成无法贯彻实施，又收不到预期的效果，5S从此夭折。所以，整理、整顿、清扫的下一个步骤就是清洁，就是要对员工进行教育。人的思想是复杂多变的，必须统一思想，才能一起朝着共同目标奋斗，必须要把5S的基本思想向企业的全体员工进行长期而耐心的教育，这是非常重要的事情。

整理，就是区分工作区的必需和非必需品，经过必要的教育后，就是应该带领组织成员到现场，将所有的物品整理一遍，并调查它们的使用周期，将这些物品记录，再区分必需品和非必需品。进行教育以后，要进行现场实际操作，带领他们整理物品，然后区分哪些是必需品，哪些是非必需品。

规定摆放的方法，确认一下摆放的高度、数量、宽度，并将这些规定最终形成文件，便于日后改进，更好地推进和总结。进行标识：所有的工作都做了，下一步就要做一些标识，标识规定的位置、高度、宽度、数量，方便员工识别，减少员工的记忆劳动。标识好了，就能使员工一目了然。

清洁的步骤流程如下：

第一步，对推进组织进行教育。

第二步，整理——区分工作区的必需品和非必需品。

第三步，向作业者进行确认说明。

第四步，撤走各岗位的非必需品。

第五步，整顿——规定必需品的摆放场所。

第六步，规定摆放方法。

第七步，进行标识。

第八步，对作业者说明放置方法和识别方法。

第九步，清扫并在地板上画出区域线，明确各责任区和责任人。

对作业者说明放置和识别的方法。要将规定的放置和识别的方法告诉作业者、员工，在说明时必须注重原则性的问题。有些作业者开始可能不太适应或认为不对时，要做好工作，凡是有必要的严格实行规定，可以提出改进意见，但不得擅自取消。

清扫并在地板上画出曲线，明确责任区或责任人。因为工厂的范围很大，必须划分责任区和明确责任人，只有规定了责任范围和责任人，严格地按规定去做，一就是一，二就是二，工作才能进行下去。

（二）具体实例

清洁是通过检查前3S实施的彻底程度来判断其水平和程度，一般要制定对各种生产要素、资源的检查判定表，来进行具体的检查。其内容包括作业台、椅子、货架、通道、设备、办公台、文件资料和公共场所。

作业台、椅子如表6－6所示。

表 6 –6　作业台、椅子

项目	内容
整理	现场有用的作业台、椅子 杂物、私人品藏在抽屉里或台垫下 放在台面上当天不用的材料、设备、夹具 用完后放在台面上材料的包装袋、盒
整顿	凌乱地搁置台面上的物料 台面上下的各种电源、信号线、压缩空气管道等各种物品乱拉乱接、盘根错节 作业台、椅子尺寸形状大小不一、高低不平、五颜六色，非常不雅 作业台椅子等都无标识
清扫	设备和工具破损、掉漆、“缺胳膊断腿” 到处是灰尘、脏污 材料余渣、碎屑残留 墙上、门上乱写乱画 垫布发黑、许久未清洗 表面干净、实际上却脏污不堪

货架如表 6 –7 所示。

表 6 –7　货架

项目	内容
整理	现场到处都有货架，几乎变成临时仓库 货架与摆放场所的大小不相适应，或与所摆放之物不相适应 不用的货物、设备、材料都堆放在上面
整顿	摆放的物品没有识别标志，除了当事人之外，其他人一时难以找到 货架或物品堆积得太高，不易拿取 不同的物品层层叠放，难于取放 没有按“重低轻高”的原则摆放
清扫	物品连同外包装在内，一起放在货架上，清扫困难 只清扫货物却不清扫货架 布满灰尘、脏污 物品放很久了也没有再确认，很有可能变质

通道如表 6 –8 所示。

表6－8　通道

项目	内容
整理	弯道过多，机械搬运车通行不便 行人和货物的通道混用 作业区与通道混杂在一起
整顿	未将信道位置画出 被占为他用 被占物品摆放超出通道 坑坑洼洼，凹凸不平，人行、车辆全都不易通行
清扫	灰尘多，行走后有痕迹 有积水、油污、纸屑等 有灰尘、脏污之处 很久未打蜡或刷漆，表面锈迹斑斑

设备如表6－9所示。

表6－9　设备

项目	内容
整理	现场有不使用的设备；残旧、破损的设备有人使用却没有进行维护；过时老化的设备仍在勉强运作
整顿	使用暴力，野蛮操作设备 设备放置不合理，使用不便 没有定期地保养和校正，精度有偏差 运作的能力不能满足生产要求 缺乏必要的人身安全保护装置
清扫	有灰尘、脏污多处 有生锈、褪色之处 渗油、滴水、漏气 导线、导管全都破损、老化 滤脏、滤气、滤水等装置未及时更换 标识掉落，无法清晰地分辨

办公台如表6－10所示。

表 6－10　办公台

项目	内容
整理	办公台多于作业台，几乎所有的管理人员都配有独立的办公台 每张办公台都有一套相同的办公文具，未能做到共享 办公台面干净，抽屉里边却杂乱无章 不能用的文具也在台上 私人物品随意放置 茶杯、烟灰缸放在上面 堆放了许多文件、报表
整顿	现场办公台的设备位置主次不分 办公台用作其他用途 办公文具、电话等没有进行定位 公共物品也放在个人抽屉里 抽屉上锁，其他人拿不到物品
清扫	台面脏污，物品摆放杂乱无章，并且积有灰尘 办公文具、电话等物品污迹明显 台上办公垃圾多日未倒

文件资料如表 6－11 所示。

表 6－11　文件资料

项目	内容
整理	各种新旧版本并存，分不清谁新谁旧和孰是孰非 过期的仍在使用 需要的人员没有，无关人员反倒很多 保密文件无人管理，任人随意阅读 个人随意复印留底
整顿	未能分门别类，也没有用文件柜、文件夹来存放 没有定点摆放，四处都有，真正要用的又不能及时找出 文件种类繁多，难以管理 接收、发送都未记录或未留底稿 即使遗失不见了，也没有人知道
清扫	复印不清晰，难以辨认 随意涂改，没有理由和负责人 文件破损、脏污 文件柜、文件夹等污迹明显 没有防潮、防虫、防火等措施

公共场所如表6－12所示。

表6－12　公共场所

项目	内容
整理	空间用来堆放杂物 洗涤物品与食品混放 消防通道堵塞 排水、换气、调温、照明等设施不全 洗手间男女不分，时常弄出令人尴尬的场面
整顿	区域、场所无标识 无整体规划图 物品无定位、定置 逃生路线不明确 布局不合理，工作效率低
清扫	玻璃破损不能挡风遮雨 门、窗、墙被乱涂乱画 墙发黑，地面污水横流 采光不好，视线不佳 外层污迹明显，无人擦洗 无人定期进行必要的清洁、消毒

自检：制定一份清洁稽核表，如表6－13所示。

表6－13　清洁稽核表

检查对象	责任人	检查情况	改进办法
作业台、椅子			
货架			
通道			
设备			
办公台			
文件资料			
公共场所			

自检：部门内的自我查核，每题有五种答案，在选定的答案题号上打“√”

（1）通道作业区：

①没有划分 □

②有划分 □

③划线感觉还可以 □

④划线清楚，地面进行过清扫 □

⑤通道及作业区感觉很舒畅 □

（2）地面情况：

①有油或水 □

②有污迹或水迹，显得不干净 □

③地面不是很平 □

④经常清理，没有脏物 □

⑤地面干净亮丽 □

（3）办公桌、作业台、椅子、架子、会议室的清洁情况：

①很脏乱 □

②偶尔清理 □

③虽有清理，但还是显得脏乱 □

④自己感觉很好 □

⑤任何人都会觉得很舒服 □

（4）洗手台、厕所等：

①容器或设备脏乱 □

②破损未修补 □

③有清理，但还有异味 □

④经常清理，没异味 □

⑤干净亮丽，还进行过装饰 □

（5）储物室：

①阴暗潮湿 □

②虽阴湿，但可通风 □

③照明不足 □

④照明适度，通风好，感觉清爽 □

⑤干干净净，整整齐齐，感觉很舒服 □

评分标准：选①为 0 分；选②为 1 分；选③为 2 分；选④为 3 分；选⑤为 4 分。统计得到的分数，并计算总和。

说明：15～20 分为较好，12～15 分表现一般，12 分以下黄牌警告。对表现较好的部门，可以表扬，或给予一定的奖励；对表现不佳或较次的部门，提出批评或采取适当的处置措施。

总结：清洁不仅仅是“清净整洁”，还包括“美化正常”。也就是说，除了维持前 3S 的效果外，还要通过各种目视化的措施来进行点检工作，使各种“异常”情况无所遁形并加以消除，让工作环境保持良好的状态。

三、推行 5S 素养的步骤

（一）推行素养步骤图

素养形成步骤如图 6－2 所示。

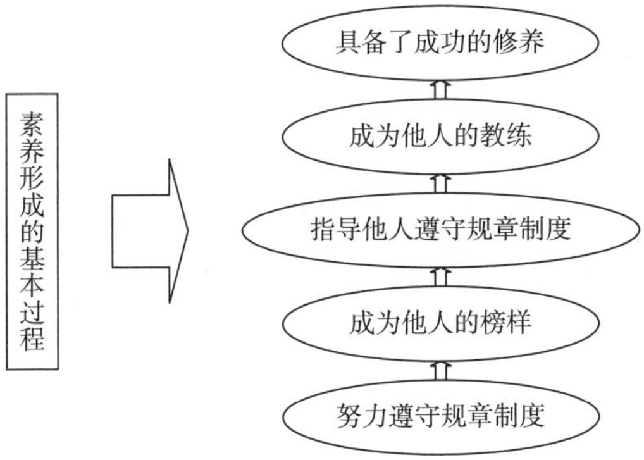

图 6－2　修养步骤图

（二）具体实例

曾经到一家公司做辅导，为了告诉这家公司制度规范的重要性，我每天早上7点半就到企业。这样做的目的就是告诉他们，要养成一种习惯，否则有一天还会退回到原来的状况，每天早上7点半不到，我就站在门口，当时也要求所有的领导干部站在门口。8点钟上班，7：50，所有的领导干部都到齐，员工一进来，第一句话就是“早上好”。当时员工心里非常高兴，甚至在很多场合都讲是自觉的，每天早上进厂子时，干部都穿戴整齐，面带微笑。可是一段时间以后，我发现，那些领导干部是为了做早课而做早课。离开那家企业后不久，那些领导居然跟总经理要求马上把早课取消。

因此，一个好的公司，它的岗位要求是：设计人员必须按照规定的标准、规定的时间设计图纸；资产采购在规定日期里，用规定的价格采购到规定的物品；生产线必须按时交货，按照规定的日程安排生产及物料控制，零件仓库必须按照生产计划、规定的流程、时间、数量，将零件运送到生产线上。那种无序化的企业，进步很缓慢，有序化的生产会促使企业越来越好。当然，生产线5S活动表、生产现场的5S检查表、办公室的5S活动表、办公室的5S检查表，这些表格都要逐一仔细检查，做到多少、哪些地方不对要及时改正。整理、整顿、清扫、清洁制度化以后，大家严格地遵守这个制度，这个企业必然会越来越兴旺。

自检1：古人说：“良言一句三冬暖，恶语伤人六月寒。”可见选择何种语言是何等的重要，那么，请你制定一份办公室常用的规范化用语并严格地遵守，如表6－14所示。

表6－14　办公室常用的规范化用语

语言礼仪	
电话礼仪	
仪表礼父	
行为礼仪	

自检2：结合所在公司，认真填写办公室5S检查表，并找出存在的问题，如表6－15所示。

表6－15 办公室5S检查表

项目	内容	满分	得分	问题点
整理	有无定期实施红牌作战管理（抛弃非必需品）	4		
	公告栏有无过期的公告	4		
	桌子抽屉是否杂乱	4		
	有无必要进行隔间，以至妨碍办公室的良好视野	4		
	下班时桌面上是否干净利落	4		
整顿	文件类有无定位化（配合颜色、斜线）	4		
	能否随时取出必要文件、磁盘等	4		
	桌子、文件架有无控制在最低数量	4		
	有无以区域线规划桌子、文件架、通道位置	4		
	有无规定常用品存放场所并加以管理	4		
清扫	地面、桌面是否杂乱	4		
	垃圾箱有无溢满	4		
	有无杂乱布置的导线	4		
	办公自动化设备有无污秽及尘埃	4		
	开水供应处是否干净	4		
清洁	有无文件档案管理制度	4		
	有无依照档案制度将文件归档	4		
	本部门的重点目标管理有无目视化	4		
	供应开水处有无标示和清扫责任人	4		
	有无指定书库、书架维护负责人	4		
素养	有无工作计划管理	4		
	工作去向表示板有无妥善利用	4		
	文件传阅有无按规定进行	4		
	有无积极地参加工作会议	4		
	有无按规定穿制服	4		

部门： 检查日： 检查人：

自检3

制作一张素养检查表，各办公室的人员可进行一下评比。

◎总结：

素养不但是5S的最终结果，更是企业界各主管期盼的终极目标。在5S活动中，我们不厌其烦地指导员工做整理、整顿、清扫、清洁，其目的不仅仅在于希望员工将东西摆放好，设备擦试干净，更主要的是在于通过细琐、简单地运作，潜移默化地改变气质，养成良好的习惯。古人云："一屋不扫，何以扫天下？"良好的行为修养，就是从每一件小事做起。"勿以善小而不为，勿以恶小而为之"，如果一个公司、一个企业、一个团队都能养成很好的习惯，完成5S制定的目标，遵守共同约定的事项，那么，这个企业将会不断地蓬勃发展。

第四节　5S与目视化管理的实施案例

一、地面标识5S目视化的要求与实施

（一）地面线条颜色要求

红色：表示禁止、停止、消防和危险。

黄色：表示注意和警告。

蓝色：表示指令和必须遵守的规定。

绿色：表示通行、安全。

黄黑条纹：表示需特别注意。

注意：这些为较为通用的颜色要求，不同的公司或制造厂可以有自己的规范，但必须注意统一。

（二）地面线条宽度要求

地面线条宽度要求如表6－16所示。

表6－16　地面线条宽度要求

适用项目	规格（mm）	基准颜色
主通道	100	黄色
一般区域线	50	
辅助通道线	50	
开门线	50	
周转区域线	50	
桌面物品定置线	10	
废品区	50	红色
化学品区	50	
配电柜区	间隔100/45度	黑黄条纹
消防区	间隔100/45度	
危险区域	间隔100/45度	
线槽	间隔100/45度	
垃圾桶清洁工具	50	白色
成品合格区域	50	绿色

（三）地面线条实施示例

地面线条实施示例如图6－3至图6－10所示。

图6－3　地面线条实施示例1

主通道：绿色通行线条黄色，宽度规格为10mm。

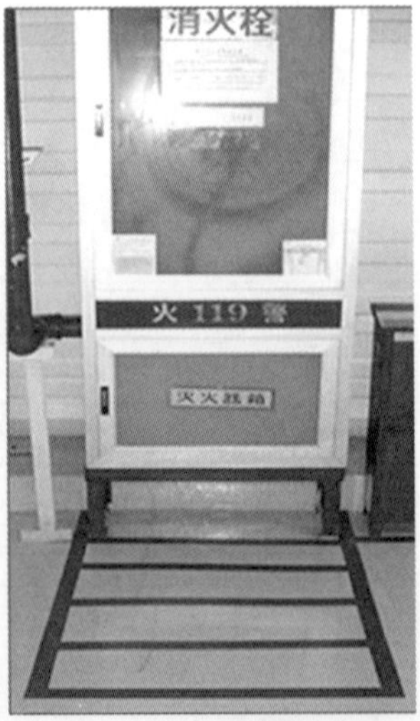

图6－4　地面线条实施示例2

消火拴：50mm红色胶带实心线，开门处1m内无障碍物，25cm为一格，分成四格。

图6－5　地面线条实施示例3

开门处：25mm宽、10cm长黄色胶带，间隔5cm虚线。

图6－6　地面线条实施示例4

员工休息区：50mm蓝色胶带实心线。

图6－7　地面线条实施示例5

需特别注意的区域（设备、机器等）：50mm黄黑条纹胶带实心线。

图6－8　地面线条实施示例6

楼梯上下标识：50mm 黄胶带实心线及导向箭头标识。

图 6-9　地面线条实施示例 7

工厂外围画线：黑黄线宽度为 25 ~ 40cm，为提醒车辆减速，白色线宽度为 40 cm，表示人行横道，可根据公司情况制定线条尺寸。

图 6-10　地面线条实施示例 8

工厂内围画线：黄虚线宽度为 10 cm，为区分来回车道线，白色箭头线宽度视工厂情况而定。

（四）工具摆放实施示例

工具摆放实施示例如图6－11至图6－13所示。

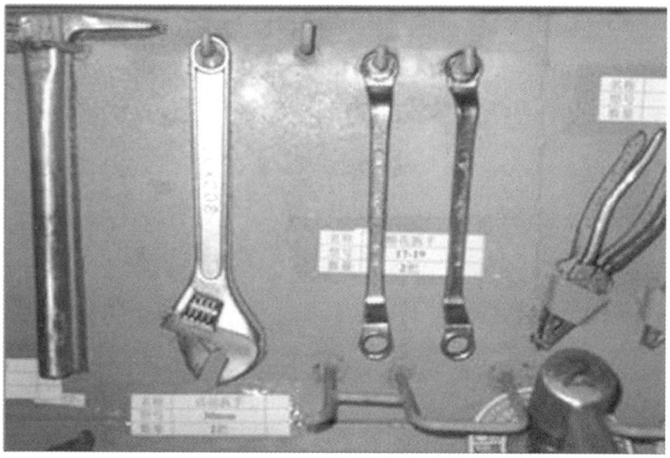

图6－11　工具摆放实施示例1

工具摆放标识清楚，易取易归位。

图6－12　工具摆放实施示例2

物料架摆放整齐及标识清楚。

图 6－13　工具摆放实施示例 3

仓库物料防护栏及区域标识。

二、目视广告牌实施示例

目视广告牌实施示例如图 6－14、图 6－15 所示。

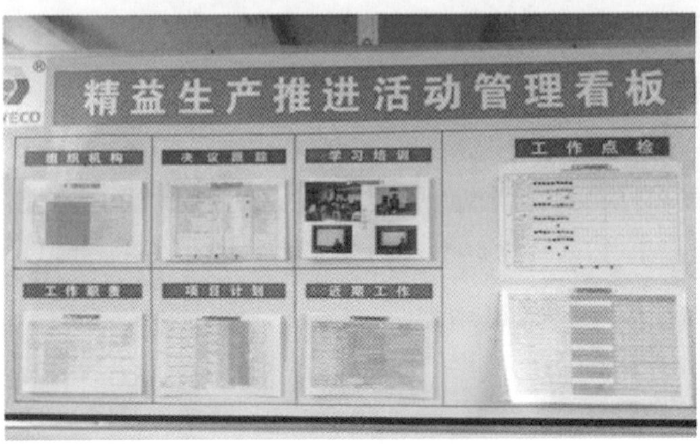

图 6－14　目视广告牌实施示例 1

此目视广告牌主要为彩色打印，用磁铁吸附在白板上，并在白板上分区标识。

图6－15　目视广告牌实施示例2

此目视广告牌主要用A4硬胶套吸附在喷绘的白板上，白板材料根据情况而定制，一般采用厚度5~8mm的PVC板，彩色打印内容可定期更换。

工厂整体布局平面图如图6－16所示。

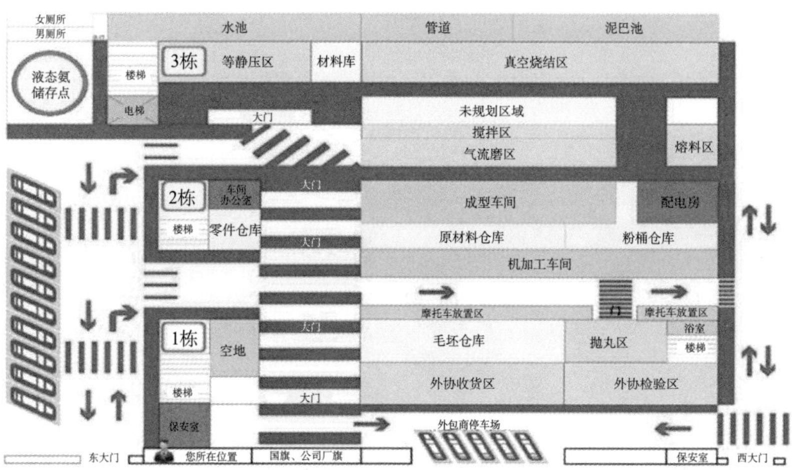

图6－16　工厂整体布局平面图

此目视整个工厂布局图选择挂在进公司就能看到的位置，尺寸大小视工厂规模而定，材料尽量使用户外广告材料，必须耐热耐湿，防板变形。

第七章

Chapter 7

VSM价值流程图分析

第一节 VSM 的定义及绘制方法

一、VSM 的定义

(一) 何为 VSM 价值流程图分析

Value Stream Mapping，取每个单词的前一个字母即 VSM，翻译成中文为价值流程图分析，是实现精益生产而寻找和减少过程浪费的工具方法之一，其他工具包括：

- 5S & 目视化管理 Visual Management。
- 精益制造 Lean Manufacturing。
- 平衡生产线 Line Balancing，均衡载荷 Daily Level – Loaded Scheduling，缩短作业准备时间 QCO，广告牌拉动 Kanban Pull，差错预防 Error Proofing，单元设计 Cell Design，全员设备维护 TPM，改善 Kaizen，6 西格玛 6 Sigma。
- 供应链管理 Supply Chain Management。
- 需求管理 Demand Management。
- 价值流 Value Stream：一个产品通过其基本生产过程所要求的全部

活动（包括增加价值的活动和不增加价值的活动）。

• 价值流程图 Value Stream Map：从宏观角度观察和描绘产品的信息流和物流，从供应商到生产厂家，再到客户的所有流程和路径的图，包括现状图和未来图（丰田称之为物料和信息流图）。

价值流程图分析 Value Stream Mapping，是一套通过画价值流程图来改善流程的工具和方法。在此，我们需要了解两个含义：

第一个是：什么是生产中的增值？

站在客户的立场上有四种增值的工作：

（1）使物料变形（如冲压）。

（2）组装。

（3）改变性能。

（4）产品包装。

其实物料从进厂到成品出厂这段过程，一般只有不到 10% 的增值时间。

第二个是：什么是生产中的浪费？

除了使产品增值所需的物料、设备和人力资源的绝对最少量以外的东西，任何非必需的东西（如搬运）。

例如：可乐罐的价值流如图 7－1 所示。

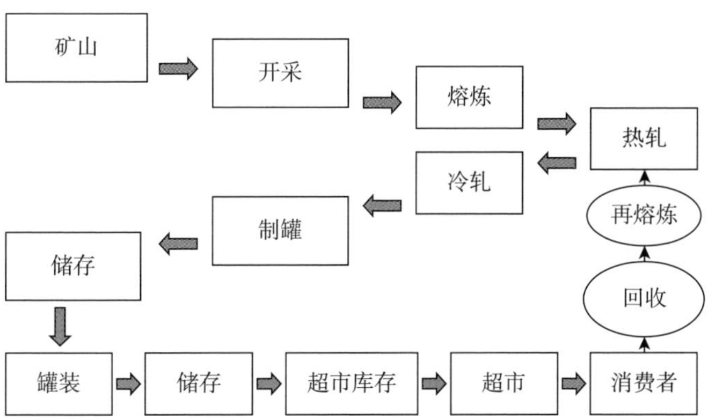

图 7－1　可乐罐的价值流

加工时间：3 小时。

储存和运输时间：11 个月。

累计报废：24%。

不同行业的价值分析数据会有一些差异，如表7-1所示。

表7-1 不同行业的价值分析数据

行业	工序总数	增值工序数	增值比（%）
玻璃制品	72	6	8
食品	37	4	11
纺织	105	11	10
金属	187	13	7
电子	239	19	8
消费产品	105	10	10
生产支持	98	15	15

（二）画价值流程图的目的

（1）超越单个工艺过程层次而建立宏观生产流程的能力。

（2）帮助发现浪费及浪费源。

（3）展示了信息流与物流之间的联系。

（4）提供一个与各级沟通的工具。

（5）根据流动障碍确定改善的优先次序。

（6）使精益的概念与技术结合起来，避免只挑容易的来改进。

（7）形成实施计划的基础。

（8）为未来的“完美”境界展现一份蓝图。

（三）画价值流程图的要点

（1）通常在巡视时收集信息。

（2）先快速浏览门对门情况。

（3）从发货点和工作上游开始。

（4）自己计算（回避系统里的数字）。

（5）自己做整个流程。

（6）用笔纸记录整个路线，前期拒绝用电脑。

示例：绘制好的价值流程图如图 7－2 所示。

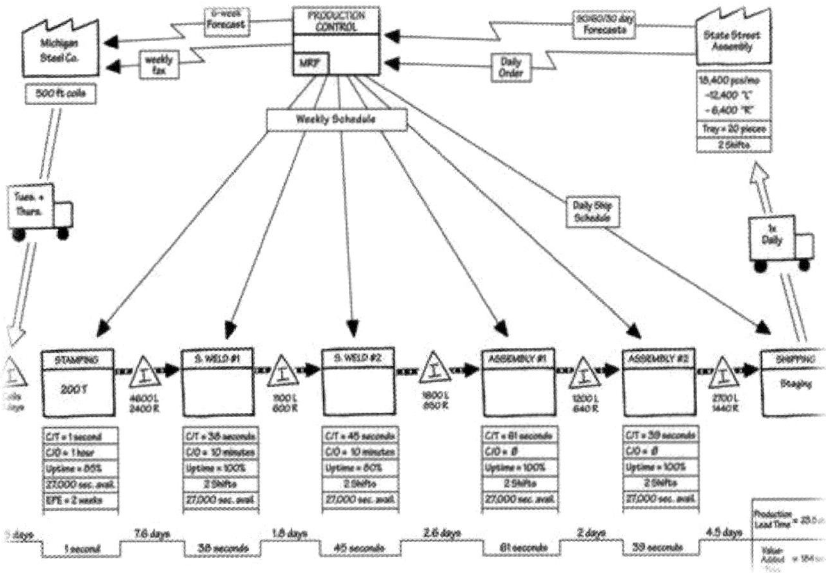

图 7－2　绘制好的价值流程图

二、VSM 的绘制方法与步骤

（一）决定产品族

产品族定义：在下游过程中通过共同加工步骤及应用共同设备的一组产品。

产品过程矩阵：将公司所有产品按种类或系列进行层别区分，选择工序为同一类加工过程的产品族。一家五金厂加工矩阵如表 7－2 所示。

表 7－2　一家五金厂加工矩阵

产品种类或类型	加工过程工序							
	冲压成型	车床加工	铣床加工	钻床加工	磨床加工	CNC 加工	抛光处理	包装
A 型产品	★	★	★	★	★	★	★	★
B 型产品	★	★	★	★	★	★	★	★

续表

产品种类或类型	加工过程工序							
	冲压成型	车床加工	铣床加工	钻床加工	磨床加工	CNC 加工	抛光处理	包装
C 型产品	★	★	★	★	★	★	★	★
D 型产品	★	★		★		★	★	★
E 型产品	★	★		★		★	★	★
F 型产品	★		★		★		★	★
G 型产品	★		★		★		★	★

可以看出，A、B、C 型产品为同一产品族，D、E 型产品为同一产品族等。

（二）产品族的 PQ 分析

对产品过程矩阵的同一类产品族进行调查分析，调查内容包括：产品的生产日期、产品型号、生产数量、设备编号、生产车间、责任主管及产品成本等内容，如表 7-3 所示。

表 7-3　同一类产品族调查

生产日期	D 产品				E 产品			
	生产车间	设备编号	生产数量	责任主管	生产车间	设备编号	生产数量	责任主管
20140303	一车间	12	1100	张 × ×	一车间	11	1400	张 × ×
20140304	一车间	12	1288	张 × ×	一车间	11	555	张 × ×
20140305	一车间	12	1300	张 × ×	一车间	11	678	张 × ×
20140306	一车间	12	1298	张 × ×	一车间	11	1266	张 × ×
20140307	一车间	12	1309	张 × ×	一车间	11	244	张 × ×
20140308	一车间	12	1344	张 × ×	一车间	11	653	张 × ×

统计日期最少为三个月或半年，如果每日生产无数据，入库数据或出货数据均可以纳入分析的范畴。根据数据收集表，可以得到 D、E 产品族的生产 PQ 数量状况，可以做成排列图来决定采用哪个具体的产品做现状的 VSM 价值流程图分析。依表 7-3 的数据可生成图 7-3 的 PQ 排列图。

根据排列图可知 D 产品为近期生产量最大的一类。

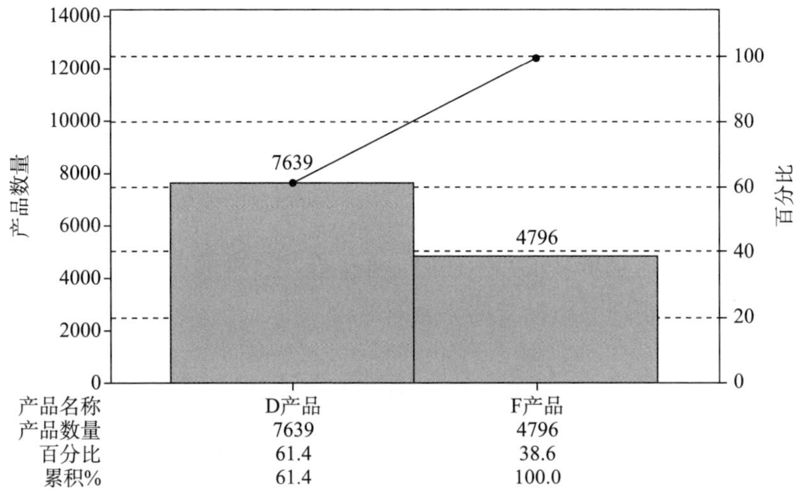

图 7－3　PQ 排列图

（三）绘制现状产品工序流程布局图

将产品从第一道工序到最后一道工序用平面布置图表示出来，确定 D 产品的流程布局图如图 7－4 所示。

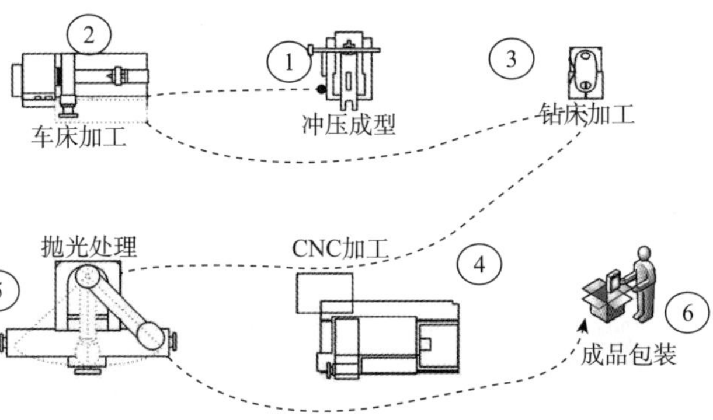

图 7－4　产品的流程布局图

（四）绘制现状 VSM 价值流程图

1. 从顾客端开始调查、收集数据

（1）确定顾客每月需求量、每日需求量及 T. T 生产节拍数。

每月平均需求量 = 年度出货总数/月份数 12，如果是半年就除以 6。

每日需求量 = 每月生产或入库平均数/每月生产天数

T. T 生产节拍数 = 一天的工作时间/每日需求量

（2）其他数据：送货频率、运输周期、每车总数量、每车多少包装箱及每箱装多少产品等。

送货频率：指平均每天送货次数。

运输周期：指每次来回所花费的时间。

用不同颜色的易事贴纸并标注好，张贴在广告牌的右上角处。

将客户名用黄色易事贴写好，如图 7－5 所示。

图 7－5　将客户名用黄色易事贴写好

将数据写在绿色易事贴上，如表 7－4 所示。

表 7－4　将数据写在绿色易事贴上

T. T 生产节拍数：45S
运输周期：4H
送货频率：1 车/天
200 箱/车、每箱 10PCS

颜色可以任意选择，没有固定的颜色标准，可根据实际情况决定。

2. 生产过程工序的调查及数据的收集

把产品的生产工序先后顺序从左至右排列好，如图 7－6 所示。

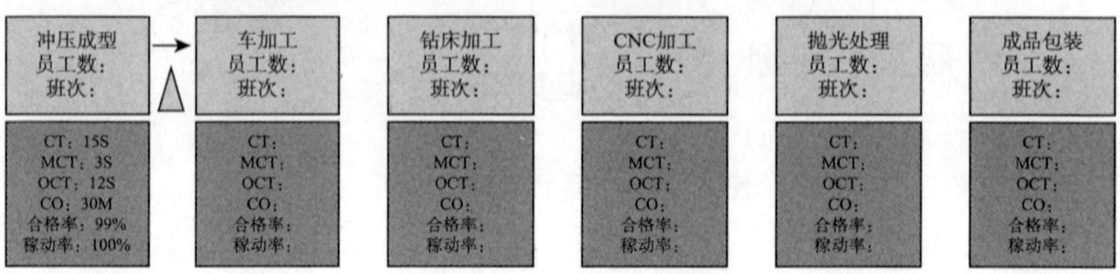

图 7－6　产品的生产工序

（1）CT：一个产品从开始到结束的时间，通常用秒来表示，故缩写成“S”。

（2）MCT：为机器加工一个产品所耗费的时间，也用秒来表示。

（3）OCT：除机器加工外，所有员工手工操作一个产品所需的时间。

（4）CO：为换模或换线所需的时间，通常用分钟来表达，故缩写成“M”。

（5）合格率 = 此工序的生产合格数/当天生产总数 ×100%。

（6）稼动率 = 机器实际开机时间/计划开机时间 ×100%。

（7）→表示物流导向，从此工序开始往下工序流转。

（8）▲表示需要对中间的在制品或者说是半成品的数量进行清点。

上述收集项目为基本的工序数据信息，可根据需要收集更多数据，如 OEE 设备的综合利用率等。

3. 物料供应信息调查及数据的收集

供应商及原材料信息的收集包括：

（1）采购周期：指从供应商收到采购订单到将原材料送至我公司的周期。

（2）运输周期：指供应商送货至工厂路途所需的时间。

（3）OTD 准时交货率：按时到货的批次数/采购下单总批次数 ×100%。

（4）原材料合格率：来料检验合格数/来料总数 ×100%。

分别用不同颜色的易事贴张贴在白板的左上角处。

基本完成产品的物料流如图 7 –7 所示。

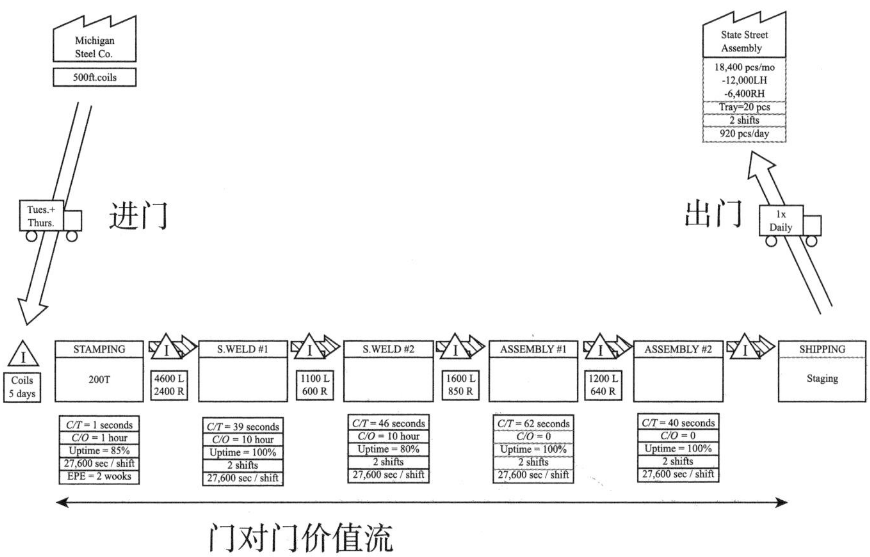

图 7 –7　基本完成产品的物料流

4. 确定产品信息流

产品信息流主要包括以下内容：

（1）客户如何将订单传给公司，包括用什么方式、传订单的频率等。

（2）生产部门各工序如何接收生产命令、命令传达的方式及频率等。

（3）采购部如何向原材料供应商发送订单、发送订单的频率等。

（4）接受及发送信息命令的统一称作“生产控制中心”。

（5）信息传达，传真、邮件等软件或电子信息传送，统一用折线箭头线来表示。

（6）内下属发生产各工序，有些公司在ERP或SAP等系统上下发，但有些公司信息平台不完善，故需要通过人工传达方式实现，通常用直线箭头线表示。

5. 确定时间线及增值比

（1）生产周期、增值总时间、增值比及库存天数的计算。

库存天数=库存总数量/顾客每日需求量（备注：每个工序的在制品也按此公式计算）。

增值总时间VAT=所有工序的加工总时间，也就是所有工序CT总和。

生产周期PLT=所有库存折算的天数+增值总时间VAT，注意单位需要统一成天数。

增值比PCE=增值总时间VAT/生产周期×100%，这个值望大不望小，如果增值比达到20%～30%，则此公司可判定为世界级制造公司，同时也反映了此公司浪费较少。

（2）时间线在价值流程图上的标示方法，如图7-8所示。

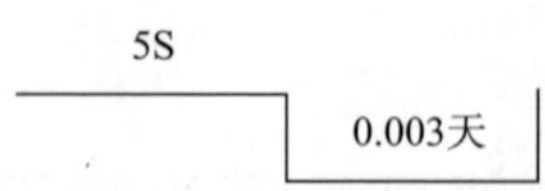

图7-8　时间线在价值流程图上的标示方法

凹下去的填写折算所需要的库存天数，凸起来的填写工序增值时间。但有些记录恰恰相反，不管如何标示，在结果不改变情况下，统一意义不是很大，可根据自己的实际状况决定。

6. 从价值流程图上寻找改善点及标示

（1）寻找问题点、关键点。

①查看增值比PCE是否较低，如果低于10%说明有较大的改善空间。

②检查各工序在制品WIP及库存量是否过多，目标最好是0。

③工序是否过多，CT 可以与 T. T 比较一下，如果 CT 小于 T. T 且差异较大，可考虑是否合并工序，这样可以减少在制品与加快产品的流动。

④没法避免库存的工序，可适当减少中间在制品或库存量，可以采用物料超市并实施广告牌拉动管理。

⑤检查数据框中，如 CO 换模时间较长等参数，这些均可以列入改善计划。

⑥寻找问题点需采用团队讨论，并使用头脑风暴法来识别整个现状的价值流程图所有的改善着眼点。

（2）制定 VSM 改善计划，如表 7 –5 所示。

表 7 –5　VSM 改善计划

序号	改善问题点	责任人	计划完成时间	备注

根据改善计划，按上面步骤在白板上画出改进后的价值流程图，未来价值流程图示例如图 7 –9 所示。

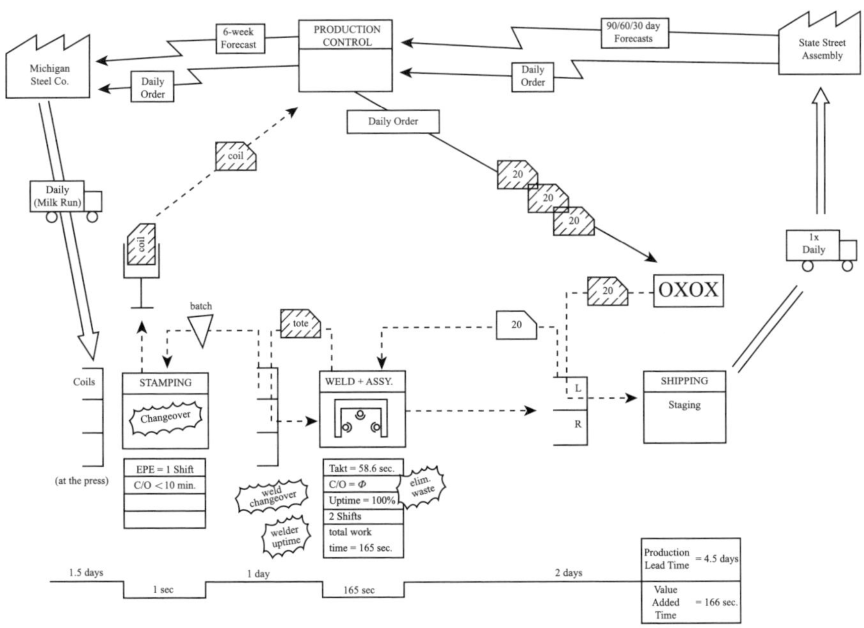

图 7 –9　未来价值流程图示例

7. 将白板上的现状价值流程图转换成电脑文档，便于传阅

可采用 EXCEL 或 Microsoft Visio，此软件画价值流程图较方便。安装后点击打开此软件，选择“商务”，在选择模板中点击“价值流程图”，如图 7－10 所示。

图 7－10　画价值流程图

里面的符号均有解释，然后根据手绘的 VSM 在电脑中生成可以传阅的电子档，可以与项目改进文档统一放在一个文件夹中。

第二节　VSM 的应用案例

举例：××公司应用价值流程图寻找改善问题点

1. 产品族的选择，如图 7－11 所示

2. 数据的收集，如图 7－12 所示

3. 在白板上画出现状的价值流程图，如图 7－13 所示

4. 在白板上画出未来的价值流程图，如图 7－14 所示

5. 使用 VISIO 画出的电子档价值流程图

现状的 VSM 如图 7－15 所示。

未来的 VSM 如图 7－16 所示。

类别	总发货数	占比%
机械表	1680447	57%
本相表/盖板类	707140	24%
单相表	163234	6%
豪凯	151214	5%
美依	133916	5%
重庆	89852	3%
萨雷斯	8966	0%
协成	7707	0%
品食	1177	0%
总计	2,943,653	

类别	总发货数	占比%
表盖/底座	517,761	31%
附件	1,162,686	69%
总计	1,680,447	100%

备注：附件的价值很低，而且是采购件为主，
所以选择表盖/底座为研究对象

产品名称	总发货数	占比%	累积%
不丹表盖/底座	152322	29%	29%
DD862表盖	92631	18%	47%
DT58盖板（沙特/不干胶）	76500	15%	62%
DD58表盖	70600	14%	76%
LD68表盖（圆回料）	28980	6%	81%
DD69表盖	28750	6%	87%
DD69盖板	19000	4%	91%
DT862表盖	15864	3%	94%
DT58表盖（有窗口回料/司徽）	12377	2%	96%
LD68表盖（方回料）	5565	1%	97%
DT58盖板（沙特）透明	4042	1%	98%
DD58哥伦比亚盖板	4000	1%	99%
南非表盖	1821	0%	99%
南非盖板	1758	0%	99%
DT58哥伦比亚表盖	1460	0%	100%
DT58哥伦比亚盖板	1000	0%	100%
DT58绍兴底座	586	0%	100%
DT58绍兴表	480	0%	100%
DT58不丹盖板（PC透明）	25	0%	100%
总计	517,761	100%	

图7－11　产品族的选择

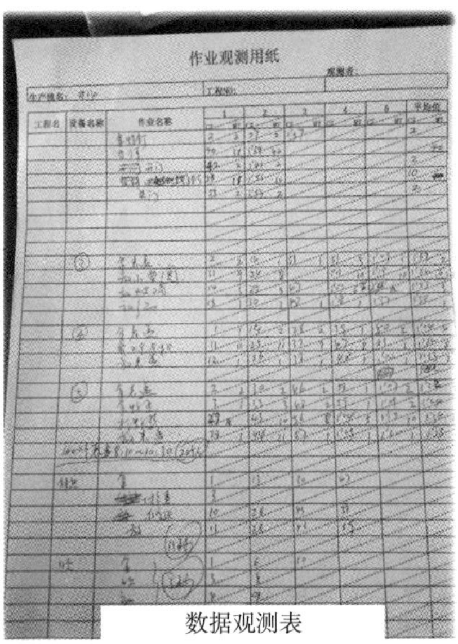

数据观测表

注塑周期时间测量

现场在制品统计

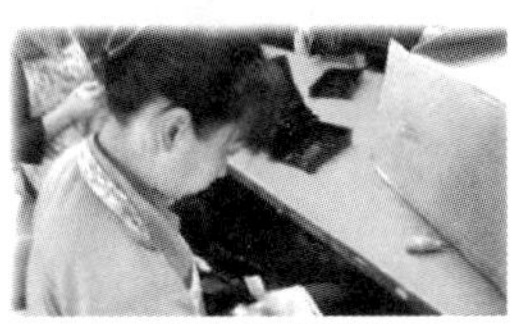
组装周期时间测量

图7－12　数据的收集

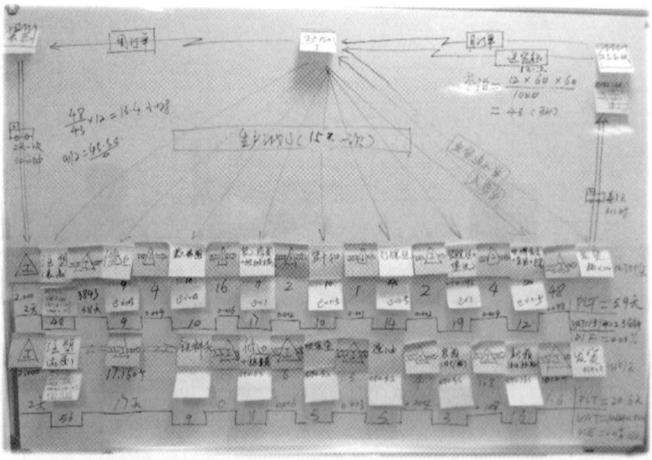

图 7－13　在白板上画出现状的价值流程图

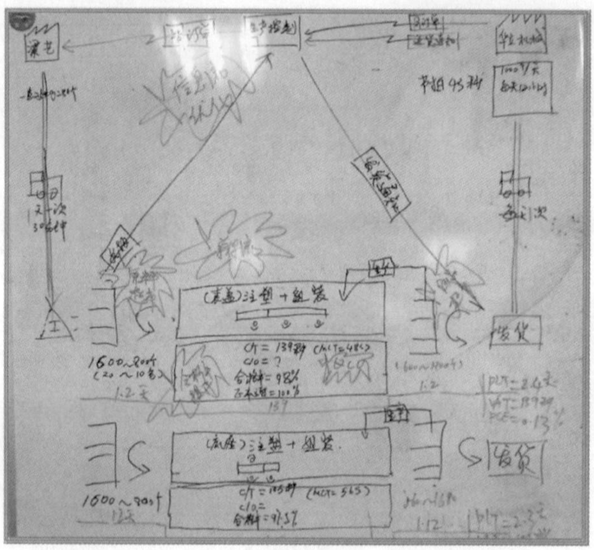

图 7－14　在白板上画出未来的价值流程图

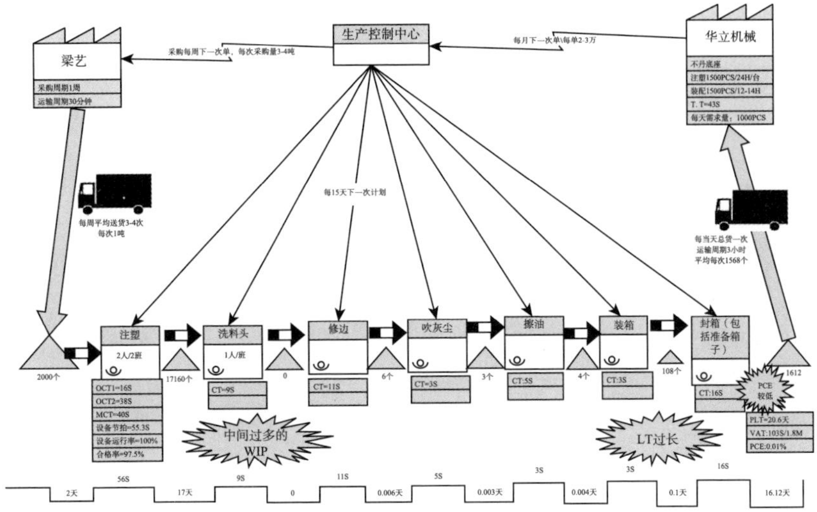

图 7-15　现状的 VSM

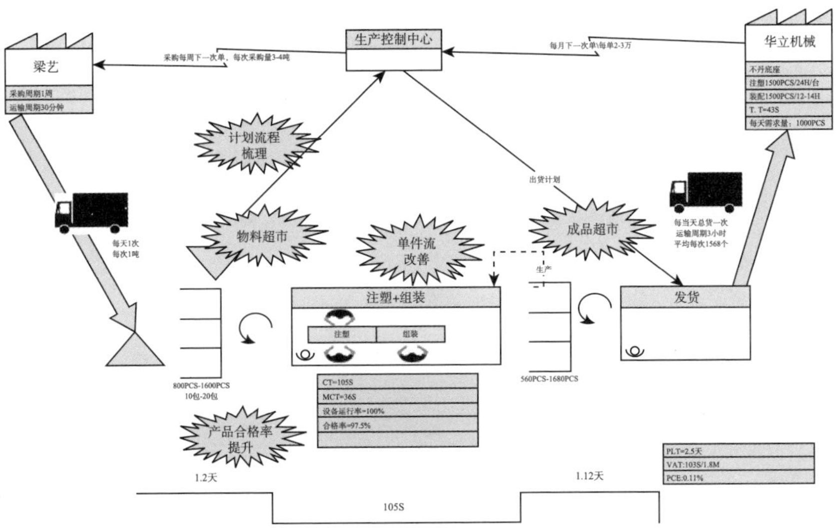

图 7-16　未来的 VSM

第八章

Chapter 8

BPR流程再造

第一节　BPR 的定义及流程

一、BPR 的定义

BPR（Business Process Reengineering）中文翻译成流程再造或流程重组，为企业能够快速应对市场及客户提供捷径。特别是集团公司，此工具发挥的作用非同小可。目前较多的大型集团上市都在组织内部战略变革等，此项应是“地基”，要先做好业务流程再造，包括组织机构再造等。

二、什么是流程

《ISO9000：2005》中，将流程定义为：一组将输入转化为输出的相互关联或相互作用的活动。美国的“企业再造之父”迈克尔·哈默（Michael Hammer，1948.4－2008.9）先生也说过，业务流程是把一个或多个输入转化为对顾客有价值的输出的活动。

（一）标准流程的八个要素

BPR 标准流程的八个要素：输入、活动、活动的相互作用、业务规则、资源、输出、客户及价值，如图 8 –1 所示。

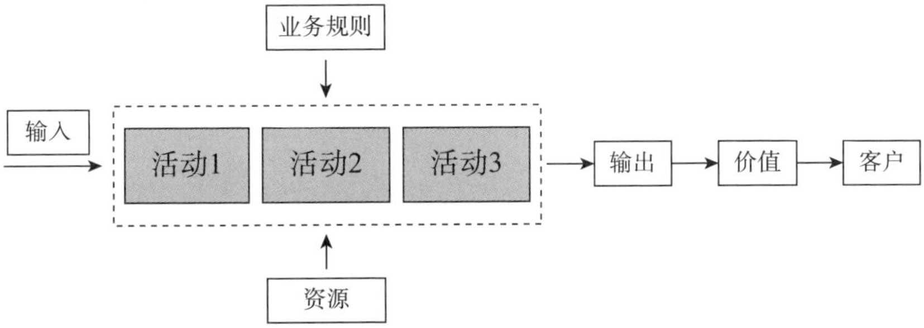

图 8 –1　BPR 标准流程的八个要素

1. 输入与输出应包含的内容

（1）信息：客户需求、订单、指令、文档等。

（2）物料：原材料、零部件、半成品、成品等。

（3）资金：应收账款、应付账款、费用支出等。

2. 活动之间的相互关系有串行关系、并行关系和反馈关系三种

（1）活动之间的串行关系，如图 8 –2 所示。

图 8 –2　活动之间的串行关系

（2）活动之间的并行关系，如图 8 –3 所示。

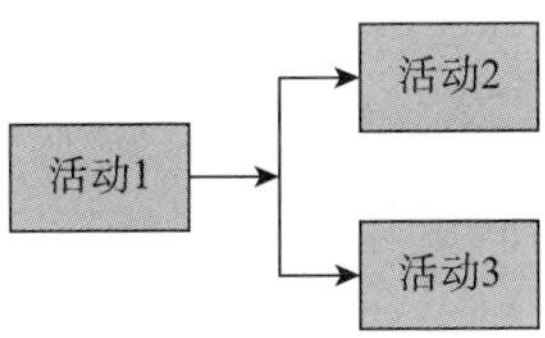

图–3　活动之间的并行关系

（3）活动之间的反馈关系，如图 8 –4 所示。

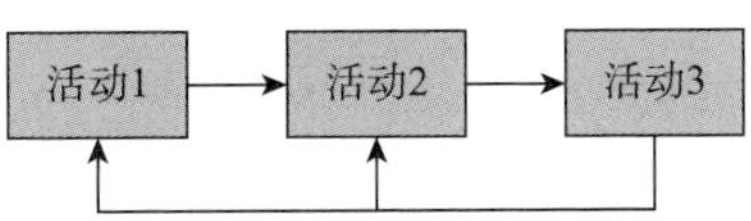

图 8 –4　活动之间的反馈关系

3. 业务规则：流程活动的执行标准，如产品检验时使用的质量标准，流程活动的方法要求：QFD、FMEA……其他规则：地点、审批权限……

4. 资源：包括人、财、物、信息、知识……

5. 价值：流程输出所产生的效果及传递给客户的价值

6. 客户：流程输出的接收者，包括外部客户和内部客户

（二）流程的管理

流程管理是一种以规范化的构造端到端的卓越业务流程为中心，以持续提高组织业务绩效为目的的系统化方法。

1. 流程管理分类

（1）按流程性质划分：战略流程、业务流程与支持流程。

（2）按流程处理对象划分：物流、资金流、信息流。

（3）按流程跨越组织范围划分：个人间流程、部门间流程、组织间流程。

（4）按流程层级划分：高阶流程、低阶流程。

2. 流程管理的层次，如图 8－5 所示

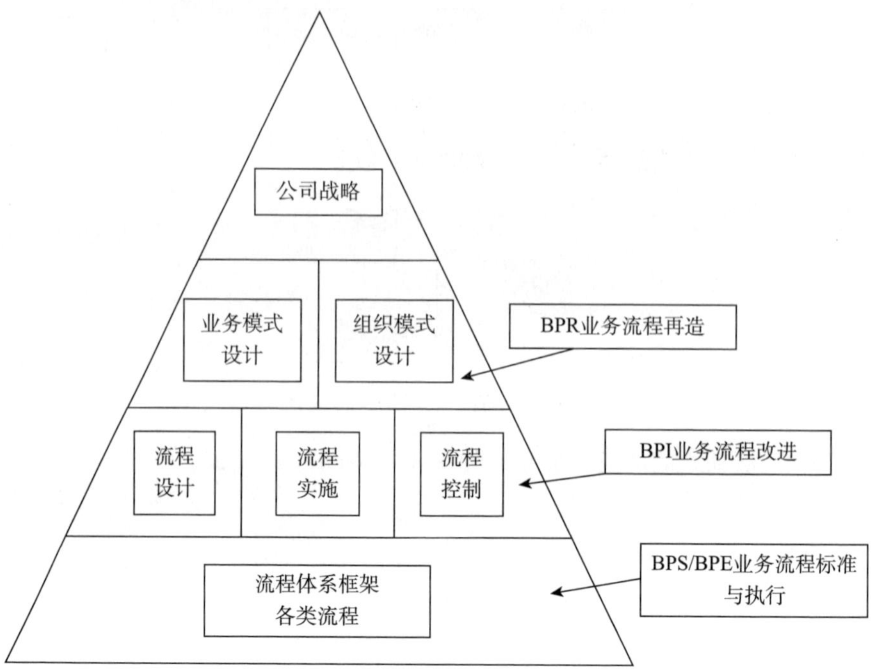

图 8－5　流程管理的层次

3. 流程管理的内容，如图 8-6 所示

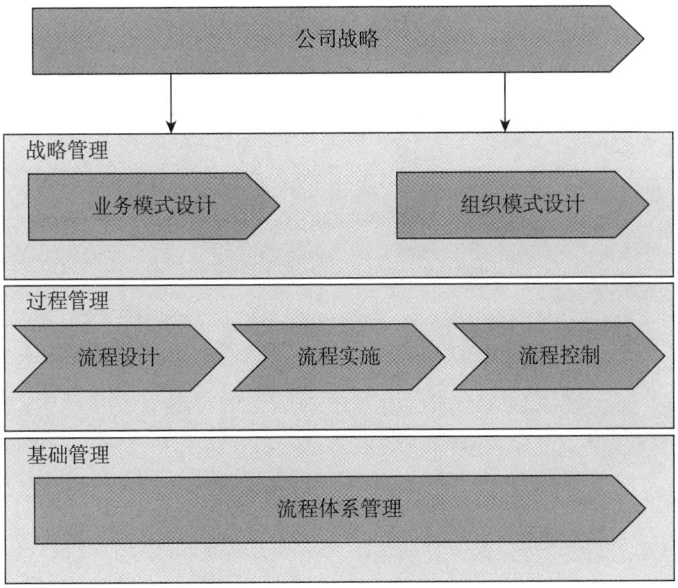

图 8-6　流程管理的内容

4. 流程管理的三大作用

（1）构建虚拟企业。

主要体现：通过流程的组件化、菜单式管理，快速进行业务组合和调整，降低公司变革风险。打破职能界限，加强工作一体化设计图形化表达，清晰、简洁、无二义性成为各部门的共同语言，可以快速、准确、全面了解公司业务，是成果固化的载体，提高成果固化效率，加速最佳实践的共享和移植，是业务外包和业务拓展的基础，是改善的对象和依据，提高改善效率。

（2）提升经营绩效和企业竞争力。

缩短制造周期，提高准时交货率。减少流程因多余的时间、人力与资金等的浪费。能较快识别、分析控制风险，并能为精益质量改进提供框架。

（3）规范业务操作，保障企业正常运营，提升执行力，如图 8-7 所示。

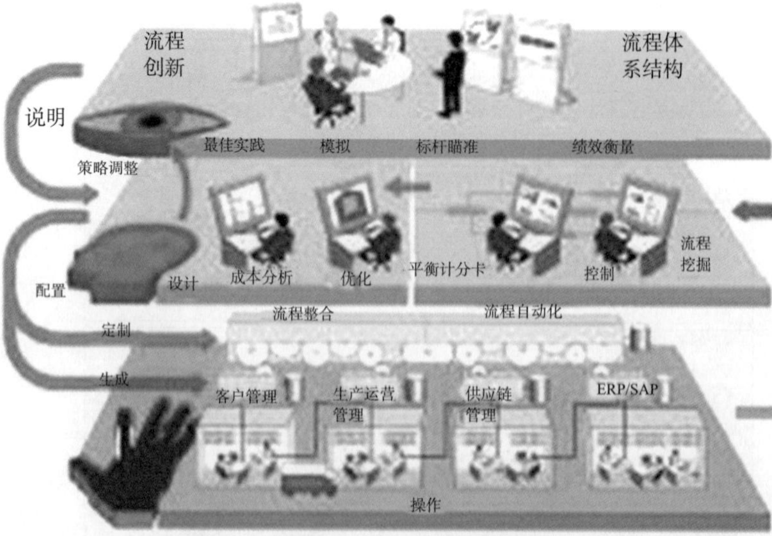

图 8－7　规范业务操作

第二节　BPR 的实施步骤

一、流程体系框架设计

（一）流程的框架

流程框架的设计原则：能够反映企业现有流程的分类和结构，能够反映企业的业务流程，能反映企业的组织结构和 IT 结构，是企业所有流程的总括，自上而下的拆解不会有遗漏。最后通过视图来表示，简单、清晰、易懂，不会产生歧义。

示例一：公司流程框架（基于职能），如图 8－8 所示。

示例二：海尔流程框架（强调端到端），如图 8－9 所示。

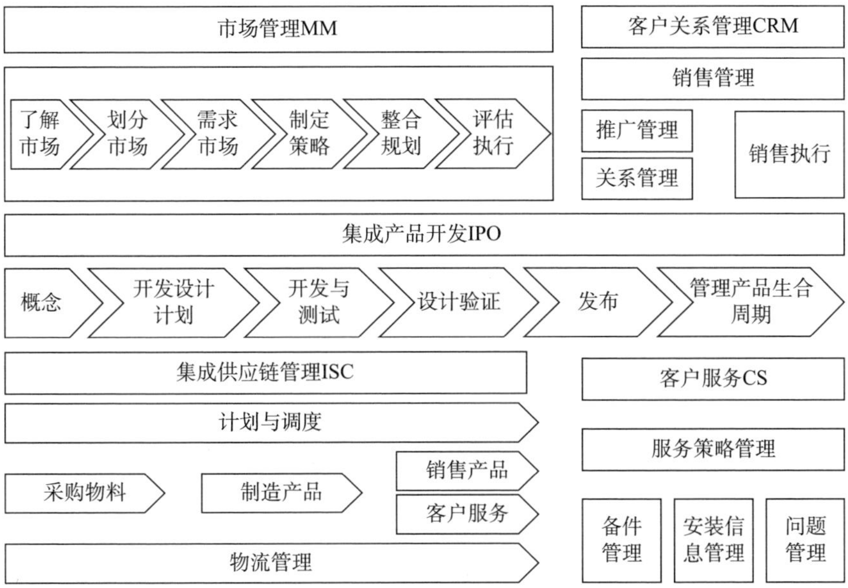

图 8-8 公司流程框架（基于职能）

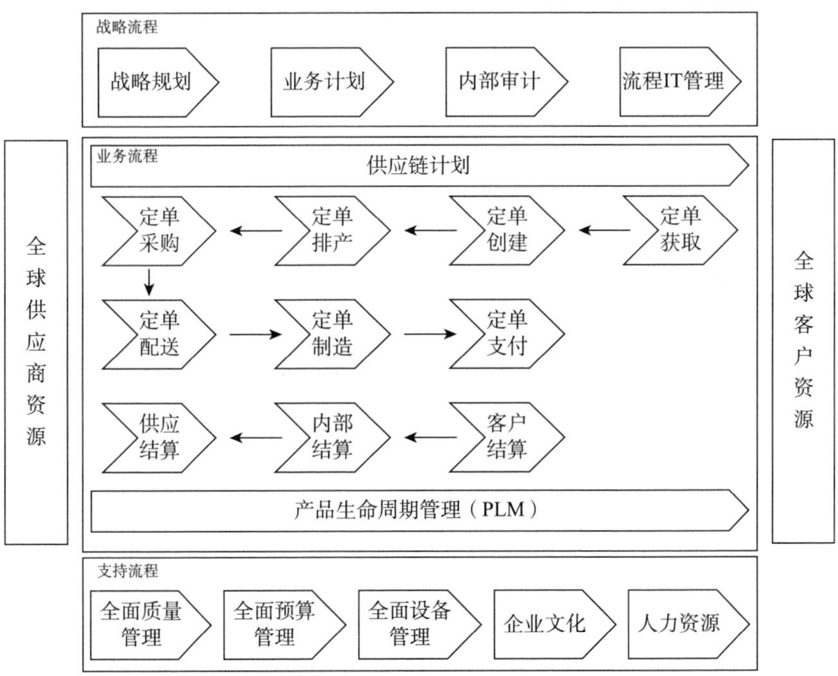

图 8-9 海尔流程框架（强调端到端）

（二）流程的分类

流程的分类如表8－1所示。

表8－1 流程的分类

	定义	特点	频率	范例
战略流程	战略流程是实现持续经营的流程，决定业务流程的方向	方向性	长周期	战略规划流程
支持流程	支持流程是间接为客户创造价值的流程，是战略流程和业务流程正常运行的保障，可以独立于战略流程和业务流程之外运行	效率性	非周期、独立循环、异步周期	人力资源管理流程
业务流程	业务流程是直接为客户创造价值，端到端的流程	时间性、增值性	异常同步同期	客户关系管理流程

（三）流程的层次结构

流程的层次结构如表8－2所示。

表8－2 流程的层次结构

层次名称	层次定义
第一层：流程总览 Process Overview	是公司A类业务所有流程的总体框架，按照战略流程、业务流程和支持流程进行分类，是浏览公司A类业务所有流程的统一入口
第二层：流程集合 Process Group	是对流程总览中某一流程集合（如SCM/人力资源）按照价值链的完整展开，包括战略流程、业务流程和支持流程三类流程
第三层：流程类别 Process Category	根据业务情况来描述流程集合中某一价值链环节的不同场景（根据客户细分、产品细分等重要区别特征来划分业务场景）及支持流程
第四层：流程 Process	某一业务场景下流程的定义、流程中的子流程（功能）、流程接口及KPI等内容，定义了子流程的定义、子流程的输入输出、岗位职责及KPI等内容

续表

层次名称	层次定义
第五层：子流程及活动 Sub - Process&Activity	子流程可以再进一步细分，根据需要可以分解到无法再分解的原子（Atomic）活动为止

（四）流程的场景划分（不同的业务模式）

SCM：按照订单类型来划分，如 Make - to - Stock 生产到仓库，订单到工程 Engineer - to - Order、订单到生产 Make - to - Order。

CRM：按照客户类型来划分，如大客户、渠道客户。

PLM：按照产品类型来划分，例如自主研发产品、OEM 产品。

流程之间的接口关系指的是一个流程的流出为下一个流程的输入，如设计开发过程的输出就是采购过程的输入。这两个接口称为两个流程之间存在接口关系。

（五）流程与其他相关管理要素间的关系——多纬度

1. 流程与组织的关系

与职能部门或职务所发生的关系，如设计工程师将产品设计图及 BOM 表等资料交至采购员安排购买材料。

2. 流程与 IT 的关系

流程与 ERP 等其他软件的相互协调关系，如订单处理模块。

3. 流程与 KPI 的关系

流程的运行的好坏，应有数据量化来衡量，如原材料检验的过程、检验合格率。

4. 流程与风险控制之间的关系

流程所涉及的一些财务风险，如财务付款流程等。

二、流程建模规范

流程建模规范——流程建模方法论，如表 8 - 3 所示。

表 8－3　流程建模规范

	自上而下	自下而上
方法	首先构建流程全貌，然后层层分解到细节流程	从细节流程入手，然后挑选、合并进行处理，然后生成上一级流程
优点	能够建立流程体系的全貌，容易检验和修订，可以避免流程的重复、重叠和不能进行连接，最大限度地保证了流程的共享和复用	建立基于实际的流程应用
不足	需要有清晰的第一层框架作为输入，对象为有流程体系进行较大的修改	不能看到流程的全貌，通过底层合并非常困难，很难形成完整的流程体系，适合基于现有流程建立体系结构
建议方法：从上而下建立流程高阶框架，自下而上进行流程匹配，兼顾流程的完整性和业务场景的选择。		

三、流程管理组织设计

流程管理组织设计——流程管理角色的职责定位，如表 8－4 所示。

表 8－4　流程管理组织设计

角色	职责描述	责任部门
总裁或总经理	负责公司总体的流程管理、知识管理和信息管理工作	总经办
体系经理/品质经理	支持流程分析，对流程改进提出总体建议方案。和业务负责人共同分析部分业务流程，提出改进建议并建立流程框架	体系推行办或品质部
各职能部门经理或主管	建立各自的业务流程并对流程的有效性，以及运行的质量和效率负责，保证流程得到持续改善	各职能部门
体系工程师或内审员	负责流程的审核工作，发现流程中存在的漏洞和不足	体系推行办或品质部
系统管理员	ERP 等其他系统的配置与日常管理	IT 部门

四、流程管理制度建设

流程建立后必须形成标准的流程管理文件，其内容包括：

（1）目的。

（2）范围。

（3）流程的定义。

（4）岗位职责与权限。

（5）流程管理规范与制度。

（6）流程优化方法与制度。

（7）流程信息管理平台及制度。

（8）流程管理的相关文件与记录。

五、流程管理信息平台

流程管理信息平台的构建，包括流程管理信息平台的配置和日常维护，以及流程管理信息系统的功能扩展。

信息管理设计 QA 管理软件的示例如图 8－10 所示。

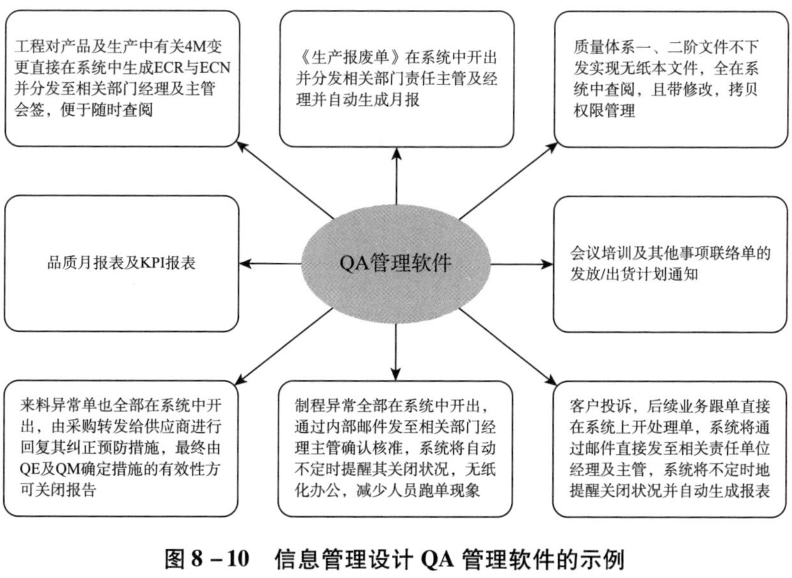

图 8－10　信息管理设计 QA 管理软件的示例

六、流程设计与梳理

（一）流程设计的触发条件

（1）组织结构及职责发生大的变动。

（2）公司战略和业务模式发生大的调整。

（3）启动质量体系认证（ISO9000、TS16949……）。

（4）开辟新的业务。

（5）外界商业环境发生大的变化，现有流程已无法满足变化的要求。

（6）流程存在大的缺陷，企业自身追求卓越的强烈愿望，公司启动BPR项目。

（二）流程设计的原则

客户导向原则：这里的客户包括内部和外部客户，设计流程的时候首先需要关注客户是谁，以及流程能够给客户带来的增值。

同步流动原则：流程是管理要素按照既定的程序化方式流动的过程，因此，流程设计应确保工作任务、职责、绩效目标、时间、资源和信息等要素的同步流动。

战略支持原则：流程是企业实现战略目标的载体，因此，流程的设计应能够对公司的战略起支持作用。

端到端原则：流程的设计要打破部门界限，构建端到端的流程并且在整个价值链上进行平衡，从系统的角度提高流程的效率和效果，而不是割裂开来，各自为政。

（三）流程设计的步骤

（1）界定流程范围，明确流程的起点和终点（端到端或其中的一段）。

（2）识别流程的客户（内部或外部），明确带给客户的价值，根据此确定流程的产出结果（输出）和绩效衡量指标。

（3）根据客户的差异、处理对象的差异，或者处理方式上的差异来区分不同的业务场景。针对不同的业务场景，结合各场景下流程的产出结果要求，来设计流程的活动及活动间的逻辑关系。

（4）定义流程的输入及定义每个活动的组织职责、KPI 指标、资源、业务规则等要素。

（5）根据业务需要将活动展开成子流程，具体展开的层级根据业务需要而定。

七、流程的实施

（1）设定流程负责人并对流程管理进行培训、指导、监督、控制与改进。

（2）流程的讨论、审批和正式发布。

（3）流程的宣导、培训和指导。

（4）流程实施过程的监控和奖惩措施。

（5）建立执行文化，强化流程执行力。

八、流程的控制

（一）设定流程的控制指标

设定流程的控制指标，如表 8－5 所示。

表 8－5　设定流程的控制指标

流程级别与名称	客户投诉处理流程		
指标分类	质量	成本	周期时间
关键成功因素	有礼貌的服务 客户满意	投诉处理的效率	在线投诉处理
控制指标	客户投诉处理 100%满意	平均处理每个投诉 的费用及占质量 成本的百分比等	最快的处理 投诉时间

（二）测量和分析流程控制指标的完成情况

1. 趋势图（run chart），如图 8 – 11 所示

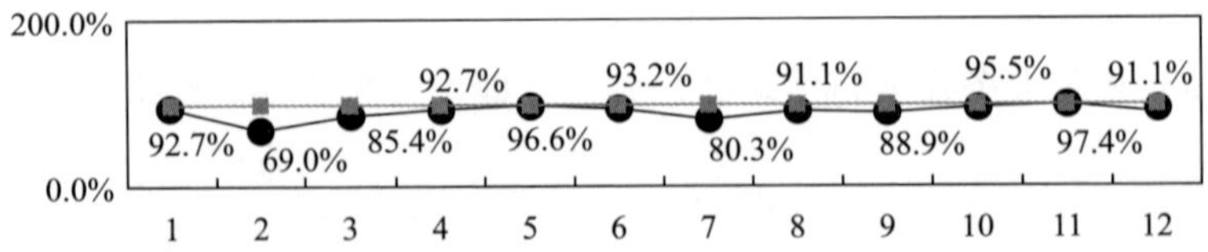

图 8 – 11　趋势图

2. ECRS 改善法

Eliminate：消除或删减流程中多余的过程。

Combine：对不能删减的步骤尽量合并成一个过程。

Reengineering：将过程重新组合，有些串联的过程可否采用并联方式。

Simplify：简单化，将复杂的流程尽量简单化，减少流程个数而减少流程时间。

3. DMAIC 改善模型

此方法主要通过对流程指标的实际值进行统计分析来改善流程，包括 Define（问题的界定）、Measurement（问题的测量）、Analysis（问题的分析）、Improvement（改进）、Control（控制）。此模式解决较大的流程问题，通常使用较少。

4. 建立持续改善文化，营造持续改善氛围

流程改善应成为公司持续改善的一部分，必须建立激励制度，鼓励让更多的人积极加入流程改善团队。中小企业普遍欠缺一种持续的执行改进能力，只看到目前的一个点上，如果不能增值或看不到显著效果就一口断言此活动没用。有时反过来想，难道就只有生产与业务接单才是增值的吗？生产成本很高，利润从何而来，怎么与对手去“抢”订单呢？众所周知，我们已经进入了微利时代，竞争很激烈，必须减少生产成本，提高核心竞争力。要降低生产成本，持续改进活动是一个不可分割的重要组成部分。

第三节　BPR 应用实际案例

例一：某家公司客退不良处理的现状流程如图 8 - 12 所示。

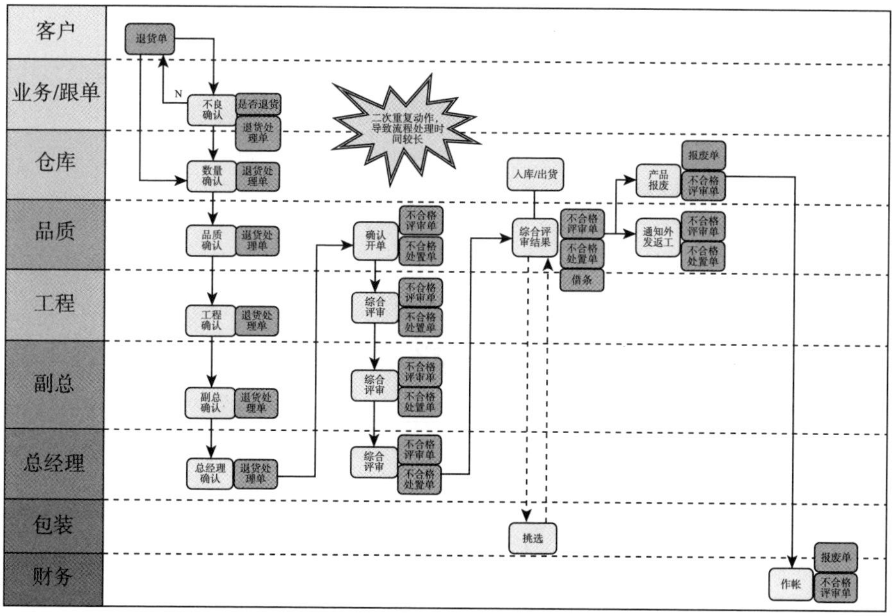

图 8 - 12　某家公司客退不良处理的现状流程

从现状的流程图中可以看出，有四个过程与前面过程有相同的动作，所以采用 ECRS 来删减与合并前面几个工序而规划未来的流程图。

例二：某家公司客退不良处理的未来流程如图 8 - 13 所示。

实际的改善前后指标的对比如图 8 - 14 所示。

此项目仍可以继续改进，下一步可将此流程纳入 IT 系统来管理，可全面实现无纸化信息共享平台。

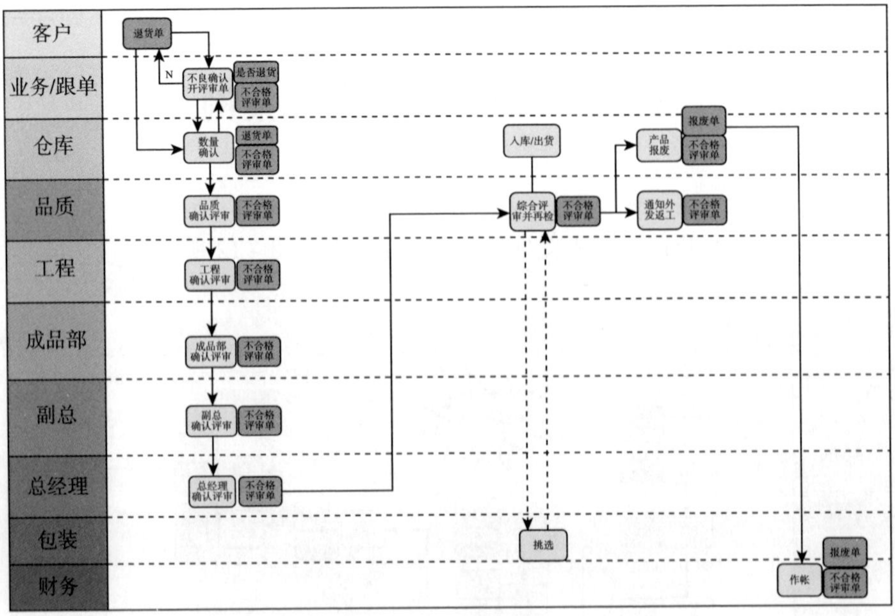

图 8－13　某家公司客退不良处理的未来流程

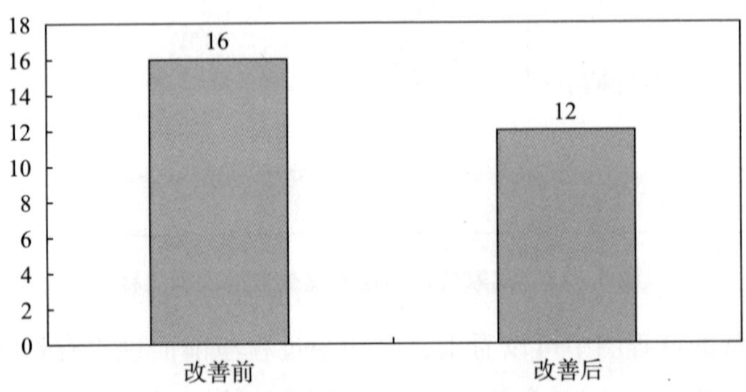

图 8－14　实际的改善前后指标的对比

第三篇

过程质量与质量成本管理

第九章

Chapter 9

供应商管理与来料控制

第一节　如何选择合格供应商

在经济全球化不断深化的今天，企业越来越注重发现和发挥自身的核心能力，对于非核心业务大多采用采购和外包的方式，由供应商提供核心业务以外的作业。供应商提供零部件的质量在很大程度上直接决定着企业产品的质量和成本，对供应商的选择已经成为企业质量管理的重要部分。

供应商是提供给企业生产物料的组织，它提供的物料品质好坏直接影响着企业产品品质。因此，企业应慎重地对供应商进行选择和评价，以保证最好的物料来源。选择供应商时要做好以下工作：

一、分类控制各类采购物资

根据采购物资对产品质量的影响程度，对采购物资进行分类，根据分类来决定对采购活动控制的方式和程度。按采购物资对产品质量影响程度，将其分为三类：

（1）重要物资。直接影响最终产品使用或安全性能，可能导致顾客投诉的物资。

对重要物资，在选择评定时，一般要进行书面调查、现场调查、样品测试和试用。对重要物资，可能要求供应商随发运的货物提交质量控制记录。

（2）一般物资。不影响使用性能或存在影响，但可采取措施予以弥补的物资。

（3）辅助物资。包装材料及在生产过程起辅助作用的其他物资。

对一般物资和辅助物资可根据企业的具体要求实行批次抽样检验，AQL 值也可设置得比重要物资稍高一些。

二、实施供应商调查

对供应商的调查一般采用书面调查和现场调查两种。

1. 书面调查

企业可以拟定一些调查表要求候选供应商填写，可附带要求其提供企业介绍、产品目录、产品鉴定资料及认证证书复印件等相关文件。

调查的内容包括：

（1）品质控制情况。

（2）财务及信用状况。

（3）经营管理水平。

（4）人员组成和专业技术能力。

（5）设备情况。

（6）材料供应状况。

2. 现场调查

对供应商进行现场调查，调查的内容一般包括：

（1）企业概况。企业历史、产品品种规格、管理人员的构成与素质、管理人员的工作经验和工作能力、职工人数和素质、技术装备、环境、效益等。

（2）专业技术能力。设计、工艺技术人员的构成与素质，产品的研发能力。

（3）工序控制情况。劳动纪律和生产秩序；机器设备的性能与维护、保养；不合格品管理。

（4）材料状况。其产品所用原材料供应来源的稳定状况；其材料的供应渠道是否畅通。

（5）品质控制能力。品管组织是否健全，运行状况如何；品管人员的素质高低；检验仪器是否精密及维护是否良好；质量异常的处理；质量体系文件及其实施情况；质量信息管理和协调情况。

（6）财务及信用状况。每月的产值；客户数量及口碑；经营的业绩及发展前景等。

现场调查前，应编写现场调查计划并建立包括采购部、品管部、生产技术部、产品研发部等部门代表的调查组，将现场调查计划提前发给供应商。到达厂家后，应按首次会议→现场调查→末次会议的程序开展工作。

三、评价供应商

1. 样品检验

对于一个新的候选供应商，可以先采购少量样品，进行全性能或部分重要性能的测试和检验，做出合格与否的评价，以便初步判断该企业的产品质量。

2. 小批量试用

对于重要物资，一般还需进行小批量试用。采购部采购小批量物料，品管部对小批量物料进行入厂检测并出具检验报告。检验合格的物料，由技术部门或工艺部门组织生产部门试用并出具“小批量试用报告”。

对供应商的评价通常可采用5R法：

- Right Quality 即适质：经过验收后，统计的品质状况。
- Right Price 即适价：与其他厂商的比价。
- Right Quantity 即适量：每批交货数量是否准确。
- Right Time 即适时：交期准时状况。
- Right Place 即适地：地点、远近。

总之，好的供应商是企业的宝贵资源，也是影响产品品质的重要因素。因此需要对供应商进行综合的考查和评定，确定最优的供应商，如表9-1所示。

表 9－1 供应商基本情况调查表

供应商基本情况调查表

文件编号：

一、基本情况

企业名称：______________________________

主要产品：______________________________

地　　址：______________________________

E-mail：__________网址：__________邮编：__________

企业负责人（总经理或董事长）：__________联系电话：__________传真：__________

销售负责人：__________电话：__________研发负责人：__________电话：__________

质量负责人：__________电话：__________

职工总人数：__________人　　企业占地面积：__________

企业性质：______________________________

企业所有权详情：______________________________

企业样本及简介、营业执照复印件请附后

二、商务数据

公司近三年经济效益及有关指标状况（依次列出三个数值）：

年份				备注
总产量				
销售总收入（万元）（含税）				
全员劳动生产率（万元/人）				
税后利润（万元）				

企业资产总值：__________万元　　固定资产：__________万元

流动资金总额：__________万元（以上数据为______年______月的统计数据）

年物料总成本：__________万元（上年）　年人力资源成本：__________万元

有无特殊税收政策：☐ 有__________

☐ 无（请在☐内打“√”如有请注明 ）

企业的短期、中期、长期发展目标：（可附页）

股东情况、有无新的战略合作伙伴加入：

有无新的业务领域开拓：

销售收入及主供厂家（如存在多种产品请分别列表）（近三年）			
年份 / 厂家			
OEM 与配件市场比例			

三、人员构成				
	人数（人）	高级职称（人）	中级职称（人）	平均工资
职工总人数				
管理人员				
研发人员				
质量保证人员				
生产制造人员				

四、质量保证（认证证书复印件请附后）				
质量体系标准	结果	通过时间	认证机构	覆盖产品
ISO900 □				
QS9000 □				
ISO/TS16949 □				
VDA6. 1 □				
VDA6. 2 □				
VDA6. 4 □				
其他：				

五、研究及开发
哪些产品为自己开发？ ____ 核心技术来源：□技术引进 □自主开发（请在□内打“√”） 研发手段及使用软件：________________________ 产品执行的技术标准或设计水平：____________________ ____

六、生产、研发、检测设备（请详细列出）					
设备名称	数量	制造商	生产日期	单班生产能力	设备利用率
1. 研发设备（包括试验、试制设备、仪器）（可附页）					
2. 生产设备（可附页）					
3. 检测设备（可附页）					

（厂商确认并盖公章）

核准人（盖公章）	填表人	填表日期

以下由本公司填写

供货能力	合格□　不合格□	管理能力	合格□　不合格□
质量控制能力	合格□　不合格□	综合能力	合格□　不合格□
总结：是否达到公司要求		是□　否□	
评估人：	日期：	批准人：	日期：

第二节　怎样管理供应商

一、如何对供应商进行管理

对供应商进行管理，要完善内部机制，教育员工把供应商当作伙伴，与供应商进行友好合作，引导供应商为企业服务。企业在对供应商管理中，具体需要做好以下几方面工作：

（一）确定主次供应商

对供应商的产品或物料质量、供货能力和价格进行分析评价，确定主供应商和次供应商。在主供应商处，采购量应占总量的70%～80%，在次供应商处采购量占总量的20%～30%。这样既牵制了主供应商，防止断货的危险，又可使主次供应商保持一定的竞争关系，使企业获利。

（二）积极与供应商沟通

与供应商积极沟通，以书面的形式详细表达企业对供应商的要求，并与供应商的生产管理和研发人员建立良好的关系，让供应商全面了解所供产品质量要求。

（三）就近寻找合格的供应商

供应商离企业越近，运输费用就越低，机动性就越高，协调沟通就越方便，采购成本自然就越低，因此对供应商进行管理，距离也很重要。

（四）对供应商进行定期考核

很多中小企业在确定供应商之后，往往对供应商放松日常管理，供应商也渐渐懈怠了对产品的质量管理。在供应商确定以后，就应定期对其按产品退货率、交货期和问题配合度三个方面进行评价，并设立标准，进行考核。

1. 培养长期协作能力

面对激烈的市场竞争，企业对产品的研发要求也越来越高，要善于与供应商合作，与供应商共同协商改进产品。

2. 帮助供应商成长

帮助供应商成长是维持双方良好合作关系的好方法。在帮助供应商进步的同时，也促进了企业的发展。如企业可通过派质量管理技术人员帮助供应商完善检验制度，派熟练的技术工人帮助供应商培训其员工队伍等方法帮助供应商成长。

3. 完善内部采购机制

分散企业采购的考核权限，让采购员、检验员、仓库管理人员、财务人员和技术人员共同组成考核小组对供应商进行考核，并让全体员工参与监督。通过权力制衡和全员监督，达到完善采购机制的目的。

通过上述方面的供应商管理，加强双方的协作能力，从而达到促进企业发展、增强企业竞争力的目的。

二、供应商问题处理与改进

为了保证采购产品的质量，应采取有效措施，对供应商的产品质量实施必要的控制。具体控制的方法有以下几种：

（1）向生产厂家派常驻代表进行监控。

为了直接掌握拟购商品生产厂产品的质量状况，可向供应商派常驻代表，向生产厂提供具体的产品质量要求，并了解该厂质量管理的有关情况，如质量管理机构的设置，质量体系的建立与实施，产品设计、生产、包装、检验等，特别是对出厂前最终检验和试验的监督，对生产厂家出具的质量证明材料的核实，起到在生产过程进行质量把关的作用。对具有长期稳定的业务联系，建立了固定购销关系，采购量大、技术性强、质量要求严格的生产厂家，还可派出驻在组常驻生产厂，对产品质量进行全面的检查和监督，并且监督买卖合同的全面执行，保证生产、发货及时，满足各方面要求。同时驻在组还可以向生产厂反映已购产品在使用中的问题和新的要求，促使生产厂改进和提高产品质量并不断开发用户所需要的新产品。

（2）定期或不定期到生产厂进行监督检查。

在与供应商未建立固定的购销关系，且采购批量较小、对产品质量无特殊要求的情况下，可根据实际情况派技术人员到生产厂进行监督检查。这种监督检查可以是定期的，也可以是不定期的，主要监督检查双方买卖合同执行情况和拟购产品的质量情况。如在生产前主要是监督检查原材料和外购件的质量情况；在生产中主要是监督检查各工序半成品的质量状况（特别注意关键工序和特殊工序，需对其进行重点监督检查）；在生产后主要是监督检查产成品的检验、试验及包装情况。

（3）及时掌握供应商生产状况的变化。

由于企业内外部环境的变化，供应商的生产状况必然也会随之变化。采购方应及时掌握其变化情况，对生产发生的一些重大变化，应要求供应商及时报告。如在产品设计或结构上的重大变化、制造工艺上的重大变化、检验和试验设备及规程方面的重大变化等，供应商都主动向采购方说明情况。采购方接到报告后，要认真分析情况，必要时到供应商处直接调查了解，弄清这些变化对产品质量的影响。

多数情况下，供应商变更产品设计，采取新材料、新设备、新工艺是为了提高产品质量和生产效率，对保证产品质量是有益的。但是必须注意，任何改变都有一个适应的过程，在变更的初始阶段容易造成产品质量的不稳定，需要加强最终检验和试验把关。

（4）对供应商提供管理和技术方面的帮助。

供应商的管理水平和技术水平是影响产品质量的主要因素。作为采购方，为了有效控制采购商品的质量，应主动帮助那些管理水平较低、产品质量不高或不稳定，而其产品又是社会必需的供货厂商提高管理（特别是质量管理）水平和技术水平，增强质量保证能力。

对供应商的帮助可以是多方面的，如以提高产品质量为中心，帮助供应商进行有关人员的技术培训，进行设备的技术改造，实现检验和试验的标准化、规范化，贯彻 ISO 9000 系列标准，争取质量体系认证等。

采购方对供应商给予一定的帮助对供应商有利，对采购方自己也有利。通过对供应商各种形式的帮助、监督和控制，使企业的产品质量得到改善和提高，从而从源头上保证所采购产品的质量，如表 9－2 所示。

表 9－2 供应商防止不合格品再发生报告

<table>
<tr><td>供应商名称</td><td colspan="2"></td><td colspan="2">产品名称</td><td></td></tr>
<tr><td colspan="6">1. 质量问题描述</td></tr>
<tr><td colspan="6">文字描述：</td></tr>
<tr><td colspan="6">图片：</td></tr>
<tr><td>经办人</td><td></td><td>负责人</td><td></td><td>日期</td><td></td></tr>
<tr><td>应急处理情况</td><td></td><td colspan="4">要求供应商提交报告时间：　年　月　日前</td></tr>
<tr><td colspan="6">以下请供应商认真分析原因后填写并回执</td></tr>
<tr><td colspan="6">2. 检查其他产品是否出现类似质量问题？　　填写人：</td></tr>
<tr><td colspan="6">这类质量问题是否也会出现在其他产品上？</td></tr>
<tr><td>考虑</td><td colspan="2">是</td><td>否</td><td colspan="2">备注（产品规格、型号）</td></tr>
<tr><td>×同类产品</td><td colspan="2"></td><td></td><td colspan="2"></td></tr>
<tr><td>×其他产品</td><td colspan="2"></td><td></td><td colspan="2"></td></tr>
<tr><td colspan="6">3. 初步分析　　填写人：</td></tr>
<tr><td colspan="6">不合格应在哪些工序发现并隔离：</td></tr>
<tr><td colspan="6">不合格没有被发现并隔离原因：</td></tr>
<tr><td colspan="6">4. 临时处置　　填写人：</td></tr>
<tr><td colspan="6">采取何种措施来防止不合格流转？</td></tr>
<tr><td>考虑</td><td colspan="5">措施</td></tr>
<tr><td>×在制品</td><td colspan="5"></td></tr>
<tr><td>×出厂产品</td><td colspan="5"></td></tr>
<tr><td>×仓库存货</td><td colspan="5"></td></tr>
<tr><td>×维修产品</td><td colspan="2"></td><td colspan="3"></td></tr>
<tr><td>×其他</td><td colspan="2"></td><td colspan="3"></td></tr>
<tr><td colspan="6">整改后首批合格产品装运标签：</td></tr>
<tr><td colspan="6">标记：</td></tr>
<tr><td>完成人</td><td></td><td>批准人</td><td></td><td>盖章</td><td></td></tr>
<tr><td colspan="6">5. 进一步分析　　填写人：</td></tr>
<tr><td colspan="6">分析不合格产生的真正原因：人、材料、机器、方法（工艺、检测、维护）、其他（可另附报告）</td></tr>
</table>

续表

序号	原因

6. 永久措施　　　　填写人：

采取何种措施来防止以后生产的产品再出现同样或类似质量问题？（可另附报告）

考虑	防止错误操作、测试、工艺控制、培训等

序号	措施	负责人	部门	完成时间	见证材料

7. 效果验证　　　　填写人：

防止再发生的措施是否有效？	是		否	

效果描述：

请附上有关的数据，如尺寸报表。

8. 跟踪闭环　　　　填写人：

对确认有效的防止再发生的措施纳入文件或进一步跟踪。

考虑	是	负责人	完成时间	见证材料
检验规范				
工艺				
质量保证标准				
F. M. E. A.				
图纸				
量具				
其他				
跟踪下级制造商				
其他产品或类似的工艺				

供应商名称（盖章）			
组织处理人		批准人	
职位		职位	
联系电话		联系电话	
日期	年　月　日	日期	年　月　日

注：1. 供应商填好报告每项要求并附上见证材料（可另附件）后，回传。

2. 整改报告批准人需由质量副总或以上领导签名。

第三节　来料检验的规范与方案

来料检验（Incoming Quality Control，IQC）又称进料检验，是工厂制止不良物料进入生产环节的首要控制点。来料检验是由品管部 IQC 来执行，检验方式和方法的选择对于检验的效果影响很大。

一、选择来料检验方式

（一）全检

全检适用于来货数量少、价值高、不允许有不合格品物料或工厂指定进行全检的物料。

（二）免检

免检适用于大量低值辅助性材料，或经认定的免检厂来料，以及生产急用而特批的免检。对于后者，IQC 应跟踪生产时的品质状况。

> “免检”并不意味着不进行“验证”，而是以供应商的合格证或检验数据为依据，决定接收与否。对于实施免检的产品，经过一个周期后，有必要采用抽样检查、核实免检品的品质。一旦有缺陷发生，就回到正常的检验方法。同时，在使用中一旦发现免检品有品质问题，应即刻导入正常的检查方法。

（三）抽样检验

抽样检验适用于平均数量较多、经常性使用的物料。一般工厂均采用此种验货方式。根据其类型不同，抽样检验又可分为以下几种：

1. 规准型抽样检验

是在权衡供需双方利益与损失的前提下，来判断检批是否合格，该方法应用较广。

2. AQL 抽样检验

客供双方均可接受的一种不良品率，以符号 AQL 表示，一般定在 0.5% ~1.0%。

一般适用于 AQL 型抽样计划的类型如下：

(1) 向不同供应商连续采购同类货品时。

(2) 送货被判不合格，供方损失较大时。

(3) 合格标准的批，尽可能允收时。

3. 调整型抽样检验

按供应商以往业绩和该批检验结果采用：正常检验；严格检验；减量检验。

4. 连续生产型抽样检验

适用于大量连续生产的产品、物料不断流动时采用的验货类型。

5. 选别型抽样检验

对判为不合格的批，采用全数检验，并将全检后的拒收品退回供应商，换回同等数量的合格品。

使用规准型还是选别型，可视材料市场货源供给状况来定。正常使用规准型，如有缺料可使用选别型。

二、确定来料检验项目与方法

（一）来料检验项目

外观检验：一般用目视、手感、限度样品进行验证。

尺寸检验：一般用卡尺、千分尺、塞规等量具进行验证。

结构检验：一般用拉力器、扭力器、压力器进行验证。

特性检测：如电气的、物理的、化学的、机械的特性，一般采用检测仪器和特定方法进行验证。

（二）确定检验结果的处理方式

1. 允收

经IQC验证，不合格品数低于限定的不合格品个数时，则判为该批允收。IQC应在《来料检验报告》上签名，盖“检验合格”印章，通知仓库收货。

2. 拒收

若不合格品数大于限定的不良品个数，则判定该送检批次拒收。IQC应及时填写《不合格品报告》，经相关部门会签后，交仓库、采购部办理退货事宜。同时在该送检批《来料检验报告》盖上“退货”印章。

3. 特采

所谓特采，即来料经IQC检验，品质低于允许水准，IQC虽提出退货要求，但工厂由于生产的原因，而做出的“特别采用”的要求。

若非迫不得已，工厂应尽可能不启用“特采”，即使采用，也要按严格的程序办理，处理方式有以下几种：

（1）偏差。送检批物料全部不良，但只影响工厂生产速度，不会造成产品最终品质不合格。在此情况下，经特批，予以接收。此类货品，由生产部、品质部按实际生产情况，估算出耗费工时数，对供应商扣款处理。

（2）全检。送检批不合格品数超过规定的允收水准，经特批后，进行全数检验，选出其中的不合格品，退回供应商，合格品办理入库或投入生产。

（3）返工。送检批几乎全部不合格，但经过加工处理后，货品即可接受。在此情况下，由公司抽调人力进行来料返工处理。IQC对返工后的货品进行重检，对合格品接受，对不合格品开出《不合格品报告》交相关部门办理退货。此类货品由IQC统计加工工时，对供应商做扣款处理。

4. 紧急放行

紧急放行是来料检验中的一种特殊情况，是指因生产急需而来不及验证就放行物料的一种做法。

对紧急放行的产品，要明确做出标识和记录，一旦发现不符合规定要求，能及时追回和更换。这些情况下才能允许紧急放行：产品发现不合格能在技术上可以纠正，并且在经济上不会发生较大损失，也不会影响相关、连接、相配的零部件质量。

总之，进料检验是控制产品品质的第一道关口，企业要认真选择检验方式和方法，对物料进行仔细的检验，这样才能避免不良物料进入生产系统，影响产品品质。

第十章

Chapter 10

过程质量控制

第一节　过程特性与产品管理

一、过程特性定义

特殊特性又可分为产品特殊特性和过程特殊特性，即产品质量特性和过程质量特性。

产品质量特性：由产品的规格、性能和结构所决定，并影响产品的适用性，是设计传递给工艺、制造和检验等的技术要求和信息。它包含有尺寸、公差与配合、功能、寿命、互换性、环境污染、人身安全及执行政府有关法规和标准情况等。

产品质量特性重要度：是指影响产品适用性的重要程度。新产品设计阶段，设计部门应对产品进行重要度分级，通过新产品试制，在设计改进时进一步修正和完善。重要度分级可按规定的级别符号直接标注在图样及设计文件上，也可单独编制整机及其组成部分重要度分级文件。

产品质量特性重要度分级原则：以按对产品适用性要求的影响及经济损失程度为依据，重要度等级分为关键特性、重要特性和一般特性。

重要度分级内容包括以下几点：

（1）安全、环保要求。

（2）性能、结构的使用要求。

（3）可靠性、使用寿命及互换性要求。

（4）材料性能及处理规定。

（5）焊接及铸造、锻造规定。

（6）尺寸、公差与配合、形状和位置公差及表面粗糙度等要求。

（7）外形、外观要求。

（8）清洁度要求。

（9）涂敷、包装、防护及储运等要求。

产品质量特性级别如表 10－1 所示。

表 10－1　产品质量特性级别

特性级别	定义	分级符号
关键特性（A 级）	如发生故障，会造成人身安全事故、丧失产品主要功能、严重影响产品使用性能和降低产品使用寿命、对环境会造成违反法律的污染，以及必然会引起客户的投诉	●
重要特性（B 级）	如发生故障，会影响产品使用性能和寿命，使用客户可能要提出投诉	▲
一般特性（C 级）	如发生故障，对产品的使用性能及寿命影响不大，不致于引起客户的投诉	■

过程质量特性：用来控制产品的过程参数就是过程质量特性。产品的实现必然经过一定的过程，产品的特性必须通过特定的过程得以保证。这些特性一般都以量化形式表现。与产品质量特性的重要分级原则一样，过程质量特性也必须进行重要度分级。重要度等级分为关键特性、重要特性和一般特性。

过程质量特性级别如表 10－2 所示。

表 10－2　过程质量特性级别

特性级别	定义	分级符号
关键特性	若有特性超差立即转变为废品，是关系到安全事故或丧失功能引起产品破坏危险的质量特性，或影响最终产品法律法规符合性的质量特性	●

续表

特性级别	定义	分级符号
重要特性	若有特性超差时不会使产品丧失功能，但严重影响客户使用条件、产品寿命，造成客户申诉的质量特性	▲
一般特性	当某项质量特性不合格时，虽会引起客户不满意，但不会影响产品使用质量特性，不会造成申诉	■

二、过程检验规范与检验方案的制定

过程检验（IPQC，In Process Quality Control）指来料入库后，至成品组装完成之前所进行的质量检验活动。因为生产各个环节出了问题都可导致不合格品的产生，因此对生产过程进行检验是十分必要的。过程检验要做好以下工作：

（一）首件检验

首件检验是在生产开始时（上班或换班）或工序因素调整后（换人、换料、换活、换工装、调整设备等），对制造的第 1 件或前几件产品进行的检验，目的是尽早发现过程中影响产品质量的系统因素，防止产品成批报废。首件检验应注意以下几点：

（1）首件检验由操作者、检验人员共同进行。操作者首先进行自检，合格后送检验人员专检。

（2）检验人员应按规定在检验合格的首件上做出标识，并保留到该批产品完工。

（3）首件未给检验合格，不得继续加工或作业。

（4）首件检验必须及时，以免造成不必要的损失。首件检验后要保留必要的记录，如填写“首件检验记录表”。

（二）巡回检验

巡回检验是指检验员在生产现场按一定的时间间隔，对有关工序的产品和生产条件进行监督检验。

巡回检验不仅要抽检产品，还需检查影响产品质量的生产因素（人、机、料、法、环）。巡检以抽查产品为主，而对生产线的巡检，以检查影响产品质量的生产因素为主。生产因素的检查包括：

（1）当人员有变化时，对人员的教育培训及评价有无及时实施。

（2）设备、工具、工装、计量器具在日常使用时，有无定期进行检查、校正、保养，是否处于正常状态。

（3）物料和零部件在工序中的摆放、搬送及拿取方法是否会造成物料不良。

（4）不合格品有无明显标识并放置在规定区域。

（5）工艺文件（作业指导书之类）能否正确指导生产、是否齐全并得到遵守。

（6）生产分隔符是否适宜产品生产的需求，有无产品、物料散落在地面上。

（7）对生产中的问题，是否采取了改善措施。

（8）员工的技能能否胜任工作。

（9）生产因素变换时（换活、修机、换模、换料）是否按要求通知检验人员进行验证。

巡检的项目、方法、频率事先设计于巡检表中，巡检后要做好必要的记录。巡检中发现的问题应及时指导作业者或联系有关人员加以纠正。问题严重时，要适时向有部门发出“纠正和预防措施要求单”，要求其改进。

（三）在线检验（序间检验）

在流水线生产中，完成每道或数道工序后所进行的检验，称为在线检验。一般要在流水线中设置几个检验工序，由生产部门或品质管理部门在此进行在线检验。

1. 设置检验工序，应考虑以下因素

（1）全部质量特性重要性分级为 A 级的质量特性和少数为 B 级的质量特性及关键部位。

（2）工艺上有特殊要求，对下道工序的加工、装配有重大影响的项目。

（3）内外部质量信息反馈中出现质量问题多的薄弱环节。检验工序的设置不是永久不变的。对于工序质量不稳定，不合格品多或用户反馈的项目等在某一时期的特殊需要，只需设置短期的检验工序。当这些质量不稳定因素得到了有效控制，处于稳定状态，这时该检验工序就可以撤消。

2. 实施工序检验

（1）用文件形式明确质量控制点，可以用工艺流程图或检验工序明细表等文件形式明确检验工序，确定需控制的产品质量特性。

（2）编制检验工序作业指导书及有关表格。

（3）做好检验工序所用的检测设备的维护保养工作。

（4）培训检验工序的操作者，考核合格后持证上岗。

（四）完工检验

完工检验是指对全部加工活动结束的半成品、零件进行的检验。完工检验的工作包括验证前面各工序的检验是否已完成，检验结果是否符合要求，即对前面所有的检验数据进行复核。

检验人员应该按照作业指导书、产品图样、抽样方案等有关文件的规定，做好完工检验工作。其重点是：

（1）核对加工件的全部加工程序是否全部完成，有无漏工序、跳序的现象存在。在批量完工件中，有无尚未完成或不同规格的零件混入。必要时采取纠正和预防措施，以防止问题再发生。

（2）核对被检物主要质量特性值是否真正符合规范要求。

（3）复核被检物的外观，对零件的倒角、毛刺、磕碰划伤应予以特别注意。

（4）被检物应有的标识、标志是否齐全。

总之，进行过程检验可以评估过程的稳定性并预知过程发展的趋势，以便在不合格尚未发生之时就采取有效的预防措施，及时发现不合格现象，采取措施，以防止大量不合格品的产生。

三、出货质量控制

出货检验规范与检验方案的制定：

企业接到客户的订单后，应从仓库中提取相应的产品发给客户。在成品出货的过程中要进行检验，保证送到客户手中的产品没有不合格品。出货检验的过程如下：

1. 提前通知

业务部根据成品出货日期，提前三天通知品管部验货。

2. 验货准备

品管部在正式验货前1小时，通知货仓部进行验货准备。

3. 将货品运到“验发区”

货仓部根据品管的验货通知内容，将待验订单货品全数运到“验发区”，并挂“等验”标志牌。

4. 准备资料、样品

品管员针对验货品，准备相应的资料、样品。

5. 产品品质检验内容

品管员根据客户订单或产品规格，确定抽样计划，对出货产品品质进行检验，检验内容包括：

（1）外观检查。检查产品是否变形、受损，配件、组件、零件是否松动、脱落、遗失。

（2）尺寸检验。测试产品是否符合规格，零配件尺寸是否符合要求，包装袋、盒、外箱尺寸是否符合要求。

（3）特性验证。检验产品物理的、化学的特性是否产生变化及对产品的影响程度。

（4）寿命试验。在模拟状况下和破坏性试验状态下，检测产品寿命期限。

（5）测定产品抗冲击能力。测定产品抗拉力、抗扭力、抗压力、抗震力等方面是否符合品质要求。

（6）检查产品包装和标识：

①检查产品的包装方式、包装数量、包装材料的使用，单箱装数是否符合要求。

②标识纸的粘贴位置、标识纸的书写内容、外箱的填写是否规范。

③纸箱外包装是否有品检“PASSED”印章。

6. 判定不合格品

品管员根据“产品品质标准”判定抽检中出现的不合格品数量，若品管员无法判定的产品，可填写《品质抽查报告》，连同不合格样品交品管主管判定。品管员根据最终仲裁结果，确定不合格品处理意见。

7. 判定与标识验货结果

品管部根据不合格品的确认结果，判定该批产品是否允收。

（1）对允许批（单）产品，则在其外箱逐一盖“QA PASSED”印章，并通知货仓部入库。

（2）对拒收批（单）产品，品管员挂“待处理”牌，货仓不得擅自移动此类产品。

8. 产品的补数和返工、返修、报废

品管部根据检验结果，确定送检批产品的允收情况，并书面通知生产部进行补救、返工、返修。

（1）补救：是品管员确认该批产品允收，但生产部需按检验出来的不合格品数量进行补救。

（2）返修：是经品管员检验发现整批有较多的产品存在轻微缺点，且已超过允收数量，同品管部发出《产品返工/返修通知》，要求生产部门纠正。在产品返修过程中，品管部应派人监督并重检，直到合格为止，并在外箱逐一盖“QA PASSED”印章。

（3）返工：经确认的不合格品率已超过品质允收标准（AQL）时，品管部填发《产品返工/返修通知》，要求生产部及时返工，返工过程的品质控制由现场QC负责。返工完成后，生产部须通知品管到现场重检，直到合格为止，并在外箱逐一盖“QA PASSED”印章。

（4）报废：严重不合格产品应及时填写《报废申请单》申请报废。对批准后的报废品，由货仓部运到废品区进行处理。

9. 进行验货记录

（1）品管员在完成所有验货后，及时填写《成品出货检验报告》交品管主管签批，并将此期间产生的所有表单一起交品管部存档，品管员只保留“品管工作日志”。

（2）如有客户 QC 验货时，由品管部派人陪同，验货程序同品管员验货一样，但要使用客户 QC 验货记录单。验货完成后，由陪同的品管员将客户 QC 验货记录单一式二份交品管主管签名，一份由品管部自行保存，另一份交客户 QC。

总之，企业要保证送到客户手中的是品质合格的产品，除了对生产过程进行检验外，还要在成品出货前进行检验，实施出厂前最后的品质控制。

四、长期在库品管理方式

（一）库存成本

在实际生产中，物料在搬运的过程中，被运输构成了在途库存。一方面，在途库存对于各工序分散在不同地方的生产/服务过程是必要的，所以企业往往都会存在数量不等的投入品、在制品和产成品库存。

另一方面，库存的持有需付出相当的代价，在多样少量程度越高或产品/技术更新越快的产业中，库存造成的危害越大。假设一家公司拥有大量的在制品和产成品库存，当市场需求变化时，公司将拆毁所有目前的在制品以取得原材料，并以低于市场的价格清理过时的产成品库存，而这些做法都将造成时间与经济上的损失。

库存管理一直是一个鱼和熊掌的辩证问题。一方面，库存占用资金，易导致存货过时、损坏、仓储成本增高；另一方面，能有效缓解供需矛盾，使流通均匀地进行，避免因缺货而丧失销货的机会。在 20 世纪 50 年代，全球资金成本相对较低的条件下，企业以超额存货来缓冲物料，包括采购、制造与配送的不确定性与差异。但近年因经营环境改变，企业不得不在各项浪费上进行改善，以谋求生存。库存管理要求管理层不断改善经营管理的水平，为实现较低的库存，甚至是零库存而努力。管理者面对现实管理的能力与生产实现的稳定，使库存维持在一个安全的水平，保证流通顺畅。

库存虽具有一定的价值，但必须付出相应的代价，以财务的角度进行库存成本的评价可以发现库存的代价可能不低。库存的主要成本：如果库存是外购的材料或商品，则库存的成本主要是订货成本、库存持有成本和缺货成本；如果库存是自制的材料或商品，则库存的成本主要是生产准备成本、库存持有成本和缺货成本。

1. 订货成本

订货成本是指从发出采购订单到收到存货整个过程中所付出的成本，例如：订单处理成本（办公室成本、文件处理成本）、运输费、保险费、装卸费等。

2. 生产准备成本

生产准备成本是指使生产某种特定产品或部件的设备和设施达到可以使用状态而发生的各种准备成本，例如：闲置的生产工人工资、生产设备的闲置成本和生产试运行成本（包括人工成本、材料成本和间接费用）等。

3. 库存持有成本

库存持有成本主要包括两个部分：实际持有库存的成本和所占资金的机会成本。

（1）实际持有库存成本。

实际持有库存成本包括所有的运作成本（存储的保险、安全、仓库租金、照明、供热和制冷）和在售出库存前发生的成本（损坏、过时、失窃或必要的返工）。单位时间（一般为一年）的物理持有成本，通常用购买（或生产）一个单元的可变成本 C 和一个系数 h 来表示，h 一般根据历史数据由组织核实约定。通过上述可变成本与系数，可以表示持有一个库存单位的实际持有库存成本是 hC。

（2）库存所占资金的机会成本。

库存所占资金的机会成本是指因投资在库存而不是其他项目上而放弃的资金回报。在资产负债表上，库存作为一种资产列示，是一种被期望有未来价值的经济资源。公司可以清算而将其资金投资在其他项目中去实现其价值。具体地说，越早售出库存，趁早形成应收账款，就越早转化成现金。持有一个流程单元的机会成本通常用 rC 表示，在这里，r 是公司的报酬率（用资本的年报酬百分率计量），C 是获取库存流和单元的可变成本。因此，作为对一个时间单位（如 1 年）内所持有库存成本的计量，单位库存持有的成本可以用下式计算：H = （h + r） C。

4. 缺货成本

缺货成本是指由于库存数量不能满足客户需求而发生的损失，例如：销售机会的减少（包括现在和未来）、应急成本（增加的运输费、加班费等）及停产的成本等。

（二）安全库存与服务水平

服务水平指组织可以提供客户需要产品的概率，以概率的方式表达。服务水平与缺货概率是一体两面的两个指标，可以用“（1—服务水平） = 缺货概率”表示两者的关系。库存与服务水平间存在正向的关系，越高的库存其服务水平越高。以下例子说明服务水平与库存的关系：

日日鲜鱼店的不缺货与保证新鲜的政策

王大伟是粥店的老板，凭借粥的好味道，早餐来店喝粥的老顾客不少。因粥不能隔天卖，在每天早餐结束时，将未售出的粥倒掉。王大伟对粥店的经营政策是：要保证粥鲜美与尽可能满足客户的需求数量，但是在成本考虑上，如果做出来的粥大于客户需求量，将蒙受倒掉的损失；如果做出来的粥小于客户需求量，又将丧失商机。因为每天不知道有多少客户来店喝粥，所以在每天清晨做粥的数量上面临相当大的决策问题。

为了解决此问题，王大伟收集了 52 天的销售数据，如表 10 – 3 所示。上方需求杯数是每日卖出杯数，下方的天数表示在 52 天内对应卖出杯数的天数，如卖出 600 杯有 5 天。

表 10 – 3　52 天的销售数据

杯数	300	400	500	600	700	800	900	1000	1100	1200	1300	1400	1500
天数	1	3	2	5	1	6	7	6	8	5	4	1	3

根据表 10－3，王大伟制作了客户需求概率表，如表 10－4 所示。

表 10－4　客户需求概率表

杯数	300	400	500	600	700	800	900	1000	1100	1200	1300	1400	1500
天数	1	3	2	5	1	6	7	6	8	5	4	1	3
概率 f（r）	0.02	0.06	0.04	0.10	0.02	0.12	0.14	0.10	0.14	0.10	0.08	0.02	0.06
累计概率 F（r）（R≤r）	0.02	0.08	0.12	0.22	0.24	0.36	0.50	0.60	0.74	0.84	0.92	0.94	1.00

若粥店希望服务水平大于 0.85，即缺货概率小于 0.15，由需求概率表可以看出，F（1300）＝0.92，F（1200）＝0.84，所以使 F（R）≥0.85 的最小数量为 1300 杯。若粥店希望服务水平大于 0.95，即缺货概率小于 0.05，由需求概率表可以看出 F（1500）＝1，F（1400）＝0.94，所以使 F（R）≥0.95 的最小数量为 1500 杯。

第二节　客户投诉与退货管理

一、处理客诉的管理技巧

客户关系的管理已经成为现代企业保持和提高市场份额，赢得竞争优势的重要手段。而客户投诉的处理，则是客户关系管理中的重要内容。处理好客户投诉，是增强客户信任、促进再次购买和实现良好人际传播效应的有效途径，也是提升企业美誉度的最佳机会。

中国有句古话叫：“不打不相识。”一见钟情式的爱情不会永远牢固。只有经过反复，经过烈火的历练，关系才可能得到升华。我们不要怕客户投诉，就像冲突管理已经成为一种重要的管理技巧一样，一定问题的发生可能会成为我们与客户增进关系的重要手段，从而促进企业美誉度在人际传播方面的良好效果。

需要注意的是，客户投诉的处理是从售前就已经开始了的。也就是说，很多客户问题是可以避免的。这包括业务人员要增加对产品的了解，提醒客户产品使用的注意事项，以最易于理解的方式向客户提供使用及保养说明书等。

一旦发生客户投诉，一定要把它看成是与客户交流的好机会。对投诉的处理一定要及时，及时让客户感到自己的问题得到了重视。及时到达问题现场和及时给予回复，是解决客户投诉的第一步工作，也是能否成功解决客户投诉的关键。这个过程给客户的信号是：我的投诉得到了重视。切忌不要以为拖会解决问题，拖的结果只有两种：一种是激起客户的暴怒；另一种结果是客户流失，是对企业最大的损失。事实上，大多数客户购买了产品，说明他们对我们是信任的，大多数人也能够理解企业发生的一定的错误。只有及时到达客户的身边，你才有可能发现最佳的处理结果。

步骤一：听对方抱怨。

首先不可以和客户争论，以诚心诚意的态度来倾听客户的抱怨。当然，不只是用耳朵听，为了处理上的方便，在听的时候别忘了一定要记录下来。依情况而定，变更“人、地、时”的方法可使抱怨者恢复冷静，也不会使抱怨扩大，这种方法称为“三变法”。

首先，变更应对的人。必要时请出主管、经理或其他领导，无论如何要让对方看出你的诚意。

其次，变更场所。尤其对于感情用事的客户而言，变更场所能让客户恢复冷静。

最后，应注意不要马上回答，要以“时间”换取冲突冷却的机会。你可告诉他：“我回去后好好地把原因和内容调查清楚，一定会以负责的态度处理的。”这种方法是要获得一定的冷却期，尤其是客户抱怨的是难题时，应尽量利用这种方法。

步骤二：分析原因。

聆听客户的抱怨后，必须冷静地分析事情发生的原因与重点。经验不丰富的销售人员往往贸然断定原因，甚至说些不必要的话而使事情更严重。

销售过程中所发生的拒绝和反驳的原因是千差万别的，而抱怨的原因也是同理的，必须加以分析。其原因如下：

（1）销售人员的说明不够、没履行约定、态度不诚实等原因所引起的，尤其是不履行约定和态度不诚实所引起的投诉，很容易扭曲公司形象，使公司受到连累。

（2）由于客户本身的疏忽和误解所引发的。

（3）由于商品本身的缺点和设备不良所引起的。这种情形虽然责任不在销售人员，但也不能因此避而不见。

步骤三：找出解决方案。

客户的投诉内容不外乎“刚买不久就这么差”或“仔细一看发现有伤痕”等。这时，你要先冷静地判断这件事自己可处理吗，或者必须由公司斡旋才能解决。如果是自己职权之外才能处理的，应马上转移到其他部门处理。此时，销售人员仍然必须负起责任，直到有关部门接手处理。

步骤四：把解决方案传达给客户。

解决方案应马上让客户知道，当然在他理解前需费番工夫加以说明和说服。

步骤五：处理。

客户同意解决方式后应尽快处理。处理得太慢，不仅没效果，有时会使问题恶化。

步骤六：检讨结果。

为了避免同样的事情再度发生，必须分析原因、检讨处理结果、吸取教训，使未来同性质的客户投诉减至最少。

步骤七：跟踪结果。

问题解决后的一定时间内对客户进行回访，了解问题产品的使用情况，这又是一个以巧取胜的措施。不要小看电话回访的作用，它可以使客户对企业的信任成倍增长，从而形成再次购买或正向人际传播，化抱怨为满意。

有关研究报告表示，一次负面的事件需要十二次正面的事件才能弥补（全天下的男士早就熟谙此道，所以他们送玫瑰都是送整打的）。“当场承认自己的错误需要相当的勇气和品性；给人一个好感胜过一千个理由。”即使是因客户本身错误而发生的不满，在开始时一定要向他道歉，就算自己有理由也不可立即反驳，否则只会增加更多的麻烦。这是在应对客户投诉时的一个重要法则。但是，一味地赔罪也是不当的，一副低声下气的样子反而会让客户误以为你承认错误罢了。最好在处理时边道歉，边用应对法使对方理解。

总之，我们应把客户投诉的处理看成是加深与客户间的关系的难得机会，遇到问题后得到圆满解决的客户，其忠诚度要比合同执行中一帆风顺的客户忠诚度高得多。客户信任是最宝贵的资源，赢的客户将无往不胜。

二、客退品的处理方式

对于客退品的处理方式，我们可以借鉴如下案例。

××公司退货管理规定

第一条　运输联络

物料管理科接到业务部门送达的“成品退货单”，应先审查有无注明依据及处理说明。若没有，应将“成品退货单”退回业务部门补充；若有，则依“成品退货单”上的客户名称及承运地址联络承运商运回。

第二条　退货品的验收

1. 退货品运回工厂后，仓运科应会同有关人员确认退回的成品异常原因是否正确。若确属事实，应将实退数量填注于“成品退货单”上，并经点收人员、质量管理人员签章后，第一联存于会计，第二联送收货部门存留，第三联由承运人退回依此申请费用，第四联送业务部门向客户取回原发票或销货证明书。

2. 物料管理科收到尚无“成品退货单”的退货品时，应立即联络业务部门主管确认无误后先暂予保管，等收到“成品退货单”后再依前款规定办理。

第三条　退货品的处理

退货品的处理方式确需重处理者，物料管理科应督促处理部门领回处理。

第四条　退货的更正

1. 若退回成品与“退货单”记载的退货品不符，物料管理科应暂予保管（不入库）。同时“成品退货单”填注实收情况后，第三联由运输公司带回依此申请运费，第二联送回业务部门处理，第一联暂存仓运科依此督促。

2. 业务部门查验退货品确属无误时，应依实退情况收下“退货单”，送物料管理科办理销案。

3. 如退货品系属误退时，业务部门应于原开“退货单”第四联注明“退货品不符”后，送回物料管理科据以办理退回客户，将其交运作业按有关的规定办理，并在“成品交运单”注明“退换货不入账”，本项退回的运费应由客户承担。

三、客户投诉管理清单的建立

为了对客诉问题解决时效及过程进行管理和追踪，待日后参考，我们可以订制一份《客诉处理清单及跟踪表》，具体可参照表 10－5。

表 10－5　客诉处理清单及跟踪表

月份：　　　　　　　日期：　年　月　日

序号	客户名称	投诉日期	投诉类型	产品名称	客诉详细内容	发生次数	处理结果	反馈要求	实际回复日	责任部门	改善结果	备注

备注：1. 表中发生次数是依本月内为单位，■代表初次发生、●代表初次再发生、▲代表第三次发生。

2. 投诉类型分为：A. 重大投诉（书面正式投诉、产生索赔等）；B. 轻微投诉（电话、邮件等）。

编制：　　　　　　　　　　　　审核：　　　　　　　　　　批准：

第三节　监视与测量设备管理

一、测量设备台账的建立

首先，我们需要对设备建立一个台账，便于日后的查询和管理，如表 10－6 所示。

表 10－6　计量设备台账

计量设备台账														
文件编号														
序号	名称	规格型号	精度	制造厂	出厂编号	本单位管理号	周期	使用部门	管理类别	始用日期	报废日期	启封日期	检定单位	检定日期
1														
2														
3														
4														
5														
6														
7														
8														
9														
10														
11														
12														
13														

其次，有些企业的测量设备很多，为了方便对其进行管理，突出重点并兼顾一般，应对测量设备进行分级管理。测量设备的分级管理主要包括以下内容，如表 10－7 所示。

表 10－7　测量设备的分级管理

A 类	管理范围	①企业最高标准器 ②经政府部门认证授权的社会公用计量标准器 ③强制检定测量设备，包括用于安全、环保、贸易结算、医卫的测量设备 ④统一量值的标准器具
	管理方法	①凡列入 A 级管理的测量设备应按国家规定要求向政府计量部门申请检定 ②暂无检定规程的测量设备，应按照国家有关规定自行制定检验或对比方法，并报当地计量行政主管部门备案 ③强制检定测量设备应设专职或兼职人员进行管理，保证严格按规程实施周期检定并监督检查使用情况 ④使用标准物质的单位，应严格加以保管和进行操作

续表

B类	管理范围	①用于量值传递工作的标准测量设备 ②用于生产过程中带有控制回路和较重要检测参数的测量设备 ③用于企业内部经济核算 ④用于产品质量检验中的主要测量设备 ⑤用于安装在生产线或设备上，计量数据准确度要求高且非停产不能拆卸的测量设备
	管理方法	①对于连续运转装置上拆卸不便的测量设备，根据有关检定规程，可随设备检修周期同步安排检定周期，但在日常运转中必须严格监督检查 ②对准确度要求较高，但性能稳定、使用不频繁的测量设备，检定周期可适当延长；对使用频率高和需确保精度的测量设备，应酌情缩短检定周期 ③通用测量设备专用时，按其实际使用需要，可适当减少检定项目或只做部分项目检定，但检定证书应注明准许使用范围和使用地点，并在测量设备上标贴限用标志
C类	管理范围	①用于生产过程中关键部位，但无准确度要求，仅起指示作用的测量设备 ②对测量设备准确度要求不高、使用频率低、性能稳定的测量设备 ③使用环境恶劣、寿命短、低值易耗、无严格准确度要求的及自制专用的测量设备 ④生产工艺过程检测中，非关键项目的低值易耗的测量设备 ⑤作为工具使用的测量设备
	管理方法	①对一些准确度无严格要求，性能不易改变的低值易耗，或作为工具使用的测量设备，可实行一次性检定 ②非生产关键部位起指示作用，使用频率低、性能稳定、耐用及连续运转设备上固定安装的测量设备，可实行有效期管理或延长检定周期，一般控制在2～4个周期内 ③暂无检定规程的测量设备，按A级测量设备管理要求执行 ④用于生产福利方面的测量设备，严禁流入生产或其他领域使用 ⑤对于列入C级管理的其余测量设备，应根据计量类别和使用情况进行监督性管理

二、测量设备校准/检定周期计划的制定

测量设备是检测产品、物料工具，其精度直接影响品质的高低，因此，应对测量设备按要求进行校准。校准的方式有以下几种：

（一）定期校准

定期校准是指按标准规定对使用中的测量设备进行定期的校准，并按强制检定和非强制校准加以区别管理。属于强制检定的工作测量设备，应定期由国家授权的计量检定机构进行周期检定。属于非强制校准的测量设备，企业也要按校准周期自行校准或送国家授权的计量检定机构进行校准。

（二）进厂校准

测量设备在进厂前，要经过运输、装卸，在这段时间里，存在着测量设备变成不合格的可能。所以新进的测量设备在入库前，必须进行入库验收、校准，经验收校准合格，方可入库。验收校准不合格的一律不准入库，退回厂家处理。购进的测量设备凡没有制造许可证标志的，不能认为是合格品。要防止不合格的测量设备流入企业。

（三）发放校准

仓库存放的测量设备，在发放时，企业计量部门对每件测量设备进行建账登记、编号、立卡，确定校准周期后发放使用。同时，要对外观进行检查，已超过校准有效期的，应进行全面校准。如果测量设备库存时间长了，有可能使原来合格的测量设备变成不合格，所以一定要经过校准合格，才准发放使用。

（四）巡回校准

对重点产品，关键工艺、高精度设备和生产流水线上使用的测量设备要加强管理，应定时到车间、生产现场进行巡回校准。巡回校准可以根据生产实际情况需要，对部分项目选择进行校准。

（五）在用测量设备抽校

在用测量设备抽校，是指对现场或在线测量设备的要求值和主要计量性能随机抽取样品进行的校准，抽样的样品数量要足以代表全部在现场使用或在线测量设备的示值和主要计量性能的合格情况。

检验仪器、定期计划表如表 10－8 所示。

表 10－8　检验仪器、定期计划表

检验仪器、定期计划表																	
文件编号																	
序号	名称	编号	周期	实施月份												实施重点	备注
				1	2	3	4	5	6	7	8	9	10	11	12		
1																	
2																	
3																	
4																	
5																	
6																	
7																	
8																	
9																	
10																	
11																	
12																	
13																	
14																	
15																	

三、测量设备内/外部校准检定的实施

为保证计量量值的准确统一，所有在用计量器具必须按规定周期进行检定。在实施计量器具周检时要做好以下工作：

（一）制作计量器具的周检日程表

（1）计量器具周检日程表为周期检定工作的依据，是对周检工作的具

体安排。

（2）公司计量器具的周检日程表、年度周检计划和月份周检计划由计控处管理组负责组织编制并编报公司计划部门。

（3）周检日程表编制每台计量器具的周检期和具体检定时间，作为年度、月份周检计划的依据。具体内容：序号、计量器具名称、使用单位、地点、公司编号、范围、精度、检定周期和检定时间。

（二）报出下年度周检计划

每年 10 月末计控处管理组向计划部门报出下一年度周检计划。具体内容包括：计量标准器具年度周检数、月份周检数；工作计量器具年度周检数、月份周检数；自检总数和送检总数。周检计划应分类、分项进行编报。

（三）报出下月周检计划

每月 17 日计控处管理组向计划部门报出下月计量器具周检计划、月份周检计划以各单位计量器具分类的周期检定数编制。具体内容包括使用单位、计量器具名称、周检数量和周检地点。

（四）开具检定通知单

各单位计量器具的检定以计量器具检定通知单为准，通知单由计控处每月 25 日送各受检单位。通知单以月份周检计划为依据，保证月、周检计划实施。各单位接到检定通知单必须按送检时间送到指定地点。

（五）实施周检

周期检定的具体工作由各检定室执行，按国家检定规程（JJG）、检定规范（JJF）进行检定。各检定室必须如数完成周检任务，并把每月完成情况汇总上报。周检后的计量器具由各检定室贴上标志和填写检定书。

公司内不能检定的计量器具必须按时送到上级检定部门进行检定，此项工作由计控处管理部门联系，组织送检。

计控处管理组负责统计计量标准器具和工作计量器具每月周检计划完

成情况，于下月 5 日报计划处。

（六）严禁使用不合格计量器具

严禁使用检定不合格或未经检定（包括超出周期）的计量器具，擅自用者责任自负。

总之，实施计量器具周检可以经常了解计量器具的使用状况，及时调整计量器具的精度，保证测量的准确性。

四、测量设备的档案管理

计量器具从进厂一直到报废，每一个环节都要严格控制。应对计量器具的采购、贮存、发放使用、检定或校准、修理和报废等流转实行由职能部门（如品管部计量组）负责的统一管理。进行计量器具流转管理时要掌握以下内容：

（一）配置计量器具

（1）配置器具的原则：拟选用的计量器具的性能、型号及精度应与被测物体的属性和被测参数的量值范围、检测精度、安全可靠等方面的要求相适应。

（2）凡新增的计量器具，由使用单位提出并填写新增计量器具申请书，经计控处审核批准后方可配置。

（3）对计量标准器具、能源计量器具的选型和配备，要经计控处审核、批准、备案。

（4）技术改造、更新、试验研究项目计量器具的选型和配备，由开发部负责设计，计控处参加审核。

（5）根据已批准购置的申请书或设计图提供的计量器具清单，验证后，由计控处流转员安排计划采购。

（6）配制计划，原则上每年安排一次。急需时，经有关部门同意，计控处加急办理，但履行手续必须齐全。

（7）购置计量器具时，一定要掌握库存情况，充分利用一切可利用的条件，避免重复购置，造成积压浪费。

（二）采购计量器具

（1）计量器具流转员要根据库存情况核实后编制采购计划，经处长批准后，安排采购员采购。采购计划一式三份，流转员一份，采购员一份，保管员一份。

（2）计量器具费用在所属工程费用中支付。经主管领导批准的零购可从专项资金中支付，资金落实后再进行采购。

（3）凡采购的计量器具保证质量、符合技术要求，具有有效期的检定书、合格证及说明书等资料。

（三）计量器具的入库、出库

（1）计量器具入库前由流转员、采购员、保管员一起进行开箱检查：器具外观无损伤、有 MC 标志、合格证、说明书齐全等，方可办理入库手续。

（2）入库验收发现质量缺陷，有明显损伤或规格型号不符时，由采购员向发货单位反映，并通知财务处拒绝付款，如已付款可向供方索赔。

（3）入库验收发现计划外多购，无批准手续时，保管员有权拒绝入库。

（4）计量器具的领用、发入手续，属固定资产的办理转移手续，属材料类的按一般材料办理。计划员严格按计划审批，保管员按批准的领料发放出库。

（5）计量器具领出后送计控处安排出库检定，然后由领用单位计量员负责寻卡；属固定资产的仪表，同设备转入固定资产账。

（四）安装使用计量器具

（1）凡属安装配置在仪表盘和设备装置上的计量器具，须计控处同意送有关检定室检定，取得合格证后，才能就位安装、投入使用。

（2）配套计量器具，由安装单位进行现场联动调样，装置试车前调试结果记入档案，作为开车验收的凭证。

（3）计量器具正式使用前，应参照《计量器具安装管理标准》执行，履行交接验收手续。

（五）借用与封存计量器具

（1）公司最高标准计量器具，只允许专人操作使用，不得借用；工作标准器具借用需经计控处批准，但不得借出公司以外。

（2）一般计量器具可在基层单位登记借用，在规定期限内交还。借还时双方详细检查，互相认可。

（3）凡停用一年以上的计量器具，参照《计量器具封存、启用、转移管理标准》执行。

> 正确、合理地使用计量器具应做到以下三点：
>
> - 要经常教育员工爱护计量器具，提高员工对保持计量器具质量的重要性的认识，做到精心维护和正确使用。
> - 要不断提高员工的技术水平，帮助员工熟悉和掌握计量器具的性能、结构、维护保养技术及使用计量器具的技能。
> - 要正确测定和严格贯彻执行有关计量器具使用和维护方面的规定和制度。

总之，计量器具是品质管理的重要工具，对于产品品质的提高起着重要作用，因此企业要对计量器具的各个流转环节进行控制和管理。

第四节　不合格品管理

不合格品是每个企业都不愿见到，却难以避免的。当企业通过检验发现不合格品后要进行正确的标识，并将标识后的不合格品按规定进行隔离，防止工作人员误将不合格品重新送入生产线，造成产品品质缺陷。不合格品并非全无用处，需要经过有关部门评审后做出处置。工作人员要做好不合格品记录，为制定防范和纠正措施提供依据。

一、如何分析不合格品产生的原因

不合格品产生的原因主要集中在产品设计、工序管制状态、生产物料采购等环节。错误的操作方法、不良物料及错误的设计都可导致不合格品产生。具体说来，不合格品的产生与以下方面有关：

（一）产品开发与设计方面

（1）产品设计的制作方法不明确。

（2）图样、图纸绘制不清晰，标注不准确。

（3）产品设计尺寸与生产用零配件装配公差不一致。

（4）废弃图样的管制不力，造成生产中误用废旧图纸。

（二）机器与设备管理方面

（1）机器安装与设计不当。

（2）机器设备长时间无校验。

（3）刀具、模具、工具品质不良。

（4）量具或检测设备精确度不够。

（5）温度、湿度及其他环境条件对设备的影响。

（6）设备加工能力不足。

（7）机器、设备的维修、保养不当。

（三）材料与配件控制方面

（1）使用未经检验的材料或配件。

（2）错误地使用材料或配件。

（3）材料、配件的品质变异。

（4）使用让步接受的材料或配件。

（5）使用替代材料，而事先无精确验证。

（四）生产作业控制方面

（1）片面追求产量，而忽视质量。

（2）操作员未经培训上岗。

（3）未制定生产作业指导书。

（4）对生产工序的控制不力。

（5）员工缺乏自主品质管理意识。

（五）品质检验与控制方面

（1）未制定产品质量计划。

（2）试验设备超过校准期限。

（3）品质规程、方法、应对措施不完善。

（4）没有形成有效的质量控制体系。

（5）高层管理者的品质意识不够。

（6）品质标准的不准确或不完善。

不合格品是企业不愿看到的，但又是很难避免的，因此企业要从不同的方面分析不合格品产生的原因，找出主要影响原因后才可以实施改进措施。

二、如何标识不合格品

为了避免不合格品在生产过程中被误用，工厂所有的外购货品、在制品、半成品、成品及待处理的不合格品均应有品质识别标识。

（一）选择标识物

1. 标识牌

（1）由木板或金属片做成的小方牌，按货品属性或处理类型将相应的标识牌悬挂在货物的外包装上。

（2）根据企业标识的需求，可分为“待检”牌、“暂收”牌、“合格”牌、“不合格”牌、“待处理”牌、“冻结”牌、“退货”牌、“重检”牌、

“返工”牌、“返修”牌、“报废”牌等。标识牌主要适用于大型货物或成批产品的标识。

2. 标签或卡片

该标识物一般为一张标签纸或卡片，通常称为“箱头纸”。使用时，将货物判别类型标注在上面，并注明货物品名、规格、颜色、材质、来源、工单编号、日期、数量等内容。在标识品质状态时，QC员按物品的品质检验结果在标签或卡片的“品质”栏盖相应的QC标识印章。

3. 色标

色标的形状一般为一张矩形的有色粘贴纸。它可直接贴在货物表面规定的位置，也可贴在产品的外包装或标签纸上。色标的颜色一般分为绿色、黄色、红色三种，其中：

（1）绿色：代表受检产品合格，一般贴在货物表面的右下角易于看见的地方。

（2）黄色：代表受检产品品质暂时无法确定，一般贴在货品表面的右上角易于看见的地方。

（3）红色：代表受检产品不合格，一般贴在货物表面的左上角易于看见的地方。

标识可分为量具、刀具、工具、检验器材、生产设备的校验结果的标注；大型产品品质的标识；全检产品品质的标识；模具状态的标识；大型型材等特殊性货物品质的标识。

（二）应用标识物

1. 标识进料不合格品

品管部IQC检验时，若发现来料中存在不合格，且数量已达到或超过工厂来料品质允收标准时，则IQC验货人员即时在该批（箱或件）货物的外包装上挂“待处理”标牌。报请部门主管或经理裁定处理，并按最终审批意见改挂相应的标识牌，如暂收、挑选、退货等。

2. 标识制程中不合格品

在生产现场的每台机器旁边，每条装配拉台、包装线或每个工位旁边一般应设置专门的“不合格品箱”。员工自检出的或PQC在巡检中判定的不合格品，员工应主动放入“不合格品箱”中，待该箱装满时或该工单产品生产完成时，由专门员工清点数量，并在容器的外包装表面指定的位置贴上“箱头纸”或“标签”，经所在部门的QC员盖“不合格”字或“REJECT”印章后搬运到现场划定的“不合格”区域整齐摆放。

如果工厂内部对成批货品质无法确定，需要外部或客户确认时，QC可在该批货品外包装上挂“待处理”或“冻结”标牌，以示区别。此类货品应摆放在工厂或现场划定的“周转区”等待处理结果。

3. 标识仓存不合格品

QA定期对仓存物品的品质进行评定，对于其中的不合格品由仓库集中装箱或打包。QA员在货品的外包装上挂“不合格”标识牌或在箱头纸上盖“REJECT”印章。对暂时无法确定是否为不合格的物品，可在其外包装上挂“待处理”标牌，等待处理结果。

总之，对不合格品进行科学地标识，有利于企业工作人员认识、区分这些不合格品，避免使用错误，影响整体产品的品质。

三、如何隔离不合格品

不合格品应区别于其他产品、物料而被单独放置，避免被工作人员误用。企业在隔离不合格品时要做好以下工作：

（一）规划不合格品区域

（1）在各生产现场（制造/装配/包装）的每台机器或拉台的每个工位旁边，均应配有专用的不合格品箱或袋，用来收集生产中产生的不合格品。

（2）在各生产现场（制造/装配/包装）的每台机器或拉台的每个工位旁边，要专门划出一个专用区域来放置不合格品，该区域即为“不合格品暂放区”。请注意：此区域的不合格品摆放时间一般不超过8小时，即当班工时。

（3）各生产现场和楼层要规划出一定面积的“不合格品摆放区”，用来摆放从生产线上收集来的不合格品。

（4）所有的“不合格品摆放区”均要用有色油漆进行划线和文字注明。区域面积的大小视该单位产生不合格品的数量而定。

（二）放置标识

（1）QC 判定的不合格品，所在部门无异议时，由货品部门安排人员将不合格品集中打包或装箱，QC 在每个包装物的表面盖“REJECT”印章后，由现场杂工送到“不合格品摆放区”，按类型堆栈、叠码。

（2）QC 判定的不合格品，所在部门有异议时，由部门管理人员向所在部门的 QC 组长以上级别的品质管理人员进行交涉，直至品管部经理。

该批货物若不能在 2 小时内解决，由 QC 部挂“待处理”标牌；现场派杂工将货物送到 QC 指定的位置摆放。该批货物最终如何处理，由品管部向上级寻求处理意见。

（三）管制不合格品区货品

（1）不合格品区内的货物，在没有品管部的书面处理通知时，任何部门或个人不得擅自处理或动用不合格品。

（2）不合格品的处理必须有品管部监督进行：

- 报废。QC 在外箱上盖“报废”字样后，由杂工送到工厂划定的“废品区”进行处理。
- 返工。QC 在外箱上盖“返工”字样或挂“返工”标识牌，责成有关部门进行返工，具体包括返工、返修、挑选及选择性做货。
- 条件收货。QC 接收货通知，取消所有不合格标识，外箱若有不合格字样则用“绿色”色带进行覆盖。
- 其他不合格品的处理规定，均由品管部按处理通知协助相关部门进行妥善处理。

总之，隔离不合格品可以使企业工作人员都能清楚地区分不合格品，避免因错用不合格品而造成产品品质低下，影响企业的生产。

四、如何评审不合格品

企业生产过程中出现不合格品是很难避免的。生产各部门发现存在不合格品应向上级主管部门提出申请，并由负责部门进行评审。不合格品的评审可以按以下步骤进行：

（一）提出不合格品处置申请

存在不合格品的部门，必须于当天就不合格品的处理提出申请，并注明不合格品产生的原因后，交品管部复查与评审。

（二）核查申请

品管按不合格品隔离管制表，核查申请处理的品别、数量是否齐全；原因是否正确。如有误，则退回申请部门修正；如无误，则安排 QC 组和以下级别人员到场初评。

（三）复审及判定

初审结束后，初审员填写不合格评审报告，交 QC 主管复审及判定。

（四）终审及判定

QC 主管按物品不合格程度、初审员初评判定意见和申请部门的处理建议，综合分析后，决定最终评审方式及判定结果。

1. 符合性评审（QC 评审）

如相关部门对初审判定结果无异议，则由 QC 主管签批不合格品处置方式，并按此方式进行不合格品的处理行动。

2. 分级处理

（1）如相关部门对初审判定结论有异议，则由 QC 主管召集相关部门开会讨论。就不合格品处理方式的讨论可包括以下方面：

①可否实行偏差接受。

②可否进行挑选。

③可否进行返工、返修或其他返工处理。

④可否转为暂存。

⑤退货或报废。

⑥整体分解后，合格部件可否做辅料用。

（2）相关部门负责人就讨论意见，在不合格品评审报告相应栏签名证实。

（3）QC 主管将各部门签名后的不合格品评审报告交总经理审批。

（五）安排处理

QC 部按最终批准意见，安排不合格品的处理行动，并对处理过程进行跟踪监督与记录。

1. 返工

QC 部将批准返工的不合格品评审报告交相关部门进行返工。QC 跟踪返工过程，记录返工工时交 QC 部处理。

2. 挑选

QC 部按批准挑选的意见，与包装部协商借调人力进行挑选。QC 跟踪挑选过程中，随时提供挑选指导并记录挑选工时交 QC 部处理。

3. 条件收货

QC 部按批准意见，通知相关部门收货。

（六）重新验证

所有特采完工后的产品均需 QC 部进行再验证。对于允收品，由 QC 部填写入仓单通知仓库收货；不合格品则由 QC 部填写报废单或退货单申请退货或报废。

（七）QC 部对允收入库的允收品进行分类标识

（1）返工后允收品及挑选后允收品，在每个外箱上盖“特采”字样，以示区别。

（2）条件收货的允许品，也盖“特采”字样。

（3）暂收品在其外箱上盖“暂收”字样。

总之，不合格品是每个企业都会遇到的，发现不合格品后要向上级主管提出申请，由 QC 部门进行评审，将有使用价值的不合格品重新利用，避免浪费。

五、如何处置不合格品

不合格品经过评审后则要对其进行处理，不同的不合格品的处理方法是不同的。在处理不合格品时可采用以下方式：

（一）条件收货

不合格品经局部修整后，可接受或直接使用，且不会影响产品的最终性能时，在品质上可视为允收品。对此类的接受，也称为“让步接受”或“偏差接受”。当该批来货被特许进厂后，IQC 应在该批来货上做“特采”标记，并将验货信息传递给生产部门和该部门的 PQC，以备相关部门做出应对行动。

（二）选用

对于来货基本合格，但其中存在一定数量的不合格品时，在入库前或使用前，由工厂安排人力将不合格品剔除掉，然后再将来货入库或投入生产的过程，称为“来货选用”。如果该批来货未经挑选，即投入生产中使用，由使用部门边挑选边做货，则称为“挑选性收货”。

（三）返工和返修

返工、返修是指对不合格品的重新加工和修理，使产品品质达到规定要求。QC 部在对返工、返修作业进行管制时，主要控制以下几方面工作：

（1）掌握好品质允许标准，并向返工与返修人员阐明品质要求与要点。

（2）在制品品质检验与试验的方法。

（3）记录返工品的品名规格、数量。

（4）对返工品进行重检。

（四）退货

因来货品质不合格，经 QC 鉴定后，将来货退回发货部门的行为。不论被退的货物是自制还是外购进厂，QC 在做出退货决定前，都应做如下考虑：

（1）来货可否按其他方式接受，如挑选、返修。

（2）所退的货物是否为组成的产品的重要部分，若被使用，对产品的最终品质是否造成严重影响。

（3）若退货，是否造成生产线的停工待料。

（4）如若来货被强行使用会造成重大品质隐患，则一定要退货。

（五）报废

QC 部在做出物料报废前，应做如下考虑：

（1）若进行报废，是否造成较大经济损失。

（2）是整体报废还是部分报废，产品的组件可否拆下来转作其他产品用。

（3）批量进行报废时，应注意报废批中，是否能检出部门允收品。

总之，由于物料的报废，将直接造成工厂的经济损失，所以品管部在收到物料的报废申请时必须认真核对，并指派 QC 主管或主管助理级的品质管理人员亲临现场核查。在确定所申请的物料确实无法进行再利用时，方可签署报废申请。

六、如何记录不合格品

对不合格品应该对其产生一直到处理完成为止的整个过程进行记录，清楚地表明不合格品的产生原因、评审、处理和改善后效果等内容，以便分析和改进。进行不合格品记录时要掌握以下内容：

（一）选择不合格品记录方式

进行不合格品记录的表格类型有：

（1）品质检验记录表格，如《IQC 来货检验报告》《PQC 巡检表》《产品检验单》等。

（2）品质评审与处置记录，如《IQC 退货报告》《品质鉴定单》《不合格品报告》《特采申请/报告》《物料/产品报废申请表》等。

（3）品质改善报告，如《品质纠正与预防措施》。

（4）各类品质分析报表，如《生产部____月份品质状况分析报告》。

（二）确定不合格品质的记录内容

对不合格品的记录是为了方便以后的品质追溯，以及为工厂品质改善提供原始资料。所以，对不合格品的记录应包括以下内容：

（1）不合格品的名称、规格、颜色、编号。

（2）不合格品产生的订（工）单号、生产日期、部门。

（3）不合格品数量占总产量比率。

（4）不合格品的缺陷描述。

（5）相关部门对不合格品的评审结论。

（6）不合格品的处置意见和实施结果的详细情况。

（7）针对不合格现象的纠正与预防措施及实施效果。

总之，对不合格品的产生到处理的全过程进行记录，既是规范品质管理的要求，又可以为企业提供完整的资料，为企业分析和改善产品品质提供保证。

七、如何执行不合格品的预防与纠正措施

不合格品的出现存在多种原因，生产过程的各个环节出现偏差都会导致不合格品，因此企业需要制定不合格品的预防和纠正措施。

（一）执行不合格品的预防措施

（1）制定不合格品控制办法。规定不合格品的标识、隔离、评审、处理和记录办法，并对员工进行培训。

（2）明确各部门、岗位的作业规范。

（3）明确部门之间、岗位之间、上下工序之间的接口。

（4）制定企业品质标准。

（5）制定检验部门职责及作业规范。

（6）制定不合格品的隔离管制办法。

（7）明确划分不合格品评审的责任与权限。

（8）加强对不合格现象的统计分析，防止不合格现象的重复产生。

（二）执行不合格品的纠正措施

采取纠正措施，不能仅局限于发生了不合格品才去查找原因的“事后”处理办法，应重视“生产中可能出现不合格品”的“事前预防”措施，将不合格品控制在生产过程中。对产生不合格品的现象，企业应本着发现问题、分析原因、改进缺陷的顺序，完成对不合格品的管制循环，形成管理的“计划、实施、检查、纠正（PDCA）循环”。

按照“原因要查出；责任要分清；纠正措施要落实”的原则进行，为保证预防、纠正措施的正确性、有效性，企业应制定一套完整的“不合格品预防、纠正措施管理办法”来指导对不合格现象的纠正与预防，并纳入文件管理。

第五节　质量记录管理

一、建立和保持记录

在 ISO9001 体系 4.2.1 中已列出了标准要求建立和保持的 22 种记录，这些记录是证实质量管理体系符合标准要求并有效运行的必要证据。对这些记录应实施规范化管理，务必保证标准要求的记录齐全，特别是关键记录齐全。为此，对每种记录应设计适当的表式和栏目，确保所提供的信息是充分的。同时，还应保证记录的真实和有效。

在审核中经常发现一些企业在运行时并未留下当时的记录，会有三种情况：

（1）记录是写“回忆录”，运行时不及时填写，等到做完后一口气写完。

（2）记录写“预测”，产品还没开始做，记录就全部写好。

（3）根本就不填写记录，在审核前为了应付检查而补记录。

因为这三种情况填写的记录是不真实的、非增值的，故补记录的做法是一种“自欺欺人”的行为。它不仅付出了无谓的劳动，还在组织内形成弄虚作假的风气，必将损害质量管理体系。事实上，发现体系运行中的问题是好事，只要从发现之时认真改正就可以符合标准要求。

二、记录应清晰，易识别和检索

记录要真实、准确、清晰和易于辩认。记录应保持清晰，是指内容齐全、字迹清楚。凡栏目空白，填写错误，涂改，签名不全，未填定年、月、日或字迹不清的不符合要求。记录不能随意涂改，即使有笔误需要更改时，也只能是划改并加盖责任者的印章，切勿涂改。

易识别和易检索是指记录应易于查找。应对质量记录进行适当的标识、收集、编目和归档，确保在需要时便于快速查阅。这就需要对每一个记录定分类号和流水号。分类号一般代表部门和记录类别；流水号为记录的顺序号，它可以表明记录的完善性，就像财务发票一样。由于一天之内可能有多个记录，故仅以日期作为记录的标识是不充分的，因其不具有唯一性。

三、编制记录控制程序

质量记录控制程序是标准规定的 6 个必备程序之一。记录的控制程序应确保对质量记录进行以下方面的有效控制：

（1）标识：可采用颜色（如不同用途的记录使用不同颜色的纸张）、编号（如分类号和流水号）等方式确保记录能易于识别。

（2）贮存：记录可通过适当的载体来保存，如使用纸张、磁盘、光盘或其他电子媒体。应安排适宜的贮存环境，以防止质量记录的损坏或丢失。

（3）保护：包括对记录的防护和保管要求，目的在于保持记录的完好无损。对于贮存于电子媒体中的质量记录来说，应注意电子图像的退化速率。

（4）检索：包括对收集、编目、归档、查阅的要求，以实现易于快速查找的要求。

（5）保存期限：应根据产品特点、法规要求及合同要求来确定记录的保存期限。一般可根据产品的寿命周期或"三包"期限分别确定不同记录的保存期限。

（6）处置：包括记录最终如何销毁的要求。对超过保存期限的记录，应予以定期清理，统一销毁。

第十一章

Chapter 11

质量成本管理

第一节 何谓质量成本

朱兰的《质量控制手册》中，认为质量成本是：“企业为保证和提高产品质量而支出的一切费用，以及因未达到既定质量水平造成的一切损失之和。”

一、质量成本的项目

从目前来看，我国质量成本项目的设置大体可归为四大类 20 项。为使核算范围明确，每一项质量成本项目都应有明确的定义、范围和所包含的内容。现将推荐项目的名称和内容分述如下：

（一）预防成本

预防成本是指为了保证和提高产品质量、防止故障等采取的预防措施，所多发生的费用。具体包括以下 6 项：

1. 质量工作费

企业为了保证和控制产品质量，防止质量问题，开展质量管理所发生的办公费，宣传、收集情报费用，编制质量管理手册，制定质量计划及质量标准，开展 QC 小组，进行工序能力研究，开展质量管理达标、升级、质量审核等所支付的各种费用。

2. 质量培训费

为达到质量要求，提高业务人员素质，对有关人员进行质量意识、质量管理、检测技术、操作水平等方面的培训产生的费用。

3. 质量奖励费

为改进和保证产品质量而支付的各种奖金，如 QC 小组成果奖、产品升级创优奖、质量管理的劳动竞赛奖及有关质量的合理化建议奖等。

4. 新产品评审费

指新产品设计、研制阶段对设计方案评价、试制产品的质量评审所发生的费用。

5. 质量改进措施费

包括建立质量管理和质量保证体系，提高产品及服务质量，改进产品设计，调整工艺，开展工序控制，进行技术改进的措施费用。

6. 质量管理专职人员工资及附加费

指质量管理科室和车间从事专职质量管理人员的工资及附加费（包括职工福利及工会经费）。

（二）鉴定成本

鉴定成本是指对产品和形成产品的原材料及半成品进行检测，以评价其是否满足规定的质量要求所需要的费用。具体包括以下 4 项：

1. 检验试验费

指对进厂的材料，外购、外协件、配套件、工量具，以及生产过程中的半成品、在制品及成品，按质量标准进行检测、试验及设备的维修、校正所发生的费用。

2. 工资及附加费

指专职检验人员的工资及附加费（包括职工福利及工会经费）。

3. 检验试验办公费

指为检验材料、零部件、成品所发生的办公费用、参考资料等费用。

4. 检验测试设备及房屋折旧费用

指质量检测设备、仪器及质量检测用房屋的折旧费用，还包括其大修理费用。

（三）内部损失成本

内部损失成本是指产品出厂前因未达到规定的质量要求而支付的费用。具体包括以下 5 项：

1. 废品损失

无法修复或在经济上不值得修复的在制品、半成品及成品报废而造成的净损失。

2. 返修损失

指对不合格成品、半成品及在制品进行返修所耗用的材料、人工费等。

3. 停工损失

指由于质量事故引起的停工损失。

4. 事故分析处理费

指对质量问题进行分析、处理所发生的直接损失费用。例如：判定不合格品能否使用所进行的处理工作而发生的费用，或由于抽样检查不合格品进行筛选的费用。

5. 产品降级损失

指产品因外表或局部的质量问题，达不到质量标准，又不影响主要性能而降价处理的损失。

（四）外部损失成本

外部损失成本是指产品出厂后因不满足规定的质量要求而导致的索赔、修理、更换或信誉损失支付的费用。具体包括以下 5 项：

1. 索赔费用

指根据合同规定，在产品出厂后由于质量缺陷而赔偿给用户的费用。

2. 退货损失

指产品出厂后，由于质量缺陷造成用户退货、换货而支付的损失费用。

3. 保修费

指根据合同规定或在保修期间为用户提供修理服务所发生的费用。

4. 诉讼费

指用户认为产品质量低劣，要求赔偿，提出申诉，企业为处理申诉所支付的费用。

5. 产品降价损失

指产品出厂后，因为低于规定的质量标准而进行降价处理所造成的损失。

二、质量成本与产品成本之间的关系及区别

（一）质量成本与产品成本的关系

（1）质量成本中的显见成本（即账面成本）寓于产品成本中，是产品成本的组成部分。

（2）质量成本和产品成本都是一种劳动耗费，两者不存在本质差别。

（二）质量成本与产品成本的区别

1. 构成的内容不同

质量成本是指与产品质量活动有关的活动成本，包括预防费用、检验费用和内外损失等，涉及产品研制、生产、销售和服务过程；产品成本是指与产品生产制造有关的成本，包括直接材料、直接人工和间接费用等，只涉及生产制造过程。

2. 补偿方式不同

质量成本中的隐含成本则不需计入产品成本实现补偿，它与机会成本相似；产品成本是通过计入成本，从实现的销售收入中获得补偿。核算的目的、方法不同：质量成本核算可以采用会计方法，也可以采用统计方法；而产品成本核算的目的是计算各种产品的实际成本，为企业损益计算提供依据。产品成本核算只能采用会计方法。由此可见，质量成本不能混淆用于产品成本，产品成本也不能替代质量成本，这是两个不同的概念。

基于上述认识，我们认为质量成本概念应表述为：质量成本是与产品质量活动有关的劳动耗费，是为了保证和提高产品质量的目的而支出的一

些有效费用，以及未达到目的而造成的一切损失。

第二节　为什么要建立质量成本系统

质量成本管理是企业动员与质量职能有关的部门和员工，对质量成本进行预测、计划、核算、分析、控制和考核等环节的一系列组织和活动。其目的是在质量、成本和效益三者之间寻找最佳效果，并寻求改进的机会。

质量成本管理的目的是动员企业员工，实现质量最优、成本最低，以最小的质量耗费，取得最好的企业效益和社会效益。质量成本管理是为了满足质量管理和成本管理的双重要求而形成的一种交叉管理。实现质量最优（不是最高）是质量管理的基本要求；成本最佳是在质量最优前提下的质量成本最低，实际上也是成本最优，这是成本管理的基本要求。质量成本管理要求把质量最优与成本最优统一到提高经济效益和社会效益上。

质量成本管理是一系列管理活动的总称。一切质量成本管理活动都是围绕其管理目的而展开的。这些管理活动包括事前的质量成本的预测和决策，事中的质量成本控制和事后的质量成本核算、分析和考核等一系列管理活动。

质量成本管理是质量管理与成本管理相结合而形成的交叉边缘学科，其在企业管理中的地位，既是企业质量管理的重要组成部分，是以经济核算手段和价值计量标准对质量管理工作的深化，也是企业成本管理的重要构成内容，是以工程技术方法对成本管理的充实与完善。

质量成本管理对企业进行质量决策、提高产品质量、降低质量成本、增进经济效益和社会效益具有重要意义。它体现在以下五点：

第一，能够用钱做语言让公司的高层领导及全体员工了解公司的质量管理现状，并可以和竞争对手进行对比，了解自己的公司在业内处于什么样的水准，从而使全体员工对质量更加关注。

应该说，质量成本管理采用货币形式而使得质量管理工作与企业领导有了共同语言，有助于企业领导能够很快明确质量要求和支持实施质量改进措施。

第二，揭开质量管理的黑箱，充分暴露质量管理的实际现状及薄弱环节。

因为在许多公司，人们认为只要客户没有大的投诉，或投诉率很低，或交货合格率达到99%，就说明公司质量管理水平是很高的，认为公司内部的堵、检、修、选等工作方法是正常的，认为这就是做质量管理。日复一日使人们养成了一种惯性思维，说不定市场质量是用内部的昂贵代价交换来的，只关注了客户利益，而没有真正关注公司的利益。

可以说，产品质量标准已定的情况下，质量成本的高低不仅反映每个合格产品的质量水平，还显示了可能的合理化潜力和改进机会。

第三，培训全员的成本意识，同时提高全员的质量意识。

在质量成本管理中，实际损失的是时间、实物和机会，将这些用相同的语言——钱来衡量时，人们就会变得非常敏感。特别是企业的高层管理者，通过数据让人们知道他所从事的工作给公司浪费了多少钱，思考如何才能降低这些不符合要求的代价。真正让全员参与到质量成本管理中，同时对质量也有了更深一层的理解：原来自己的很多工作是没有附加值的、是不符合质量要求的。

第四，使质量改善的方向更加明确、更有针对性。

质量成本数据是企业产品的质量缺陷和质量管理体系的薄弱环节——不合格的重要指示器，开展质量成本管理就意味着为质量改进活动和提高企业效益寻求突破口。因为在黑箱没有揭开之前，没有人知道质量管理全局是什么样的，做质量改善也是凭感觉，“头疼医疼，脚疼医脚”，没有从全局的角度把握质量的经济原则和改善重点。

第五，使质量管理工作得到评估，用数据说话的意识得到加强。

因为没有评估就没有管理，就是说将质量管理量化。虽然也有其他方面的量化方法，但用钱来评估符合公司的经营思想，全员明白，也可以说质量管理工作评估是质量得以改善的原动力，无评估也看不到内部的黑洞与同业的差距，也就没有紧迫感。随着质量成本的推行，数据说话逐渐形成一种习惯。

第三节 如何建立质量成本体系

一、质量成本管理体系的策划

（一）建立质量成本管理组织体系

质量成本管理实行过程中，首先要建立质量成本管理组织系统，明确职责。一般企业职责范围如下：

（1）最高管理者对质量成本管理工作全面负责。负责批准质量成本管理制度；负责组织质量成本决策；审批质量成本计划；授权各部门和车间、班组、工序（个人）进行质量成本管理；指示质量成本综合分析报告，审批质量成本奖惩。

（2）管理者代表负责组织制定质量管理程序文件；领导质量成本办公室的日常工作；组织召开各种分析研究会议并监督质量成本计划指标的实施；组织质量改进；确保质量成本管理体系有效运行；向最高管理者报告质量成本管理的业绩和任何改进的需求，负责质量成本责任仲裁，总工程师协助管理者代表对质量成本综合分析和改进。

（3）总会计师对质量成本预算、计划、核算及其产生的效益负责。

上述是对有管理者代表、总工程师、总会计师的企业而言，没有这些人员的企业，可由行使这些职能的人员承担相应的职责。例如：财务部长行使总会计师的职责，对质量成本预算、计划、核算、经济分析和质量成本数据的真实性和准确性负责。

（4）各相关部门的职责：

①财务部：

- 制定年度质量成本计划。
- 确定质量费用科目。

• 组织收集质量成本数据，并进行统计、核算。

• 组织质量成本经济分析，定期向领导和质量管理部门提供质量成本报表和经济分析报告及有关资料。

• 编制并提供质量成本数据收集、统计、核算及经济分析所需报表。

②计划部门：

• 组织编制月、季质量成本指标。

• 下达质量成本计划指标。

③质量管理部门（质量成本管理办公室）：

• 组织落实、监督、考核质量成本计划指标。

• 负责质量成本的综合分析工作，定期向领导提供质量成本综合分析报告。

• 根据质量成本综合分析结果，提出改进的项目，并制定相应的改进计划，协调组织各部门落实。

• 对有争议的质量成本负责组织仲裁。

• 质量检验员按规定认真填写检验工作中的各种记录，如废品通知单等。

• 收集、汇总内部损失费用。

• 控制鉴定成本费用的使用，提高鉴定成本的效益。

• 按时上报鉴定成本报表和内部损失成本报表。

④技术部：

• 组织实施本部门的质量成本计划指标。

• 收集、核算并提供本部门的质量成本数据，按时上报。

• 提供本部门质量成本分析报告。

在质量管理部门提供质量成本管理综合分析报告中提出有关本部门的质量问题，从本部门的实际出发组织力量进行改进，并将改进结果报质量管理部门，以便进行闭环管理。

（二）制定质量成本管理制度

质量成本管理制度是定期对质量成本责任单位和个人考核其质量成本指标完成情况，评价其质量成本管理的成效，并与奖惩挂勾以达到鼓励鞭策，共同提高的目的。因此，质量成本管理制度是实行质量成本管理的关键。

质量成本管理制度对构成质量成本费用项目分解、落实到有关部门和人员，明确责、权、利，实行统一领导、部门归口、分级管理。

第 1 章　总则

第 1 条　为控制质量成本，减少不必要的浪费，提高质量管理效能，实现预期的质量成本目标，不断降低质量成本，特制定本制度。

第 2 条　本公司质量成本控制的日常工作、活动和事项，均应遵照本制度进行。

第 3 条　质量成本控制原则如下：

1. 质量第一原则。

2. 效益原则。

3. 目标管理原则。

4. 绝对控制和相对控制结合的原则。

第 2 章　质量成本控制前期工作

第 4 条　设定目标质量成本。

1. 目标质量成本由质量成本专员负责制定。

2. 目标质量成本管理应从产品设计入手，事前控制产品质量成本水平，从而既保持产品应有的功能，同时尽可能降低其质量成本。

第 5 条　质量成本控制准备工作。

质量成本控制专员应当协调各部门做好质量成本控制的准备工作，具体如下：

1. 建立质量成本控制组织体系，明确体系内各部门各人员的责、权、利，并制定各类考核标准和责、权、利相结合的奖惩制度。

2. 对与质量成本相关的所有人员实施培训，培训内容包括质量管理知识和业务操作技能。

3. 制定各类定额，包括材料消耗定额，水、电、气、能等的消耗定额、工资标准、人工小时费用、设备小时费用标准等。

4. 确定质量成本控制点，经常检查质量成本费用支出和损失的发生情况，发现异常应及时予以分析处理。

5. 建立质量成本信息反馈系统，及时掌握质量信息，及时纠正不合理的情况。

第 3 章　质量成本控制实施

第 6 条　各部门必须充分重视质量成本控制工作，将质量成本的控制作为重要工作抓实抓好，在降低损失中取得效益。

第 7 条　各部门在接到质量控制文件之后，必须结合本部门的实际情况，认真分析工作过程中存在的薄弱环节，有针对性地制定降损措施，组织开展深化质量控制的活动，以保证质量成本控制达到预期目标。

第 8 条　生产部应认真分析废品损失超标的原因，采取有效措施，将废品损失降至最低。

第 9 条　质量检验过程中应做好不合格品损失的统计工作，并经常深入各部门进行质量检查，及时发现问题和解决问题，以保证质量成本控制目标的实现。

第 10 条　设计开发阶段质量成本控制要点如下：

1. 设计前应做好市场调研工作，充分了解顾客的需求和期望，力求以最少的质量成本设计出适宜的产品。

2. 根据产品复杂程度编制研制程序和研制开发计划，避免不必要的浪费。

3. 做好产品设计开发过程中的设计评审、验证和确认工作，确定评价标准和目标的合理性，规范各阶段的评审内容，降低质量成本。

第 11 条　产品试制阶段的质量成本控制要点如下：

1. 产品试制过程中，应及时进行工艺评审，发现和纠正工艺缺陷，降低产品成本和质量管理成本。

2. 重点评审批量生产的工序能力，对影响产品质量稳定的各种因素进行严格控制。

第 12 条　产品生产阶段的质量成本控制要点如下：

1. 开工前进行检查，确保生产过程中各种条件符合工艺规程要求。

2. 对生产人员进行培训，保证上岗的生产人员均具备操作资格、符合要求的技术水平和操作技能。

3. 采用适宜的统计技术和方法，对过程的异常实施重点控制。

4. 测量过程的工序能力，采取措施，满足工艺要求。

第 13 条　生产现场质量成本控制要点如下：

加强对人、机、料、法、环、测（5M1E）六因素的控制，确保加工过程的能力符合要求。

第 14 条　产品售后服务阶段质量成本控制要点如下：

1. 制定售后服务工作制度和规范，使售服人员有法可依、有章可循，避免售后服务过程无序。

2. 做好售后服务人员的培训，提高售后服务人员的业务素质和技术水平，敦促售后服务人员做好对顾客的服务工作，避免因服务不到位而引起顾客不满意，从而造成退换货、诉讼和索赔的发生。

3. 认真开展顾客访问活动，了解客户需求，对顾客及时做好技术咨询和防护性维修工作，提高顾客对产品和服务的满意度。

第 4 章　附则

第 15 条　本制度由质量管理部制定，解释权、修改权归质量管理部所有。

第 16 条　本制度经总经理审批通过后自颁布之日起执行。

二、质量成本管理的实施

（一）培训

对职工进行质量成本管理知识教育，对质量成本管理有关人员，如财务人员、质量管理人员等进行质量成本管理业务培训。目前，我国的质量成本管理工作还不普遍，没有现成的模式可借鉴，但可把工厂、院校、研究单位结合起来，对有关人员进行不同层次、不同专业知识的培训。目标是做什么量化指标，完成质量成本目标是怎么做的问题。为了使他会做，就得对他进行教育培训，传授给他做的技术。

（二）成本数据的收集

归口管理部门对收集的数据、资料和信息汇总、分析、判断，并组织有关部门和人员对数据信息进行系统的评审、研究和确认，提出正式报告。

（三）数据统计整理和报表编制

企业进行质量成本核算的目的并非只是了解质量成本是多少、是谁的责任及相关责任的归属问题，而是为质量成本分析、比较及在此基础上进行质量成本改进方案的决策提供依据，从而达到最终实现提高质量、降低成本、增加企业经济效益的目的。

三、质量成本分析与报告

（一）质量成本分析的任务

质量成本的任务：一是确定产生质量损失的主要原因；二是运用质量成本的有关指标，从多个角度反映质量成本管理的经济性和规律性。

（1）质量成本数据必须以实用的方法得到整理，并展现出来。

（2）必须对质量成本数据进行分析，以选择改善的目标。

（3）必须对改善目标进行调查与评价，以确定最重要的质量问题。

质量成本报告如表 11－1 所示。

表 11－1　月质量成本分析报告

日期：

一、质量成本数据

<table>
<tr><th colspan="3" rowspan="2">质量成本项目</th><th colspan="2">本月</th><th colspan="2">目标</th><th colspan="2">差异</th></tr>
<tr><th>金额</th><th>占质量成本的比率</th><th>金额</th><th>占质量成本的比率</th><th>金额</th><th>百分比</th></tr>
<tr><td rowspan="22">预防成本</td><td rowspan="4">质量管理人员的工资</td><td>主管数</td><td></td><td></td><td></td><td></td><td></td><td></td></tr>
<tr><td>工程师</td><td></td><td></td><td></td><td></td><td></td><td></td></tr>
<tr><td>文控</td><td></td><td></td><td></td><td></td><td></td><td></td></tr>
<tr><td>合计</td><td></td><td></td><td></td><td></td><td></td><td></td></tr>
<tr><td rowspan="4">内部审核</td><td>主管数</td><td></td><td></td><td></td><td></td><td></td><td></td></tr>
<tr><td>工程师</td><td></td><td></td><td></td><td></td><td></td><td></td></tr>
<tr><td>小时数</td><td></td><td></td><td></td><td></td><td></td><td></td></tr>
<tr><td>合计</td><td></td><td></td><td></td><td></td><td></td><td></td></tr>
<tr><td rowspan="6">内部培训</td><td>主管数</td><td></td><td></td><td></td><td></td><td></td><td></td></tr>
<tr><td>工程师</td><td></td><td></td><td></td><td></td><td></td><td></td></tr>
<tr><td>生产人员</td><td></td><td></td><td></td><td></td><td></td><td></td></tr>
<tr><td>品质人员</td><td></td><td></td><td></td><td></td><td></td><td></td></tr>
<tr><td>小时数</td><td></td><td></td><td></td><td></td><td></td><td></td></tr>
<tr><td>合计</td><td></td><td></td><td></td><td></td><td></td><td></td></tr>
<tr><td rowspan="8">外部培训</td><td>主管数</td><td></td><td></td><td></td><td></td><td></td><td></td></tr>
<tr><td>工程师</td><td></td><td></td><td></td><td></td><td></td><td></td></tr>
<tr><td>生产人员</td><td></td><td></td><td></td><td></td><td></td><td></td></tr>
<tr><td>品质人员</td><td></td><td></td><td></td><td></td><td></td><td></td></tr>
<tr><td>小时数</td><td></td><td></td><td></td><td></td><td></td><td></td></tr>
<tr><td>餐饮/交通/住宿</td><td></td><td></td><td></td><td></td><td></td><td></td></tr>
<tr><td>培训费</td><td></td><td></td><td></td><td></td><td></td><td></td></tr>
<tr><td>合计</td><td></td><td></td><td></td><td></td><td></td><td></td></tr>
<tr><td rowspan="5">预防成本</td><td rowspan="5">供应商审核</td><td>主管数</td><td></td><td></td><td></td><td></td><td></td><td></td></tr>
<tr><td>工程师</td><td></td><td></td><td></td><td></td><td></td><td></td></tr>
<tr><td>小时数</td><td></td><td></td><td></td><td></td><td></td><td></td></tr>
<tr><td>餐饮/交通/住宿</td><td></td><td></td><td></td><td></td><td></td><td></td></tr>
<tr><td>合计</td><td></td><td></td><td></td><td></td><td></td><td></td></tr>
</table>

续表

<table>
<tr><td colspan="3" rowspan="2">质量成本项目</td><td colspan="2">本月</td><td colspan="2">目标</td><td colspan="2">差异</td></tr>
<tr><td>金额</td><td>占质量成本的比率</td><td>金额</td><td>占质量成本的比率</td><td>金额</td><td>百分比</td></tr>
<tr><td rowspan="13">预防成本</td><td rowspan="6">体系认证</td><td>审核员</td><td></td><td></td><td></td><td></td><td></td><td></td></tr>
<tr><td>主管数</td><td></td><td></td><td></td><td></td><td></td><td></td></tr>
<tr><td>工程师</td><td></td><td></td><td></td><td></td><td></td><td></td></tr>
<tr><td>餐饮/交通/住宿</td><td></td><td></td><td></td><td></td><td></td><td></td></tr>
<tr><td>小时数</td><td></td><td></td><td></td><td></td><td></td><td></td></tr>
<tr><td>合计</td><td></td><td></td><td></td><td></td><td></td><td></td></tr>
<tr><td rowspan="2">产品认证费</td><td>产品认证费</td><td></td><td></td><td></td><td></td><td></td><td></td></tr>
<tr><td>合计</td><td></td><td></td><td></td><td></td><td></td><td></td></tr>
<tr><td rowspan="5">客户审核</td><td>主管数</td><td></td><td></td><td></td><td></td><td></td><td></td></tr>
<tr><td>工程师</td><td></td><td></td><td></td><td></td><td></td><td></td></tr>
<tr><td>小时数</td><td></td><td></td><td></td><td></td><td></td><td></td></tr>
<tr><td>餐饮/交通/住宿</td><td></td><td></td><td></td><td></td><td></td><td></td></tr>
<tr><td>合计</td><td></td><td></td><td></td><td></td><td></td><td></td></tr>
<tr><td rowspan="8">鉴定成本</td><td rowspan="4">专职 QC 人员办公费用</td><td>QC 人数</td><td></td><td></td><td></td><td></td><td></td><td></td></tr>
<tr><td>工资</td><td></td><td></td><td></td><td></td><td></td><td></td></tr>
<tr><td>办公费用</td><td></td><td></td><td></td><td></td><td></td><td></td></tr>
<tr><td>合计</td><td></td><td></td><td></td><td></td><td></td><td></td></tr>
<tr><td rowspan="4">测量设备</td><td>外校</td><td></td><td></td><td></td><td></td><td></td><td></td></tr>
<tr><td>外部维修</td><td></td><td></td><td></td><td></td><td></td><td></td></tr>
<tr><td>新购仪器费</td><td></td><td></td><td></td><td></td><td></td><td></td></tr>
<tr><td>合计</td><td></td><td></td><td></td><td></td><td></td><td></td></tr>
<tr><td rowspan="9">内部故障成本</td><td rowspan="4">原材料报废</td><td>库存原材料报废</td><td></td><td></td><td></td><td></td><td></td><td></td></tr>
<tr><td>生产原材料的报废</td><td></td><td></td><td></td><td></td><td></td><td></td></tr>
<tr><td>在制品成品报废</td><td></td><td></td><td></td><td></td><td></td><td></td></tr>
<tr><td>合计</td><td></td><td></td><td></td><td></td><td></td><td></td></tr>
<tr><td rowspan="2">成品报废</td><td>库存成品报废</td><td></td><td></td><td></td><td></td><td></td><td></td></tr>
<tr><td>合计</td><td></td><td></td><td></td><td></td><td></td><td></td></tr>
<tr><td rowspan="3">人力成本</td><td>返工返修过程</td><td></td><td></td><td></td><td></td><td></td><td></td></tr>
<tr><td>停工</td><td></td><td></td><td></td><td></td><td></td><td></td></tr>
<tr><td>合计</td><td></td><td></td><td></td><td></td><td></td><td></td></tr>
</table>

续表

质量成本项目			本月		目标		差异	
			金额	占质量成本的比率	金额	占质量成本的比率	金额	百分比
外部故障成本	客户退回产品	客户退回产品的维修						
		客户退回产品的报废						
	客户索赔	客户索赔						

二、质量成本的构成

成本项目	金额	比例
预防成本	775187	72.62%
鉴定成本	223024.7	20.89%
内部损失成本	65877.08	6.17%
外部损失成本	3328.9	0.31%
月质量总成本	1067417.68	100.00%

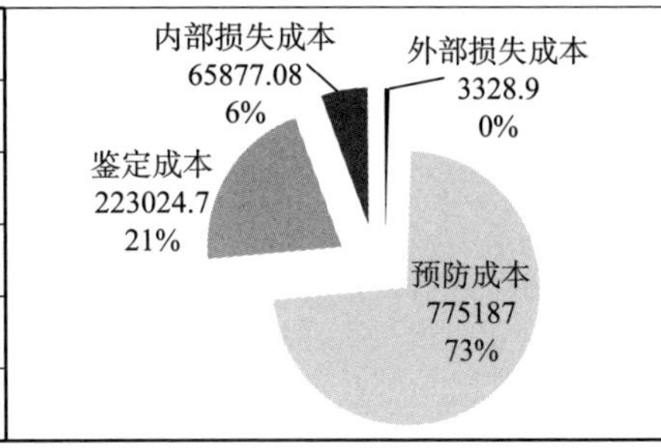

三、不良成本的构成

成本项目	金额	比例
原材料报废	34699.21	81.29%
成品报废	265.73	0.62%
人力成本	2361.83	5.53%
顾客退回产品	2360	5.53%
顾客索赔	3000	7.03%
月不良总成本	42686.77	100.00%

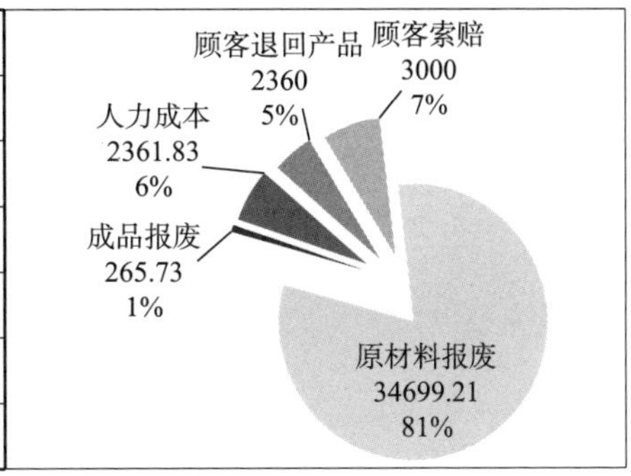

（二）质量成本持续改进

（1）对确定的质量问题进行分析，以确定基本原因和改进措施。

（2）纠正措施必须得到跟踪调查，以保证持久的改进。

（3）对于新出现的问题要调整质量资源。

第四篇

精益质量团队管理

第十二章

Chapter 12

领导与组织管理

第一节　组织精益质量的核心人员

一、精益质量改进核心人员的选择

（一）精益质量改进负责人挑选的基本条件

（1）在企业中，实施精益质量改进方法及项目管理工具的负责人，最好是选择在外资企业做过精益质量改进的核心人物或成员。他应该完全参与过改善项目的建立、实施、改进与控制，最少做过两三个项目，有清淅的项目改进思维。

（2）能与不同性格人员进行顺利沟通，具备团队 LEAD 管理经验。

（3）掌握培训方法与技巧，有自愿培养精益质量改进团队成员的决心。

（4）擅长制定精益质量改进战略目标与实现路径的设计、精益质量改进风险与投入及收益之间相互关系的把握。

（5）负责精益质量改进项目改进资源需求与高层的汇报与沟通。

（二）改进成员挑选的基本条件

（1）爱好精益质量改进活动，最好出自各个部门，确保每个部门都有一人参与精益质量改进活动。

（2）有上进心及擅于学习总结并愿意分享自己学习实践的心得。

（3）有团队合作精神，确保按精益质量项目按预期计划开展。

（4）能发现精益质量改进项目问题点并及时与精益改进负责人沟通。

如果公司没有上述技能人员该怎么做呢？在这里我们也提供两个方法：

一是通过招聘渠道，招到具备上述技能的管理人员。但此项有风险，关键在于如何招到合适人员。如果招到不适合的人才，将会适得其反。

二是内部培养此方面人才。不具备相关技能没关系，但需具备上进心，有兴趣就有被培养的潜在特质。相反，如果公司内部也找不到有上进心的人才，就只能采取方案一来执行。从某种意义上说，此公司管理相对薄弱。此公司采取方案一对推动精益质量变革将带来较大的阻力。所以建议先让老板挂帅做总负责人，精益质量推进负责人协助老板执行，这样会事半功倍。如果中小企业老板都不愿意改变自己公司的现状，就不必推行精益质量项目变革。那么如何培养这批人呢？这也是关系到精益质量项目变革成功的重要一环。

二、精益质量改进核心人员的培训计划

精益质量项目倡导者（老板或总经理）及推行组长培训需要注意以下两点：

第一，原则上，此人具备这方面的能力为佳，但考虑到知识的系统化，可以快速巩固温习一遍最妥当。为节省公司培训成本，公司可先安排二人培训，然后再通过精益质量项目组长培训其他核心人员，这也构成了中小企业精益质量改进梯队建设的一个重要组成部分。具体培训计划如表 12－1 所示。

表 12－1　具体培训计划

序号	培训课程名称	培训周期	备注
1	精益质量心理学	2 天	结合实际案例
2	MTP 管理能力训练	2 天	结合实际案例
3	TWI 一线管理人员能力训练	6 天	结合实际案例

续表

序号	培训课程名称	培训周期	备注
4	ISO9001 管理体系标准与审核	2 天	结合实际案例
5	QC 手法的应用	2 天	结合实际案例
6	IE 七大手法的应用	2 天	结合实际案例
7	VSM 价值流程图分析	1 天	结合实际案例
8	BPR 流程再造	1 天	结合实际案例
9	防错手法及 QCC 品质圈实务	1 天	结合实际案例
10	8D 与 5WHY 问题分析与解决	1 天	结合实际案例
11	战略与目标及 KPI	1 天	结合实际案例
12	TTT 内部培训师课程	2 天	结合实际案例

这些是精益质量管理推行者及总经理必需的技能，培训周期仅供参考，可根据实际情况调整。总经理或中小企业老板必须具备精益质量项目变革的理念，这样方可全方位支持、参与精益质量变革项目，确保项目成功。中小企业精益质量推行负责人不但能熟练掌握以上内容，还需完成精益质量改进项目梯队建设培训。

第二，中小企业精益质量改进梯队成员知识技能提升计划如表 12 – 2 所示。

表 12 – 2　中小企业精益质量改进梯队成员知识技能提升计划

序号	培训课程名称	培训周期	备注
1	ISO9001 管理体系标准与审核	2 天	结合实际案例
2	QC 手法的应用	2 天	结合实际案例
3	IE 七大手法的应用	2 天	结合实际案例
4	VSM 价值流程图分析	1 天	结合实际案例
5	BPR 流程再造	1 天	结合实际案例
6	防错手法及 QCC 品质圈实务	1 天	结合实际案例
7	8D 与 5WHY 问题分析与解决	1 天	结合实际案例

上述部分也可以根据精益质量改进梯队成员自身接受能力而调整培训周期，培训完成后必须考核。通常中小型企业培训考核有两种方式：

其一，笔试（此项作为掌握理论部分程度的检验方式）。但目前较多的中小企都在应付笔试，随便抄一下就好。人力资源部也在按培训计划来完成任务。这样的笔试还不如不考试，这个在精益理论中也称浪费，浪费时间与公司资源。中小企业要做精益质量改进就得下定苦功夫，这样才能苦尽甘来。那我们如何执行好公司笔试？笔试一定要纳入员工薪资结构中，对学习及考试优秀者可实施加薪及晋升等奖励方式。这样中小企业或多或少可以带动一些有志青年积极参与精益质量课程学习及实践。

其二，实际精益质量实施改进项目策划及评估。通常这种测试方式可测试学习者是否掌握精益质量项目工具的组合使用方法，根据不同的场所及状况选择适当的精益质量改进工具，进行改进项目的确定、实施、控制及效果的总结等。

三、中小企业精益质量改进核心人员的考核

根据我们在中小企业的管理实施经验，经营管理层应对实施有效的精益质量改进项目进行奖励，可设定精益质量改进质量项目奖。以实际精益质量改进项目收益为主导，奖金具体分配可根据不同企业而定系数或百分比。备注：节省金额要减除精益项目的投入资金。奖励一定要以团队方式来实现，忌奖励给个人。这样团队更加团结，精益质量改进项目推行更富有激情。

第二节　管理者角色与组织效能

一、管理者角色与功能

（一）管理的意义

管理的意义在于有效运用组织内的各项资源，以达到企业的目标。人

尽其才、物尽其用、地尽其利、货畅其流，管理者需经常自我检视，能否有效运用手上的资源（人、财、物……）。我刚从五百强企业辞职时也经常抱怨中小企业没资源、老板也舍不得投入。后来我看了《亮剑》，里面有一段很经典的对话提醒了我，就是独立团团长李云龙与新来的政委赵刚的对话。李云龙与赵刚谈道，自己曾经接受新一团时，家底很薄弱，老套筒、汉阳造，几个战士分不到一条枪。后来经过自己的努力什么都有了。在这里，我不是讲这部影片有多好看，最重要的是我们的一个新管理者掌管了一个新的部门或公司，先不要埋怨公司没什么资源，如果公司什么资源都好，管理也很到位，流程体系制度都很完善，那么公司也不会请你来做管理者了。我认为，如果你是一个很有能力的管理者，就应有本事把一个管理混乱的公司理顺，当然是合理地利用公司资源。如果你在一个外企或有完善体制的企业做管理者，你的业绩更需要能力体现，如果还是照搬作业，你的职位也不会持久。中小企业管理者应充分利用公司资源，逐步为公司做精益质量改进，不断使公司流程体系制度完善起来。

（二）管理者的角色与功能

1. 承上启下，如图 12 –1 所示

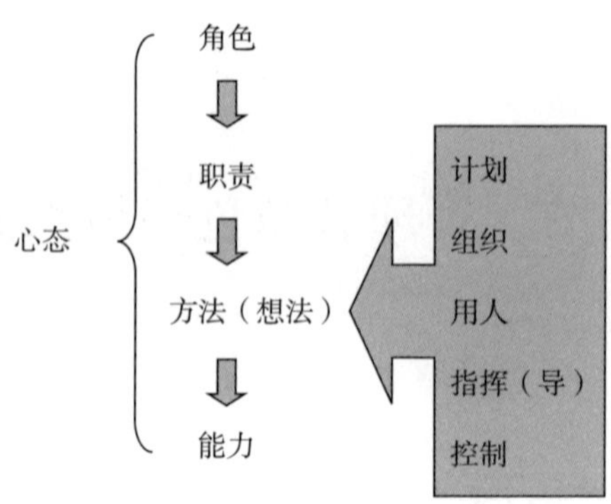

图 12 –1　承上启下

2. 角色转变，如图 12 –2 所示

技术 ⇨ 管理

被管 ⇨ 管人

同事 ⇨ 上司

听令 ⇨ 命令

独善其身 ⇨ 兼善天下

自己做 ⇨ 别人做

演员 ⇨ 导演

球员 ⇨ 教练（队长）

图 12－2　角色转变

3. 职责的转变

计划、组织、用人、指挥（导）、控制。

4. 方法与想法的转变

望远镜 VS 放大镜，思路决定出路，格局决定结局。

5. 能力的转变，如图 12－3 所示

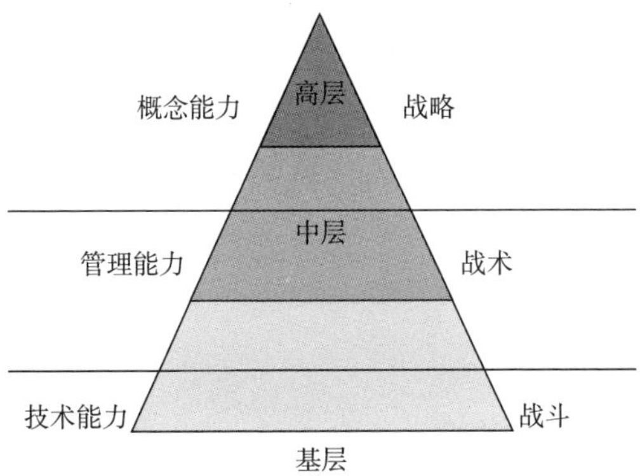

图 12－3　能力的转变

6. 内外兼修、心术合一

内（心）：态度、观念、意识、认知。

外（术）：原则、方法、技巧、工具。

7. 转换专家的心态

大智若智、大愚若愚、大愚若智、大智若愚。

8. 建立工作的使命感

让自己的工作有意义、有价值：我为什么愿意担任管理的职务？

小故事大启示

你是在建大教堂吗？

有一个人某天沿着乡间小路散步，突然，他停下脚步，看到一大群人正在盖一栋好像是教堂的建筑物。他感到十分好奇，于是问其中一个人他们正在做什么。

这人回答："我正在整修这些石头，并且削平它的尖角，以便能平稳地把它放在另外的石头上。"

过了几分钟，这人走到第二人的旁边，提出相同的问题。第二个人也做着相同的工作，但是他却点了点头，并回答："我正在筑一面墙。"说完后，他立刻把注意力集中在切削石头上，并且不断试验它们是否可以平稳地放在另外的石头上。

没多久，这个人又走到第三个人的旁边，第三个人和前两个人做着相同的工作，这个人又问了同样的问题："你正在做什么？"

第三个人立刻站起来，骄傲地说："我正在建一个大教堂！"

9. 改善意识

打败从优秀迈向卓越的最大敌人：

（1）突破现状。

（2）建立忧患意识。

（3）不满现状：好，还要更好。

（4）持续改善是企业成长的动力。

10. 责任意识

外在：形式上责任的承担——身为领导者，要为整个团队的成败负责。

内在：内在的意识——能真正意识到自己的责任与问题。

11. 效能意识

（1）把握重点，做对的事。

（2）先做正确的事，再把事情做正确。

（3）重点管理、重点工作、关键领域。

（4）掌握工作优先级顺序。

二、如何有效发挥组织效能

（一）组织的形成

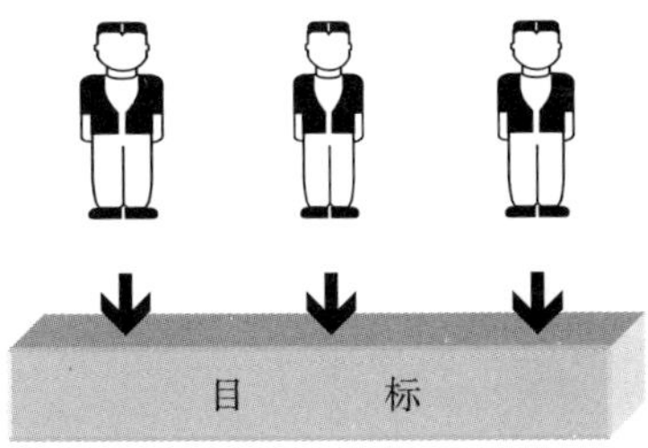

图 12－4　组织的形成

组织代表“工作划分的组合管理”，也代表将划分的工作交由承办人负责“个人的组合管理”，还代表指挥权限的“权力与责任的组合管理”。

（二）组织的协调性

1. 目的

（1）减少本位主义所造成的影响。

（2）使组织运作有序、有效。

2. 内涵

（1）互相尊重彼此的职位、职权、职责。

（2）避免以我为尊的心态。

（3）同理心。

3. 做法

（1）愿意沟通、主动沟通。

（2）乐于与同事或相关部门分享信息。

（3）换个角度思考。

（三）职务的认知

1. 意义

（1）对所分配的职务与工作，上司的期待与部属的认知能够产生交集。

（2）同意、愿意、乐意。

（3）让员工产生对工作的认同感。

2. 目的

（1）对人的尊重。

（2）让员工感到自己是工作的主人。

（3）激发员工投入工作的意愿，调动积极性。

（4）迈向“自主式管理”的基础。

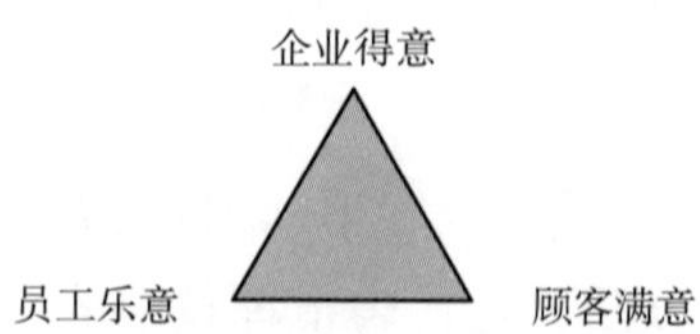

图 12－5　职务认知的目的

（四）授权的运用

1. 授权的意义

（1）善用自我支配原则。

（2）给予发挥空间。

（3）着重方向（目标）而非方法。

2. 授权的好处

（1）提高工作效率、效能。

（2）提高员工的能力。

（3）管理者可以专注于该做的事。

（4）激发员工意愿。

没授权（授权不足）的原因如表 12－3 所示。

表 12－3　没授权的原因

原因	改善方法
没意识到	建立授权观念
不信任	提升员工技能与成熟度，善用不同层次的授权
专家心态	勿视、勿听；大智若愚
自以为效率更高，过于自信	调整心态；先做简单的授权
权力欲望太强	改变观念——成功的领导是靠团队共同成就的
不懂得如何授权	学习授权的技巧
担心下属做得比自己好	调整心态——教练不需担心球员球技比自己强
担心无法掌握工作进度	善用监督控制的方法

（五）授权的层次

授权的层次如表 12－4 所示。

表 12－4　授权的层次

授权程度	描述
一	采取行动，没有必要和我做进一步联系
	“小张，这次工程你就全权处理吧。我相信你会做得很好，我等着看结果。”
二	采取行动，如果不成功，请和我联系
	“小张，这次的工程你就去做吧。如果有什么问题或障碍就和我联系。”
三	可以直接采取行动，但让我知道你在做什么及结果
	“小张，这次新员工培训你就好好做，但要让我知道进度和他们的学习情况。”
四	让我知道你打算做什么，如果我不反对，你可以去做
	“小张，明天中午前把活动的构思传给我，要是下班前我没找你，你就接着办后续的事。”

续表

授权程度	描述
五	让我知道你打算做什么，我同意后再开始行动
	“小张，明天中午前把这次活动的方式、时间及总预算告诉我，等我同意了你就接着去做后续的事。”
六	请提出一套完整的行动计划，给我核阅
	“小张，请提出这次工程的详细计划，后天前交给我。”
七	请提出所有解决问题的可能方案，我再决定
	“小张，请针对这次工程的几个问题分别提出解决方案，再决定应该怎么做。”
八	请了解这个问题，把事实告诉我，我再决定如何解决
	“小张，你想想看这次的工程可能有哪些问题，然后告诉我，再决定用什么方法解决。”

（六）工作管理

工作管理如表 12－5 所示。

表 12－5　工作管理

计划执行	建立工作管理科学精神的概念，以及如何将此精神带入计划与执行中	1. 知识 计划应具备的条件特性 2. 技巧 （1）科学的步骤与方法 （2）资源共享的运用 （3）如何择人任事 3. 态度 科学管理的意识
控制与问题发现	学会工作中控制、监督及发现问题的方法、技巧	1. 知识 （1）问题的类型 （2）不同性质的控制 2. 技巧 （1）工作监督（跟进）的方法与技巧 （2）如何发现问题 3. 态度 （1）工作认真务实 （2）不消极怠工 （3）不传达不确定的数据

第三节　人员管理的计划与执行

一、科学管理的本质

（一）工作管理的循环——PDCA

工作管理的循环——PDCA 如图 12－6 所示。

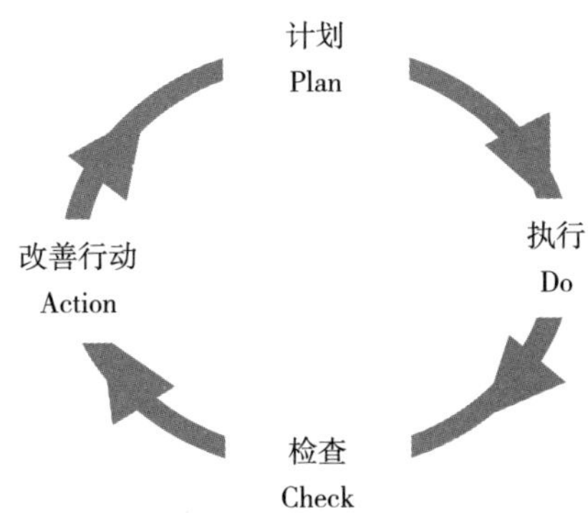

图 12－6　工作管理的循环——PDCA

（二）计划的特性

1. 计划

为达成目标，事先凝聚相关人员的智慧，预估未来情况的演变，以决定必要的方案与程序。

2. 目标：管理的根本

事先：<u>预防</u> 性

预估：<u>准确</u> 性

方案与程序：<u>可行</u> 性、<u>可控</u> 性

3. 计划常见的误区

（1）没有注意计划的变动。

（2）没有估计多种可能。

（3）没有弹性。

（4）没有事先沟通和确认。

（5）没有考虑资源和条件。

4. 科学的方法与步骤

Step1：目标明确

SMART 原则的运用：

S　Specific　目标要明确

M　Measurement　目标必须可以测量量化

A　Achievable　目标需能够达成

R　Relevant　目标需与工作有相关性

T　Time bound　目标要有达成时限

Step2：掌握事实

5W2H：Why、What、When、Where、Who、How、How much。

根据 5W2H 来描述真实事实。举例：描述机器漏机油现象，首先要问为什么机器会漏油？漏的是什么油？什么时候漏的油？在什么场所漏的油？谁是机器的操作者和维护人？漏油方式及漏油程度？把这些问题搞清楚后，相信你就能较为详细地描述此问题。

Step3：根据事实分析

根据上述的问题描述来组织相关责任人员通过不同精益质量管理工具来对实际问题与事实进行分析。如何分析，在后面章节中有详细的介绍与说明。

Step4：拟定可行方案

针对原因进行分析并做出可行方案来改进问题与事实。

Step5：决策判断

直觉—经验—事实—理念（价值观）。工作以前，先想一想，做好应有的计划，Thinking than Doing。在计划阶段中，做好必要的协调工作，收集信息，不要闭门造车。计划时，从人、事、时、地、物各方面收集相关事实、信息，详加分析判断，作为计划的参考，不能单凭直觉判断事情。

5. 通过员工完成工作

（1）缺乏执行力的因素（从工作管理角度分析）。

（2）阳奉阴违：形成决策前不沟通，之后加入个人意见，不能全力配合。

（3）缺乏科学精神，以“艺术”的思维执行工作。

（4）计划不具备合理性，纸上谈兵的成分居多。

（5）目标不明确，信息传达不充分。

（6）用人不当，未能有效择人任事。

6. 状况共有

状况共有如图 12 －7 所示。

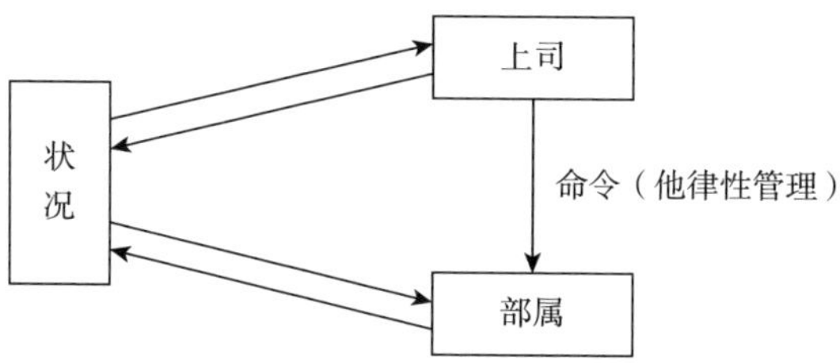

图 12 －7　状况共有

（1）命令式：明确告知员工做什么、如何去做。

（2）状况共有：

下属的工作不需主管以他律性的领导方式要求，而能依照状况的需要，自行判断应做什么、如何去做。

状况共有 = 目标共存 ＋ 信息共享。

7. 择人任事如图 12 －8 所示

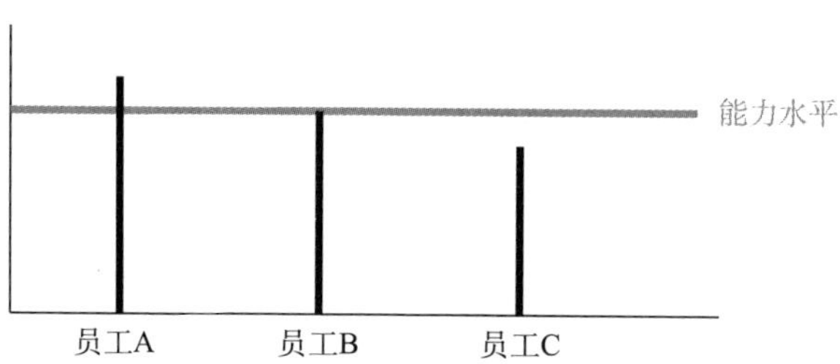

图 12 －8　员工水平

（1）人的考虑：能力、潜力、个性、性格、兴趣、特质、习惯……

（2）事的考虑：所需资格、紧急性、重要性、未来的可能性、标准化程度……

（3）组织层面的考虑：职务相互关系、团队精神、人际关系、工作负荷……

二、控制与问题的发现

（一）控制的本质

控制的本质如图 12－9 所示。

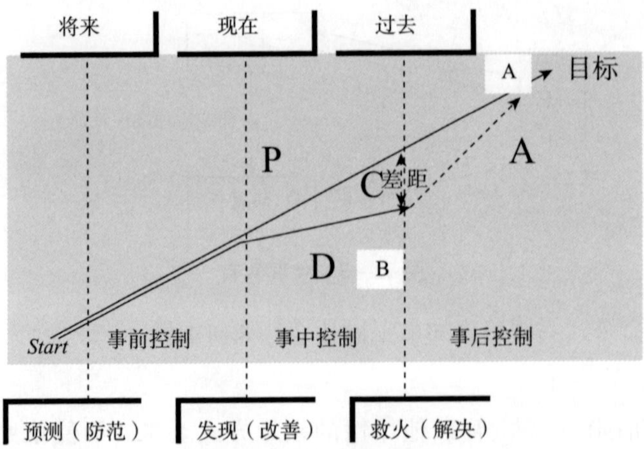

图 12－9　控制的本质

1. 控制方法——工作监督

工作监督的意义：

（1）确认工作按照目标和计划进行。

（2）确认可以达到预计的工作成果。

（3）确认组织的政策、规定、程序被执行和遵守。

（4）及时发现潜在危险和问题，并做好准备，采取措施。

2. 工作监督的方法

（1）工作报告的运用。

（2）定期、不定期；书面、口头；正式、非正式。

（3）听取报告的要领。

（4）辨别事实与意见之间的差异。

（5）需能确切掌握问题的症结所在（5 Why）。

（6）避免有先入为主的偏见及主观意识。

（7）对于失败的经过及事故报告等尤须冷静倾听。

（8）对于模糊不清的事项能确定其真实程度。

（9）对于部属的辛劳应给予适当的鼓励。

（10）设置检核点（细化目标、找出差异）。

（二）控制的原则

控制过度与不足的影响如表 12－6 所示。

表 12－6　控制过度与不足的影响

控制过度的影响	控制不足的影响
－降低下属的自主性、积极性	－工作延迟，看法达成
－缺乏组织活力、阳奉阴违	－发生事故、意外
－形式化的做法	－工作效率降低、散漫、懈怠
－抱怨增多	－绩效低落
－成本增加	－
－难以持久	－
－掩饰错误	－

（三）如何发现问题

1. 强化问题意识

（1）在问题还没有明朗化以前，预先感觉到问题存在的能力。

（2）先知先觉，后知后觉，不知不觉。

2. 克服发现问题的障碍

（1）缺乏提出问题的勇气。

（2）缺乏思考精神。

（3）管理者的影响。

（4）个人的心态。

（5）组织文化的影响。

（6）习惯的束缚。

3. 三问六到

三问：Why、How、If。

六到：脚要走到、耳要听到、眼要看到、嘴要问到、手要摸到、心要想到。

三、如何做好激励

（一）改善员工行为

1. 改善行为

改善行为的目的是激励员工，最终能影响与改善其行为，符合团队的期望。

（1）行为的产生如图 12－10 所示。

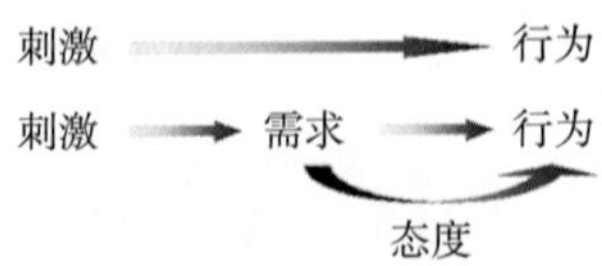

图 12－10　行为的产生

（2）改善员工行为，必须从以下三方面着手：

①了解掌握员工的需求。

②根据需求，找到适当的刺激、方法、手段。

③启发员工良好的态度。

2. 掌握员工需求

在马斯洛（Maslow）需求层次理论中，将人的需求分为五个层次，如图 12－11 所示：

（1）生理的需求：能够生存最基本的需要，食物、保暖、水、性。

（2）安全的需求：免于危险、恐惧及不安，包括身体与财产的安全不受侵害。

（3）爱与归属的需求：爱与被爱，人际关系，团队所接纳、认同。

（4）尊重的需求：获得重视、敬重、独立、自由、自尊、地位。

（5）自我实现的需求：自我理想、充分发挥才能、做有意义的事、获得成就。

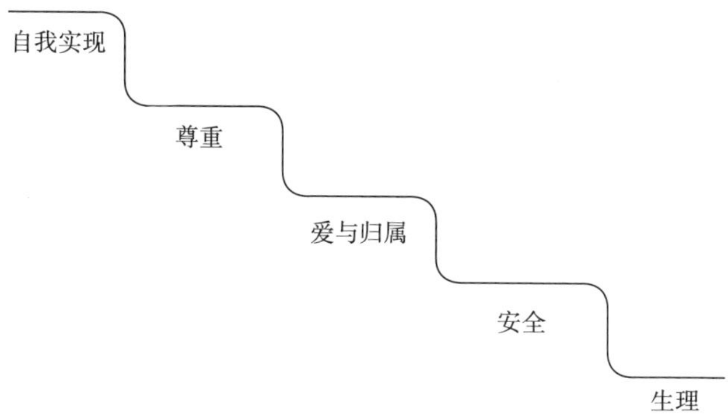

图 12－11　马斯洛需求层次理论

3. 了解员工的需求

（1）培养对人的理解力。

（2）多观察。

（3）多沟通。

（4）需求不满时的征兆（参考）：

①安全需求：缺乏自信、害怕错误、优柔寡断。

②爱与归属需求：在意别人的看法，不愿得罪人，容易顺从团队。

③尊重需求：对人的敏感度低，希望获得别人注意，以“我”为尊。

④自我实现需求：很有自信，独立，勇于接受挑战，喜欢不同。

4. 不同层次需求的运用

（1）针对需求层次，管理者应思考如何给员工“安全感”“归属感”“尊重感”及“成就感”。

（2）重赏之下必有勇夫？

（3）非物质性激励的方式。

5. 管理作为与需求层次测试，如表 12 –7 所示

表 12 –7　管理作为与需求层次测试

做法	答案
1. 建立团队间沟通的渠道及平台	
2. 对于员工提出的建议能够给予反馈	
3. 做好情绪的控制	
4. 帮员工创造工作的价值和意义	
5. 对新任岗位员工给予基本工作技能培训的机会	
6. 对待团队成员公平公正	
7. 给予高层次的授权	
8. 化被动为主动的关心与沟通	
9. 创造团队学习的氛围	
10. 征询员工对工作的看法、意见	
11. 让员工明确了解工作职责内容	
12. 目标明确，不随意朝令夕改	
13. 让员工的工作有难度和挑战性	
14. 放下身段，和员工同甘共苦	
15. 与员工沟通时创造良好环境并倾听其心声	
16. 一般层次的授权	
17. 采纳员工的意见并让其看到执行后的成果	
18. 为团队及员工承担相应的责任	
19. 让员工当导师，带领徒弟	
20. 与大家共享信息	

（二）赞美与责备

1. 赞美的原则运用

（1）以共同分享喜悦的愉快心情加以称赞。

（2）不忽略任何一个值得称赞的行为（勿因善小而不为）。

（3）在众人面前称赞（公开性）。

（4）把握时机（及时性）。

（5）明确指出（具体性）。

（6）赞美之余可提醒改善之处。

2. 责备时的注意事项

（1）心平气和地批评，不要情绪化。

（2）注意批评的时机。

（3）明确指出批评的理由。

（4）避免在众人面前批评。

（5）不要翻旧账。

（6）不要一竿打翻一条船。

（7）不要随便做比较。

（8）要干脆，不要唠叨不停。

（9）注意表达方式。

（10）最后仍为他打气。

3. 三明治责备法

肯定过去 + 责备现在 + 期待未来。

4. 启发员工的正确态度

（1）态度：指个体对环境中任何事物的想法、喜恶及反应倾向；对某种特定对象及状况的“心理准备状态”。

（2）态度的特点如表 12 – 8 所示。

表 12 – 8　态度的特点

特点	对应作为
态度不是与生俱来的，而是后天环境中养成的	要了解形成态度的原因
态度是针对某一对象或状况产生的	要知道是态度问题还是性格问题，以不同方式应对
态度形成后将持续一段时间，而不易改变	不要奢望短时间内或一两件事就改变员工的态度
态度是一种内在心理历程，无法直接观察，只能从当事人言行中观察	不要先入为主，枉下结论，要客观观察
自己很难客观地观察	不妨主动沟通，增进了解，消除不必要的误解

（3）如何启发正确态度的方法？

①掌握形成态度的原因。

②让下属体验良好的经验。

③改变认知。

④增加认知。

⑤强化认知。

⑥通过他人影响。

⑦管理者以身作则。

四、从管理到领导

（一）心与术

心与术如图 12－12 所示。

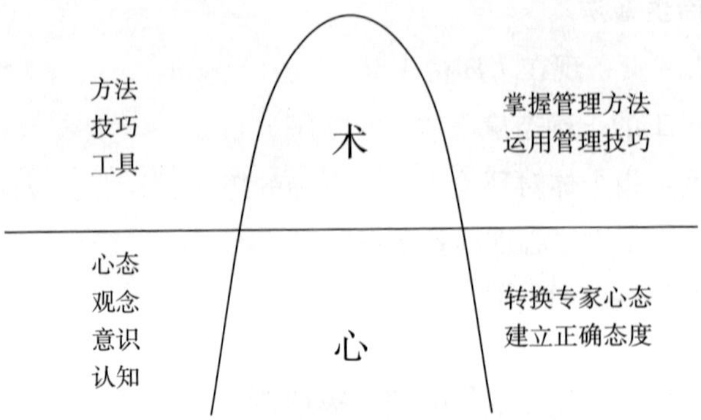

图 12－12　心与术

（二）中小企业管理“药材”

1. 固本培元，如表 12－9 所示

表 12－9　固本培元

药材	成分
（1）建立管理意识	• 了解管理角色与定位 • 认清管理职责（计划、组织、用人、指挥、控制）

续表

药材	成分
(2) 培养正确心态	• 内外兼修、心术合一 • 调整专家心态——大智若愚
(3) 建立使命感	• 给予工作有意义、有价值的感觉 • 建立正面思维，转换心智模式
(4) 积极完成的决心	• 不只是“想要”，而是“一定要” • 不要说“不可能”和“办不到”
(5) 责任意识	• 不只是形式上的责任承担，更需要内在的意识 • 遇到问题先找主观因素，不要先找客观因素
(6) 改善意识	• 优秀迈向卓越的最大敌人就是优秀 • 思考改善、突破现状，好，还要更好
(7) 效能意识	• 理解上级意图，掌握正确工作目标，不用“以为”来猜测 • 掌握重点，做对的事，Focus & Priority

2. 团队运作，如表 12－10 所示

表 12－10　团队运作

药材	成分
(1) 工作管理循环	• P (Plan) 计划 • D (Do) 实施 • C (Check) 查核 • A (Action) 改善
(2) 目标明确 －SMART 原则	• Specific (具体明确的) • Measurable (可量化的) • Attainable (可实现的) • Realistic (合乎现实的) • Timely (有时效的)
(3) 择人任事	• 用人时要从“人”“事”及“组织”各方面综合考虑 • 让合适的人做合适的事
(4) 制定培训计划	• 对于新进、转换新岗位及能力不足的员工要有计划性培训 • 不要任其自生自灭，要给予关怀与协助指导
(5) 创造学习氛围	• 以身作则带动团队学习氛围，让大家共同学习成长 • 利用机会让团队有分享、交流的机会
(6) 建立沟通管道	• 主动建立沟通管道（“书面文字”“声音语言”或“肢体动作”），创造沟通机会 • 让员工有机会能够与主管：说事情、谈人情、诉心情

续表

药材	成分
(7) 克服沟通障碍	• 创造沟通的良好环境与氛围 • 让团队成员愿意沟通、主动沟通互动
(8) 赏罚分明，公平对待	• 对待员工要有赏有罚，有功要赏，有过要罚 • 能公平对待员工，但也不能为了公平而公平
(9) 掌握员工需求	• 掌握员工需求，了解员工需要 • 给予员工安全感、归属感、尊重感及成就感 • 针对不同需求要用不同的激励方式

3. 事的层面，如表 12 – 11 所示

表 12 – 11　事的层面

药材	成分
(1) 培养科学精神	• 要有精确、具体、客观、严谨的科学精神与态度 • 不要成为“差不多先生”
(2) 培养问题意识	• 勇于面对问题，克服“驼鸟心态”，不要自欺欺人 • 打破习惯制约，多思考
(3) 掌握计划的特性	• 预见性（预测可能情况） • 周密性（周详评估思考） • 弹性（具有应变性） • 简单性（化繁为简） • 可行性（符合实际，便于操作）
(4) 掌握事实	• 以事实为依据，而不是凭“感觉” • 多收集与了解有效的信息
(5) 5W2H	• 以“Why、What、Where、Who、When、How、How much”为计划、思考问题、沟通表达时的架构，条理分明
(6) 纠错、防错机制	• 在计划阶段能够有预见性地想到将来可能发生的情况，做好事先控制，预先安排防错或纠错的方法
(7) 运用工作报告	• 通过工作报告了解员工的工作情况 • 定期、不定期；口头、书面；正式、非正式
(8) 5WHY	• 以“为什么”追问问题的真正原因，避免用客观因素掩饰主观因素，理清事实真相
(9) 设立检核点	• 根据员工能力、态度、经验、过去表现、工作难度等因素设定检核点（Check Point）
(10) 六到	• 脚要走到，手要摸到，眼睛看到，嘴巴问到，耳朵听到，心要想到 • 多走动，多观察，多沟通，多思考

续表

药材	成分
（11）三问	• 问 Why • 问 If • 问 How
（12）工作指导五步骤	• 说给他听 • 做给他看 • 让他做做看 • 看他做得怎么样 • 鼓励一下

4. 人的层面，如表 12－12 所示

药材	成分
（1）建立工作认同感	• 赋予员工工作价值与意义 • 告知工作重要性 • 让员工不但“同意”，还能“愿意”，更能“乐意”
（2）建立学习意识	• 激发员工学习动机，培养上进心，让员工愿意主动学习
（3）给予发挥空间	• 建立信任感 • 告知工作时，着重目标而非方法 • 应用不同层次进行授权
（4）状况共有	• 与员工之间能够目标共存、信息共享，让员工多了解与掌握情况
（5）掌握培育的要点	• 了解员工的“能力不足”，主要是“知识不够”“技巧不熟”还是“态度不对”，确切掌握哪些地方有所欠缺
（6）主动关心学习情况	• 对员工的学习切勿不闻不问 • 要主动了解员工学习内容并能关心、沟通学习心得
（7）引导将所学运用工作中	• 指导设定学习后行动目标，由“知”转化为“行” • 给予机会，引导其学以致用、学而能用
（8）工作中给予指导	• 纠正、批评时 • 交办工作时 • 检查工作时 • 不但告知如何做，而且告知为什么（Know How & Know Why）
（9）善用沟通方式	• 选择正确的沟通方式 • 注意时机、环境等因素的掌握（天时、地利、人和）

续表

药材	成分
(10) 兼听则明	• 不要只听信片面之词 • 要多了解情况，以免成为“昏君”
(11) 慢一点、晚一点、少一点	• 慢一点：动口以前先动脑 • 晚一点：自己不要先说，先听听员工怎么说 • 少一点：不要都是自己说，多听听员工怎么说
(12) 运用问话技巧	• 少问封闭式问题，多问开放式问题 • 问“感觉”，问“事实”，问“经验”，问“行动” • 避免先入为主的发问
(13) 外圆内方	• 内在坚持原则，但外在可以圆融态度处理 • 婉转沟通，以迂为直 • 善用正面词语
(14) 条理分明、思路清晰	• 以事实说服他人 • 简单、明白、清楚、具体、正确 • 先说目标重点，再做过程说明
(15) 用心倾听理解	• 避免成见 • 听人把话说完 • 运用倾听的三个 R（Receive、Reflect、Repeat）
(16) 影响员工行为的方法	• 诉诸于法 • 诱之以利 • 晓之以理 • 动之以情
(17) 赞美鼓励	• 善于发现员工优点，勿因善小而不为 • 赞美时能把握“公开性”“具体性”“及时性”的原则
(18) 责备批评	• 该责备时要责备，但要避免自我情绪性的发泄，避免翻旧账，做比较或否定一切 • 要注意责备时机与场合 • 具体说出责备的理由
(19) 三明治责备法	• 先肯定，再责备，再肯定 • 肯定过去，责备现在，期待未来
(20) 了解态度形成原因	•“无风不起浪，事出必有因。”发现态度问题时，要先了解是什么原因造成的，才能对症下药
(21) 体验良好经验调整认知	• 改变态度，要让员工重新体验良好经验，以行为及作为来改变其态度 • 通过改变认知、增加认知、强化认知的方式改善员工的观念想法与意识
(22) 通过他人影响	• 通过多数人来改变少数人的习惯、观念与认知

第十三章

Chapter 13

中小型制造企业的人力资源管理

第一节　招聘与录用

一、组织架构和职务说明书

（一）组织架构的两种结构方式

1. 传统的职能组织架构，如图 13－1 所示

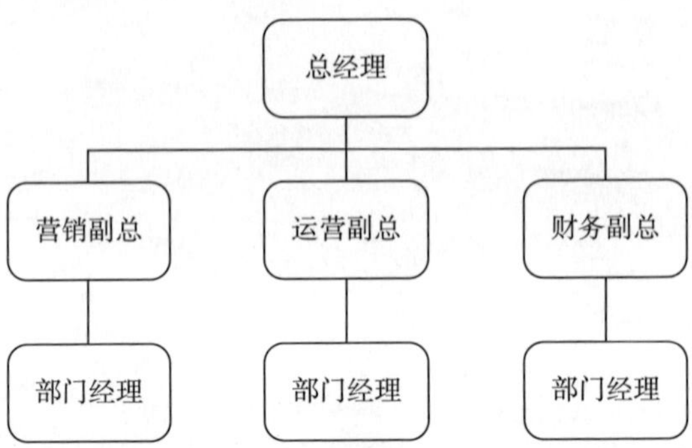

图 13－1　传统的职能组织架构

目前多数中小企业使用这个组织架构，但为了能更好地提高管理效率及降低成本，中小企业应实行扁平化组织架构。如公司雇员人数在 300～

600 人规模，总经理直接对应部门经理，中间副总没必要设定此职务。其优点有两个：一是减少管理成本；二是沟通顺畅，信息交流快速，不会因中转次数过多而产生信息至接受方发生改变。

但现实中的中小企业仍然存在管理者过多、人工成本费用较高及管理效率较低的问题。当然这也不是因为某一管理人员能力不好，原因多样化，所以在设立组织架构的同时就考虑这些隐患的发生，避免这些问题产生。如果雇员人数在 300 人以下，此时组织架构图应调整至总经理直接对应部门主管。中间的经理层都可以取消。如果雇员人数在 600 人以上，可根据实际状况决定其组织架构是否增加副总及副总所管辖的责任区域等。

2. 以产品过程为中心组织架构，如图 13－2 所示

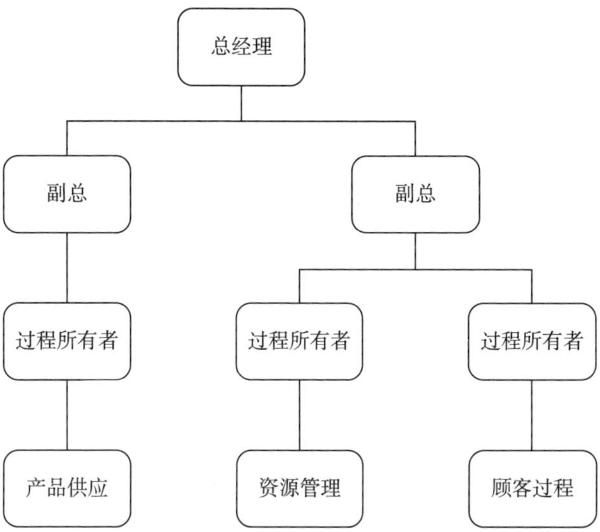

图 13－2　以产品过程为中心组织架构

中小企业采用此组织架构较少，此组织架构偏向产品项目性，对管理人员能力要求较高，也就是说以产品类型进行划分，然后将产品以项目形式进行区分。例如：五金产品项目经理或者项目总监，其职位可以根据项目大小而决定，项目经理对整个产品负责，其人事及整个产品的实现全权由项目经理或项目总监决定。此结构对项目管理人员的管理能力要求较高，项目经理或总监管理内容涉及整个产品的实现过程。优点：

管理者只对项目的最终结果负责，项目的实现过程中产生的任何问题点，管理者较传统职能组织架构中无法相互推诿。缺点为：管理者管理范围较广，如因管理者管理的缺失将影响整个项目的成败。项目风险相对较大。

中小企业可以根据实际情况决定其组织架构类型，各有优势及劣势。

（二）中小企业的职务说明书

下面列举一个典型的中小企业职务说明书。

常务副总职务说明书

1. 协助总经理制定年度战略目标及年度经营计划。
2. 负责生产技术中心的全面管理工作。
3. 负责优化生产技术中心的工作流程，提升过程效益。
4. 负责生产技术中心关键目标、指标的监督检查及部门经理绩效考核和评估。
5. 主持客户重大质量/环境事故改进会议。
6. 主导生产现场及品质改进项目的开展。
7. 定期完成总经理交给的其他任务。

此职务说明书在中小企业屡见不鲜，有些中小企业的职务说明书比这个职务说明书详细一些，如表 13 –1 所示。

表 13 –1　职务说明书

<table>
<tr><td colspan="2" rowspan="3">岗位职务说明书</td><td>文件编号</td><td></td><td>发行日期</td><td></td></tr>
<tr><td>文件版本</td><td></td><td>修改日期</td><td></td></tr>
<tr><td>制定部门</td><td></td><td>页码</td><td></td></tr>
<tr><td>职务名称</td><td>工程部副经理</td><td>所属部门</td><td>工程部</td><td>直属上级</td><td>副总（技术）</td></tr>
<tr><td>职系</td><td></td><td>职等职级</td><td></td><td>薪金标准</td><td></td></tr>
<tr><td colspan="6">职位概要：
负责工程部日常工作；负责客户来料和模具的跟踪</td></tr>
</table>

续表

<table>
<tr><td colspan="6">工作内容：
• 负责主持工程部的日常工作
• 负责审批工程部各类工程资料
• 安排各类新产品任务的跟进
• 负责对部门员工的考评工作
• 安排客户的产品来模的试模、改模
• 完成副总（技术）下达有关对工程部工作的任务
• 主动向副总（技术）汇报重大工作
• 主动收集本行业市场技术信息反馈和资料汇总入档；参加一周一次的工程会议
• 参与“5S”活动并配合公司推行 ISO/TS16949；履行 ISO/TS16949 系统规定的职责与要求</td></tr>
<tr><td colspan="6">任职资格：
教育背景：大专以上文化程度
培训经历：
经验：八年以上相关管理工作经验
技能技巧：熟练掌握塑胶产品的注塑成型工艺技术，具有丰富的喷油丝印工艺跟进经验
熟悉 CAD 绘图软件并能实际运用
熟悉工程部的运作过程并能独立运作工程部
熟悉有关同类行业的国家标准
工作态度：工作主动、积极向上、良好的职业道德观
其他要求：男女不限，25 ~ 40 岁最佳</td></tr>
<tr><td colspan="6">工作条件：
工作场所：办公室
环境状况：舒适
危险性：基本无危险，无职业病危险。</td></tr>
<tr><td>直接下属</td><td colspan="2">工程主任</td><td>间接下属</td><td colspan="2">文员/工程师</td></tr>
<tr><td>晋升方向</td><td colspan="2"></td><td>轮转岗位</td><td colspan="2">无</td></tr>
<tr><td>制定</td><td></td><td>审核</td><td></td><td>批准</td><td></td></tr>
<tr><td>日期</td><td></td><td>日期</td><td></td><td>日期</td><td></td></tr>
</table>

以上两类职务说明书相同的问题点是对其工作内容描述较粗旷，无细节描述。例如：工作所涉及的表格及所达成的目标等要求。另缺少所涉及其职务与相关部门的联络方式、频率等信息。可进行如下调整：

（1）增加联络网络图及联络频率，如图 13 －3 所示。

（2）增加每日工作内容，如表 13 －2 所示。

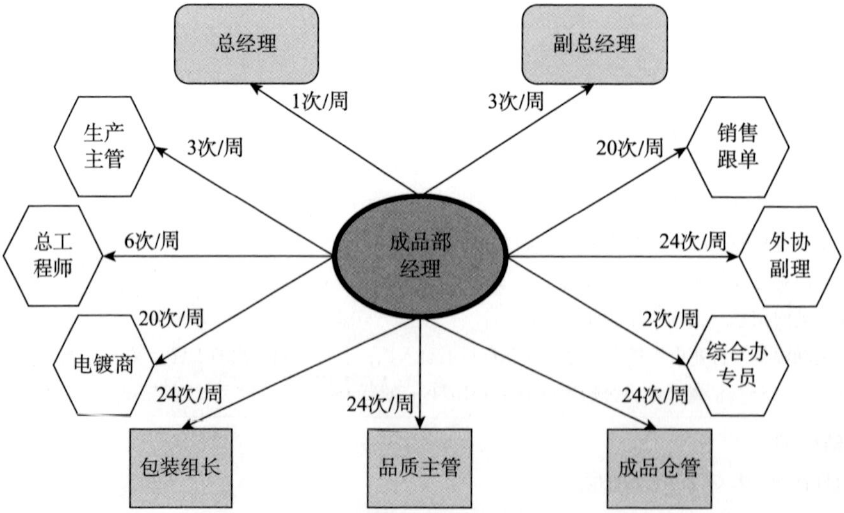

图 13－3　增加联络网络图及联络频率

表 13－2　增加每日工作内容

时间段	工作内容
AM 8：30－8：40	当日工作内容回顾及准备
AM 8：40－9：00	检查《当日出货计划》并核对成品状态，安排包装、检验人员对已进货产品进行检验及包装，未到货通知外协组跟催电镀商
AM 9：00－9：30	检查核对昨日品质、包装及仓库管理过程中出现的问题点，并制定解决方案
AM 9：30－9：50	抽查《品质出货检验报表》及《电镀不良统计数据》是否有填写及填写错误的信息，并及时纠正
AM 9：50－10：30	抽查确认昨日的客户投诉情况，并检查品质执行主管是否有制定相应的解决方案与实际执行情况
AM 10：30－10：50	包装现场品质实验巡视，确认员工操作、《作业 SOP》、安全生产及现场 5S 等，是否存在需改进机会
AM 10：50－11：00	休息时间
AM 11：00－12：00	午餐时间
PM 12：00－13：00	自由调配时间
PM 13：00－14：00	抽查仓库《进料单据》及账务处理与实际成品状况是否存在问题点
PM 14：00－16：00	包装现场品质实验巡视，确认员工操作、《作业 SOP》、安全生产及现场 5S 等，是否存在需改进机会

续表

时间段	工作内容
PM 16：00－16：30	其他事务处理
PM 16：30－16：40	制定《第二天工作计划》
PM 16：40－16：50	当日工作与副总汇报
PM 16：50－17：00	工作场所 5S 活动及检查包装与品质等 5S 工作

中小企业可根据实际情况调整、修改其职务说明书。职务说明书必须对责任人进行培训及宣导，必须让责任人清楚明白自己的工作内容及如何实施。

二、如何进行人才甄选

（一）企业为什么要选人

（1）企业出现职务空缺。主要体现在三个方面：

- 正常退休。
- 人才离职或自离。
- 人才被公司辞退。

（2）企业因业务发展增加新的职务。

（3）为现有的人才做储备（此因素在中小企业较少见）。

（二）企业如何选到合适的人

1. 确定人才规格

我们首先要确定对所招聘人员的要求，主要的依据是此职位的说明书，如果职务说明书写得较宽泛又不能进行量化，你所招的人才很难判断是否满足招聘的需求。

2. 选择招聘渠道

可以根据公司招聘职位要求来确定招聘渠道，例如：招技术骨干，最好在同行业中“挖”人，特别是能改变公司目前技术瓶颈的人。例如：招一名管理类型岗位人员，主要有四种方式：

- 同行业引进。
- 内部管理员介绍。
- 内部人员招聘晋升。
- 人才网站及猎头公司等渠道。

中小企业可根据实际需要决定招聘方式。

（三）人员录用的综合评估方法

中小企业传统面试录用方法：

1. 直接由用人部门主管面试

较多的中小企业人力资源部把人员应聘资料直接交给用人部门主管，由他们直接面试就完成任务。目前人才资源缺乏，想找到一个合适的人才并不容易。但不能为完成任务而招聘，这样很容易让企业进入恶性循环。

2. 人力资源前期准备工作

人力资源必须对面试人员进行背景调查。背景调查包括学历及工作经历两方面，如果工作经历优秀且在上一家公司表现优秀可以放宽对学历的要求。

3. 用人部门主管面试技巧

在面试中，中小企业用人部门主管很多也不知道如何选到如意的人，原因较多，最主要的因素有以下几点：

- 对所用人的要求不明确。
- 用人要求与所规定的薪水不匹配。
- 缺少面试技巧，偏向自己主观判定来下结论。

如何招到自己想要的人呢？首先，界定用此人的侧重点在哪里。例如：如果公司想招一名持续改进的工程师，那么工作侧重点自然是有主导改进项目的能力。这样面试的侧重点就询问他如何开展、推进项目，最好是让他在现场一边展示一边讲解所做过的项目案例报告。然后，了解整个持续改进项目的思路及展开方法（包括所遇到的问题点如何处理）等。如果面试者满足你的要求，一般他会开出较高的薪水要求，此时，我们可以初步认可此面试者。

但为了避开用人错误的风险，面试者要求薪水每月 1 万元，用人负责人可以这样回复：“可以先每月 8000 元，如果三个月能做出一些成绩，可以将这三个月余数的 6000 元一起返给你。”为了让面试者相信你的承诺，可签订一个简单的合同，并提出一些 KPI 要求。如果面试者不能接受，说明此人无能力承受公司所交付工作的压力。无论是技术人员还管理人员，工作态度应摆在第一位。如果态度较差，此“人才”将会变成公司的负担。所以，中小企业在面试中需留意上述常见问题。

第二节　培训及考核

一、如何做好、做对培训

（一）中小企业的培训需求

中小企业的培训比较薄弱，要么没有培训，要么只做表面动作，做一份虚假的培训计划，然后找到受训的对象签名了事。这样应付工作及体系审核的动作屡见不鲜。我认为，如果这样完成任务还不如不做。有的人也会回答这样做是为了应付内外部审核。但我们要反问自己为什么要做质量管理体系，不是拿到一个证书就草草完事。最重要的是要提升整个公司的产品质量，充分满足客户的要求，从而降低公司的管理成本，使公司利润最大化。

大家都知道企业最大的资源是人力资源，人力资源的好坏决定公司的发展与未来。但我们只想到外部引进，现在外面的人才成本费用较高，再说引进来不一定适应公司的运作，引进不好反而适得其反，甚至将公司带入深渊。其实有的员工有想真正改变自己的想法，管理者为何不给员工一次机会来展示呢？中小企业的培训计划怎么做呢？

第一，先做不同层次及管理职务的培训需求。例如：做生产主管的人员应学习哪些内容方可满足工作需要。人力资源部应与职能部门统一制定各岗各职位的培训需求。一家锂电池企业的品质部培训需求计划如表 13 - 3 所示。

表 13 - 3　一家锂电池企业的品质部培训需求计划

序号	培训课程及内容	课时（h）	受训对象	培训老师	考核方式
1	品质的基础知识与品质意识培训	4	全体人员		笔试
2	锂离子电池生产控制	4	全体人员		笔试
3	不合格品控制流程	4	全体人员		笔试
4	QC 七大手法及图表的制作	14	组长以上职务		笔试与实际操作
5	精益质量术语讲解	2	组长以上职务		笔试
6	数据透视表与函数公式在 EXCEL 中的运用	18	工程师以上职务		笔试与实际操作
7	如何成为一名优秀的管理人员	12	组长以上职务		笔试
8	管理者常犯的 11 种错误	10	组长以上职务		笔试
9	抽样计划表的运用	2	组长以上职务		笔试
10	ISO9001：2008 内审员	24	组长以上职务		笔试与实际操作
11	QCC 品质圈的实战应用	12	全体人员		笔试与实际操作
12	团队意识与凝聚力	2	全体人员		笔试
13	SPC 统计过程控制	6	工程师以上职务		笔试与实际操作
14	质量人如何突破英语口语	2	工程师以上职务		笔试
15	TTT 内部培训师	12	组长以上职务		笔试与实际操作
16	精益生产的发展与导入	2	组长以上职务		笔试
17	客户投诉处理与 8D 报告	6	工程师以上职务		笔试与实际操作
18	丰田工作方法	4	组长以上职务		笔试
19	防错法的应用	6	组长以上职务		笔试与实际操作
20	5S 与目视化管理	6	组长以上职务		笔试与实际操作
21	精益八大浪费	6	组长以上职务		笔试与实际操作

续表

序号	培训课程及内容	课时（h）	受训对象	培训老师	考核方式
22	质量成本管理与控制	6	主管以上职务		笔试与实际操作
23	5WHY 分析与案例讲解	6	组长以上职务		笔试与实际操作
24	MSA 测量系统分析	6	工程师以上职务		笔试与实际操作
25	菲尔波特朗尼法外观检测考核方式	2	组长以上职务		笔试与实际操作
26	仪器内校员培训	12	工程师以上职务		笔试与实际操作
27	聚合物锂电池的原理与制造工艺	6	全体人员		笔试
28	卡尺、千分尺及二次元的实际操作培训	2	全体人员		笔试与实际操作
29	X－RAY 实际操作培训	2	全体人员		笔试与实际操作
30	锂离子电池实验要求及操作培训	12	全体人员		笔试
31	IE 工业工程基础知识培训	6	组长以上职务		笔试
32	ROHS 有害物质限制法令培训	6	组长以上职务		笔试
33	有效沟通技巧培训	6	组长以上职务		笔试与实际操作
34	管理心理学培训	12	组长以上职务		笔试与实际操作
35	TWI 一线主管能务提升训练	12	组长以上职务		笔试与实际操作
36	供应链质量管理培训	18	工程师以上职务		笔试
37	研发质量管理培训	12	工程师以上职务		笔试与实际操作
38	项目管理培训	12	工程师以上职务		笔试与实际操作
39	战略计划与战略实施培训	6	主管以上职务		笔试与实际操作
40	营销与生产运营管理	12	主管以上职务		笔试与实际操作

第二，培训需求计划必须经过受训人群的同意及认可，不建议强制要求受训人员，中小企业也可根据实际情况确定各个部门的培训需求。如征求大家的意见，培训开展起来可以取得事半功倍的效果。如果是强制要求，可能适得其反。中小企业管理者可以根据实际情况决定。

第三，想要取得较好的培训收益，首先需调动公司管理干部的学习兴趣。我认为先要灌输一些为什么要学习的观念，使其改变一些观念，如用儒释道思想与企业管理的作用来激发受训人学习的精神。没有完美的个人，只有完美的团队，现在是团队协作的时代。

（二）中小企业的内部培训师梯队建设

中小企业培训尤为重要，但要取得好的培训效果，我们必须有一个擅长培训的师资团队。“教不严，师之惰。”要想教出有德行及能力的学生，先有一批擅教的老师。所以，中小企业应做好管理技术的传承，必须打造一批内部培训师梯队。如何打造一个职业性的内部培训师团队呢？

中小企业要想打造内部培训师团队，首先要建立培训机制。刚开始，应建立培训激励制度并需按制度要求定期兑现。中小企业都希望精通技术及管理的管理者将自己的所学传授给新来的工人，又不愿意激励传授者及学习者。“想要鸡生蛋，又想不给食物。”所以，前期对教者与学者给予一些奖励，鼓励他们积极参与。现在较多的大公司建立独立的培训部门，有自己的专职培训师，但中小企业不可能花这么多的人工成本，但可以先培养几个拥有资深的技术或管理知识的人员，他们知道如何培训、教育传承自己的技术与管理知识。一些企业通常给这些人一些课酬，同样给予学习者学好某些技术与管理知识可获得优先晋级及加薪的机会等。

二、培训的考核方式

（一）培训的两种方式

1. 笔试

较多的中小企业的笔试是为了完成任务而做的笔试。要么没有笔试，审核前全部做假记录；要么将答案与试题一起发给学员照抄。这种培训的效果可想而知。我们首先要搞清楚为什么笔试，笔试主要是检验学员是否学到知识，使讲师能掌握学员的学习状况，这样才能评价培训实施的有效性。讲师也可以从考试结果发现自己的不足并做持续改进。

2. 实际操作

实际操作非常重要，中小企业往往没有这项，这项才是中小企业真正要努力做到的。中小企业所学的持续改善工具，实践就是一一测试学员能否使用改善工具。如排列图，需实际提供公司的某一过程的质量不良数据，让学员用 EXCEL 或统计软件 Minitab 等软件做实际演练，并提交完成的报告。改善项目的学习，如精益的 VSM 价值流程图分析，培训完后让学员针对公司目前的生产状况独立完成 VSM 价值流程图分析，包括独立操作 VSM 制作软件 VISIO 的能力等。通过实际的操作及项目管理运作，真正做到学以致用。

（二）培训效果的保障方式

怎样才能保障培训的效果呢？我们必须将培训纳入绩效考核，这样才能确保培训的收益。例如：有些中小企业鼓励质量管理人员考注册质量工程师及质量经理。如果能考过并能拿到证书，经人事部验证可优先加薪乃至晋升等。当然单凭证书也不能说明持证人的真正实践水平，所以最好的检验方式就是看做持续改进项目的个数及收益。目前有些中小企业开始设定持续改进项目个数目标或节省成本的金额数等目标。我们要中小企业管理者学习改善工具并鼓励其积极在所管辖的区域发挥主导项目改进实操能力，方可为公司带来真正的收益。

中小企业培训要实现双赢，利公司也利员工。中小企业为什么会想到做一些虚假记录蒙骗客户及第三方验证机构呢？如果这样做还不如不做。因为这样做会将管理者带入不做实事、做虚假报表、不负责任、见到问题就相互推诿的恶性循环。如果能踏实地执行，不但可以激励员工主动、积极参与公司的持续改善，还能打造公司的持续改善文化及提高管理者的实际管理操作水平，这样的公司才会逐渐强大，具有良好的竞争力。

三、如何留人

企业中有各方面的人才，不同的人才应采用不同的留人和管理方式。

人力资源管理的人才分类如图 13 –4 所示。

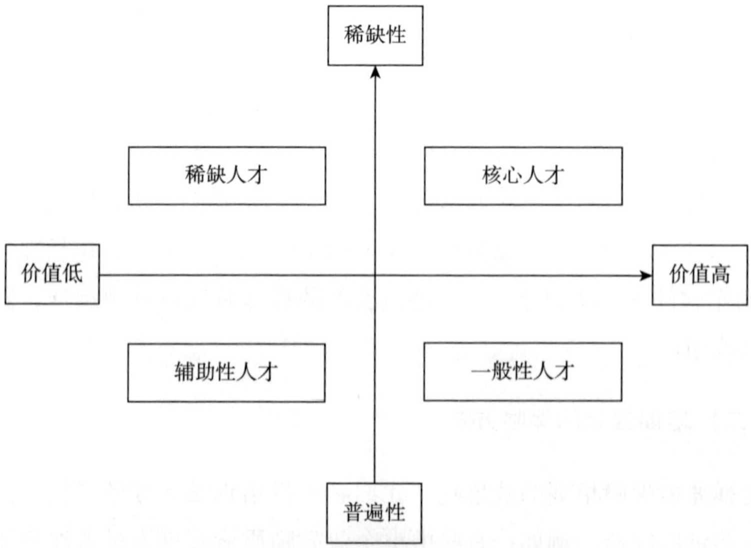

图 13 –4　人力资源管理的人才分类

1. 核心人才，采用协商式管理

针对掌握公司核心技术的人才，应让此人才拥有少量股份，让此人才的前途与公司命运绑定在一起。因为他所做出的一切努力也是帮自己实现更多的财富，也可以说是自我实现，所以他自然努力工作并忠于公司。

2. 一般性人才，采用任务式管理

我们可以实施 KPI 目标管理，针对完成的指标结果兑现应得的奖励，使他们积极地往预先制定的战略目标进攻。

3. 稀缺的特殊性人才，采用对外合作方式

针对一些偏冷门型人才，我们采取对外合作或承包的方式。如果聘请这样的人才，人工成本将会大大提高。如果聘用此人才，可能一个月他的工作时间只有两三天，所以合作方式比较实用。如工厂的打印机及电脑的维护可以委托外部机构来维护，没必要专门聘请一位 IT 人员。当然，可以根据中小企业自身管理的实际情况决定。

4. 辅助性人才，采用命令式管理

此人才较为普遍，离职对公司运作不会有重大影响。我们可以采取命令式管理，当然这种要求不是建立在苛刻基础上，应是人性的管理。例如：明天公司有一个重大的客户审核。今天是周日，要求所有文职人员加班做好审核前期准备工作。这是命令式管理，但要有次数限制，不能天天都这样，否则将对整个企业管理运作产生不良影响。

四、如何进行淘汰

1. 淘汰的方法

（1）通过文化或者水平评价来淘汰。此方式可以为打造一个学习型的团队提供良好的竞争机制。例如：中小企业高层管理人员应建立自主学习目标，做采购经理的人应考取物流师或采购管理师资质来做任职背景档案。以前进来的管理人员可能没有这方面的资质，但从现在起可以恢复此项要求——在多长时间内需取到此资格。如果未完成，可以让同部门同事先替代。这样无形地给管理者提供了学习的动力。公司要发展壮大必须吸收新的技术及管理方式，一成不变很难使公司发展壮大。

（2）通过考核来淘汰。部门主管应建立自己的目标与指标，如果在定期内未能达成目标与指标，确定不是技术瓶颈等例外原因，则受到警告、降级等处罚。这样可以评估此管理者是否胜任此部门的管理工作。

2. 什么时候淘汰

（1）从公司成立起，应建立竞争与淘汰文化。让有能力的人做更大、更重要的事情，充分体现适才适岗的职位要求。

（2）每年都要淘汰。公司应对每年绩效末位的管理者实施末位淘汰。以目标指标来衡量其技术管理业绩，充分体现在公司规章制度中，营造人人平等、公平公正的企业文化与氛围。

3. 淘汰的前提条件

（1）创业者的理念及决心。为什么要实施淘汰制度？公司要发展，如果员工不成长，怎样保证公司的成长与壮大呢？中小企业不能只喊口号，一定要执行与实施，这样才能有效果。

（2）不计个人交情的文化。事实上，很多中小企业的管理技术骨干是与老板一起打天下的。很多管理者都诉苦，没有功劳也有苦劳。这句话正确吗？可以是正确的，也可以是错误的。正确的是确实与老板一起打天下，错误的是公司不能因为以前的管理思维而限制发展壮大。现实中，大家都能发现，做同一类型的工厂，在同一时间起步，就是不是同一老板及管理者，五年与十年后再去比较，差异较大，有的差异是无法猜测与想象的。究竟是什么原因？

在这里，我要引用三星李健熙先生的名言："除了老婆与孩子不变，其他的都要变化。"所以，企业的壮大不能是一成不变，否则无法变强变大。很多中小企业老板都是看着交情关系而忽视公司的管理，最终使公司无法革新。有的人说："如果将这些元老辞退，这不是过河拆桥、无情无义吗？"事实上，创业者可以先给予他们学习上进的理念。可以是强制性要求，如以前打天下管理者无学历，现在让其制定目标在三年内完成成人高考，获得大专学历等。我们必须给予这些人革新的机会，如果给予机会也不变化或不长进，就可以采取适当措施让这些人做辅助性职务等，让更有能力的人才替代他们。这样的公司才能突飞猛进。

结论：最重要的是创业者变革的决心与勇气。众所周知，要改变一个人的习性是很困难的。如果不改变这种不好的习气，将会蔓延与扩散。久而久之，形成劣性循环的文化氛围。

第三节　绩效考核的目标设定和实施

一、企业目标管理体系示意图

从图 13－5 中，我们可以看出企业目标管理体系包括五个部分：

（1）公司愿景：是描述公司未来将变成何种样子及状态的蓝图。此愿景从另一方面也体现了创业者最初的伟大梦想。愿景的大小也反映了创业者创业初期的胸怀与崇高理想境界的真实写照。

（2）长期战略目标：为实现公司的愿景，创业者必须设定长期战略目标来实现公司最初的愿景。至于时间的界定，没有硬性统一要求。一般公

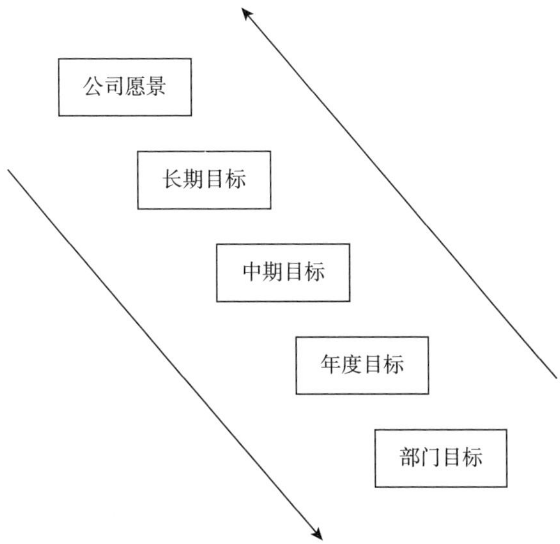

图 13-5　企业目标管理体系示意图

司长期战略目标均为十年及以上。

（3）中期战略目标：从长期战略逐渐分解成公司的中期战略目标，因为长期目标一般不更改，但时间较长，数据量化评估也无法实现，故必须分解长期目标制定公司中期战略目标。一般公司中期战略目标为三至五年。

（4）年度战略目标：现在的中小企业很少有两个指标，多数企业只有年度的战略目标，但都是为应付外部机构的审核而制作的目标。

（5）部门目标：就是从公司年度战略目标分解下来至各个职能部门，每个职能部门均有自己的战略目标及任务。

二、目标应采取自上而下的分解法

如图 13-6 所示，目标最终应分解落实到个人，而且要定期进行评估及修正，对未能达到项进行纠正与预防。企业每个季度都需评审其目标达成状况与更新目标。

目标设定的 SMART 原则：

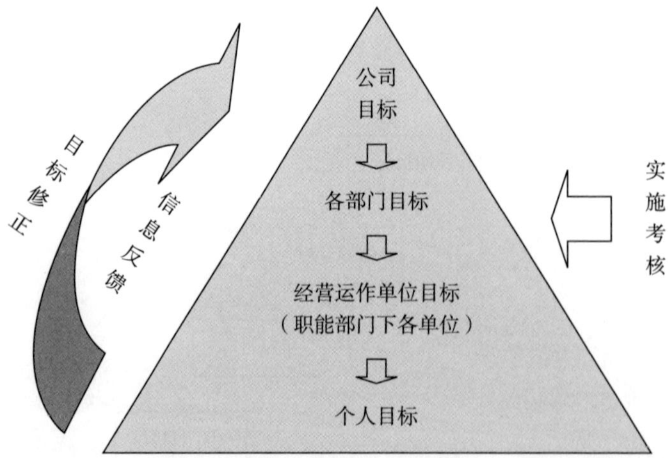

图 13－6　目标应采取自上而下的分解法

（1）明确性（Specific）：需要明确目标，不能模糊定制量化。

（2）测量性（Measurement）：所实施的目标必须可以监测到，能收集到正确数据，能计算。

（3）达成性（Achievement）：目标设定能够达成，很多公司设定的目标无法达成，或者每个目标都能达成，需衡量其目标的适宜性。

（4）合理性（Reasonable）：目标需定期进行评估，充分衡量其目标的适宜性及充分性是否在短期内能达成。

（5）时间性（Timely）：指目标达成是有时间性的，可以从年度目标分解到季度目标乃至月度目标等。

三、绩效考核的实施步骤

（一）绩效考核前期的准备务必先进行 BPR 流程再造

对公司的各个流程的输入与输出、资源策划、负责人及工作方法等。

（二）界定流程的输入与输出责任人

将前面的每个流程的输入及输出理清后，应编写组织结构及职务说明书，也就是要明确责任人及相关的职务要求的说明。负责人对流程的运作负全部责任并传达至相关负责人，必须培训此负责人，使其知道如何负责、控制此流程的过程与结果。

（三）制定流程的考核规则

当确定流程的输入及输出负责人后，需制定考核规则。例如：研发设计部的输出是采购部门，我们可以确定研发部门的设计人员绩效数据主要由采购部门收集及评估。

（1）核心内容就是用下一过程来考核上一过程。有的也称为“内部客户”，也就是说采购部门是研发设计部的“内部客户”。

（2）设定考核内容。研发设计部的考核内容：零件图纸的错误率、BOM 材料清单的正确性、工程作业标准文件的及时更新性、4M 变更的错误率、样品合格率、样品及时性、样品资料提交给客户的投诉率、研发项目成本减少率等。

（四）制定流程的考核目标

如果公司有各部门的关键绩效指标及数据分析资料（备注：需确保数据的准确性前提条件下），可根据历史数据（最少一年）计算一个平均值作为初期考核指标。例如：研发设计部图纸输出错误率一年的历史平均值为 1%，也可根据实际情况调整此目标值。如果没有历史数据可先制定此目标及计算公式。考核对象及数据收集负责人等，可先试运行一个月观察此目标值的位置后再定目标。

（五）制定流程的考核目标所占的权重值

岗位关键绩效考核指标的权重值取决于此岗位的核心工作价值。例如：研发设计部先将工作中的考核指标用查检表的方式列出来。然后由考核部门与被考核部门等其他部门负责人进行矩阵打分，其表格格式如表 13－4 所示。

表 13－4 岗位关键绩效考核指标的权重值

序号	考核目标指标	建议部门	非常重要 40 分	重要 30 分	一般重要 20 分	不重要 10 分	备注
1	设计图纸错误率	财务部	35				中位值个位数四舍五入，例如：35 应判定非常重要，如果中位值分为 33，则判定为重要。每个档位打分均为 10 分
		人力资源部	40				
		生产部		30			
		品质部		25			
		总经办			20		
		PMC 部	40				
		采购部	38				
		业务部		28			
		中位值	32.5	判定	重要 30 分		

所以，目标权重分为 30 分。我们将各岗位核心考核指标陈列出来后再从大到小排列，一般取前三个目标做此岗位核心考核目标与指标。

（六）建立主观考核项目及加分项目

主观项目主要为直接上司的主观评价，所占权重分值较低，一般在 15 分以内。例如：工作配合度、办公及管辖责任区域 5S 状况、重要会议出席状况、请假及迟到状况、违反公司规章制度等情况，主观考核不宜过多，三项即可，可以根据实际情况选择。除了有考核减分项，还应建立加分项目。例如：提案改善项目使公司减少成本；发现重大异常使公司避开成本损失及客户投诉；主动参加外部机构培训或自学，经考核合格并获得相关资格等情况均可列入加分项目。可根据中小企业实际运作情况选择加分项目。

（七）制定岗位绩效指标考核表格

我们基本了解了考核内容及规则，现根据这些内容制定岗位绩效考核表格。表 13－5 为范本表格，中小企业可根据实际情况调整表格或内容。

表 13-5　××部经理绩效考核表

被考核人姓名				职务		考核月份		
序号	考核项目	考核目标	权重分	计算公式	考核规则	考核得分	考核人员	数据来源及相关表格
				综合得分				
备注事项：								

（八）考核表的初案讨论修订与试运行

完成考核表及其考核内容后，应召集被考核方及考核方等相关责任部门负责人进行讨论并适当修订，大家初步认可后方可进入下一环节——试运行。试运行最长不超过三个月，试运行期间发现问题应及时修订，防止问题扩大而影响考核的公平性与公正性。

（九）考核表的正式运作与定期评审考核目标指标的适宜性

试运行结束后，经试运行评审无相关异议后方可进入正式运作，正式运作后应关注其考核目标指标的适宜性。企业应半年或一年评审一次考核表的适宜性，例如：目标是否无法达成，或者很容易达成等状况均可以进行更新、修订。

四、绩效考核的注意事项

（1）流程再造必须将流程的输入、输出、资源策划、流程接口负责人、流程目标指标及控制方法梳理清楚，并征求其责任人建议修订及认可。使被考核方与考核方了解其考核运作及控制方法，便于绩效考核的顺利开展。

（2）实施企业应建立绩效考核委员会及专兼职负责人，最高管理者应参与其考核运作、资源提供及问题点的解决等。绩效考核负责人应制定有关绩效考核运作文件并予以执行，定期对绩效考核的有效性进行评价并形成书面报告汇报至最高管理者。

（3）绩效管理负责人应检查其绩效考核数据来源的真实性，防止被考核方及考核方相互造假数据而导致绩效考核失效。

（4）针对绩效考核过程所产生的任何问题应及时讨论解决，避免问题点的放大而导致绩效考核不能顺利开展。绩效考核管理员无法解决的问题应及时汇报至最高管理者寻求解决方案。

第十四章

Chapter 14

中小型制造企业组织内部的沟通管理

第一节　什么是沟通

一、沟通的基础

为了设定的目标，把信息、思想和情感在个人或群体间传递，并达成共同协议的过程称为沟通。

（一）沟通的种类

沟通分为语言与非语言沟通，语言包括口头与书面语言。非语言沟通包括声音、语气、肢体语言与身体动作。成功的沟通交流内容的好坏占7%、语音语调占38%，肢体语言占55%。肢体语言包括以下几个方面：

（1）手势。在交流过程中所展示的手势与动作。柔和的手势代表友好与和谐；强硬的手势代表指责与命令。

（2）面部表情。沟通中面部所表示出的形态。微笑表现友善与礼貌；脸红表现害羞、不好意思等。

（3）眼神。在沟通中双方眼神的相互交流。与异性交流，总盯着对方不礼貌；如为同性，也可以表示为认真及寻求帮助。

（4）姿态。双臂环抱表示防御与保守，开会时独坐一处表示傲慢或对此议题不感兴趣等。

（5）声音。沟通中声音突然变大表示生气不开心；声音随和表示开心和谐等。

（二）管理有效沟通的三个纬度

1. 态度

态度是有效沟通的基础，体现在两个方面：

一方面，在沟通前任何一方就没打算建立良好的沟通氛围。在工厂管理中，A 主管安排一个任务给下属 B，由于下属 B 工作未完成或完成状态与实际要求差异较大，A 主管将下属 B 狠狠地批评了一次，且双方还产生了强烈的争论。事后不久，A 主管意识到自己的批评有点过度，又亲自找下属 B 沟通、解释了一次。下属 B 还在生气中，不想听 A 主管的解释，所以这种沟通是无法达成共识的。

另一方面，刚开始双方沟通状态较好，彼此都能理解对方的感受及状态，但在沟通过程中，任何一方出现过激现象，如双方因对一件事有不同的看法而产生争论甚至争得脸红脖子粗，这样也是无法达成共识的。

这两种情况在工作与生活中均有发生，在与对方沟通时，首先要学会理解、包容对方。如果双方均保持这种态度沟通，最起码不会因为争论或其他原因导致沟通无法继续。

2. 知识

态度是保证有效沟通的基础，知识与下面即将介绍的技巧则是重要组成部分，双方是相辅相成的关系。为什么这样说呢？例如：双方沟通中因为知识水平差异过大而造成沟通障碍。为什么两者是相辅相成的关系呢？举一个我亲身经历的案例：

我从外企辞职后进入一家民营企业工作，这家民营企业的管理与外企相比还是有较大差异的，我去现场巡视，与我的下属——一位 IPQC 组长进行了谈话：

我：“请把 IPQC 检验的 SIP 拿给我看一下？”

组长："什么 SIP，我不知道。"

我："Standard inspection procedule。"

组长："我不明白是什么意思。"

我："就是 QC 用的检验规范。"

组长："你说中文，英文我听不懂你在说什么。"

后面还有很多内容都没说，从这个案例可以知道双方因为知识差异较大而导致沟通障碍。有的人会问："难道知识水平高的人和知识水平低的人不能有效沟通？"这个问题问得很好，我的回答是："完全可以。"怎么沟通呢？就是下面讲述的技巧。

3. 技巧

知识与技巧是进行有效沟通的两大支柱，也是相辅相成的关系，我们还是通过上面的沟通案例来讲述吧。

我："请把 IPQC 检验的 SIP 拿给我看一下？"

组长："什么 SIP，我不知道。"

我："不好意思，就是 QC 用的检验规范。"

组长："哦，好的。"

针对对方无法理解的内容，发送方应调整沟通技巧，让对方理解你表达的内容，这样才能有效沟通。如果技巧仍然不能让接受方理解你所表达的内容，这样的沟通很快就进入障碍状态。如果是第一次沟通，会让对方产生后续不想与你沟通的想法。在心理学中称作"首因效应"与"光环效应"，就是第一次与对方沟通，因为技巧不当而产生沟通障碍，让对方产生后续沟通无法继续的心理阴影，要么畏惧与你沟通，要么就是认为双方知识差异较大而无法继续沟通。另外，针对不同沟通环境应采取不同的沟通技巧。

一个医生给一个求诊的患者诊断的沟通对话：

医生："你哪里不舒服？"

求诊者："我的左手背起了一个黄疱，而且有点痒。请问医生这是什么病?"

医生：看了一下求诊者的左手背，说："你得了黄疱疮，此病有点顽固，有点不好治疗。"

求诊者的脸变得通红，很生气地说："你神经病，就起了一个黄水疱，有你所说的那么严重吗?"说完一转身走了。沟通完全失败。

求诊者来到另一个医院，一个医生接诊了他，两人对话如下：

医生："你哪里不舒服?"

求诊者："我的左手背起了一个黄疱，而且有点痒。请问医生这是什么病?"

医生仔细看了一下求诊者的左手背部，问道："你手臂起这个黄水疱多久了?"

求诊者："有两周了。医生，有什么问题吗？严重吗?"

医生看到求诊者紧张的神态，说道："不要紧张，手上起了一个黄水疱很好治疗的，只要你相信自己及医生，配合治疗一个周期很快就会好起来的。前提条件是你要有绝对的信心，相信医生很快能治疗好你，这样很快就能好起来的。"

求诊者："好，我相信你医生，谢谢你医生。"

两个不同医生的话语给求诊者的感受不一样，结果也不一样。前者沟通失败，后者沟通成功。其实病是一样的，但沟通结果不一样。因为后面这个医生知道求诊者当时正处于紧张的状态，调整了说话技巧，所以，产生的结果也不一样。

这样的案例在中小企业沟通中屡见不鲜。

二、学会倾听

前面提到有效沟通的三个纬度，也阐述了三者之间的相互关系。而有效倾听也是一个重要环节。那么，如何让倾听更好地为沟通服务呢？我们来看看倾听的原则。

（1）适应讲话者的风格。例如：与不同的人沟通，沟通方式也不是一成不变的，不同的人由于知识水平及心理状态不一样，产生的效果也是不一样的。为什么要适应讲话者的风格呢？很简单，要想与不同的人进行有效沟通，首先要适应讲话者的风格。例如：有的人讲话很粗鲁，脏话连篇；有的人讲话很容易冲动，喜欢与人争论是非等。遇到不同的人，首先要适应对方说话的风格。

（2）眼耳并用。有效倾听，耳朵肯定是要努力倾听对方所有的信息，当然眼睛要盯到对方的脸部。这也代表你在认真地倾听对方表达的所有信息。

（3）寻求理解他人，再被他人理解。做好有效倾听，在双方沟通时应多站在对方的角度理解其当时的感受。对方向你倾诉自己的痛苦时，你应理解对方的感受，还需表现出“共情”的心理状态。如果你的表现没在一个关键点上，将会导致沟通无法延续或沟通障碍。

（4）鼓励他人表达自己。面对性格内向、不喜欢说话的人，你需要鼓励对方尽量多表达自己的观点，尽量鼓励对方表达你想要倾听的内容。

（5）倾听所有的信息。有效倾听时，应尽量让对方多说，倾听对方表达的所有信息，切忌随意打断对方的谈话。

（6）表现出有兴趣倾听。主要在面部表现出愉悦，让对方感觉到你是在与他很高兴地交流与沟通，使双方很快达成共识。

第二节　会议沟通方法

一、会议沟通的类型

（1）谈判型。主要用于对接客户商务贸易的一种会议沟通方式。

（2）传达型。应用于高层指令及任务的分派与落实。

（3）问题解决型。此方式在中小企业应用较多，主要通过 CFT 跨功能小组来实现，群策群力、全力以赴解决生产过程中的所有问题。

（4）制定决议型。应用于公司战略计划布署与实施，例如：产品的转型、多元化业务的拓展等。此会议类型与上一条有相同之处：前者可定义多项决议；后者决议有的很打击人，准备很充分，但结果就是不采用或采用的是肯定式结论。

（5）收集建议改变现状型。此会议类型多应用于公司员工大会、员工满意度分析、提案改善及高层与基层的定期回访等。

二、会议沟通的步骤

（一）确定会议沟通的类型

会议组织组织者根据上述 5 个会议沟通类型选定会议的类型，并准备会议资料。

（二）明确会议的目的

沟通类型确认后，会议组织者应明确此次会议期望达到的目的是什么，有没必要开会，开会真的能达成想要的目标吗。在我的中小企业工作经历中，有的会议组织者都是“拍脑袋”办事，有时不经考虑就通知大家开会，结果可想而知。计划开会必须回答上面的三个问题，如果有两个问题被否定，就得考虑是否继续会议。

（三）确定与会者的构成

这一步骤是通知参加人员名单、参加人需准备的资料及汇报的顺序。例如：制定战略决议与管理评审会议等。如果是任务传达，只需通知相关负责人在何时、何地参加会议。

（四）明确参会者的角色与职责

此项为会议组织者是否请高层领导参加，组织者应先与高层领导沟通，此次会议领导应扮演什么角色。例如：品质部计划召开一次 QCC 组织的准备会议，此时高层领导应扮演号召全体人员融入 QCC 质量改善文化氛围的角色。如果是 QCC 改善会议，需明确 CFT 各个单元负责人的职责，如技术工程师应提供技术优化改善方案、设备工程师应提供自动化操作或检验改善方案等。

（五）会议组织准备工作

主要分为硬件与软件及消费品。硬/软件：主要为电脑、投影仪、写字板与写字笔、激光换页笔及会场摆放的布置等。消费品：主要为饮料、水果、会议所用的文具等。

（六）确定会议的议程

此项在正式会议沟通中应用较多，如企业的管理评审会议等，会议组织者应在会议前准备好会议的先后步骤与顺序。

（七）会议记录

会议结束需形成会议记录，会议记录应包括以下内容：

（1）会议召开的时间、地点、主持人与参加人员信息。

（2）会议的主题与目的。

（3）会议的议程及记录。

（4）会议的决议内容。

（5）会议决议的执行人与检查人、完成时间与验证关闭状况等。表 14－1 是一家公司的会议记录表。

表 14－1　一家公司的会议记录表

会议名称	生产协调会	主持人	李老师
时间	2011－9－20　14：00	地点	二楼会议室
记录人	黄东伟	抄送	黄×
列席		缺席人员	
参加人员	陈×　黄××　黄××　梁××　尤×　张××　李××　杨×× 黄××　许××　付××		

续表

会议决议					
序号	决议事项	完成时间	责任人	跟账人	跟账结果
1	背光片欠 100pcs	9.21 上午 12：00 前回厂	黄××	黄××	9.21 上午已回厂
2	总装流水线上用的主机支架不够，需补充	9.24 下午 18：00 前完成	许××	黄××	待确认
处罚记录					
主持人确认		日期			

03－003－03

会议记录的发放，根据各公司要求执行，有的需复印分发给相关参会者，有的用 E－mail 发给相关参会者。软件应用能力较强的公司，均将此报告放入系统中，系统自动将链接分发给参会者，所有人员可查阅分享。

第三节　如何与上级沟通

一、如何预防与上级沟通产生焦虑

很多管理人员都畏惧与上级沟通，特别是领导性格暴躁、脾气大且喜欢大吼大叫、说粗话时。沟通没底气，有时直接上司主动找下属沟通，下属在沟通中常常因畏惧上司批评而焦虑。如何与上司沟通，避免焦虑呢？

首先，你要明白上司所期望任务完成的目标状态。在他下达任务的时候，你应了解清楚他的想法及期望指标。了解清楚后，你应有一些基本意识，如果怕忘记而影响结果的有效性，最好记录下来。如果在你的思维中没有80%的把握达成上司的要求与期望，最好请教上司执行的方法。执行过程中，你可能会碰到事先没有想到的问题，请勿立即请教上司，应先将所有的问题写在笔记本上，找一个适当的时间（如下班前的半小时），带上你的笔记本与笔快速地向你的上司一一汇报与请教，并记录他的解决方法。沟通前切记以下两个因素：

第一，沟通内容的准备是否妥当。很多人沟通前未准备好，上司深问一无所知，这样的下属难道不让上司生气吗？

第二，找对沟通时间。什么时间较好呢？当你站在上司面前时，就能知道他是否正在忙其他事情。如果他正忙着，就没必要打扰他（紧急情况除外）。另外，识别上司的面部表情，当你的上司正受一些不良情绪影响时，可采用询问的方式进行沟通。例如：见到上司可以说："您现在有时间吗？我有事情需和您沟通一下，预计需要××分钟。"如果他说"没时间"，就没必要追问了。

二、怎样与上级进行改进项目沟通

（一）明确改进项目的收益与投入

改进项目前期策划阶段，我们需通过CFT小组综合制定改进方案，我们共同期望的目标是花较少的钱创造最大的效益。当出现多种改善方案时，如何筛选最优的改善方案？

我们可以将CFT提供的所有改善方案写入表14－2中。

表 14－2　项目收益与投入

问题	改善序号	改善方案	收益	投入	Significant?	Too much Effort?	综合	可行性
	1		2	10	1	1	1	不值得
	2		5	6	1	2	2	视情况选择
	3		2	2	0	2	0	影响太小
	4		6	5	1	2	3	视情况选择

其中，收益是指所能达成期望的指标程度，从 1～10，值越高代表收益越好，此项为 CFT 最终评分项。

投入项为改善其问题所需投入的资源总和（主要为人力、物力），从 1～10，值越高代表投入越大。

Significant：表示是否有意义，其函数设定公式为：＝IF（收益项^2＋投入项×2＞9，1，0），其值为收益风险序数的大小。如等于 1，收益很好；如为 0，收益较少、影响较小。

Too much effort：表示所达到的功效有多大，其函数设定公式为：＝IF【收益项－投入项＞3，3，IF（收益项－投入项＜－3，1，2）】，其值为投入的风险序数。当等于 3 时，投入少、收益大；等于 0 时，代表投入较大、收益较少。

综合：综合收益与投入的总共风险序数值，其公式设定为：此二项相加之和。当此项值大于等于 3 时，表示此改善方案投入少、功效大；等于 2 时，表示此改善方案投入一般、功效大；等于 1 时，表示投入大，功效一般，有较大的项目风险。

可行性：根据综合风险序数值进行评价，其函数设定公式为：＝CHOOSE（综合项＋1，“影响太小”“不值得”“视情况选择”“值得实施”）。当其值等于 3 时，表示值得实施；等于 0 时，表示不值得；等于 2 时，表示视情况选择；当收益值较小时，表示影响太小。

我们将上述判定结果融合到图 14－1 中，可以发现哪些改进方案是首选项、哪些是不必要选择项。

落在绿色区域中为优先执行项，落在红色区域中为不考虑的改善项，中间为视情况而定的改善项。最后将优先执行项的收益与投入转化成金额

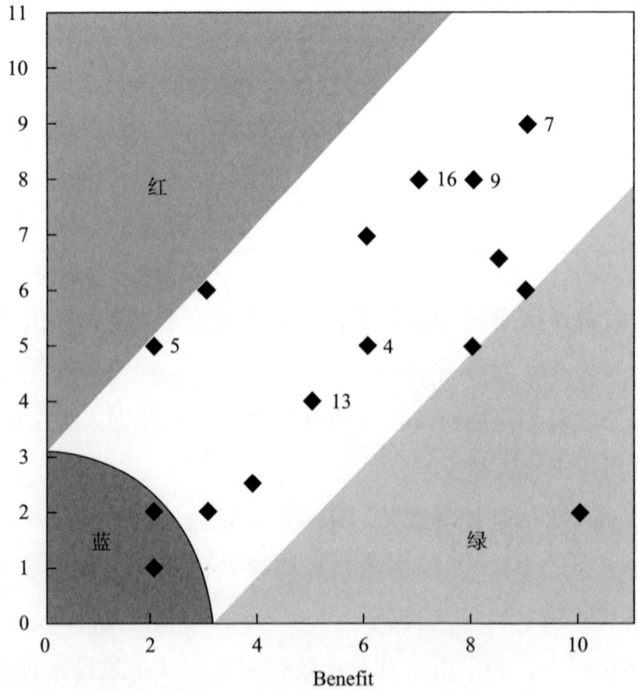

图 14 - 1　判断首选项、改善项

并记录于汇报内容中。

（二）制定详细的改善方案与步骤

确定好了改善项目的收益与投入，下一步应向你的上司提交改进项目实施的步骤与方法，最好形成报告（一般采用 PPT）。

（三）注意事项

包括改善项目中所涉及的一些问题点及跨部门人员的配合协调等。前两项可先形成报告发给上司审核，第三项为你向上司直接沟通的问题点，可写在报告中，也可以不写在报告中。如果不写在报告中，应单独用笔记本记录并与上司进行直接沟通。

三、如何应对上级的批评和指责

在工作中难免不被上司批评，当然批评也分为恰当与不恰当。所谓恰当，你做错了事情，可能你会碰到不同的上司，同样也有不同的批评方式。

（一）直接了当型

通常这种上司直奔主题，不给下属留一点余地，甚至有的脾气暴躁的上司会大声骂人，让你很难接受。如果是你做错了事情，要毫无怨言地接受上司的批评。我们可以换位思考这个问题，其实上司能指出你的问题点，说明他对你是很负责的；如果不说你，上司心里已经认定你做事的方式是无法改变的，已放弃你。当你认清这点以后，我的建议是把问题点记录下来，争取下次不再犯。另一种是问题并非你的原因而被上司误批了，在日常的工作中也比较常见。我也在中小企业中碰到过类似的事情。俗话说："忍一时风平浪静，退一步海阔天空。"等你的上司平息怒火了，再慢慢向他解释事情的来龙去脉，切忌直接在批评中顶撞你的上司，这样会直接影响你在公司的发展。有的上司知道错怪了你，他会单独向你表示歉意的。

（二）间接表达型

这种上司通常沟通水平较高，不直接进入沟通话题，而是先和你说一些与本事情不相关的话。例如：你的生活怎么样？现在有什么困难……然后慢慢地将你引入事情中。他将问你当时如何思考此问题及解决此问题的过程。待你全部论述完，针对结果他将在你所论述的过程中，谈一下自己的思维及解决问题的方法，告诉你导致结果出现偏差的根本原因。如果遇上这种上司，你应好好把握机会，多虚心向他学习，因为他会给你带来较多的无形财富。这种上司的沟通方式是我推崇的一种较好的批评方式，是能避开沟通障碍的最好方式。我也喜欢用这种方式与我的下属沟通。

（三）无语型

你也会碰到一些上司不说话，即使你做错了事情，他也不怎么管你。

你千万不要认为，上司没发现或者是认为此问题没什么大不了的。这种上司往往在心里已认定你的能力，也就是我们通常所说的光环效应。什么意思？当你和他相处的时候，你的所有言行举止都烙入上司的脑中，他认定你无法改变自己的思维与观念。这样下去，我们都知道自己的结果了吧？其实这种上司可以说对你也是不负责的，也可以说他没有更好的方法帮助你，甚至会变成不能接受你在这个团队存活下去的关键因素。与这种上司共事，你应主动沟通，不能被动，等到他找你的时候可能就是你离开团队的时候了。

四、怎样识别与发掘上级的想法与目标

情况一：从你上司下达的任务中识别其想法与达成目标。当你的上司给你下达任务时，先要弄清楚任务的内容及是否能按期完成，最重要的是问清上司期望达成的目标是什么状态的。如果这两项都满足，下一步需不断优化任务，争取超越其期望。有的朋友会不断地问如何优化，有时优化不一定要花很多时间去绞尽脑汁把事情做得更好，我认为注意细节结果就不一样了。

例如：我们在做报告时基本上都会用到图表，同一个图表可以做出不同的效果，给人的感觉也不一样。下面是用 EXCEL 做的直方图，从现状到优化后的效果，我们可以看到所用的时间与精力少之有少，甚至微不可计，但给上司或其他人员的感觉就不一样了。

优化前的直方图，如图 14－2 所示。

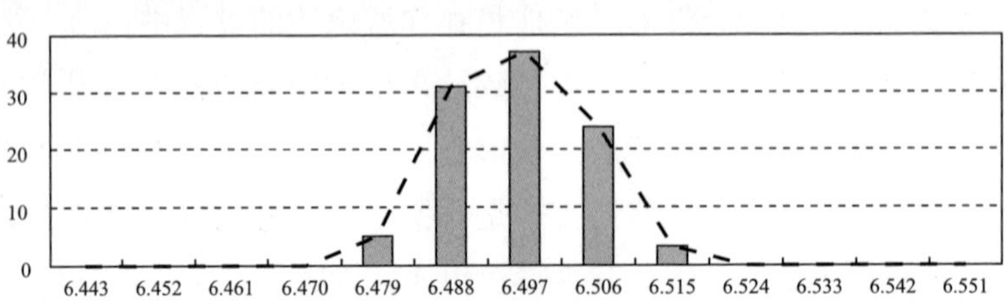

图 14－2　优化前的直方图

优化后的直方图，如图 14－3 所示。

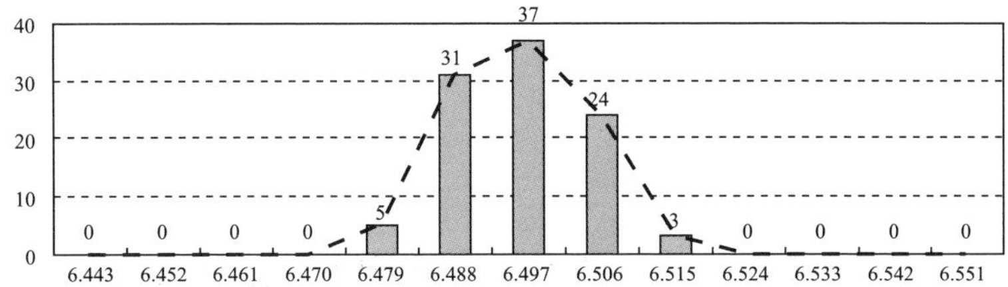

图 14－3　优化后的直方图

综上所述，我们可以看到两个一样的图形，但感觉是不一样的。工作中有很多类似的案例，例如：做表格的整体格式等，我看到过有的职员做的表格打印出来后一边宽一边窄、上下不匀称，这种报表在企业屡见不鲜。其实我们注意细节不一定要花很多时间去优化，两三分钟足够了，但有的职员为什么没有想到多花两三分钟将会给上司留下好印象呢?

情况二：出现问题，你的上司无计可施，如果你已知道该事情，可以征求上司同意召开部门会议或 CFT 小组会议用头脑风暴法共同解决问题。我们很多人都知道下面的改善案例，难道解决问题一定要有很高的知识水平与技能吗？答案：不一定。

有一家生产肥皂的公司，在包装成品肥皂的时候有时会发生漏装不良，遭到客户投诉，此事件引起公司各层的高度关注。当时也有很多人提案来改善这个问题点，有的提案用自动称重，设置标准上下限的重量，如果超出规格之产品用机械手取出放到不合格品箱中，有的提案用 X 光来检查，如影像残缺的直接被机械手拿到不合格品箱中等。我们深知目的是可以达到的，但还需考虑投入，上面所谈到的设备投入比较大，中小企业目前的成本越来越高，所以我们使用了一个投入与收益的矩阵表来筛选最优改善方案。这家企业采纳了一名员工的提案，这名员工的提案很简单，就是在肥皂被包装完成后经过传输线时，用一台电风扇将漏包装的产品吹出，达成了所期望的目标，而且投资非常少。

我们在现实工作中经常会碰到类似的问题点，有时只需调节一下工作方式就可达成目标。所以，尽量使用一题多解的思维方式来解决实际问题点。如果你抱着此思维模式来帮助你的上司，你的上司将会以你为荣。

第四节　如何与同事更好地相处

一、站在对方角度思考问题

在开会时，会产生一些争论与推诿的不愉快事件，特别是问责时，推诿程度较明显。正确的做法是开会问责时主动承认自己的错误，并告诉大家以后如何纠正、预防类似问题的发生。我曾经参加一家民营企业的管理层会议，就因为一个问题，管理员都说不是自己的责任，总经理听了后忍不住就站起来承认是自己的责任。一个公司如果弄成这样，总经理是有重大责任的。管理层难道就一点责任都没有吗？中国知名企业培训大师余世维先生说："中国企业要改变落后于外企的现状，各层人员应先从主动认错开始。"我认为要学会主动站在对方角度思考问题。案例中，如果每个管理员都站在企业角度思考问题，结果就大不一样了。其实一个人活在这个世界上就得承担一份责任。例如：你是一个家庭的主人，你应对整个家庭负责；你是一个部门经理，你应对整个部门的所有结果负责……

在同事沟通交流中，如果你主动站在对方角度思考问题，结果完全就不一样了。下面我讲述一下在我身边发生的一个真实故事。

我当时是一家企业的质量经理，部门一个组长与技术部的一名工程师因为一件小事而在办公室争吵。我们部门的这个组长找到这个技术工程师要某一个产品的图纸，想确认这份图纸确实没有发行过。但向这名工程师要图纸时，她情绪失控、莫名其妙地将我的下属骂了一顿。当时我就在旁边，我的下属也不服软和她争吵起来，两人互不相让。我站起来把下属叫到会议室，我先让她保持冷静，过了五分钟后，我看她有点好转后，就主动和她沟通，问了一个问题："你知道她为什么会和你争吵吗?"她说："谁知道啊，我就问她要一张图纸，莫名其妙地被骂了一顿。"这名技术工程师真的是患了精神病吗？肯定不是的，我向下属讲述了她情绪失控的缘由。我在现场比较清楚前因后果。

这名技术工程师因为辞职的事情与她的上司刚争吵完，这时我的下属向她要图纸，此时她的怨气还没消失，所以把怨恨转发在我的下属身上。其实在心理学上也有这个名词叫"称情"，就是情绪的转移，她把对自己上司的不满情绪转移到我的下属身上了。我的下属顿时明白了是怎么回事。我告诉她："下次再与人沟通时，对方情绪反常失控时，应立即停止沟通寻求另一种解决方法。"我如果也不站在对方的角度来思考这个问题，这件事的结局很难想象。从沟通角度来谈这个问题并不成功，反而与同事或上司之间产生较多的沟通障碍。

类似的案例在企业中有很多，所以要想与你的上司及同事更好地沟通，减少产生沟通的障碍。沟通时应多站在对方立场来看问题，避免不必要的争论。

二、学会倾听对方的心声

如何倾听对方的心声？在沟通中记住不能随意打断对方的说话。如果有一些见解，需要对方停止说话后再开始阐述见解。我也常常犯这类错误，性子急，听到对方见解与自己不一致时，很想立即进行解释说明。这样让对方很容易产生不被尊重的感觉。面对面沟通时，应多注意对方的面部表情，有的人与自己的上司或同事沟通时，只顾讲自己的主题没有注意对方的面部表情，不知道对方是否喜欢你讲的主题。如果对方对你的主题感兴趣可以深一层地讲解，但对方如果不喜欢你的主题应快速结束话题，然后将问题点抛向对方，让对方讲述。特别是电话沟通中，此点非常重要，对方很容易厌倦你，此次沟通肯定没法达成共识。

三、记录你的见解

我们在倾听对方的话语时，如果发现对对方所表达的内容有一些不同见解，此时不能立即打断对方。

（1）打断人家说话在沟通礼仪上是不礼貌的行为。

（2）容易打断对方的思维，让对方思维断裂，陷入尴尬困境中。

我曾经在企业做质量工程师，有一次我和经理去一个客户那里处理一起质量事故。这家客户属于日资企业，当经理与客户的质量部长谈论某一个问题点时，刚好我有不同的见解，我就情不自禁地打断他们的对话，也没有先表示歉意。当时经理瞪了我一眼，我马上就停止发言了。对方有点不高兴，然后对我说："小伙子，你的思维很敏捷，但你打断了我们的思维。如果你对我们的谈话有不同的见解，在我们谈话结束后再来表达会好一些。"我们当时都很尴尬。这个案例说明不能随意表达见解，必须注意表达不同见解的时机。

四、细谈你的建议，注意说话的方式

（一）注意不要轻意打断对方说话的思路

因为你一打断会让对方陷入尴尬困境，这样沟通很难达成共识。

（二）注意对方的面部表情

前面也提到过，我们与对方沟通时，眼睛应望着对方的脸部，千方不能盯着对方的一个地方并保持目光不转移的姿态。如果对方是异性，这样会让对方陷入尴尬。在双方沟通中，你要注意对方的面部表情，当对方目光转移、面部表情沉重，此时应注意停顿并且快速提出反问变更表述方式，让对方来表述不同见解，这也是一种尊重。很多管理者与自己的下属说话时，不注意下属的面部表情与心理状况。这种情况下你表达的内容对方能理解多少？中小企业管理者在与下属谈话时就像下达命令一样，自我思想较重。我们需考虑对方的心理状况，也要尊重对方。俗话说："若要人敬已，首要已敬人。"我们的老祖宗早在几千年前就提到这句很有智慧的话，但后人有几个能理解与执行。

（三）谈话中注意声音的大小与语音语调

在现实沟通中，你的话语的重音在不同的字上，表达强调的意思与作用不同。

"你确定是我拿了你的手机吗?"这句话如果重音在"我"上，那就是主述方告诉对方确认是主述方还是另一个人拿了对方手机。如果重音在"手机"上，主述方想告诉对方确认是手机还是其他物品。所以我们在沟通中需注意高低音的应用。用得不好，容易让对方误解你所表达的内容，适得其反。与异性沟通时，尽量把声音放小一点。如果声音太大，让对方认为你对他（她）有意见。

（四）沟通中不要发怒

你本来是主动找对方沟通问题的，结果因为发怒变成不仅问题未解决反而使问题更极端化。所以，在沟通中这完全是一条禁忌。很多中小企业管理者都说对方蛮不讲理，让自己很难克制心中的怒火。心理学中提到意识、潜意识与前意识，每个人的意识与思维 90% 以上由潜意识支配，图 14－4 是精神分析论创始人弗洛伊德提出的潜意识冰山理论。

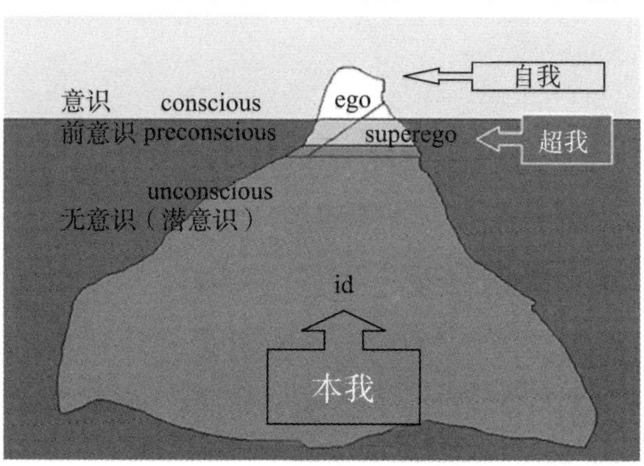

图 14－4　潜意识冰山理论

怎么理解这三个意识呢？首先是潜意识，基本是不经大脑思维的本我意识。例如：有的中小企业管理者天生脾气暴燥，在与人沟通时，一旦对方与自己意见不合很容易冲动。相反，意识是经过自己大脑仔细考虑的自我意识，通常占10%以内。另外，就是夹在两者之间的前意识，也是超我意识。例如：当你与对方沟通时，发现对方与你的见解不一致并产生争执的同时，如果前意识到了与任何人沟通不能轻易动怒时，此时前意识可抑制潜意识。相反，如果前意识没有，这样潜意识将会主导你的整个意识与行为，也叫本我主义，顾名思义，也是你本来的样子。所以在沟通中千万不能动怒，这样的沟通是无法达成共识的。

第一节　精益质量管理代表人物和思想：亨利·福特、丰田佐吉、大野耐一、新乡重夫

十八世纪末至十九世纪，世界各国涌现出不少质量管理代表的人物和先进的理念，他们主要集中在美国和日本。

一、福特与福特流水线的改造

亨利·福特是美国密歇根州一个农场主的儿子。1879 年，亨利 17 岁时离开父亲的农庄来到了底特律，开始了他的汽车生涯。为了给自己的汽车梦积累资金，亨利同时做了两份工作，白天在密歇根汽车公司做机修工，晚上在一家珠宝店维修钟表。在修钟表的工作中，亨利发现大多数钟表的构造可以简化，只要精密分工，采用标准部件，钟表的制造成本可以大大降低而性能更加可靠。他重新设计了一种简化设计的手表，估算成本为每只手表 30 美分，可日产 2000 只手表。他认为这一计划是完全可行的，唯一让他担心的是，他没有年销 60 万只手表的销售能力，而销售活动又远不如生产那样吸引自己，因此，亨利·福特最后抛弃了这一计划。但是，简化部件、大批量生产、低价销售的更多、更好、更便宜的经营思路在此时大体形成。

在亨利·福特建立流水线之前，汽车工业完全是手工作坊型的，两三个人合伙，买一台引擎，设计传动箱，配上轮子、刹车、座位，装配一辆卖一辆，每辆车都是不同的型号。由于起动资金少，生产也很简单，每天

都有50多家新开张的汽车作坊进入汽车制造业，大多数作坊的存活期不过一年。福特的流水线使得这一切都改变了。在手工生产时代，每装配一辆汽车要728个小时，而福特的简化设计，标准部件的T型车把时间缩短为12.5个小时。

进入汽车行业的第12年，亨利·福特终于实现了梦想，他的流水线的生产速度已达到每分钟一辆车的水平，5年后又进一步缩短到每10秒钟一辆车。在福特之前，轿车是富人的专利、是地位的象征，售价在4700美元左右，伴随福特流水线的大批量生产而来的是价格急剧下降。T型车在1910年销售价格为780美元，1911年降到690美元，然后降到600美元、500美元，1914年降到360美元。低廉的价格为福特赢得了大批平民用户，小轿车第一次成为大众交通工具。福特说："汽车的价格每下降一美元，就为我们多争取一千名顾客。"1914年，福特公司的1万3000名工人生产了26.7万辆汽车；美国其余的299家的66万工人仅生产了28.6万辆。福特公司的市场份额从1908年的9.4%上升到1911年的20.3%、1913年的39.6%，到1914年达到48%，月赢利600万美元，在美国汽车行业占据了绝对优势。

流水生产线使产品的生产工序被分割成一个个环节，工人间的分工更为细致，产品质量和产量大幅度提高，极大地促进了生产工艺过程和产品的标准化。制成品被大量生产出来，尤其是多样的日用品在流水线上变成了标准化商品。汽车生产流水线以标准化、大批量生产来降低生产成本、提高生产效率的方式适应了美国当时的国情，汽车工业迅速成为美国的一大支柱产业。

二、丰田佐吉的自働化概念

丰田佐吉，日本发明家、织机改革家，丰田自动织机的创立者，"自働化"创始人，将人的智慧赋予机器，其子为丰田汽车的创立者丰田喜一郎。

很小的时候，丰田佐吉就在意志坚强、充满自信的父亲的影响下，树立了永远都要以不屈的精神挑战自己的目标、时刻不忘怀着感恩的心情回馈社会的信念。

从童年开始，丰田佐吉每天目睹农耕之余的母亲辛苦织布，深刻体会到这种工作方式效率低下。于是他便立志发明出方便、高效率的动力织布机。经过不懈的努力，1890 年佐吉首次发明了丰田式木制人力织布机。这种织布机的原理是：只要用一只手前后推拉就能将纱横插。操作变得简单了，效率也比以前提高了 4 ~5 成。以后佐吉又开始了对机械化的研究，并反复进行了改良。1924 年佐吉和长子喜一郎一起成功地开发了不停换梭式丰田自动织布机，在高速运转时可以准确无误地交换纬纱梭子。同时，只要发生断线就会马上停止，不将错就错地生产不良品。这在没有感应器的时代，在世界上还是首创。这种自动织布机可以连续运转，一个工人能同时照看 30 多台织布机，从而轰动了欧美。

“一有异常马上停机，绝对不生产次品”“人不做机器的看守奴”，这是丰田佐吉专注于“自働化”发明的根本所在。以后丰田公司将其命名为人字旁的“自働化”。此“自働化”非彼“自动化”。在日语中“动”与“働”是两个不同的汉字，发音和意义都不相同。“动”是直接从中文引进的，“働”则是日本造的字。

自働化是让设备或系统拥有人的“智慧”。当被加工零件或产品出现不良时，设备或系统能即时判断并自动停止。通过“自働化”改善的设备或系统，可以达到两个目的：一是不生产不良品（实现零缺陷），即用简便（投资最少化 LCIA）的机械替代人的劳作，减轻作业强度、提高工作效率；二是可以节省监控设备运行的看护人（实现省人化），既异常发生时的自动停机功能。自働化是有人字偏旁的，强调的是人机最佳结合，而不是单单地用机械代替人力的自动化。所以，“自働化”与一般意义上的自动化不是一回事儿。在丰田佐吉的信念里，只要坚持自己的信念勇往直前，就一定能够冲出一条成功之路。

三、大野耐一与广告牌拉动方式

大野耐一（Taiichi Ohno 1912 - 1990），著名的丰田生产方式的创始人，被日本人称为“日本复活之父”“生产管理的教父”“穿着工装的圣贤”。晚年的大野耐一在书中留下了感人的反思：没有人喜欢自己只是螺丝钉，工作一成不变，只是听命行事，不知道为何而忙，丰田做的事很简单，就是真正给员工思考的空间，引导出他们的智慧。员工奉献宝贵的时间给公司，如果不妥善运用他们的智慧才是浪费。浪费总会被习惯性地隐藏起来，所以要避免在工作中有所隐藏，重视微小的数字，重大的浪费就会呈现出来，不要用过去的数据预测未来，这只会让浪费继续下去。效率是衡量工作的唯一标准，忙碌并不等于高效。拉动式生产是丰田生产模式两大支柱之一“准时生产（Just In Time）”得以实现的技术承载。这也是大野耐一凭借超群的想象力，从美国超市售货方式中借鉴到的生产方法。

相对于过去的推动式生产，前一作业将零件生产出来“推给”后一作业加工，在拉式生产中，是后一作业根据需要加工多少产品，要求前一作业制造正好需要的零件。“广告牌”就是在各个作业之间传递这种信息、运营这种系统的工具。与拉动式生产相对应的是推进式生产（Push Production）。在推进式生产中，每一工序都根据生产计划，尽其所能地生产，尽快完成生产任务，不管下一工序当时是否需要。传统的生产系统一般为推进式生产，推进式生产将造成物品的堆积。

四、新乡重夫的 POKAYOKE 防错理念及 SMED 快速换模

新乡重夫（日语原文：新郷重夫，假名：しんごうしげお，1909—1990 年），日本工程师，出身于佐贺县，工业工程（IE）领域世界著名的品质管理专家，著名的丰田生产体系创建人。他在品质管理方面做出重大贡献，在美国出版了不少有关品质方面的著作。他还根据自己 20 年事业生涯中的系统性方法和精心笔记，著有 18 部书和无数管理文章。他指出，“零损坏”就是品质要求的最高极限，被尊称为“纠错之父”。1988 年为了纪念丰田生产方式创造者之一新乡重夫（Shigeo Shingo），而设立的生产品质奖“新乡奖”（The Shingo Prize）被誉为“制造业的诺贝尔奖”。它是运营管理领域最主要的国际性奖项，也是全球范围内唯一致力于精益制造和削减浪费的奖项，目前仅在美国、英国、墨西哥颁奖。目前，“新乡奖”得奖者主要包括波音、Lockheed Martin（洛克西德·马丁）、Raytheon（美国雷神公司）、Baxter（百特国际）等世界一流公司。

在新乡重夫众多的成就中，有两项最被人称道：

1. POKAYOKE（波卡纠偏）

最初叫“防呆”（ポカヨケ，POKAYOKE）系统。新乡重夫根据其长期从事现场质量改进的丰富经验，首创了 POKAYOKE 的概念，并将其发展成为用以获得零缺陷、最终免除质量检验的工具。

新乡重夫认为遗忘有两种：一种是疏漏；另一种是忘却。他建议采用一些措施来预防产品缺陷的诱因，也就是说，经济简便地对生产出来的每一个部件进行检验，杜绝缺陷。

这些工具最初叫“傻瓜工具”，新乡意识到，这样命名可能会令许多员工不快。于是，他用日语造了一个术语叫“波卡纠偏”，意为“防错”或“不失误”。波卡纠偏措施就是能防错，或使人一眼看出错误的机制。

POKAYOKE 的基本理念如下：

（1）决不允许哪怕一点点缺陷产品出现，要想成为世界的企业，不仅在观念上，还必须在实际上达到零缺陷。

（2）生产现场是一个复杂的环境，每天的每一件事都可能出现，差错导致缺陷，缺陷导致顾客不满和资源浪费。

（3）我们不可能消除差错，但是必须及时发现和立即纠正，防止差错形成缺陷。

2. 快速换模

快速换模（SMED，Single Minute Exchange of Dies，一分钟换模法），是日本人在工业工程（IE）领域中发明的革新性概念之一。

SMED 的全称是“六十秒即时换模”（Single Minute Exchange of Die），是一种快速和有效的切换方法。快速换模法这一概念指出，所有的转变（和启动）都能够并且应该少于 10 分钟，因此才有了单分钟这一说法，又称单分钟快速换模法、10 分钟内换模法、快速作业转换，用于不断设备快速装换调整这一难点的方法，将可能的换线时间缩到最短（即时换线）。它可以将一种正在进行的生产工序快速切换到下一生产工序。快速换模法同时也指快速切换。快速换模法能够并且常常用于启动一个程序并快速使其运行，且处于最小浪费的状态。

SMED 是在 20 世纪 50 年代初期由日本丰田汽车公司摸索出的一套应对

多批少量、降低库存、提高生产系统快速反应能力的有用技术。这一方法是由日本的新乡重夫先生首创的，并在众多企业实施论证过。Single 的意思是小于 10 分钟（Minutes），当新乡先生亲眼目睹换型时间居然高达 1 小时的时候，他的反应是“必须让流动顺畅起来”。基于丰富的经验，他开发了一个可以分析换模过程的方法，从而为现场人员找到了换型时间之所以长的原因，以及如何相应减少的方法。在他领导的多个案例中，换型时间甚至被降到了 10 分钟以下，因此这种快速换型方法被冠名为“单位分钟快速切换”。

顾名思义，其目的旨在缩短作业转换的时间，而关键点又在于划定内部作业转换和外部作业转换，并将内部作业转换尽可能地变为外部作业转换，然后尽可能地缩短内外部作业转换时间。

快速换模的名词解释：

（1）换模：任何因产品更换，必须使机器对应产品模具更换至正常生产状态。

（2）换模时间：因从事换模动作，而使机器或生产线停止生产的时间，即在前一批次最后一个合格零件与下一批次第一个合格零件之间的间隔时间。

（3）线内换模（内作业）：指必须在机器停止生产的状态下，才能进行的换模动作，又称为内作业或者是内部准备。

（4）线外作业（外作业）：指机器在生产运转中，仍然可以进行换模动作，又称为外作业或者是外部准备。

第二节　精益质量管理代表人物和思想：戴明、朱兰、克劳士比

一、戴明的“戴明圆环”思想

戴明（W. Edwards. Deming）博士是世界著名的质量管理专家，他因对

世界质量管理发展做出卓越贡献而享誉全球。以戴明命名的“戴明品质奖”，至今仍是日本品质管理的最高荣誉。作为质量管理的先驱者，戴明学说对国际质量管理理论和方法始终有着异常重要的影响。他认为，“质量是一种以最经济的手段，制造出市场上最有用的产品。一旦改进了产品质量，生产率就会自动提高。”

戴明博士最早提出了 PDCA 循环的概念，所以又称其为“戴明环”。PDCA 循环是能使任何一项活动有效进行的一种合乎逻辑的工作程序，特别是在质量管理中得到了广泛的应用。P、D、C、A 四个英文字母所代表的意义如下：

P（Plan）——计划。包括方针和目标的确定及活动计划的制定。

D（Do）——执行。执行就是具体运作，实现计划中的内容。

C（Check）——检查。就是要总结执行计划的结果，分清哪些对了、哪些错了，明确效果，找出问题。

A（Action）——行动（或处理）。对总结检查的结果进行处理，成功的经验加以肯定，并予以标准化，或制定作业指导书，便于以后工作时遵循；对于失败的教训也要总结，以免重现；对于没有解决的问题，应提给下一个 PDCA 循环中去解决。

二、朱兰的质量三部曲

朱兰在 82 岁高龄时发表了一篇著名论文《质量三部曲》，其副标题为“一种普遍适用的质量管理方法”，这就是被世界各国广为推崇的“朱兰三部曲”。

朱兰在提出质量三部曲时，美国的质量管理正存在着危机。20 世纪 70 年代以来，日本迅速崛起，而美国产品受到了日本的严峻挑战。百年来雄踞世界老大地位的美国开始力不从心，迫切需要一种新的管理思想和方法。这种新的思想和方法首先要能有效地应对日本的威胁，而对日本崛起有着重大贡献的戴明和朱兰，得到了美国人的重新关注。

朱兰认为，要想解决质量危机就需要破除传统，制定新的行动路线。制定新的行动路线必须确立一种普遍适用的质量方法，也就是一种适用于公司集团中各个层次和各种职能，从行政领导、办公室人员到普通工人的方法。而且制定新的路线还需要上层管理人员亲自领导和参与。上层管理人员通常在事务管理和财务管理上经验丰富，但对于质量管理并非如此。因此，在解决质量危机中，必须加强对上层管理人员进行如何实施质量管理的训练。

朱兰指出，一个公司要想改善质量管理，重要的任务是达成一致，使每个人都知道新的行动方向是什么。要想造就这种一致性，必须解决那些妨碍一致的强大力量。这些力量绝大多数来源于公司内部固有的不一致性。

在上述分析的基础上，朱兰提出了质量管理三部曲，即质量计划、质量控制和质量改进三个过程组成的质量管理，每个过程都由一套固定的执行程序来实现。

朱兰在研究质量管理的初期时，把重点放在了质量控制和质量改进上。随着研究的深入，他在后期开始强调质量计划的重要性。

1. 质量计划

质量计划从认知质量差距开始，看不到差距就无法确定目标。而这种差距的定位，要从顾客的满意入手，追溯生产设计和制造过程，就能使存在的问题清晰化。现实中存在的质量差距，主要有以下方面：

第一类差距是理解差距，也就是对顾客的需要缺乏理解。

第二类差距是设计差距，即使完全了解顾客的需要和感知，很多组织还是不能设计出与这种了解完全一致的产品或服务。

第三类差距是过程差距，由于创造有形产品或提供服务的过程不能始终与设计相符合，使许多优秀的设计遭遇失败，这种过程能力的缺乏是各种质量差距中最持久、最难缠的问题之一。

第四类差距是运作差距，也就是用来运作和控制过程的各种手段在最终产品或服务的提供中会产生副作用。

为了消除上述各种类型的质量差距，并确保最终的总质量差距最小，作为质量计划的解决方案，朱兰列出了六个步骤：

（1）设立项目。

（2）确定顾客。

（3）发现顾客的需要。

（4）根据顾客的要求开发产品。

（5）设计该产品的生产流程。

（6）根据工作运行情况制定控制计划及其中的调控过程。

管理学的研究一直十分重视计划，那么朱兰强调的质量计划与传统计划有什么不同？这是关键所在。朱兰认为，传统计划类似于“隔墙投掷”，也就是某个人在不了解全局情况的条件下制定自己的计划，然后丢给下一个部门的另一个人，这个人再丢给下一个部门的下一个人，这种计划往往会与顾客的需要脱节。与之相反，现代质量计划是由多部门同时进行的计划过程，包括所有最终与生产和服务相关的人员，这样他们就能在计划过程中提供相应的成本信息，还能对可能出现的问题提出早期警告。

另外，传统的计划工作是由某个特定领域的专家完成的，但是通常他们缺少进行质量计划的方法、技巧和工具，尽管有公司尝试将质量专家配备给计划人员做顾问以弥补缺陷，但往往收效甚微。而现代质量计划是训练计划人员自己运用质量原则——教会他们使用所需的方法和工具，使之成为质量计划的专家。因此，朱兰提出的质量计划，实际上立足于整个公司各层组织领导的整体“适应性”能力。

2. 质量控制

朱兰将质量控制定义为：制定和运用一定的操作方法，以确保各项工作过程按原设计方案进行并最终达到目标。朱兰强调，质量控制并不是优化一个过程（优化表现在质量计划和质量改进之中，如果控制中需要优化，就必须回过头去调整计划，或者转入质量改进），而是对计划的执行。他列出了质量控制的七个步骤：

（1）选定控制对象——控制什么。

（2）配置测量设备。

（3）确定测量方法。

（4）建立作业标准。

（5）判断操作的正确性。

（6）分析与现行标准的差距。

（7）对差距采取行动。

总体上讲，质量控制就是在经营中达到质量目标的过程控制，关键在于掌握何时采取何种措施，最终结果是按照质量计划开展经营活动。

3. 质量改进

质量改进是指管理者通过打破旧的平稳状态而达到新的管理水平。质量改进的步骤是：

（1）证实改进的必要，即争取立项。

（2）确立专门的改进项目，即设立项目组。

（3）对项目组织指导，强调领导人的参与。

（4）组织诊断，确认质量问题的产生原因。

（5）采取补救措施。

（6）在操作条件下验证补救措施的有效性。

（7）在新水平上控制，保持已取得的成果。

质量改进同质量控制性质完全不一样。质量控制是要严格实施计划，而质量改进是要突破计划。通过质量改进达到前所未有的质量性能水平，最终结果是以明显优于计划的质量水平进行经营活动。质量改进有助于发现更好的管理工作方式。

三、克劳士比的“零缺陷”理论

1. 克劳士比的“零缺陷”理论的基本原则

一个核心：第一次就把正确的事情做正确。

二个基本点：有用的和可信赖的。

三个需要：任何组织都要满足客户的需要、员工的需要和供应商的需要。

四个基本原则：质量就是符合要求；预防的系统产生质量；质量的工作准则是零缺陷；必须用质量代价（金钱）来衡量质量表现。

基本原理：

工作原理：工作 =（业务 + 关系）× 哲学。

开车理论：一次做对“三要素”——控制系统、保证体系和运营管理。

克劳士比成本曲线：质量提高，成本降低；速度提升，成本下降。

质量免费原理：内部一致性带来成本的降低，符合客户要求则会扩大市场份额、产生溢价。

完整性原理：F = CER × CTR，即：卓越表现 = （文化成熟度 × 效能 × 关系） × 一次做对率。

质量代价原理：PONC = COST - EFC - POC，即：质量代价 = 总成本 - 无失误运做成本 - 质量成本。

精灵通则：创建可信赖的组织的基本要求——PERI：政策（P）、教育（E）、要求（R）和坚持（I）。

质量成熟度方格：不确定期、觉醒期、启蒙期、智慧期和确定期。

企业健康诊断方格：昏迷状态、重病护理、加强护理、治愈和健康。

领导成熟度评估方格：议程、哲学、关系和全球化。

克氏疫苗：诚信、系统、沟通、运营和政策。

2. 克劳士比的“零缺陷”理论的思想核心

原则一，质量的定义就是符合要求，而不是好。

什么是质量？质量即符合要求，而不是好。好、高、卓越、美丽、独特等形容词都是主观和含糊的，因此质量不分高低，也无好差之分，而是分有无。任何产品、服务或过程只要符合要求就是有质量的产品、服务或过程。过低顾客不能接受，过高则浪费资源，因此质量定义达成共识十分重要。

对质量概念的理解达成共识是成功的秘密武器。为了对质量定义达成共识，上级在对下级布置每项任务时，必须要明确要求、沟通要求，做符合要求的事。如果要求不明确则会陷于盲目，作为领导者，除明确要求外还需配置必需的资源并帮助员工符合要求。

原则二，产生质量的系统是预防，而不是检验。

质量是怎样产生的？是预防，而不是检验。产生质量的系统是预防，而不是检验，预防是第一位的，而不是事后检验。“通过预防缺陷可以使你致富”是克劳士比的名言。同时，强调预防问题高于解决问题。检验过程是在过程结束后，缺陷已经产生，而把坏的从好的里面挑出。检验只能反映事情的发生，是事后把关，不能产生质量。而预防则可防止某些缺陷发生，只有预防才能产生质量。尽管预防要发生一些费用，但整体上仍是较便宜的经营之道。

原则三，工作标准必须是“零缺陷”，而不是“差不多就好”。

什么是工作标准？工作标准是“零缺陷”，而不是“差不多就好”。“差不多就好”，是说我们将仅仅在某些时候满足要求，而“零缺陷”的工作标准则意味着我们每一次和任何时候都要满足工作过程的全部要求。它是一种认真地符合我们同意的要求的个人承诺。

“零缺陷”和“差不多就好”是两个不同的概念和工作标准。工作标准是零缺陷”。“零缺陷”是质量管理的又一次革命，“零缺陷”是一种工作态度、是一种心态、是质量工作的决心，即绝不向不符合妥协的精神。要求我们第一次就把事情做对，避免双重标准，克服“人无完人”“金无足赤”的传统陋习。

原则四，质量是以不符合要求的代价来衡量，而不是指数。

怎样衡量质量呢？衡量质量是用不符合要求的代价（货币现值），而不是指数（比例或数量）。克劳士比先生提出了与传统的质量专业人员所持的质量成本不同的概念——“不符合要求的代价”。

他认为，“成本”似乎是理所当然应该支出的。用“成本”会麻痹管理者的头脑，而“代价”则不同。因为不符合要求付出代价，而这些代价本来是可以避免的。克劳士比提出任何工作都是一个过程，过程是一连串活动的结果。对每一项工作都可运用“过程模式作业表”进行分析，采取消除不符合之处和改进质量的五个步骤，通过这一过程实现 PDCA 的循环。

质量就是诚信，说到做到，讲究质量信誉就是企业质量文化。四项基本原则是一个整体，即：质量就是符合要求，用不符合要求的代价来衡量，预防产生质量，必须以“零缺陷”作为工作标准去实现顾客满意，这就是建设企业质量文化的工作哲学。必须以“零缺陷”为核心，向“零缺陷”挑战，以各岗位的“零缺陷”实现产品、过程或服务的“零缺陷”，通过自上而下，分阶段按步骤、不同层次的培训，比较系统地学习。克劳士比对于“质量和质量管理”的认识拨开了萦绕在我们头顶上的云雾，我们有一种豁然开朗的感觉，似乎找到了通向成功的道路。

第三节　精益生产常用工具术语

一、丰田生产方式（TPS）

对于丰田生产方式（TPS，Toyota Production System）加以剖析，首先是丰田制造方法，就是在生产现场建立流水作业线。它不像过去那样，把车床和车床、铣床和铣床集中在一起，而是按照工艺程序，把车床、铣床、钻床等一台一台地布置起来。按照这种排列，从过去一人管一台过渡到“一人管多台”，准确地说是“一人管数道工序”，以提高生产效率。其次是广告牌方式，它是为了做到“丰田式制造方法”的非常及时生产而采取的一种手段。为了在需要的时候只得到需要的数量和需要的物品，广告牌作为取件指令和搬运指令，以及在生产时的作业信息而有效地发挥作用。

二、准时化（JIT）

如果能做到在需要的时候、按需要的数量取得需要的物品，就能够消除生产现场中的无效劳动和浪费、生产不均衡化的状态及管理不到位的现象，从而提高效率。它是丰田汽车工业公司的创业人丰田喜一郎创造的，他的继承者发展了这种思想，总结成为生产体系。不仅是适时，还要适量，这是关键的关键。“准时化”（JIT，Just In Time）和下面的“自动化”思想构成了丰田生产方式的两大支柱。

三、自働化（Jidoka）

在丰田生产方式中，始终强调必须是带人字旁的“自働化”。所谓自働化，是将人的智慧赋予机器的意思。“自働化”这种思想的发端是从丰田公司开山鼻祖——丰田佐吉的自动纺织机开始的。丰田式自动纺织机在经纱断了或纬纱没有了的时候，机器立即停车，也就是装有使机器能判断工作状态好坏的装置。丰田公司不仅把这种想法用于机器，还扩大到流水线上的操作者。这就是说，如果发生异常，操作者可以把整个流水线停车。自働化的优点是能够防止生产次品，制止过量制造。此外，还能自动控制生产现场发生的异常现象。

四、目视化管理（VC）

在“自働化”的含义中，包含这样一种意思，即如果发生异常现象，生产线和机床就立即停车。考虑的基础是清楚地知道何处正常、何处不正常。从质量上来说，计划的进度要适宜，这一切都应当做到用眼一看就立即明了的程度，不仅生产线和机床，其他的如物品的摆放、工序储备量，广告牌的流通状态，人员作业的进行方法等，在这些方面均有完善的考虑。在引用丰田生产方式的生产现场，“目视化管理”是很彻底的。

五、工作指示灯（Andon）

“目视化管理”中具有代表性的装置是工作指示灯，这是挂在生产现场的“生产线停车工作指示灯”。拿指示灯的用法来说，在机器开动时亮绿灯，在作业人员要求帮助调节流水线的迟误时亮黄灯，为纠正异常现象需要生产线停车时亮红灯。这样可以彻底排除异常现象，不必担心生产线出现故障而停车。

六、广告牌（Kanban）

广告牌是实现丰田生产方式的第一根支柱——“恰到好处准时化”的管理手段。多数是在四方形塑料口袋里装一张小纸片，纸片上表明领取“什么”和领取“多少”，还有“什么东西怎么制造”等。对后一道工序在需要的时候向前一道工序领取所需数量的工作；前一道工序再生产相当于领走的数量等信息作为补充，这就是“准时化”生产。

在这种情况下，如果后一工序到前一工序去取件，那么广告牌就作为一种“取货指令”或“运货指令”而将工序间联系起来，所以称之为“取货看板”或“运货广告牌”，这是“广告牌”的重要作用之一。此外，还有在前一道工序为了补充刚取走的工件时，指示生产的“生产广告牌”。这两种广告牌表里一体，在丰田工厂内各工序之间、丰田公司和协作企业之间……来回传递。其他还有一些不得已进行批量生产的，例如：在冲压零部件的生产中，使用着起着“信号作用”的广告牌。广告牌是能体现人的意志的一种“信息”。

七、五个“为什么”

为了能发现问题，就要反复问 5 个“为什么”，这是丰田人具有的科学探索的基本态度。在丰田生产方式中，如果能反复 5 次问一下“为什么”，就能找出真正的原因，也就找到解决方法。

八、“真正的原因”比“原因”更重要

“原因”里面隐藏着“真正的原因”。在任何情况下，都要深刻地分析原因——“为什么”“为什么”……如果找到“真正的原因”而不采取对策，就不能采取有效的行动。

九、从“省力化”到“省人化”，再到“少人化”

引进高性能的大型机器，能够减少人的劳动强度，即实现“省力化”。但是，要通过采用这种机器将人员减少，并将这些人员调转到需要的部门。

“省力化”以后，即便人工减少了 0.9 个，也没有意义。因为只有减少一个人才会导致成本降低，所以必须实现“省人化”。丰田汽车工业公

司制定了更新的目标，就是“少人化”。虽然我们曾以“省人化”为目标推行了“自动化”，但在减产时，却不能按减产量的比例减少人员。这是因为“自动化”采取的是“定员制”。在经济低速发展时期，需要发挥智慧，打破这种定员制度，组织一种能适应生产量的变化、无论几个人都能进行生产的生产线，这就是所谓“少人化”的目的。

十、把“动作”变成“工作”

无论“动作”做得多么好，也不等于“工作”。“工作”就是按工序向前进行，任务完成、浪费少、效率高。管理监督人员必须努力使下属的“动作”变成“工作”。

十一、认识浪费，杜绝浪费

要认识浪费，必须具体地分析浪费的性质。生产现场上的浪费可分为七类：

（1）过量生产的浪费。

（2）窝工时间的浪费。

（3）搬运的浪费。

（4）加工本身的浪费。

（5）库存有浪费。

（6）动作上的浪费。

（7）制造次品的浪费。

就“过量生产”的无效劳动和浪费来说，在资源有限的经济低速发展时期，这种无效劳动和浪费与其说是企业的损失，不如说是对社会的犯罪。消除这种无效和浪费，对于企业来说是至高无上的责任。

十二、质量保险装置（FP）

为了在生产流程生产 100% 的合格品，便应对附件和安装工具进行多方面的改进，防止出次品于未然，这种结构叫作“质量保险装置（FP，Fool Proof）”。这种装置有各式各样的结构，其功能如下：

（1）如果操作有差错，就让物品和锻冶工具脱离开的装置。

（2）如果物品不合适，机器就不开始加工的装置。

（3）如果操作有差错，机器就不加工的装置。

（4）自然修正操作差错和动作差错之后进行加工的装置。

（5）在后一道工序检查前一道工序不合适的地方，制止不良状况出现的装置。

（6）如果忘记操作就不开始下一道工序的装置等。

十三、贯彻标准作业

丰田生产方式是“准时化”生产。所以，各工序的标准作业表必须简单明确。标准有三条：

（1）指明必须在几分几秒内制造一台或一件产品的“周期时间”。

（2）按时间先后安排的“作业程序”。

（3）在继续作业所需要的最小限度的工序内准备加工工件，即“标准手头存活量”。

十四、“流水作业”和“传送作业”

“流水作业”是指物品在流动过程中，在各道工序上得以加工，附加其价值。只使用传送带运输物品不叫“流水作业”，叫“传送作业”。丰田生产方式的基本条件就是在生产现场“建立流动装置”，就是建立“流水作业线”。

十五、多任务序操作

例如：在机械加工工序中，假如纵向平行排列着车床、铣床、钻床等，这种排列是根据生产的流程，各将 5 台车床排列起来。在这里，一名操作者操纵 5 台车床，叫作“多机床操作”，操作 5 台铣床或 5 台钻床也同样如此。与这一点不同，一名操作人员操作一台车床、一台铣床、一台钻床，担负着多任务序的加工任务，叫作“多任务序操作”。

在丰田生产方式中，重视建立生产流程，因此致力于实现“一人多任务序”，这将直接导致实现“少人化”。对于生产现场的作业人员来说，是从“单工种”向“多任务种”的前进。

十六、建立交接棒区

在游泳的接力赛中，速度快的人和速度慢的人负担相同的距离。但是，在田径的接力赛中，在接棒区，速度快的人可以弥补速度慢的劣势。在生产线的作业中，采用田径接力的方式较为理想。监督人员为了提高生产线的加工效率，安排好类似接力赛中的助跑区是非常重要的。

十七、不制造孤岛状态

如果作业人员站得很分散，便不可能互相帮助。在工作搭配方面下工夫，安排能够互相帮助的作业分配或作业部署，也可以达到“少人化”。在生产场建立灵活的流水线，就不会出现孤岛状态。

十八、生产的“均衡化”

在生产现场中，产品的流动状态波动越大，其无效劳动和浪费也就越多。设备、人员、库存及其他生产所必需的各种因素，一定要与生产的高峰非常吻合，如果后一道工序在时间和数量上都不能均衡地领取工件，这种不均衡的程度越追溯到前一道工序，后果就会越严重。要防止包括外部协作企业在内的所有生产线上的不均衡现象出现，就必须努力消除总装线上的不均衡现象。丰田汽车工业公司的各个最后工序不实行将同类产品汇总传送的办法，而是以制造一台一台各不相同的型号和汽车为前提，实行均衡化生产。

十九、缩小批量，迅速变换程序

为了做到生产的均衡化，要尽量缩小批量。以往在计划生产的情况下，是批量越大越好。就最后的装配工序来说，要尽量搞成不装配同一种类的汽车。最后的装配工序缩小批量，前一道工序即冲压部门就应当吻合。它必须频繁地变换冲压机的模具，也即“变换程序”。此外，一切工序也都如此。迄今为止，冲压机装上一个模具后要尽量多地连续冲压已成为一种“常识”。然而，在丰田生产方式中，这种常识不适用了，模具的变换调整必须迅速进行。通过训练，模具的变换速度加快了，1946—1955年，就突破了 1 小时而变成了 15 分钟，目前缩短到 3 分钟。

二十、别怕把生产线停下来

不停车的生产线，不是真正完善的生产线，就是存在大问题的生产线。许多人被安排在生产线上，不停止运转，问题也就不会公开表现出来，就是完全要不得的生产线。重要的是，要先把生产线变成一种根据需要在任何时候都能停止的生产线，然后再反复改进，最后建立起不需要停车、基本性质很好的生产线，这样就不必害怕把生产线停下来。

二十一、需求量等于生产量

在丰田生产方式中，所谓生产量就是市场的需求量。因此，所谓需求量就是销售量。市场需求是与生产现场直接联系着的，因此生产现场不能随意变更生产数量。提高效率也必须以需求量为前提来进行，这样就可以防止过量生产的无效劳动和浪费。

二十二、开动率和可动率

开动率是指一台机器的现有生产实际成绩同一定时间内满负荷运转能

力的比率。销路不佳时，开动率当然要下降。反之，订货数量多时也有可能因加班加点和轮休而开到 120%。这种开动率的好坏，是一种根据产品需求量所做出的设备的选择问题。丰田公司所说的可动率，是指任何时候想使设备开动时都能开动的状态。可动率能达到 100% 是最理想的状态。为此，必须做好机器的保养，必须设法缩短变换生产程序的时间。

二十三、从改进作业到改进设备

生产现场的改进方案大体上可分为：包括制定作业规章程序、改换部署、明确工件存放场所等“作业的改进”，包括引进装置、设备自动化等“设备的改进”。改进设备需要花钱，而且要避免重复。丰田生产方式首先要求操作的程序化和标准化，这样便能解决大部分问题。如果先“改进设备”，生产现场便不会努力“改进作业”。“改进设备”应该在“改进作业”之后进行。

二十四、赚钱的工业工程（IE）

工业工程（IE，Industial Engineering）是从美国引进来的一种生产管理技术和经营管理技术。暂且不管它的定义是什么，丰田生产方式认为它是一种“制造技术”，即涉及整个生产现场，在质量、数量和时间协调的基础上谋求降低成本。丰田式的工业工程的最大特点是，可以直接导致降低成本的“赚钱的工业工程”，而不仅仅是学者们谈论的工业工程的措施。

推荐作者得新书！

博瑞森征稿启事

亲爱的读者朋友：

感谢您选择了博瑞森图书！希望您手中的这本书能给您带来实实在在的帮助！

博瑞森一直致力于发掘好作者、好内容，希望能把您最需要的思想、方法，一字一句地交到您手中，成为管理知识与管理实践的桥梁。

但是我们也知道，有很多深入企业一线、经验丰富、乐于分享的优秀专家，或者忙于实战没时间，或者缺少专业的写作指导和便捷的出版途径，只能茫然以待……

还有很多在竞争大潮中坚守的企业，有着异常宝贵的实践经验和独特的洞察，但缺少专业的记录和整理者，无法让企业的经验和故事被更多的人了解、学习……

对读者而言，这些都太遗憾了！

博瑞森非常希望能将这些埋藏的“宝藏”发掘出来，贡献给广大读者，让更多的人从中受益。

所以，我们真心地邀请您，我们的老读者，帮我们搜寻：

推荐作者

可以是您自己或您的朋友，只要对本土管理有实践、有思考；可以是您通过网络、杂志、书籍或其他途径了解的某位专家，不管名气大小，只要他的思想和方法曾让您深受启发。

可以是管理类作品，也可以超出管理，各类优秀的社科作品或学术作品。

推荐企业

可以是您自己所在的企业，或者是您熟悉的某家企业，其创业过程、运营经历、产品研发、机制创新，等等。无论企业大小，只要乐于分享、有值得借鉴书写之处。

总之，好内容就是一切！

博瑞森绝非“自费出书”，出版费用完全由我们承担。您推荐的作者或企业案例一经采用，我们会立刻向您赠送书币 1000 元，可直接换取任何博瑞森图书的纸书或电子书。

感谢您对本土管理原创、博瑞森图书的支持！

推荐投稿邮箱：bookgood@126.com　　推荐手机：13611149991

1120 本土管理实践与创新论坛

这是由100多位本土管理专家联合创立的企业管理实践学术交流组织，旨在孵化本土管理思想、促进企业管理实践、加强专家间交流与协作。

论坛每年集中力量办好两件大事：第一，**"出一本书"**，汇聚一年的思考和实践，把最原创、最前沿、最实战的内容集结成册，贡献给读者；第二，**"办一次会"**，每年11月20日本土管理专家们汇聚一堂，碰撞思想、研讨案例、交流切磋、回馈社会。

论坛理事名单（以年龄为序，以示传承之意）

首届常务理事：

彭志雄　曾　伟　施　炜　杨　涛　张学军
郭　晓　程绍珊　胡八一　王祥伍　李志华
陈立云　杨永华

理　　事：

卢根鑫　王铁仁　周荣辉　曾令同　陆和平　宋杼宸　张国祥
刘承元　曹子祥　宋新宇　吴越舟　吴　坚　戴欣明　仲昭川
刘春雄　刘祖轲　段继东　何　慕　秦国伟　贺兵一　张小虎
郭　剑　余晓雷　黄中强　朱玉童　沈　坤　阎立忠　张　进
丁兴良　朱仁健　薛宝峰　史贤龙　卢　强　史幼波　叶敦明
王明胤　陈　明　岑立聪　方　刚　何足奇　周　俊　杨　奕
孙行健　孙嘉晖　张东利　郭富才　叶　宁　何　屹　沈　奎
王　超　马宝琳　谭长春　夏惊鸣　张　博　李洪道　胡浪球
孙　波　唐江华　程　翔　刘红明　杨鸿贵　伯建新　高可为
李　蓓　王春强　孔祥云　贾同领　罗宏文　史立臣　李政权
余　盛　陈小龙　尚　锋　邢　雷　余伟辉　李小勇　全怀周
初勇钢　陈　锐　高继中　聂志新　黄　屹　沈　拓　徐伟泽
谭洪华　崔自三　王玉荣　蒋　军　侯军伟　黄润霖　金国华
吴　之　葛新红　周　剑　崔海鹏　柏　龑　唐道明　朱志明
曲宗恺　杜　忠　远　鸣　范月明　刘文新　赵晓萌　张　伟
韩　旭　韩友诚　熊亚柱　孙彩军　刘　雷　王庆云　李少星
俞士耀　丁　昀　黄　磊　罗晓慧　伏泓霖　梁小平　鄢圣安

企业案例·老板传记

	书名．作者	内容/特色	读者价值
企业案例·老板传记	**你不知道的加多宝：原市场部高管讲述** 曲宗恺　牛玮娜　著	前加多宝高管解读加多宝	全景式解读，原汁原味
	借力咨询：德邦成长背后的秘密 官同良　王祥伍　著	讲述德邦是如何借助咨询公司的力量进行自身与发展的	来自德邦内部的第一线资料，真实、珍贵，令人受益匪浅
	收购后怎样有效整合：一个重工业收购整合实录（待出版） 李少星　著	讲述企业并购后的事	语言轻松活泼，对并购后的企业有借鉴作用
	娃哈哈区域标杆：豫北市场营销实录 罗宏文　赵晓萌　等著	本书从区域的角度来写娃哈哈河南分公司豫北市场是怎么进行区域市场营销，成为娃哈哈全国第一大市场、全国增量第一高市场的一些操作方法	参考性、指导性，一线真实资料
	六个核桃凭什么：从0过100亿 张学军　著	首部全面揭秘养元六个核桃裂变式成长的巨著	学习优秀企业的成长路径，了解其背后的理论体系
	像六个核桃一样：打造畅销品的36个简明法则 王　超　范　萍　著	本书分上下两篇：包括“六个核桃”的营销战略历程和36条畅销法则	知名企业的战略历程极具参考价值，36条法则提供操作方法
	解决方案营销实战案例 刘祖轲　著	用10个真案例讲明白什么是工业品的解决方案式营销，实战、实用	有干货、真正操作过的才能写得出来
	招招见销量的营销常识 刘文新　著	如何让每一个营销动作都直指销量	适合中小企业，看了就能用
	我们的营销真案例 联纵智达研究院　著	五芳斋粽子从区域到全国/诺贝尔瓷砖门店销量提升/利豪家具出口转内销/汤臣倍健的营销模式	选择的案例都很有代表性，实在、实操！
	中国营销战实录：令人拍案叫绝的营销真案例 联纵智达　著	51个案例，42家企业，38万字，18年，累计2000余人次参与……	最真实的营销案例，全是一线记录，开阔眼界
	双剑破局：沈坤营销策划案例集 沈　坤　著	双剑公司多年来的精选案例解析集，阐述了项目策划中每一个营销策略的诞生过程，策划角度和方法	一线真实案例，与众不同的策划角度令人拍案叫绝、受益匪浅
	宗：一位制造业企业家的思考 杨　涛　著	1993年创业，引领企业平稳发展20多年，分享独到的心得体会	难得的一本老板分享经验的书
	简单思考：AMT咨询创始人自述 孔祥云　著	著名咨询公司（AMT）的CEO创业历程中点点滴滴的经验与思考	每一位咨询人，每一位创业者和管理经营者，都值得一读
	边干边学做老板 黄中强　著	创业20多年的老板，有经验、能写、又愿意分享，这样的书很少	处处共鸣，帮助中小企业老板少走弯路
	三四线城市超市如何快速成长：解密甘雨亭 IBMG国际商业管理集团　著	国内外标杆企业的经验+本土实践量化数据+操作步骤、方法	通俗易懂，行业经验丰富，宝贵的行业量化数据，关键思路和步骤
	中国首家未来超市：解密安徽乐城 IBMG国际商业管理集团　著	本书深入挖掘了安徽乐城超市的试验案例，为零售企业未来的发展提供了一条可借鉴之路	通俗易懂，行业经验丰富，宝贵的行业量化数据，关键思路和步骤

续表

互联网 +			
	书名. 作者	内容/特色	读者价值
互联网+	**企业微信营销全指导** 孙　巍　著	专门给企业看到的微信营销书,手把手教企业从小白到微信营销专家	企业想学微信营销现在还不晚,两眼一抹黑也不怕,有这本书就够
	企业网络营销这样做才对: B2B　大宗 B2C 张　进　著	简单直白拿来就用,各种窍门信手拈来,企业网络营销不麻烦也不用再头疼,一般人不告诉他	B2B、大宗 B2C 企业有福了,看了就能学会网络营销
	互联网时代的银行转型 韩友诚　著	以大量案例形式为读者全面展示和分析了银行的互联网金融转型应对之道	结合本土银行转型发展案例的书籍
	正在发生的转型升级·实践 本土管理实践与创新论坛　著	企业在快速变革期所展现出的管理变革新成果、新方法、新案例	重点突出对于未来企业管理相关领域的趋势研判
	触发需求:互联网新营销样本·水产 何足奇　著	传统产业都在苦闷中挣扎前行,本书通过鲜活的案例告诉你如何以需求链整合供应链,从而把大家熟知的传统行业打碎了重构、重做一遍	全是干货,值得细读学习,并且作者的理论已经经过了他亲自操刀的实践检验,效果惊人,就在书中全景展示
	移动互联新玩法:未来商业的格局和趋势 史贤龙　著	传统商业、电商、移动互联,三个世界并存,这种新格局的玩法一定要懂	看清热点的本质,把握行业先机,一本书搞定移动互联网
	微商生意经:真实再现33 个成功案例操作全程 伏泓霖　罗晓慧　著	本书为 33 个真实案例,分享案例主人公在做微商过程中的经验教训	案例真实,有借鉴意义
	阿里巴巴实战运营——14 招玩转诚信通 聂志新　著	本书主要介绍阿里巴巴诚信通的十四个基本推广操作,从而帮助使用诚信通的用户及企业更好地提升业绩	基本操作,很多可以边学边用,简单易学
	今后这样做品牌:移动互联时代的品牌营销策略 蒋　军　著	与移动互联紧密结合,告诉你老方法还能不能用,新方法怎么用	今后这样做品牌就对了
	互联网 +“变”与“不变”:本土管理实践与创新论坛集萃·2016 本土管理实践与创新论坛　著	本土管理领域正在产生自己独特的理论和模式,尤其在移动互联时代,有很多新课题需要本土专家们一起研究	帮助读者拓宽眼界、突破思维
	创造增量市场:传统企业互联网转型之道 刘红明　著	传统企业需要用互联网思维去创造增量,而不是用电子商务去转移传统业务的存量	教你怎么在“互联网 +”的海洋中创造实实在在的增量
	重生战略:移动互联网和大数据时代的转型法则 沈　拓　著	在移动互联网和大数据时代,传统企业转型如同生命体打算与再造,称之为“重生战略”	帮助企业认清移动互联网环境下的变化和应对之道
	画出公司的互联网进化路线图:用互联网思维重塑产品、客户和价值 李　蓓　著	18 个问题帮助企业一步步梳理出互联网转型思路	思路清晰、案例丰富,非常有启发性

续表

互联网+	7个转变，让公司3年胜出 李　蓓　著	消费者主权时代，企业该怎么办	这就是互联网思维，老板有能这样想，肯定倒不了
	跳出同质思维，从跟随到领先 郭　剑　著	66个精彩案例剖析，帮助老板突破行业长期思维惯性	做企业竟然有这么多玩法，开眼界

行业类：零售、白酒、食品/快消品、农业、医药、建材家居等

	书名．作者	内容/特色	读者价值
零售·超市·餐饮·服装	总部有多强大，门店就能走多远 IBMG国际商业管理集团　著	如何把总部做强，成为门店的坚实后盾	了解总部建设的方法与经验
	超市卖场定价策略与品类管理 IBMG国际商业管理集团　著	超市定价策略与品类管理实操案例和方法	拿来就能用的理论和工具
	连锁零售企业招聘与培训破解之道 IBMG国际商业管理集团　著	围绕零售企业组织架构、培训体系建设等内容进行深刻探讨	破解人才发现和培养瓶颈的关键点
	中国首家未来超市：解密安徽乐城 IBMG国际商业管理集团　著	介绍了乐城作为中国首家未来超市从无到有的传奇经历	了解新型零售超市的运作方式及管理特色
	三四线城市超市如何快速成长：解密甘雨亭 IBMG国际商业管理集团　著	揭秘一家三四线连锁超市的经验策略	不但可以欣赏它的优点，而且可以学会它成功的方法
	涨价也能卖到翻 村松达夫　【日】	提升客单价的15种实用、有效的方法	日本企业在这方面非常值得学习和借鉴
	移动互联下的超市升级 联商网专栏频道　著	深度解析超市转型升级重点	帮助零售企业把握全局、看清方向
	手把手教你做专业督导：专卖店、连锁店 熊亚柱　著	从督导的职能、作用，在工作中需要的专业技能、方法，都提供了详细的解读和训练办法，同时附有大量的表单工具	无论是店铺需要统一培训，还是个人想成为优秀的督导，有这一本就够了
	百货零售全渠道营销策略 陈继展　著	没有照本宣科、说教式的絮叨，只有笔者对行业的认知与理解，庖丁解牛式的逐项解析、展开	通俗易懂，花极少的时间快速掌握该领域的知识及趋势
	零售：把客流变成购买力 丁　昀　著	如何通过不断升级产品和体验式服务来经营客流	如何进行体验营销，国外的好经营，这方面有启发
	餐饮企业经营策略第一书 吴　坚　著	分别从产品、顾客、市场、盈利模式等几个方面，对现阶段餐饮企业的发展提出策略和思路	第一本专业的、高端的餐饮企业经营指导书

续表

零售·超市·餐饮·服装	**电影院的下一个黄金十年:开发·差异化·案例** 李保煜　著	对目前电影院市场存大的问题及如何解决进行了探讨与解读	多角度了解电影院运营方式及代表性案例
	赚不赚钱靠店长:从懂管理到会经营 孙彩军　著	通过生动的案例来进行剖析,注重门店管理细节方面的能力提升	帮助终端门店店长在管理门店的过程中实现经营思路的拓展与突破
耐消品	**商业车经销商实战** 深远汽车　著	聚焦于商用车行业的经销商与4S店的运营	对商用车行业及其经销商运营有很大的指导意义
	汽车配件这样卖:汽车后市场销售秘诀100条 俞士耀　著	汽配销售业务员必读,手把手教授最实用的方法,轻松得来好业绩	快速上岗,专业实效,业绩无忧
	跟行业老手学经销商开发与管理:家电、耐消品、建材家居 黄润霖　著	全部来源于经销商管理的一线问题,作者用丰富的经验将每一个问题落实到最便捷快速的操作方法上去	书中每一个问题都是普通营销人亲口提出的,这些问题你也会遇到,作者进行的解答则精彩实用
白酒	**白酒到底如何卖** 赵海永　著	以市场实战为主,多层次、全方位、多角度地阐释了白酒一线市场操作的最新模式和方法,接地气	实操性强,37个方法、6大案例帮你成功卖酒
	变局下的白酒企业重构 杨永华　著	帮助白酒企业从产业视角看清趋势,找准位置,实现弯道超车的书	行业内企业要减少90%,自己在什么位置,怎么做,都清楚了
	1. 白酒营销的第一本书(升级版) **2. 白酒经销商的第一本书** 唐江华　著	华泽集团湖南开口笑公司品牌部长,擅长酒类新品推广、新市场拓展	扎根一线,实战
	区域型白酒企业营销必胜法则 朱志明　著	为区域型白酒企业提供35条必胜法则,在竞争中赢销的葵花宝典	丰富的一线经验和深厚积累,实操实用
	10步成功运作白酒区域市场 朱志明　著	白酒区域操盘者必备,掌握区域市场运作的战略、战术、兵法	在区域市场的攻伐防守中运筹帷幄,立于不败之地
	酒业转型大时代:微酒精选2014－2015 微酒　主编	本书分为五个部分:当年大事件、那些酒业营销工具、微酒独立策划、业内大调查和十大经典案例	了解行业新动态、新观点,学习营销方法
快消品·食品	**5小时读懂快消品营销:中国快消品案例观察** 陈海超　著	多年营销经验的一线老手把案例掰开了、揉碎了,从中得出的各种手段和方法给读者以帮助和启发	营销那些事儿的个中秘辛,求人还不一定告诉你,这本书里就有
	快消品招商的第一本书:从入门到精通 刘　雷　著	深入浅出,不说废话,有工具方法,通俗易懂	让零基础的招商新人快速学习书中最实用的招商技能,成长为骨干人才
	乳业营销第一书 侯军伟　著	对区域乳品企业生存发展关键性问题的梳理	唯一的区域乳业营销书,区域乳品企业一定要看
	食用油营销第一书 余　盛　著	10多年油脂企业工作经验,从行业到具体实操	食用油行业第一书,当之无愧

续表

快消品·食品	**中国茶叶营销第一书** 柏 龑 著	如何跳出茶行业"大文化小产业"的困境,作者给出了自己的观察和思考	不是传统做茶的思路,而是现在商业做茶的思路
	调味品营销第一书 陈小龙 著	国内唯一一本调味品营销的书	唯一的调味品营销的书,调味品的从业者一定要看
	快消品营销人的第一本书:从入门到精通 刘 雷 伯建新 著	快消行业必读书,从入门到专业	深入细致,易学易懂
	变局下的快消品营销实战策略 杨永华 著	通胀了,成本增加,如何从被动应战变成主动的"系统战"	作者对快消品行业非常熟悉、非常实战
	快消品经销商如何快速做大 杨永华 著	本书完全从实战的角度,评述现象,解析误区,揭示原理,传授方法	为转型期的经销商提供了解决思路,指出了发展方向
	一位销售经理的工作心得 蒋 军 著	一线营销管理人员想提升业绩却无从下手时,可以看看这本书	一线的真实感悟
	快消品营销:一位销售经理的工作心得2 蒋 军 著	快消品、食品饮料营销的经验之谈,重点图书	来源与实战的精华总结
	快消品营销与渠道管理 谭长春 著	将快消品标杆企业渠道管理的经验和方法分享出来	可口可乐、华润的一些具体的渠道管理经验,实战
	成为优秀的快消品区域经理(升级版) 伯建新 著	用"怎么办"分析区域经理的工作关键点,增加30%全新内容,更贴近环境变化	可以作为区域经理的"速成催化器"
	销售轨迹:一位快消品营销总监的拼搏之路 秦国伟 著	本书讲述了一个普通销售员打拼成为跨国企业营销总监的真实奋斗历程	激励人心,给广大销售员以力量和鼓舞
	快消老手都在这样做:区域经理操盘锦囊 方 刚 著	非常接地气,全是多年沉淀下来的干货,丰富的一线经验和实操方法不可多得	在市场摸爬滚打的"老油条",那些独家绝招妙招一般你问都是问不来的
	动销四维:全程辅导与新品上市 高继中 著	从产品、渠道、促销和新品上市详细讲解提高动销的具体方法,总结作者18年的快消品行业经验,方法实操	内容全面系统,方法实操
农业	**新农资如何换道超车** 刘祖轲 等著	从农业产业化、互联网转型、行业营销与经营突破四个方面阐述如何让农资企业占领先机、提前布局	南方略专家告诉你如何应对资源浪费、生产效率低下、产能严重过剩、价格与价值严重扭曲等
	中国牧场管理实战:畜牧业、乳业必读 黄剑黎 著	本书不仅提供了来自一线的实际经验,还收入了丰富的工具文档与表单	填补空白的行业必读作品
	中小农业企业品牌战法 韩 旭 著	将中小农业企业品牌建设的方法,从理论讲到实践,具有指导性	全面把握品牌规划,传播推广,落地执行的具体措施
	农资营销实战全指导 张 博 著	农资如何向"深度营销"转型,从理论到实践进行系统剖析,经验资深	朴实、使用!不可多得的农资营销实战指导
	农产品营销第一书 胡浪球 著	从农业企业战略到市场开拓、营销、品牌、模式等	来源于实践中的思考,有启发
	变局下的农牧企业9大成长策略 彭志雄 著	食品安全、纵向延伸、横向联合、品牌建设……	唯一的农牧企业经营实操的书,农牧企业一定要看

续表

医药	**在中国，医药营销这样做：时代方略精选文集** 段继东　主编	专注于医药营销咨询15年，将医药营销方法的精华文章合编，深入全面	可谓医药营销领域的顶尖著作，医药界读者的必读书
	医药新营销：制药企业、医药商业企业营销模式转型 史立臣　著	医药生产企业和商业企业在新环境下如何做营销？老方法还有没有用？如何寻找新方法？新方法怎么用？本书给你答案	内容非常现实接地气，踏实谈问题说方法
	医药企业转型升级战略 史立臣　著	药企转型升级有5大途径，并给出落地步骤及风险控制方法	实操性强，有作者个人经验总结及分析
	新医改下的医药营销与团队管理 史立臣　著	探讨新医改对医药行业的系列影响和医药团队管理	帮助理清思路，有一个框架
	医药营销与处方药学术推广 马宝琳　著	如何用医学策划把"平民产品"变成"明星产品"	有真货、讲真话的作者，堪称处方药营销的经典！
	新医改了，药店就要这样开 尚　锋　著	药店经营、管理、营销全攻略	有很强的实战性和可操作性
	电商来了，实体药店如何突围 尚　锋　著	电商崛起，药店该如何突围？本书从促销、会员服务、专业性、客单价等多重角度给出了指导方向	实战攻略，拿来就能用
	OTC医药代表药店销售36计 鄢圣安　著	以《三十六计》为线，写OTC医药代表向药店销售的一些技巧与策略	案例丰富，生动真实，实操性强
	OTC医药代表药店开发与维护 鄢圣安　著	要做到一名专业的医药代表，需要做什么、准备什么、知识储备、操作技巧等	医药代表药店拜访的指导手册，手把手教你快速上手
	引爆药店成交率1：店员导购实战 范月明　著	一本书解决药店导购所有难题	情景化、真实化、实战化
	引爆药店成交率2：经营落地实战 范月明　著	最接地气的经营方法全指导	揭示了药店经营的几类关键问题
	引爆药店成交率：专业化销售解决方案 范月明　著	药品搭配分析与关联销售	为药店人专业化助力
建材家居	**家具行业操盘手** 王献永　著	家具行业问题的终结者	解决了干家具还有没有前途？为什么同城多店的家具经销商很难做大做强等问题
	建材家居营销：除了促销还能做什么 孙嘉晖　著	一线老手的深度思考，告诉你在建材家居营销模式基本停滞的今天，除了促销，营销还能怎么做	给你的想法一场革命
	建材家居营销实务 程绍珊　杨鸿贵　主编	价值营销运用到建材家居，每一步都让客户增值	有自己的系统、实战
	建材家居门店销量提升 贾同领　著	店面选址、广告投放、推广助销、空间布局、生动展示、店面运营等	门店销量提升是一个系统工程，非常系统、实战

续表

建材家居	**10 步成为最棒的建材家居门店店长** 徐伟泽　著	实际方法易学易用，让员工能够迅速成长，成为独当一面的好店长	只要坚持这样干，一定能成为好店长
	手把手帮建材家居导购业绩倍增：成为顶尖的门店店员 熊亚柱　著	生动的表现形式，让普通人也能成为优秀的导购员，让门店业绩长红	读着有趣，用着简单，一本在手、业绩无忧
	建材家居经销商实战 42 章经 王庆云　著	告诉经销商：老板怎么当、团队怎么带、生意怎么做	忠言逆耳，看着不舒服就对了，实战总结，用一招半式就值了
工业品	**销售是门专业活：B2B、工业品** 陆和平　著	销售流程就应该跟着客户的采购流程和关注点的变化向前推进，将一个完整的销售过程分成十个阶段，提供具体方法	销售不是请客吃饭拉关系，是个专业的活计！方法在手，走遍天下不愁
	解决方案营销实战案例 刘祖轲　著	用 10 个真案例讲明白什么是工业品的解决方案式营销，实战、实用	有干货、真正操作过的才能写得出来
	变局下的工业品企业 7 大机遇 叶敦明　著	产业链条的整合机会、盈利模式的复制机会、营销红利的机会、工业服务商转型机会……	工业品企业还可以这样做，思维大突破
	工业品市场部实战全指导 杜　忠　著	工业品市场部经理工作内容全指导	系统、全面、有理论、有方法，帮助工业品市场部经理更快提升专业能力
	工业品营销管理实务 李洪道　著	中国特色工业品营销体系的全面深化、工业品营销管理体系优化升级	工具更实战，案例更鲜活，内容更深化
	工业品企业如何做品牌 张东利　著	为工业品企业提供最全面的品牌建设思路	有策略、有方法、有思路、有工具
	丁兴良讲工业 4.0 丁兴良　著	没有枯燥的理论和说教，用朴实直白的语言告诉你工业 4.0 的全貌	工业 4.0 是什么？本书告诉你答案
	资深大客户经理：策略准，执行狠 叶敦明　著	从业务开发、发起攻势、关系培育、职业成长四个方面，详述了大客户营销的精髓	满满的全是干货
	一切为了订单：订单驱动下的工业品营销实战 唐道明　著	其实，所有的企业都在围绕着两个字在开展全部的经营和管理工作，那就是“订单”	开发订单、满足订单、扩大订单。本书全是实操方法，字字珠玑、句句干货，教你获得营销的胜利
金融	**交易心理分析** (美)马克·道格拉斯　著 刘真如　译	作者一语道破赢家的思考方式，并提供了具体的训练方法	不愧是投资心理的第一书，绝对经典
	精品银行管理之道 崔海鹏　何　屹　主编	中小银行转型的实战经验总结	中小银行的教材很多，实战类的书很少，可以看看
	支付战争 Eric M. Jackson　著 徐　彬　王　晓　译	PayPal 创业期营销官，亲身讲述 PayPal 从诞生到壮大到成功出售的整个历史	激烈、有趣的内幕商战故事！了解美国支付市场的风云巨变
	中外并购名著专业阅读指南 叶兴平　等著	在 5000 多本并购类图书中精选的 200 著作，在阅读的基础上写的读书评价	精挑细选 200 本并一一评介，省去读者挑选的烦恼，快捷、高效
	互联网时代的银行转型 韩友诚　著	以大量案例形式为读者全面展示和分析了银行的互联网金融转型应对之道	结合本土银行转型发展案例的书籍

续表

房地产	产业园区/产业地产规划、招商、运营实战 阎立忠　著	目前中国第一本系统解读产业园区和产业地产建设运营的实战宝典	从认知、策划、招商到运营全面了解地产策划
	人文商业地产策划 戴欣明　著	城市与商业地产战略定位的关键是不可复制性，要发现独一无二的"味道"	突破千城一面的策划困局
	电影院的下一个黄金十年：开发·差异化·案例 李保煜　著	对目前电影院市场存大的问题及如何解决进行了探讨与解读	多角度了解电影院运营方式及代表性案例
经营类：企业如何赚钱，如何抓机会，如何突破，如何"开源"			
	书名．作者	内容/特色	读者价值
抓方向	让经营回归简单．升级版 宋新宇　著	化繁为简抓住经营本质：战略、客户、产品、员工、成长	经典，做企业就这几个关键点！
	混沌与秩序Ⅰ：变革时代企业领先之道 混沌与秩序Ⅱ：变革时代管理新思维 彭剑锋　尚艳玲　主编	汇集华夏基石专家团队10年来研究成果，集中选择了其中的精华文章编纂成册	作者都是既有深厚理论积淀又有实践经验的重磅专家，为中国企业和企业家的未来提出了高屋建瓴的观点
	活系统：跟任正非学当老板 孙行健　尹　贤　著	以任正非的独到视角，教企业老板如何经营公司	看透公司经营本质，激活企业活力
	重构：中国企业重生战略 杨永华　著	从7个角度，帮助企业实现系统性的改造	提供转型思想与方法，值得参考
	公司由小到大要过哪些坎 卢　强　著	老板手里的一张"企业成长路线图"	现在我在哪儿，未来还要走哪些路，都清楚了
	企业二次创业成功路线图 夏惊鸣　著	企业曾经抓住机会成功了，但下一步该怎么办？	企业怎样获得第二次成功，心里有个大框架了
	老板经理人双赢之道 陈　明　著	经理人怎养选平台、怎么开局，老板怎样选/育/用/留	老板生闷气，经理人牢骚大，这次知道该怎么办了
	简单思考：AMT咨询创始人自述 孔祥云　著	著名咨询公司（AMT）的CEO创业历程中点点滴滴的经验与思考	每一位咨询人，每一位创业者和管理经营者，都值得一读
	企业文化的逻辑 王祥伍　黄健江　著	为什么企业绩效如此不同，解开绩效背后的文化密码	少有的深刻，有品质，读起来很流畅
	使命驱动企业成长 高可为　著	钱能让一个人今天努力，使命能让一群人长期努力	对于想做事业的人，'使命'是绕不过去的
思维突破	盈利原本就这么简单 高可为　著	从财务的角度揭示企业盈利的秘密	多方面解读商业模式与盈利的关系，通俗易懂，受益匪浅
	移动互联新玩法：未来商业的格局和趋势 史贤龙　著	传统商业、电商、移动互联，三个世界并存，这种新格局的玩法一定要懂	看清热点的本质，把握行业先机，一本书搞定移动互联网
	画出公司的互联网进化路线图：用互联网思维重塑产品、客户和价值 李　蓓　著	18个问题帮助企业一步步梳理出互联网转型思路	思路清晰、案例丰富，非常有启发性
	重生战略：移动互联网和大数据时代的转型法则 沈　拓　著	在移动互联网和大数据时代，传统企业转型如同生命体打算与再造，称之为"重生战略"	帮助企业认清移动互联网环境下的变化和应对之道

续表

思维突破	**创造增量市场:传统企业互联网转型之道** 刘红明　著	传统企业需要用互联网思维去创造增量,而不是用电子商务去转移传统业务的存量	教你怎么在“互联网＋”的海洋中创造实实在在的增量
	7个转变,让公司3年胜出 李　蓓　著	消费者主权时代,企业该怎么办	这就是互联网思维,老板有能这样想,肯定倒不了
	跳出同质思维,从跟随到领先 郭　剑　著	66个精彩案例剖析,帮助老板突破行业长期思维惯性	做企业竟然有这么多玩法,开眼界
	麻烦就是需求　难题就是商机 卢根鑫　著	如何借助客户的眼睛发现商机	什么是真商机,怎么判断、怎么抓,有借鉴
	互联网＋“变”与“不变”:本土管理实践与创新论坛集萃·2016 本土管理实践与创新论坛　著	加速本土管理思想的孕育诞生,促进本土管理创新成果更好地服务企业、贡献社会	各个作者本年度最新思想,帮助读者拓宽眼界、突破思维
财务	**写给企业家的公司与家庭财务规划——从创业成功到富足退休** 周荣辉　著	本书以企业的发展周期为主线,写各阶段企业与企业主家庭的财务规划	为读者处理人生各阶段企业与家庭的财务问题提供建议及方法,让家庭成员真正享受财富带来的益处
	互联网时代的成本观 程　翔　著	本书结合互联网时代提出了成本的多维观,揭示了多维组合成本的互联网精神和大数据特征,论述了其产生背景、实现思路和应用价值	在传统成本观下为盈利的业务,在新环境下也许就成为亏损业务。帮助管理者从新的角度来看待成本,进一步做好精益管理

管理类:效率如何提升,如何实现经营目标,如何“节流”

	书名．作者	内容/特色	读者价值
通用管理	**让管理回归简单·升级版** 宋新宇　著	从目标、组织、决策、授权、人才和老板自己层面教你怎样做管理	帮助管理抓住管理的要害,让管理变得简单
	让经营回归简单·升级版 宋新宇　著	从战略、客户、产品、员工、成长、经营者自身等七个方面,归纳总结出简单有效的经营法则	总结出的真正优秀企业的成功之道:简单
	让用人回归简单 宋新宇　著	从用人的原则、用人的难题与误区、用人的方法和用人者的修炼四大方面,总结出适合中小企业做好人才管理工作的法则	帮助管理者抓住用人的要害,让用人变得简单
	管理:以规则驾驭人性 王春强　著	详细解读企业规则的制定方法	从人与人博弈角度提升管理的有效性
	员工心理学超级漫画版 邢　雷　著	以漫画的形式深度剖析员工心理	帮助管理者更了解员工,从而更轻松地管理员工
	帅抓战略,将抓执行 王清华　著	深入剖析老板与高管的异同	各司其职,各行其是,相辅相成
	分股合心:股权激励这样做 段磊　周剑　著	通过丰富的案例,详细介绍了股权激励的知识和实行方法	内容丰富全面、易读易懂,了解股权激励,有这一本就够了

续表

通用管理	**边干边学做老板** 黄中强　著	创业20多年的老板，有经验、能写、又愿意分享，这样的书很少	处处共鸣，帮助中小企业老板少走弯路
	中国式阿米巴落地实践之从交付到交易 胡八一　著	本书主要讲述阿米巴经营会计，"从交付到交易"，这是成功实施了阿米巴的标志	阿米巴经营会计的工作是有逻辑关联的，一本书就能搞定
	中国式阿米巴落地实践之激活组织 胡八一　著	重点讲解如何科学划分阿米巴单元，阐述划分的实操要领、思路、方法、技术与工具	最大限度减少"推行风险"和"摸索成本"，利于公司成功搭建适合自身的个性化阿米巴经营体系
	集团化企业阿米巴实战案例 初勇钢　著	一家集团化企业阿米巴实施案例	指导集团化企业系统实施阿米巴
	阿米巴经营的中国模式 李志华　著	让员工从"要我干"到"我要干"，价值量化出来	阿米巴在企业如何落地，明白思路了
	欧博心法：好管理靠修行 曾　伟　著	用佛家的智慧，深刻剖析管理问题，见解独到	如果真的有'中国式管理'，曾老师是其中标志性人物
流程管理	**1. 用流程解放管理者** **2. 用流程解放管理者2** 张国祥　著	中小企业阅读的流程管理、企业规范化的书	通俗易懂，理论和实践的结合恰到好处
	跟我们学建流程体系 陈立云　著	畅销书《跟我们学做流程管理》系列，更实操，更细致，更深入	更多地分享实践，分享感悟，从实践总结出来的方法论
质量管理	**IATF16949质量管理体系详解与案例文件汇编：TS16949转版IATF16949:2016** 谭洪华　著	针对IATF的新标准做了详细的解说，同时指出了一些推行中容易犯的错误，提供了大量的表单、案例	案例、表单丰富，拿来就用
	五大质量工具详解及运用案例：APQP/FMEA/PPAP/MSA/SPC 谭洪华　著	对制造业必备的五大质量工具中每个文件的制作要求、注意事项、制作流程、成功案例等进行了解读	通俗易懂、简便易行，能真正实现学以致用
	ISO9001:2015新版质量管理体系详解与案例文件汇编 谭洪华　著	紧密围绕2015年新版质量管理体系文件逐条详细解读，并提供可以直接套用的案例工具，易学易上手	企业质量管理认证、内审必备
	ISO14001:2015新版环境管理体系详解与案例文件汇编 谭洪华　著	紧密围绕2015年新版环境管理体系文件逐条详细解读，并提供可以直接套用的案例工具，易学易上手	企业环境管理认证、内审必备
	SA8000:2014社会责任管理体系认证实战 吕　林　著	作者根据自己的操作经验，按认证的流程，以相关案例进行说明SA8000认证体系	简单，实操性强，拿来就能用
战略落地	**重生——中国企业的战略转型** 施　炜　著	从前瞻和适用的角度，对中国企业战略转型的方向、路径及策略性举措提出了一些概要性的建议和意见	对企业有战略指导意义
	公司大了怎么管：从靠英雄到靠组织 AMT金国华　著	第一次详尽阐释中国快速成长型企业的特点、问题及解决之道	帮助快速成长型企业领导及管理团队理清思路，突破瓶颈

续表

战略落地	**低效会议怎么改:每年节省一半会议成本的秘密** AMT 王玉荣　著	教你如何系统规划公司的各级会议,一本工具书	教会你科学管理会议的办法
	年初订计划,年尾有结果:战略落地七步成诗 AMT 郭晓　著	7 个步骤教会你怎么让公司制定的战略转变为行动	系统规划,有效指导计划实现
人力资源	**HRBP 是这样炼成的之"菜鸟起飞"** 新　海　著	以小说的形式,具体解析 HRBP 的职责,应该如何操作,如何为业务服务	实践者的经验分享,内容实务具体,形式有趣
	HRBP 是这样炼成的之中级修炼 新　海　著	本书以案例故事的方式,介绍了 HRBP 在实际工作中碰到的问题和挑战	书中的 HR 解决方案讲究因时因地制宜、简单有效的原则,重在启发读者思路,可供各类企业 HRBP 借鉴
	HRBP 是这样炼成的之高级修炼 新　海　著	以故事的形式,展现了 HRBP 工作者在职业发展路上的层层深入和递进	为读者提供 HRBP 在实际工作中遇到种种问题的解决方案
	把面试做到极致:首席面试官的人才甄选法 孟广桥　著	作者用自己几十年的人力资源经验总结出的一套实用的确定岗位招聘标准、提升面试官技能素质的简便方法	面试官必备,没有空泛理论,只有巧妙的实操技能
	人力资源体系与 e-HR 信息化建设 刘书生　陈　莹　王美佳　著	将作者经历的人力资源管理变革、人力资源管理信息化咨询项目方法论、工具和成果全面展现给读者,使大家能够将其快速应用到管理实践中	系统性非常强,没有废话,全部是浓缩的干货
	回归本源看绩效 孙　波　著	让绩效回顾"改进工具"的本源,真正为企业所用	确实是来源于实践的思考,有共鸣
	世界 500 强资深培训经理人教你做培训管理 陈　锐　著	从 7 大角度具体细致地讲解了培训管理的核心内容	专业、实用、接地气
	曹子祥教你做激励性薪酬设计 曹子祥　著	以激励性为指导,系统性地介绍了薪酬体系及关键岗位的薪酬设计模式	深入浅出,一本书学会薪酬设计
	曹子祥教你做绩效管理 曹子祥　著	复杂的理论通俗化,专业的知识简单化,企业绩效管理共性问题的解决方案	轻松掌握绩效管理
	把招聘做到极致 远　鸣　著	作为世界 500 强高级招聘经理,作者数十年招聘经验的总结分享	带来职场思考境界的提升和具体招聘方法的学习
	人才评价中心.超级漫画版 邢　雷　著	专业的主题,漫画的形式,只此一本	没想到一本专业的书,能写成这效果
	走出薪酬管理误区 全怀周　著	剖析薪酬管理的 8 大误区,真正发挥好枢纽作用	值得企业深读的实用教案
	集团化人力资源管理实践 李小勇　著	对搭建集团化的企业很有帮助,务实,实用	最大的亮点不是理论,而是结合实际的深入剖析
	我的人力资源咨询笔记 张　伟　著	管理咨询师的视角,思考企业的 HR 管理	通过咨询师的眼睛对比很多企业,有启发
	本土化人力资源管理 8 大思维 周　剑　著	成熟 HR 理论,在本土中小企业实践中的探索和思考	对企业的现实困境有真切体会,有启发

续表

企业文化	**36个拿来就用的企业文化建设工具** 海融心胜　主编	数十个工具，为了方便拿来就用，每一个工具都严格按照工具属性、操作方法、案例解读划分，实用、好用	企业文化工作者的案头必备书，方法都在里面，简单易操作
	企业文化建设超级漫画版 邢　雷　著	以漫画的形式系统教你企业文化建设方法	轻松易懂好操作
	华夏基石方法：企业文化落地本土实践 王祥伍　谭俊峰　著	十年积累、原创方法、一线资料，和盘托出	在文化落地方面真正有洞察，有实操价值的书
	企业文化的逻辑 王祥伍　著	为什么企业之间如此不同，解开绩效背后的文化密码	少有的深刻，有品质，读起来很流畅
	企业文化激活沟通 宋杼宸　安　琪　著	透过新任HR总经理的眼睛，揭示出沟通与企业文化的关系	有实际指导作用的文化落地读本
	在组织中绽放自我：从专业化到职业化 朱仁健　王祥伍　著	个人如何融入组织，组织如何助力个人成长	帮助企业员工快速认同并投入到组织中去，为企业发展贡献力量
	企业文化定位·落地一本通 王明胤　著	把高深枯燥的专业理论创建成一套系统化、实操化、简单化的企业文化缔造方法	对企业文化不了解，不会做？有这一本从概念到实操，就够了
生产管理	**精益思维：中国精益如何落地** 刘承元　著	笔者二十余年企业经营和咨询管理的经验总结	中国企业需要灵活运用精益思维，推动经营要素与管理机制的有机结合，推动企业管理向前发展
	300张现场图看懂精益5S管理 乐　涛　编著	5S现场实操详解	案例图解，易懂易学
	高员工流失率下的精益生产 余伟辉　著	中国的精益生产必须面对和解决高员工流失率问题	确实来源于本土的工厂车间，很务实
	车间人员管理那些事儿 岑立聪　著	车间人员管理中处理各种“疑难杂症”的经验和方法	基层车间管理者最闹心、头疼的事，‘打包’解决
	1. 欧博心法：好管理靠修行 **2. 欧博心法：好工厂这样管** 曾　伟　著	他是本土最大的制造业管理咨询机构创始人，他从400多个项目、上万家企业实践中锤炼出的欧博心法	中小制造型企业，一定会有很强的共鸣
	欧博工厂案例1：生产计划管控对话录 **欧博工厂案例2：品质技术改善对话录** **欧博工厂案例3：员工执行力提升对话录** 曾　伟　著	最典型的问题、最详尽的解析，工厂管理9大问题27个经典案例	没想到说得这么细，超出想象，案例很典型，照搬都可以了
	工厂管理实战工具 欧博企管　编著	以传统文化为核心的管理工具	适合中国工厂
	苦中得乐：管理者的第一堂必修课 曾　伟　编著	曾伟与师傅大愿法师的对话，佛学与管理实践的碰撞，管理禅的修行之道	用佛学最高智慧看透管理
	比日本工厂更高效1：管理提升无极限 刘承元　著	指出制造型企业管理的六大积弊；颠覆流行的错误认知；掌握精益管理的精髓	每一个企业都有自己不同的问题，管理没有一剑封喉的秘笈，要从现场、现物、现实出发

续表

生产管理	**比日本工厂更高效2:超强经营力** 刘承元　著	企业要获得持续盈利,就要开源和节流,即实现销售最大化,费用最小化	掌握提升工厂效率的全新方法
	比日本工厂更高效3:精益改善力的成功实践 刘承元　著	工厂全面改善系统有其独特的目的取向特征,着眼于企业经营体质(持续竞争力)的建设与提升	用持续改善力来飞速提升工厂的效率,高效率能够带来意想不到的高效益
	3A顾问精益实践1:IE与效率提升 党新民　苏迎斌　蓝旭日　著	系统的阐述了IE技术的来龙去脉以及操作方法	使员工与企业持续获利
	3A顾问精益实践2:JIT与精益改善 肖志军　党新民　著	只在需要的时候,按需要的量,生产所需的产品	提升工厂效率
员工素质提升	**TTT培训师精进三部曲(上):深度改善现场培训效果** 廖信琳　著	现场把控不用慌,这里有妙招一用就灵	课程现场无论遇到什么样的情况都能游刃有余
	TTT培训师精进三部曲(中):构建最有价值的课程内容 廖信琳　著	这样做课程内容,学员有收获 培训师也有收获	优质的课程内容是树立个人品牌的保证
	TTT培训师精进三部曲(下):职业功力沉淀与修为提升 廖信琳　著	从内而外提升自己,职业的道路一帆风顺	走上职业TTT内训师的康庄大道
	管理咨询师的第一本书:百万年薪 千万身价 熊亚柱　著	从问题出发,发现问题、分析问题、解决问题,让两眼一抹黑的新人快速成长	管理咨询师初入职场,让这本书开启百万年薪之路
	手把手教你做专业督导:专卖店、连锁店 熊亚柱　著	从督导的职能、作用,在工作中需要的专业技能、方法,都提供了详细的解读和训练办法,同时附有大量的表单工具	无论是店铺需要统一培训,还是个人想成为优秀的督导,有这一本就够了
	跟老板"偷师"学创业 吴江萍　余晓雷　著	边学边干,边观察边成长,你也可以当老板	不同于其他类型的创业书,让你在工作中积累创业经验,一举成功
	销售轨迹:一位快消品营销总监的拼搏之路 秦国伟　著	本书讲述了一个普通销售员打拼成为跨国企业营销总监的真实奋斗历程	激励人心,给广大销售员以力量和鼓舞
	在组织中绽放自我:从专业化到职业化 朱仁健　王祥伍　著	个人如何融入组织,组织如何助力个人成长	帮助企业员工快速认同并投入到组织中去,为企业发展贡献力量
	企业员工弟子规:用心做小事,成就大事业 贾同领　著	从传统文化《弟子规》中学习企业中为人处事的办法,从自身做起	点滴小事,修养自身,从自身的改善得到事业的提升
	手把手教你做顶尖企业内训师:TTT培训师宝典 熊亚柱　著	从课程研发到现场把控、个人提升都有涉及,易读易懂,内容丰富全面	想要做企业内训师的员工有福了,本书教你如何抓住关键,从入门到精通

续表

营销类：把客户需求融入企业各环节，提供“客户认为”有价值的东西			
	书名．作者	内容/特色	读者价值
营销模式	**精品营销战略** 杜建君　著	以精品理念为核心的精益战略和营销策略	用精品思维赢得高端市场
	变局下的营销模式升级 程绍珊　叶　宁　著	客户驱动模式、技术驱动模式、资源驱动模式	很多行业的营销模式被颠覆，调整的思路有了！
	卖轮子 科克斯【美】	小说版的营销学！营销理念巧妙贯穿其中，贵在既有趣，又有深度	经典、有趣！一个故事读懂营销精髓
	动销操盘：节奏掌控与社群时代新战法 朱志明　著	在社群时代把握好产品生产销售的节奏，解析动销的症结，寻找动销的规律与方法	都是易读易懂的干货！对动销方法的全面解析和操盘
	弱势品牌如何做营销 李政权　著	中小企业虽有品牌但没名气，营销照样能做的有声有色	没有丰富的实操经验，写不出这么具体、详实的案例和步骤，很有启发
	老板如何管营销 史贤龙　著	高段位营销16招，好学好用	老板能看，营销人也能看
	洞察人性的营销战术：沈坤教你28式 沈　坤　著	28个匪夷所思的营销怪招令人拍案叫绝，涉及商业竞争的方方面面，大部分战术可以直接应用到企业营销中	各种谋略得益于作者的横向思维方式，将其操作过的案例结合其中，提供的战术对读者有参考价值
	动销：产品是如何畅销起来的 吴江萍　余晓雷　著	真真切切告诉你，产品究竟怎么才能卖出去	击中痛点，提供方法，你值得拥有
销售	**资深大客户经理：策略准，执行狠** 叶敦明　著	从业务开发、发起攻势、关系培育、职业成长四个方面，详述了大客户营销的精髓	满满的全是干货
	成为资深的销售经理：B2B、工业品 陆和平　著	围绕“销售管理的六个关键控制点”一一展开，提供销售管理的专业、高效方法	方法和技术接地气，拿来就用，从销售员成长为经理不再犯难
	销售是门专业活：B2B、工业品 陆和平　著	销售流程就应该跟着客户的采购流程和关注点的变化向前推进，将一个完整的销售过程分成十个阶段，提供具体方法	销售不是请客吃饭拉关系，是个专业的活计！方法在手，走遍天下不愁
	向高层销售：与决策者有效打交道 贺兵一　著	一套完整有效的销售策略	有工具，有方法，有案例，通俗易懂
	卖轮子 科克斯　【美】	小说版的营销学！营销理念巧妙贯穿其中，贵在既有趣，又有深度	经典、有趣！一个故事读懂营销精髓
	学话术　卖产品 张小虎　著	分析常见的顾客异议，将优秀的话术模块化	让普通导购员也能成为销售精英
组织和团队	**升级你的营销组织** 程绍珊　吴越舟　著	用“有机性”的营销组织替代“营销能人”，营销团队变成“铁营盘”	营销队伍最难管，程老师不愧是营销第1操盘手，步骤方法都很成熟
	用数字解放营销人 黄润霖　著	通过量化帮助营销人员提高工作效率	作者很用心，很好的常备工具书

续表

组织和团队	**成为优秀的快消品区域经理(升级版)** 伯建新　著	用"怎么办"分析区域经理的工作关键点,增加30%全新内容,更贴近环境变化	可以作为区域经理的"速成催化器"
	成为资深的销售经理:B2B、工业品 陆和平　著	围绕"销售管理的六个关键控制点"一一展开,提供销售管理的专业、高效方法	方法和技术接地气,拿来就用,从销售员成长为经理不再犯难
	一位销售经理的工作心得 蒋　军　著	一线营销管理人员想提升业绩却无从下手时,可以看看这本书	一线的真实感悟
	快消品营销:一位销售经理的工作心得2 蒋　军　著	快消品、食品饮料营销的经验之谈,重点突出	来源于实战的精华总结
	销售轨迹:一位快消品营销总监的拼搏之路 秦国伟　著	本书讲述了一个普通销售员打拼成为跨国企业营销总监的真实奋斗历程	激励人心,给广大销售员以力量和鼓舞
	用营销计划锁定胜局:用数字解放营销人2 黄润霖　著	全方位教你怎么做好营销计划,好学好用真简单	照搬套用就行,做营销计划再也不头痛
	快消品营销人的第一本书:从入门到精通 刘　雷　伯建新　著	快消行业必读书,从入门到专业	深入细致,易学易懂
产品	**新产品开发管理,就用IPD** 郭富才　著	10年IPD研发管理咨询总结,国内首部IPD专业著作	一本书掌握IPD管理精髓
	资深项目经理这样做新产品开发管理 秦海林　著	以IPD为思想,系统讲解新产品开管理的细节	提供管理思路和实用工具
	产品炼金术Ⅰ:如何打造畅销产品 史贤龙　著	满足不同阶段、不同体量、不同行业企业对产品的完整需求	必须具备的思维和方法,避免在产品问题上走弯路
	产品炼金术Ⅱ:如何用产品驱动企业成长 史贤龙　著	做好产品、关注产品的品质,就是企业成功的第一步	必须具备的思维和方法,避免在产品问题上走弯路
品牌	**中小企业如何建品牌** 梁小平　著	中小企业建品牌的入门读本,通俗、易懂	对建品牌有了一个整体框架
	采纳方法:破解本土营销8大难题 朱玉童　编著	全面、系统、案例丰富、图文并茂	希望在品牌营销方面有所突破的人,应该看看
	中国品牌营销十三战法 朱玉童　编著	采纳20年来的品牌策划方法,同时配有大量的案例	众包方式写作,丰富案例给人启发,极具价值
	今后这样做品牌:移动互联时代的品牌营销策略 蒋　军　著	与移动互联紧密结合,告诉你老方法还能不能用,新方法怎么用	今后这样做品牌就对了
	中小企业如何打造区域强势品牌 吴　之　著	帮助区域的中小企业打造自身品牌,如何在强壮自身的基础上往外拓展	梳理误区,系统思考品牌问题,切实符合中小区域品牌的自身特点进行阐述
渠道通路	**快消品营销与渠道管理** 谭长春　著	将快消品标杆企业渠道管理的经验和方法分享出来	可口可乐、华润的一些具体的渠道管理经验,实战

续表

渠道通路	**传统行业如何用网络拿订单** 张　进　著	给老板看的第一本网络营销书	适合不懂网络技术的经营决策者看
	采纳方法:化解渠道冲突 朱玉童　编著	系统剖析渠道冲突,21个渠道冲突案例、情景式讲解,37篇讲义	系统、全面
	学话术　卖产品 张小虎　著	分析常见的顾客异议,将优秀的话术模块化	让普通导购员也能成为销售精英
	向高层销售:与决策者有效打交道 贺兵一　著	一套完整有效的销售策略	有工具,有方法,有案例,通俗易懂
	通路精耕操作全解:快消品20年实战精华 周　俊　陈小龙　著	通路精耕的详细全解,每一步的具体操作方法和表单全部无保留提供	康师傅二十年的经验和精华,实践证明的最有效方法,教你如何主宰通路

管理者读的文史哲·生活

	书名. 作者	内容/特色	读者价值
思想·文化	**德鲁克管理思想解读** 罗　珉　著	用独特视角和研究方法,对德鲁克的管理理论进行了深度解读与剖析	不仅是摘引和粗浅分析,还是作者多年深入研究的成果,非常可贵
	德鲁克与他的论敌们:马斯洛、戴明、彼得斯 罗　珉　著	几位大师之间的论战和思想碰撞令人受益匪浅	对大师们的观点和著作进行了大量的理论加工,去伪存真、去粗存精,同时有自己独特的体系深度
	德鲁克管理学 张远凤　著	本书以德鲁克管理思想的发展为线索,从一个侧面展示了20世纪管理学的发展历程	通俗易懂,脉络清晰
	王阳明“万物一体”论——从“身体”的立场看 陈立胜　著	以身体哲学分析王阳明思想中的“仁”与“乐”	进一步了解传统文化,了解王阳明的思想
	自我与世界:以问题为中心的现象学运动研究 陈立胜　著	以问题为中心,对现象学运动中的“意向性”“自我”“他人”“身体”及“世界”各核心议题之思想史背景与内在发展理路进行深入细致的分析	深入了解现象学中的几个主要问题
	作为身体哲学的中国古代哲学 张再林　著	上篇为中国古代身体哲学理论体系奠基性部分,下篇对由“上篇”所开出的中国身体哲学理论体系的进一步的阐发和拓展	了解什么是真正原生态意义上的中国哲学,把中国传统哲学与西方传统哲学加以严格区别
	中西哲学的歧异与会通 张再林　著	本书以一种现代解释学的方法,对中国传统哲学内在本质尝试一种全新的和全方位的解读	发掘出掩埋在古老传统形式下的现代特质和活的生命,在此基础上揭示中西哲学“你中有我,我中有你”之旨
	治论:中国古代管理思想 张再林　著	本书主要从儒、法墨三家阐述中国古代管理思想	看人本主义的管理理论如何不留斧痕地克服似乎无法调解的存在于人类社会行为与社会组织中的种种两难和对立

续表

思想·文化	**中国古代政治制度(修订版)上:皇帝制度与中央政府(待出版)** 刘文瑞　著	全面论证了古代皇帝制度的形成和演变的历程	有助于读者从政治制度角度了解中国国情的历史渊源
	中国古代政治制度(修订版)下:地方体制与官僚制度(待出版) 刘文瑞　著	全面论证了古代地方政府的发展演变过程	有助于读者从政治制度角度了解中国国情的历史渊源
	中国思想文化十八讲(修订版)(待出版) 张茂泽　著	中国古代的宗教思想文化,如对祖先崇拜、儒家天命观、中国古代关于"神"的讨论等	宗教文化和人生信仰或信念紧密相联,在文化转型时期学习和研究中国宗教文化就有特别的现实意义
	史幼波《大学》讲记 史幼波　著	用儒释道的观点阐释大学的深刻思想	一本书读懂传统文化经典
	史幼波《周子通书》《太极图说》讲记 史幼波　著	把形而上的宇宙、天地,与形而下的社会、人生、经济、文化等融合在一起	将儒家的一整套学修系统融合起来
	史幼波《中庸》讲记(上下册) 史幼波　著	全面、深入浅出地揭示儒家中庸文化的真谛	儒释道三家思想融会贯通
	梁涛讲《孟子》之《万章篇》 梁　涛　著	《万章》主要记录孟子与万章的对话,涉及孝道、亲情、友情、出仕为官等	作者的解读能帮助读者更好地理解孟子及儒学
	每个中国人身上的春秋基因 史贤龙　著	春秋368年(公元前770－公元前403年),每一个中国人都可以在这段时期的历史中找到自己的祖先,看到真实发生的事件,同时也看到自己	长情商、识人心
	与《老子》一起思考:德篇 史贤龙　著	打通文史,回归哲慧,纵贯古今,放眼中外,妙语迭出,在当今的老子读本中别具一格	深读有深读的回味,浅尝有浅尝的机敏,可给读者不同的启发
	郑子太极拳理拳法丛书 杨竣雄　著	走进郑子太极拳完整训练体系的大门,随着书中另一主角——师父的课程安排与每日功课的练习	当您学完这套书后,在掌握拳架的同时具备诸多正确的太极理念与系统知识
	内功太极拳训练教程 王铁仁　编著	杨式(内功)太极拳(俗称老六路)的详细介绍及具体修炼方法,身心的一次升华	书中含有大量图解并有相关视频供读者同步学习
	中医治心脏病 马宝琳　著	引用众多真实案例,客观真实地讲述了中西医对于心脏病的认识及治疗方法	看完这本书,能为您节约10万元医药费